黒海地域の
国際関係

International Relations in the Black Sea Region

六鹿茂夫 編
Shigeo Mutsushika

名古屋大学出版会

黒海地域の国際関係

目　　次

ii

凡　例 vii

略　語　表 viii

序　章………………………………………………………………………1

はじめに 1

1　黒海地域の地理的・歴史的概観 1

2　黒海地域の特徴——多様性，紛争，協力 7

3　今なぜ黒海国際政治なのか 12

4　黒海は一つの地域か 17

5　日本と黒海地域 20

第I部　黒海の地域性——域内協力と域外関係

第1章　黒海国際関係の歴史的展開……………………………26
——20世紀初頭まで

はじめに 26

1　近世までの黒海地域——一つの「地域」として 26

2　転換点としての18世紀後半——「オスマンの海」から「開かれた海」へ 32

3　19世紀前半のウィーン体制下の黒海地域 38

4　19世紀後半から第一次世界大戦前夜までの黒海地域 44

おわりに 52

第2章　20世紀黒海地域の国際政治……………………………56

はじめに 56

1　イギリスの覇権と欧州に開かれた黒海（1920年代） 56

2　外部世界に閉ざされる黒海（1933～36年） 60

3　黒海をめぐる独ソの攻防（1936～45年） 63

4　黒海をめぐる米ソ対立（第二次世界大戦直後） 68

5　黒海地域における二極構造の弛緩と冷戦の終焉（1948～89年） 70

目　次　　iii

おわりに　73

第3章　冷戦後の黒海国際政治 ……………………………………………76

はじめに　76

1　安全保障の真空をめぐる対立と協力（1990年代前半）　76

2　地域国際政治構造の転換（1990年代後半）　84

3　欧州化と二極化──現状維持勢力と現状変更勢力（2000年代前半）　90

4　黒海地域をめぐる欧米とロシアの対立（2005〜08年）　96

5　緊張高まる黒海地域──リセット，ウクライナ危機，露土対立（2009〜16年
　　10月）　105

おわりに　122

第4章　黒海地域の経済協力と国際経済関係 …………………………129

1　黒海経済協力機構（BSEC）　129

2　各国経済の概況　133

3　失業，財政赤字，経常収支赤字　135

4　在外労働者の報酬・送金──黒海地域国際経済関係の焦点　140

5　域外経済関係と域内経済協力　145

第II部　域内国際関係

第5章　ロシアの政治変動と外交政策 …………………………………154

はじめに　154

1　体制転換の中での模索　156

2　NATO拡大の余波とロシアの対応　159

3　対米政策としての黒海地域政策　165

おわりに　171

第6章　トルコの政治変動と外交政策 ……………………………… 176

はじめに　176

1　歴史的関係　177

2　AKP 政権のトルコと黒海地域——多元外交，貿易・人の移動，エネルギー　185

おわりに　194

第7章　ウクライナの政治変動と外交政策 ……………………………… 197

はじめに　197

1　ウクライナにおける政治変動と外交　198

2　ウクライナ外交における黒海地域　202

3　ウクライナ危機　206

おわりに　213

第8章　南コーカサスの政治変動と外交政策 ………………………… 215

はじめに　215

1　南コーカサス三国の概要と外交志向　216

2　黒海地域における南コーカサスの国際関係　221

おわりに　241

第9章　バルカンの政治変動と外交政策 ……………………………… 245

はじめに　245

1　バルカンはどう理解すべきか　247

2　「東方問題」の過去　248

3　「東方問題」の現在　253

おわりに　267

目　次　ν

第 III 部　黒海地域の主要課題（イシュー）

第 10 章　長期化する紛争と非承認国家問題 ……………………………… 272

はじめに　272

1　黒海地域におけるポスト冷戦時代の戦争・紛争　273

2　黒海地域でなぜ多くの紛争が発生するのか　277

3　黒海地域の紛争はなぜ長期化するのか　280

4　非承認国家問題の難しさ　282

5　人の移動　287

おわりに——黒海地域の平和を阻む複雑な地政学　291

第 11 章　宗教とトランスナショナリズム ……………………………… 294
——レニンゴル，沿ドニエストル，クリミアに共通するもの

はじめに　294

1　黒海地域における宗教とトランスナショナリズム　297

2　トランスナショナリズムの触媒としての非承認国家　300

3　南オセチア・レニンゴル郡のジョージア人　303

4　沿ドニエストル北部のカトリック　307

5　クリミア・タタール　310

おわりに　314

第 12 章　輸送・商品・エネルギーの経済関係 ……………………………… 318
——ロシアとウクライナの角逐を中心に

はじめに　318

1　黒海経済圏の実像　319

2　世界の商品市場と黒海地域　329

3　ウクライナ危機後の黒海経済圏　335

おわりに　342

第 13 章　企業のトランスナショナリズム ……………………………… 346
──ロシアの天然ガスとウクライナ

はじめに　346
1　ロシアとウクライナの相互依存関係──安いガス輸入とトランジット　347
2　ガス輸入代金未払いの常習化とガス抜き取り問題　349
3　仲介会社の登場　352
4　ウクライナのガス部門とレント・シーキング　354
5　プーチン政権誕生後の展開　358
6　仲介会社の排除とその後　366
おわりに　371

終　章 …………………………………………………………………………… 377

はじめに　377
1　一つの地域としての黒海地域　377
2　紛争地帯としての黒海地域　379
3　地域「大国」ロシアとトルコ　381
4　国民国家と跨境性　382
5　今後の研究の方向性　384

あとがき　385
図表一覧　389
事項索引　390
人名索引　406

凡　　例

1.　引用文中の〔　〕は引用者による補足である。
2.　人名・地名のカタカナ表記にあたって，慣用的な表記が存在する場合には，その表記を採用した。それ以外のものについては，言語の違いによって複数の読み方が存在する場合でも，本書全体を通して一つの表記に揃えた。日本の読者の読みやすさを考慮しての措置である。
3.　カタカナ表記に際しては，アクセントを長音で表記することは原則として避けた。

略 語 表

AFMED	NATO 地中海連合軍（Allied Forces Mediterranean）
AFSOUTH	NATO 南欧連合軍（Allied Forces Southern Europe）
AIRSOUTH	NATO 南欧連合空軍（Allied Air Forces Southern Europe）
AKP	公正発展党（Adalet ve Kalkınma Partisi）
ANP	年間国家計画（Annual National Programme）
AWACS	早期警戒管制機（Airborne Warning and Control System）
BEAC	バレンツ海欧州北極圏評議会（Barents Euro-Arctic Council）
BLACKSEAFOR	黒海海軍協力タスク・グループ（Black Sea Naval Co-operation Task Group）
BSEC	黒海経済協力機構（Black Sea Economic Cooperation）
BSTDB	黒海貿易開発銀行（Black Sea Trade and Development Bank）
CBM	信頼醸成メカニズム（Confidence-Building Measures）
CBSS	バルト海諸国評議会（Council of the Baltic Sea States）
CDC	民主的選択共同体（Community of Democratic Choice）
CEFTA	中欧自由貿易協定（Central European Free Trade Agreement）
CEI	中欧イニシアティヴ（Central European Initiative）
CFE	欧州通常戦力（Conventional Forces in Europe）
CIA	中央情報局（Central Intelligence Agency）
CIS	独立国家共同体（Commonwealth of Independent States）
CPC	カスピ海パイプライン・コンソーシアム（Caspian Pipeline Consortium）
CSCE	欧州安全保障協力会議（Conference on Security and Cooperation in Europe）
CSCP	コーカサス安定・協力プラットフォーム（Caucasus Stability and Cooperation Platform）
CSTO	集団安全保障条約機構（Collective Security Treaty Organization）
DANBUS	ドナウ黒海環境タスク・フォース（Danube Black Sea Environment Task Force）
DCFTA	「深化した包括的自由貿易圏」（Deep and Comprehensive Free Trade Area）
DECA	防衛経済協力協定（Defense Economic Cooperation Agreement）
EaP	東方パートナーシップ（Eastern Partnership）
EAPC	欧州・大西洋パートナーシップ理事会（Euro-Atlantic Partnership Council）
EEU	ユーラシア経済連合（Eurasian Economic Union）
ENP	欧州近隣諸国政策（European Neighbourhood Policy）
EUBAM	EU 国境支援使節（EU Border Assistance Mission）
EUFOR-Althea	欧州連合部隊アルテア（European Union Force Althea）
EUFOR-Concordia	欧州連合部隊コンコルディア（European Union Force Concordia）
EUPAT	欧州連合警察助言チーム（European Union Police Advisory Team）
EUPM	欧州連合警察使節（European Union Police Mission）

略語表　ix

FAO	国連食糧農業機関（Food and Agriculture Organization of the United Nations）
FBI	米連邦捜査局（Federal Bureau of Investigation）
FDI	外国直接投資（Foreign Direct Investment）
FYROM	マケドニア旧ユーゴスラヴィア共和国（Former Yugoslav Republic of Macedonia）
ICC	国際刑事裁判所（International Criminal Court）
ICJ	国際司法裁判所（International Court of Justice）
IDP	国内避難民（Internally Displaced Persons）
IFOR	平和履行部隊（Implementation Force）
IMF	国際通貨基金（International Monetary Fund）
INOGATE	ヨーロッパ向け国家間石油ガス輸送（Interstate Oil and Gas Transport to Europe）
IPAP	個別パートナーシップ行動計画（Individual Partnership Action Plan）
IPP	個別パートナーシップ計画（Individual Partnership Plan）
IRI	共和党国際研究所（International Republican Institute）
ISAF	国際治安支援部隊（International Security Assistance Force）
ISIL	「イラク・レヴァントのイスラーム国」（Islamic State in Iraq and the Levant）
KFOR	コソヴォ治安維持部隊（Kosovo Force）
KLA	コソヴォ解放軍（Kosovo Liberation Army）
LANDSOUTHEAST	南東欧連合陸軍（Allied Land Forces South-Eastern Europe）
LNG	液化天然ガス（Liquefied Natural Gas）
MAP	加盟行動計画（Membership Action Plan）
NAC	北大西洋理事会（North Atlantic Council）
NACC	北大西洋協力理事会（North Atlantic Cooperation Council）
NATO	北大西洋条約機構（North Atlantic Treaty Organization）
NDI	民主党国際研究所（National Democratic Institute）
NNP	新近隣諸国政策（New Neighbourhood Policy）
NRC	NATO＝ロシア理事会（NATO-Russia Council）
ODED-GUAM	「民主主義と経済発展のための機構 – GUAM」（GUAM-Organization for Democracy and Economic Development）
OSCE	欧州安全保障協力機構（Organization for Security and Co-operation in Europe）
PAP-DIB	国防機関創設パートナーシップ行動計画（Partnership Action Plan on Defence Institution Building）
PAP-T	対テロリズム・パートナーシップ行動計画（Partnership Action Plan against Terrorism）
PARP	「平和のためのパートナーシップ計画・再検討作業」（Partnership for Peace Planning and Review Process）
PCA	パートナーシップ協力協定（Partnership and Cooperation Agreement）
PETrA	汎ヨーロッパ輸送圏（Pan-European Transport Area）
PfP	「平和のためのパートナーシップ」（Partnership for Peace）
PHARE	「ポーランドおよびハンガリーへの経済再編支援」（Poland and Hungary Assistance for Restructuring their Economies）

PKF	平和維持軍（Peace Keeping Force）
PKK	クルディスタン労働者党（Partiya Karkerên Kurdistanê）
SAP	安定連合プロセス（Stabilisation and Association Process）
SECI	南東欧協力イニシアティヴ（Southeast European Cooperative Initiative）
SEECAP	「地域安全保障の挑戦と機会に関する南東欧共通査定書」（South East Europe Common Assessment Paper on Regional Security Challenges and Opportunities）
SEEI	南東欧イニシアティヴ（South East Europe Initiative）
SFOR	平和安定部隊（Stabilisation Force）
SOCAR	アゼルバイジャン国営石油会社（State Oil Company of Azerbaijan Republic）
START	戦略兵器削減条約（Strategic Army Reduction Treaty）
TACIS	独立国家共同体技術支援（Technical Aids to the Commonwealth of Independent States）
TANAP	トランス・アナトリア天然ガスパイプライン（Trans-Anatolian gas pipeline）
TRACECA	ヨーロッパ−コーカサス−アジア輸送回廊（Transport Corridor Europe-Caucasus-Asia）
UNHCR	国連難民高等弁務官事務所（United Nations High Commissioner for Refugees）
VJTF	高度即応統合任務部隊（Very High Readiness Joint Task Force）
WNIS	西部新独立国家（Western New Independent States）

序　章

六 鹿 茂 夫

はじめに

　黒海地域は，日本人にとって馴染みの薄い地域である。そこで，本章では，(1)黒海地域の地理的・歴史的概観から始め，(2)黒海地域の特徴，(3)同地域が戦略的重要性を帯びるに至った理由，(4)黒海地域を一つの地域として捉える根拠，(5)日本と黒海地域の関わりについて考察し，最後に，本書の構成について記すこととしたい。

1　黒海地域の地理的・歴史的概観

1）地理的概観と名称「黒海」の由来

　黒海は，地図1のように，欧州の南東，中東の北，旧ソ連の南西に位置し，北部はウクライナおよびロシア南部の草原地帯，南部はトルコのアナトリア，西部は南東欧ないしバルカン，東部は南コーカサスに面している。面積はおよそ42万3000平方キロメートルで，東西と南北の比率がおよそ4対1の横長の楕円形である。西端のブルガスから東端のバトゥミまでの距離は1174キロメートル，ヤルタ半島南端からトルコ北岸のイネボル港までは260キロメートルである。最深部は2000メートルと深く，200メートル以下の海底は無酸素状態と言われる。周

地図1　黒海

序章 3

と周辺世界

辺地域の気候は，西部から北部は大陸性で，冬は寒く，夏は乾燥して暑い。他方，南部から東部にかけては亜熱帯性で，冬は温暖で夏は多湿である。

黒海には欧州で2番目から4番目に長い大河が流れ注いでいる。ドナウ川，ドニエプル川，ドン川である。ドン川は黒海北部のアゾフ海に流れ込み，ケルチ海峡を通って黒海に到達する。また，黒海はドナウ川を介して中欧と直結し，他方，ドニエプル川やドン川を通じてユーラシアの草原地帯と接し，東部のリオニ川によってコーカサス山脈と繋がる。

かつては，黒海は湖であったが，これら大河から流れ込む水量が増して氾濫し，地中海と繋がって海になったと信じられていた。その後，新説が現れ，氷河期が終わって黒海と地中海双方の水かさが増した結果両者が繋がり，湖だった黒海が海になったと考えられるようになった。しかし，最近では，黒海より地中海の水位の方が高いので，地中海から黒海に海水が流れ，黒海が湖から海になったという説が有力になっている。実際，地中海の海水は，エーゲ海，ダーダネルス海峡，マルマラ海，ボスフォラス海峡の底部を流れて黒海に辿り着き，逆に，淡水はこのルートの上部を流れて地中海に到達すると言われる。この特徴ゆえに，黒海には，湖の時代から生存したニシンやチョウザメ，川を下ってきたヒラメ，タラ，黒海トラウトが生息しているが，大多数の魚は地中海から来たとされる（King 2004：12-19）。

『黒海——一つの歴史』の執筆者チャールズ・キングによれば，トルコ語のKara Deniz（黒海）という名称が普及したのは，オスマン帝国時代初期とのことである。古代ギリシャ時代はPontus Axenus（客を冷遇する海）と呼称され，その後Pontus Euxinus（もてなしのよい海）が使用されたが，中世イタリアの船乗りたちはMare Maius（五月の海）とかMare Maggiore（偉大な海）と呼んでいた。このイタリア語のMare Maggioreがオスマン時代にトルコ語で「偉大な」という意味のKaraに翻訳され，Karaにはもう一つ「黒い」という意味があったため，Kara Deniz（黒海）と呼ばれるようになった。もう一つ，方位を色で表すユーラシア草原の住民の習慣に倣って，黒い（Kara）海と命名されたという説がある。東西南北は各々青白赤黒で表されていたので，北に位置する海という意味で，黒海になったという説である。いずれの説が正しいにせよ，当時優勢を誇ったオスマン帝国が使用したトルコ語（オスマン語）のKara Denizが，黒海地域の諸民族語に

序　章　5

翻訳されるとともに，それが西欧にも伝わって，黒海（Black Sea）という名が定着したと言われる（同前：xii）。

2）歴史的概観

　ところで，近年戦略的重要性が顕著になった黒海地域であるが，同地域はいかなる歴史的変遷を遂げてきたのであろうか，簡単に振り返っておこう（詳細は本書第1章）。黒海北岸地域で最初に植民地建設に着手したのはギリシャ人で，それはおよそ紀元前7世紀頃のことと言われる。彼らは黒海地域へワインや陶器などを運び，他方で穀物，魚，造船に必要な材木を持ち帰った。当時，風向きがよければ，アゾフ海からロードス島まで9日間で航海できた（King 2004：10, 26, 29-32）。

　このギリシャ植民地時代は，ダキア国，ボスポロス王国，ポントス王国の誕生によって終わりを告げ，紀元前2世紀にはローマ帝国が黒海沿岸地域に進出した。ローマ帝国の版図は，トラヤヌス帝による107年のダキア征服により黒海北部ではドニエストル川まで達し，南部ではポントス王国を破ってコーカサスに及んだ（同前：46, 57）。

　ギリシャとローマに次いで黒海を制したのはビザンツ帝国である。ローマ帝国は，アウレリアヌス帝時代の275年に軍隊をダキアから撤退させねばならないほどに衰退し，395年には東西に分裂，476年に西ローマが滅びた後は，コンスタンティノープル（遷都は330年）を首都とする東ローマ，いわゆるビザンツ帝国として栄え，6世紀には西地中海から黒海地域を制覇した（同前：65-66）。しかし，およそ1000年にわたるビザンツ時代，黒海北部の草原地帯は中央アジアから欧州へと向かう諸民族の移動ルートとなり，スキタイに代わって，アラン，フン，アヴァール，ハザール，マジャール，ペチェネグ，クマンなどの諸民族が黒海地域に進出した。6世紀から9世紀の黒海地域はアヴァール帝国，ブルガリア帝国，ビザンツ帝国が勢力を誇ったが，ビザンツ帝国は次第に衰退していった。キエフ公国が誕生したのは，882年のことである。ビザンツ帝国は9世紀から10世紀にかけ再び勢力を盛り返したが，11世紀以降200年間続いた十字軍遠征と，13世紀以降のモンゴルの黒海北部への進出により衰退を余儀なくされ，ビザンツ商人に代わってヴェネツィアやジェノヴァのイタリア商人が黒海貿易に着手し

6

た（同前：68-98）。

　その後 1453 年，14 世紀から勢力拡大に乗り出したオスマン帝国がコンスタンティノープルを征服して以降，黒海は「オスマンの海」と化した。ところが，18世紀に入るとロシアが南下政策を推進したため，黒海の覇権をめぐってオスマンとロシアの対立が激化した。そして，19 世紀になると，イタリアとドイツの統一を受けてオーストリアがバルカンへ勢力を拡大するとともに，オスマン帝国の衰退により「東方問題」[1]が深刻化したため，イギリス，フランス，ドイツが勢力均衡の観点から黒海へ進出し始めた。その結果，黒海は 19 世紀末までに外部に開かれたヨーロッパの海となった。

　また，19 世紀には，黒海西岸から南西にかけてギリシャ，ルーマニア，セルビア，モンテネグロ，ブルガリア自治公国が独立し，第一次世界大戦後は，黒海北岸にソヴィエト社会主義共和国連邦（以下，ソ連），南岸に近代国家トルコ共和国（以下，トルコ）が誕生した。1920 年代の黒海は，セーヴル条約やローザンヌ条約により，イギリスの覇権下で外部に開かれた海であったが，1936 年にモントルー条約が締結されたことで，黒海はトルコとソ連の海となった。

　第二次世界大戦後，黒海地域は，ワルシャワ条約機構のソ連，ルーマニア，ブルガリアと，北大西洋条約機構（NATO）のトルコ，ギリシャとが対峙する最前線となった。しかし，1989 年の東欧革命と 1991 年のソ連崩壊により黒海地域は「力の真空」状態となり，黒海北岸から東岸にかけて新独立国家が誕生するとともに，安全保障の真空地帯となった。

　1990 年代前半はその真空をめぐってロシアとトルコが競ったが，1990 年代後半から欧州連合（EU）と NATO が東方拡大を本格化させると，両国は協力して黒海をロシアとトルコの海にとどめようとした。それゆえ，黒海地域の国際政治構造は，黒海を閉鎖的な海にとどめようとする現状維持勢力と，黒海を欧米に開かれた海にしようとする現状打破勢力の二つが拮抗する二極構造に収斂していった（六鹿 2011：265-283）。ところが，2000 年代後半からロシアが黒海地域の覇権を狙って攻勢を強めたため，同地域をめぐって欧米とロシア，さらにはロシアとトルコの対立が激化し，黒海地域の国際関係は著しく不安定化するに至った。

1）「東方問題」とは，オスマン帝国の衰退に伴うバルカン民族主義の高揚と諸大国間の利害対立がもたらした政治外交問題のことである。

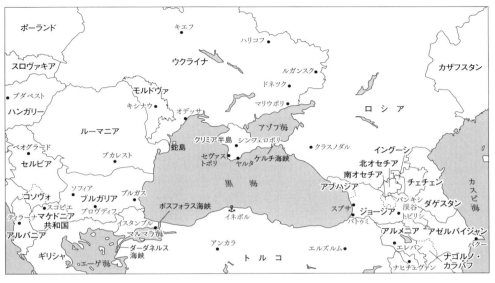

地図 2 黒海地域

2 黒海地域の特徴——多様性，紛争，協力

　黒海地域がどの国から成るのかについて定説があるわけではないが，本書では，黒海地域を「黒海経済協力機構（BSEC）」加盟国からなる地域とする。同機構は6つの沿岸国——ロシア，ウクライナ，ジョージア（グルジア）[2]，ルーマニア，ブルガリア，トルコ——と，6つの周辺国——アゼルバイジャン，アルメニア，モルドヴァ，ギリシャ，アルバニア，セルビア——で構成されているため，黒海地域は沿岸国を超えた黒海周辺一帯を指すことになる。ここから，「広域黒海地域（Wider Black Sea Area）」と呼ばれることもある。

1) 多様性

　黒海地域をこのように規定すると，同地域はロシア，西部新独立国家（WNIS），

---

2) 日本では，2015年に，国名がロシア語名のグルジアから英語名のジョージアに変更された。

8

南コーカサス，バルカンの複数の文化圏にまたがるため，多様性に富んでいる。ちなみに，WNIS はベラルーシ，ウクライナ，モルドヴァからなる旧ソ連西域を指し，南コーカサスはアゼルバイジャン，アルメニア，ジョージアからなる地域を言う。後者は，チェチェン，北オセチアなどロシア連邦南部地域の北コーカサスと区別され，英語名はトランスコーカサス，ロシア語名はザカフカスである。

　領土および人口は，大国のロシア，トルコ，ウクライナから，小国のジョージアやモルドヴァまでまちまちである。宗教も多様で，ギリシャ，スラヴ諸国，ルーマニア，ジョージアは正教，トルコとアゼルバイジャンはイスラーム教，アルメニアは独自のアルメニア使徒教会を信仰する。域内の経済的結びつきも希薄であるし，外部アクターに対して域内諸国がまとまって行動しようとの共通認識もない。対外関係も様々で，EU 関係では，加盟国のブルガリア，ギリシャ，ルーマニア，加盟交渉国のトルコ，加盟候補国のアルバニアとセルビア，東方パートナーシップ（EaP）対象国のウクライナ，モルドヴァ，南コーカサス諸国に分かれる。そのうち，ウクライナ，ジョージア，モルドヴァは 2014 年に EUと連合協定および「深化した包括的自由貿易圏（DCFTA）」協定に調印したが，アルメニアとアゼルバイジャンは調印を見送った。

　また，NATO との関係では，加盟国はアルバニア，ブルガリア，ギリシャ，ルーマニア，トルコ，加盟希望国はウクライナとジョージアで，加盟のための「対話の強化」段階にあるウクライナとジョージアは，2009 年末より加盟行動計画（MAP）に代わって年間国家計画（ANP）を遂行している。他方，アルメニア，アゼルバイジャン，モルドヴァ，セルビアは，個別パートナーシップ行動計画（IPAP）の段階にある。ロシアは EU とはパートナーシップ協力協定（PCA），共通空間，「近代化のためのパートナーシップ」を介して，NATO とは NATO－ロシア理事会（NRC）を通じて関係を構築してきた。

2）民族問題，国家間対立，紛争

　黒海地域は少数民族やディアスポラの宝庫でもある。居住国外に祖国を持つ代表的なディアスポラとしては，ロシア人，ハンガリー人，アルバニア人，アルメニア人，セルビア人，クリミア・タタール人がおり，それ以外の少数民族として，クルド人，アブハジア人，ガガウズ人などが存在する（ディアスポラについては，

六鹿 2014：187-200）。ロシア連邦内黒海沿岸地域では，チェチェン，イングーシ，北オセチア，ダゲスタンがロシア連邦政府と複雑な関係を展開している。また，ジョージア，モルドヴァ，アゼルバイジャンでは，アブハジア，南オセチア，トランスニストリア（沿ドニエストル），ナゴルノ・カラバフ問題が未解決のまま放置されてきた。それゆえ，これらは「凍結された紛争」とか「長期化する紛争」，あるいは「非承認国家」と呼ばれるが，2014年春のロシアによるクリミア併合により，新たにクリミア問題が加わった。また，ロシアは2008年夏にアブハジアと南オセチアの独立を承認したが，2014年から両地域のロシア連邦への統合を進めている。

　さらに，ジョージアは2004年春に統一するまでアジャリア問題を有していたし，モルドヴァはトルコ系キリスト教徒のガガウズ問題，ブルガリアはトルコ系少数民族問題を抱えている。加えて，黒海地域では，チェチェン紛争，ボスニア紛争，コソヴォ紛争，マケドニア紛争など武力紛争が多発し，ルーマニアでは，1989年革命直後の1990年3月，トランシルヴァニアのトゥルゴヴィシュテで，ハンガリー系住民とルーマニア系住民の間で暴力衝突が起きた。

　国家間の対立も深刻である。1990年代前半は，ロシアとトルコが黒海地域の覇権をめぐって競争し，ロシアとウクライナは，黒海艦隊，セヴァストポリ，クリミア，ケルチ海峡，ロシア系ディアスポラをめぐって対立した。また，トルコとギリシャはキプロス，ウクライナとルーマニアは領土，少数民族，大陸棚，ブストロエ運河（ウクライナではブストレ水路と呼称）などをめぐって争った。さらに，ブルガリアとトルコはトルコ系少数民族，アルバニアとセルビアはコソヴォ，アゼルバイジャンとアルメニアはナゴルノ・カラバフをめぐって各々反目を続けている。さらに，トルコとアルメニアは，1915年のアルメニア人ジェノサイド問題やカラバフ問題をめぐって冷たい関係にあり，未だに外交関係がない。

　さらに，黒海地域にはあまたの紛争要因がある。モントルー条約（第2章で詳述）をめぐる論争，石油およびガス・パイプラインのルートをめぐる攻防，領海・排他的経済水域・大陸棚の確定問題，さらには軍事力をめぐる対立もある。ミサイル防衛や欧州通常戦力（CFE）をめぐる対立，とりわけロシア国内の南北軍事比率をめぐる対立，「平和のためのパートナーシップ（PfP）」に基づく黒海におけるNATOの軍事演習，アメリカやロシアの軍事基地，モルドヴァや

ジョージアに非合法に駐留するロシア軍の問題，黒海における軍事バランス，とりわけ海軍の軍事バランス，信頼醸成メカニズムの欠如などである（Pantev 2001：117-118）。

3）地域協力

冷戦時代，黒海地域は東西対立の最前線であったが，冷戦が終結するや1992年6月にBSECが創設されて，黒海地域は地域協力に向け始動した。BSECは1999年5月1日に憲章が発効して黒海経済協力機構と名称を変更し，国連憲章第8章下の正式な国際地域機構となった。議長国，閣僚評議会，上級委員会，書記局，部門別委員会，ワーキング・グループ，法的アドヴァイザー，行政アドヴァイザー，タスク・フォースなど，組織の制度化も進んだ。議長国は半年ごとの輪番制で，政策決定過程はワーキング・グループでの議論に始まり，上級委員会の決定を経て，閣僚評議会で最終決定される。

財政難，官僚的手法，BSEC加盟諸国のEU加盟熱などが災いして，必ずしも期待される成果が得られているわけではないが，経済面での域内協力はそれなりに進んでいる。数ヵ国のBSEC向け輸出の比重が高まり，ブルガリア，ギリシャ，ルーマニア，トルコなど比較的規模の大きな4ヵ国の経済関係が強化されるとともに，黒海貿易開発銀行（BSTDB）によるきめ細かな融資も行われている（本書第4章）。

さらに，安全保障協力に向けた動きもある。BSECの枠外ではあるが，黒海海軍協力タスク・グループ（BLACKSEAFOR）や黒海ハーモニー（Black Sea Harmony）が創設されるなど，黒海沿岸諸国の海軍の間で協力が進んだ。また，BSECに安全保障機能を持たせようとする動きも見られたし，そもそもBSECの創設でイニシアティヴをとったトルコの目的は，地域経済協力を介した黒海地域の安全保障の強化にあった（詳細は本書第3章）。

4）地域安全保障

この点に関して，BSECは，冷戦直後に黒海からバレンツ海へと至る地域に創設された地域機構となんら遜色ない。バレンツ海欧州北極圏評議会（BEAC，1993年1月），バルト海諸国評議会（CBSS，1992年3月），ヴィシェグラード・グ

ループ（1991 年 2 月），中欧自由貿易協定（CEFTA，1992 年 12 月），中欧イニシア
ティヴ（CEI，1992 年 7 月）は，冷戦後，黒海からバレンツ海へと至る地域に生
じた安全保障の真空を埋めるために創設されたのであり，その点では BSEC も
同様である（Bailes 1999 : 157）。

　しかし，BSEC とこれら地域機構の間には相違点もある。例えば，ヴィシェグ
ラードや CEFTA は EU/NATO 加盟を実現するために設立されたが，BSEC は，
多くの加盟国が EU/NATO 加盟を最優先目標に掲げているとはいえ，EU/NATO
加盟を目的として創設されたわけではない。冷戦終焉直後の EU や NATO は域
内統合や変革に余念がなく，拡大への関心が低かったため，中欧諸国は多国間協
力を介して加盟交渉を有利に進めようとしたのである（Cottey 1999 : 69–70 ; Ku-
pich 1999 : 90 ; Bailes 1999 : 161）。他方，CEI は，イタリアとオーストリアがユー
ゴスラヴィアやハンガリーとの関係を強化する目的で創設したもので，やがて加
盟国がチェコやポーランドへと拡大されていったが，その背景には，ドイツの影
響力が東欧に浸透することに対する両国の憂慮があった（Cviic 1999 : 114）[3]。し
かし，BSEC の創設に向けてイニシアティヴをとったトルコは，域外国の黒海地
域への浸透を恐れて BSEC を組織したわけではない。ロシアとトルコが EU と
NATO の黒海への浸透に神経をとがらせて共闘を開始するのは，1990 年代末の
ことである。

　このように見てくると，BSEC に最も近い地域機構は BEAC と CBSS と言える。
これら 3 機構は各々バレンツ海，バルト海，黒海周辺諸国からなる地域協力機構
であるとともに，ロシアが加盟国として加わっている点で共通している。例えば，
BEAC は，冷戦時代の分断線を克服し，ソ連との関係改善を図るための制度的枠
組みとして提唱された。これら 3 機構に共通する目的は，冷戦後の新たな国際環
境において，ロシアを孤立させるのではなく，地域協力を介してロシアの安定化
を図ることにあった（Joenniemi 1999 : 31, 41 ; Stalvant 1999 : 49–52）。とはいえ，
BSEC の場合，1990 年代前半は，黒海地域の覇権をめぐってロシアとトルコが

3）イタリアとオーストリアの CEI 創設の動機は，戦間期の欧州国際政治を彷彿させる。イ
　タリアのムッソリーニは，ハンガリーおよびオーストリアと 1934 年 3 月にローマ議定書
　を締結して，中欧のドイツ勢力圏入りを阻止しようとした。また，ドイツとオーストリア
　の統一を憂慮したムッソリーニは，翌年 1 月にフランスとローマ協定を締結して，オース
　トリアを緩衝国家として残そうとしたのである。

反目したことは否めない。

3　今なぜ黒海国際政治なのか

1）地政学上の「諸大国の狭間」をめぐる国際政治

　冷戦直後の 1990 年代，黒海地域は世界の注目を集めることはなかった。ところが，2008 年 8 月のロシア＝ジョージア戦争，2014 年 3 月のロシアによるクリミア併合と 4 月に始まるウクライナ東部の武力紛争により，黒海地域が国際政治の一つの焦点としてにわかに浮上したのである。それは二つの要因に基づいている。

　一つは，黒海からバルト海へと至る地域が，地政学上，諸大国の狭間に位置することである。そもそも，この地域は「もう一つのヨーロッパ」と呼ばれ，日本のみならず欧米においてさえあまり重視されてこなかったが，常に国際政治のフォーカル・ポイントであった。第一次世界大戦，第二次世界大戦，冷戦のすべてがこの地域をめぐって生じたのであり，冷戦の終焉も 1989 年の東欧革命によってもたらされた。そして今再び，黒海北岸で生じたウクライナ危機を発端に，新冷戦が始まろうとしているのである。

　これは，諸大国がこの地政学上の狭間の地域をめぐって権力政治を展開する結果にほかならない。その際，諸大国の権力闘争には 4 つのパターンが見られる。すなわち，A．この地域がいかなる大国の支配下にもない「力の真空」状態，B．「力の真空」をめぐって諸大国が抗争を繰り広げる状態，C．諸大国がこの地域を分割支配することで諸大国間の平和が保たれる状態，D．一つの大国がこの地域を排他的に支配する状態である。

　第一次世界大戦以降について見れば，A は第一次世界大戦直後と冷戦終焉直後に出現した。B は 1920 年代の仏伊対立，1930 年代前半の仏独対立，フランスの対独降伏（1940 年 6 月 22 日）から独ソ戦（1941 年 6 月 22 日）へと至る期間の独ソ対立，第二次世界大戦期を通じた英ソの攻防，冷戦後の中・東欧[4]と WNIS をめ

　4）「東欧」の概念は，冷戦期においては共産化したソ連ブロック諸国を指したが，冷戦後は
　　一般的傾向として，ポーランド，ハンガリー，チェコ，スロヴァキアなどの中欧と，それ

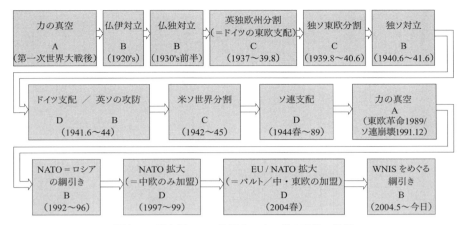

図序-1 諸大国による狭間をめぐる権力政治の推移

ぐる EU/NATO とロシアの綱引きにおいて顕著であった。C はヴェルサイユ体制の崩壊から独ソ不可侵条約締結（1939年8月23日）までのイギリスによる対独宥和政策と英独による欧州分割，独ソ不可侵条約付属秘密議定書に基づく独ソによる東欧分割，フランクリン・ローズヴェルトとヨシフ・スターリンによる欧州分割において見られた。D を代表するのは独ソ戦開始以降のドイツによる単独東欧支配，ソ連軍による東欧解放後のソ連ブロックの形成，EU/NATO 拡大である。これら4つのパターンの流れを図式化したのが図序-1である。

同図に沿って，狭間の地域をめぐる諸大国の権力政治の流れを概略すれば以下のようになる（詳細は六鹿1998：285-323）。そもそもこの地をめぐる国際政治は諸大国による勢力分割の歴史であり，第一次世界大戦以前はドイツ，ロシア，オーストリア，オスマンの四帝国が東欧を分割支配し，第一次世界大戦以降の1920年代は，ヴェルサイユ体制維持派のフランスと修正主義派のイタリアが東欧勢力圏をめぐって争った。しかし，1930年代になると，ドイツがイタリアに

以外の東欧とを分け，双方を合わせた中・東欧という概念が用いられるようになった。ただし，外務省中・東欧課（英語名 Central and South Eastern Europe Division）は，独，墺，スイス，リヒテンシュタイン，ポーランド，ハンガリー，チェコ，スロヴァキア，ブルガリア，ルーマニア，アルバニア，マケドニア，スロヴェニア，クロアチア，ボスニア・ヘルツェゴヴィナ，ギリシャ，キプロス，セルビア，モンテネグロ，コソヴォ，ウクライナ，ベラルーシ，モルドヴァの24ヵ国を対象としている。

代わって修正主義勢力の筆頭に躍り出て，フランスとの間で東欧をめぐる勢力圏抗争を展開した。ドイツが勝利を収めて欧州大陸の力のバランスがドイツ有利に傾くと，それまでドーヴァー海峡の彼方から大陸の勢力均衡の行方を見守っていたイギリスが，ドイツとの間で欧州分割に乗り出した。英独欧州分割を通じて，イギリス帝国の安寧と欧州国際秩序の安定を図ろうとしたのである。

　しかし，英独の平和は長続きしなかった。それは 1939 年 3 月にチェコスロヴァキアが力づくで解体され，ミュンヘン会談の成果が水泡に帰したことで，イギリスの世論が硬化し，ネヴィル・チェンバレン首相が対独宥和政策の再考を迫られたからである。以後英独間の緊張が高まるなか，アドルフ・ヒトラーはポーランドにおいて第二のミュンヘンを実現しようとソ連に目を向け，1939 年 8 月23 日に独ソ不可侵条約を締結して独ソ東欧分割を敢行した。第二次世界大戦はまさにこの，英独欧州分割から独ソ東欧分割の転換期において勃発したのであり，ナチズムとコミュニズムという二つの「異端」が結束したことに危機感を抱いたイギリスが，民主主義を固守するために自らを奮い立たせた結果であった。

　そして，ドイツが翌年 6 月にフランスを破って西欧を支配下に置くや，それまで勢力分割の対象から除外されてきたバルカンをめぐって独ソの勢力圏抗争が激化した。1940 年 7 月から 11 月にかけてバルバロッサ作戦を決意するに至ったヒトラーは，翌年 4 月までに中欧・バルカンを配下に収め，6 月 22 日に対ソ攻撃を開始した。その結果，第二次世界大戦を通じて東欧はドイツの支配下に置かれたが，そのドイツが無条件降伏を強いられたことで，戦後，東欧に再び力の真空が生まれることとなった。この力の真空を埋めたのは，軍事力で東欧を解放したソ連であったが，実際には，すでに大戦中の連合国外交を通して，米ソによる欧州分割はほとんど動かし難いものになっていたのである。

　その結果，黒海からバルト海へと至る諸国は冷戦時代を通じてソ連ブロックの下に置かれ，行動を束縛された。ソ連は，共産党組織，社会主義的国際主義イデオロギー，経済相互援助機構（コメコン），軍事同盟のワルシャワ条約機構，駐留ソ連軍などを通じて，東欧諸国をソ連ブロックに繋ぎ止めた。それに対し，ソ連ブロック内部では，1953 年の東ドイツにおける抗議運動を皮切りに，1956 年のハンガリーとポーランド，1968 年のチェコスロヴァキア，1980 年のポーランドで反体制運動が起きたが，ソ連は軍事力の行使ないし威嚇によってそれらの動

きを制止した。しかし，1985 年 3 月にソ連共産党書記長に就任したミハイル・ゴルバチョフが，ペレストロイカ，グラスノスチ，新思考外交に着手し，最終的にブレジネフ・ドクトリンを放棄したことから，1989 年に東欧革命が起きた。その結果，黒海からバルト海へと至る地域は，第一次世界大戦直後と同じく，再びどの大国の支配下にもない「力の真空」状態に置かれたのである。

　冷戦終焉後，この諸大国の狭間に位置する黒海からバルト海へと至る地域は，東欧革命とソ連の崩壊によって，ソ連が支配する D から「力の真空」状態 A に転換したが，やがて B へと移行していき，EU/NATO とロシアが「力の真空」をめぐって綱引きを開始した。その結果，2004 年春の EU/NATO 東方拡大によってバルト三国と中・東欧が EU/NATO に加盟すると，その後は同諸国の東に位置する旧ソ連地域，すなわち西部新独立国家（WNIS）および南コーカサスの「力の真空」地帯をめぐって，欧米とロシアが綱引きを始めるのである。モルドヴァのロシアへの恒常的従属化を狙ったコザック・メモランダムと，それをめぐる欧米とロシアの激しいつばぜりあい（2003 年 11 月。六鹿 2004：68-75），ウクライナの「オレンジ革命」（2004 年末。北海道大学スラブ研究センター 2006），ロシアとウクライナの「エネルギー紛争」（2005 年末～今日），リュブリアナ欧州安全保障協力機構（OSCE）外相会議におけるロシアの OSCE 選挙監視団非難と，欧米によるジョージアおよびモルドヴァからのロシア軍撤退要求（2005 年 12 月），ルーマニアおよびブルガリアにおける米軍の軍事基地使用合意（2005 年末～06 年春），ミサイル防衛問題，ロシアによる CFE 条約停止（2007 年 12 月）などはすべて，この新たな「力の真空」をめぐる欧米とロシアの綱引きの中で生じたのである。

　そして，2008 年 4 月の NATO ブカレスト・サミットがウクライナとジョージアの将来の NATO 加盟を宣言し，2009 年 5 月に EU が東方パートナーシップ・サミットを開催して旧ソ連諸国 6ヵ国との関係強化に乗り出すと，欧米とロシアの間で同諸国をめぐる対立が高じて，ロシア＝ジョージア戦争およびウクライナ危機が生じたのである。その結果，欧米とロシアの狭間の地域の中でもとりわけ黒海地域が，国際政治のフォーカル・ポイントとなったのである。

2）黒海地域──周辺からハブへ

　黒海地域が国際政治のフォーカル・ポイントになったもう一つの要因は，同地

域が周辺からハブ（中心軸）へと転換したことである。黒海地域は，欧州，ユーラシア，中東という三地域各々の周辺部分に位置するがゆえに，1990年代はほとんど注目されることはなかった。欧州はEUの統合と拡大，NATOの変革と拡大，ユーゴスラヴィア紛争，ユーラシアの旧ソ連諸国は独立後の国民国家建設と体制変動，中東は湾岸戦争やパレスチナ問題など，三地域は各々地域固有の問題の処理に忙殺されていたからである。ところが，21世紀に入ると，EU/NATO拡大に伴う地政学的大変動により，黒海地域がにわかに戦略的重要性を増し，これら三地域の周辺からハブへと変貌を遂げるのである。

2004年春のEU/NATO東方拡大の結果，EUとNATOはきわめて不安定なWNISおよび南コーカサスと国境を接するに至り，欧米諸国は自らの安全保障確保のために否が応でも同地域に関心を払わざるを得なくなった。それと同時に，EU/NATO拡大は，同機構に新たに加盟したいわゆる「新しい欧州」諸国の東方外交を勢いづけた（六鹿2006b：233-250）。バルト諸国，ポーランド，ルーマニアは，かつてドイツがEU/NATO拡大の牽引車であったように，自国の安全保障を確固たるものにすべく，WNISや南コーカサスに向け積極的な東方外交を展開し始めたのである。

他方，WNISや南コーカサスは，ロシア帝国および旧ソ連下に長年置かれていたため，地政学的次元のみならず，政治，経済，社会，アイデンティティなどあらゆる次元においてロシアとの繋がりが強固であった。ところが，EU/NATOが実際に東方へと拡大して同諸国と国境を共有するに至ると，WNISと南コーカサスではEU/NATOへの加盟を主張する声が高まり，欧米かロシアか，EU/NATO加盟かCIS/ロシアとの関係強化か，さらには改革か現状維持かの二者択一をめぐって国内議論が激しさを増していき，それが不正選挙をきっかけに「バラ革命」や「オレンジ革命」を惹起したのである。

こうした流れの中，欧米諸国は黒海地域の民主化に期待を寄せ始めた。当初，欧州近隣諸国政策（ENP，六鹿2005：95-112）の対象国に含まれていなかった南コーカサスが，突如2004年6月にその対象国に含まれたのはまさにその証左である。また，イラク戦争の正当性問題で揺れる第二期ブッシュ政権は，「バラ革命」と「オレンジ革命」を中東民主化への梃子と捉えた。ブッシュ大統領は2005年5月にラトヴィアとジョージアに赴いて民主化ドミノを賞賛し，中東へ

の民主主義の輸出に期待を表明したのである。

　これら EU/NATO 拡大に伴う諸要因に加え，2001 年 9 月 11 日の同時多発テロと，その後のアフガニスタンおよびイラク戦争が，黒海地域の戦略的重要性を一層高めた。理由の一つは，同戦争によって，NATO が対テロ戦略を展開する，地中海 – バルカン – アフガニスタンへと至る地域の戦略的重要性が高まり，その要衝に位置する黒海地域の地政学的・戦略的重要性が認識されるに至ったからである。もう一つは，カスピ海から黒海を経由して欧州へと至るエネルギー輸送ルートが，これまで以上に注目され始めたためである。それは，イラク戦争により，欧米諸国がエネルギーの中東依存を軽減する必要性に迫られたからであり，またロシアが 2006 年初めにウクライナなどに対するガス輸送を一時停止したことと関連して，西欧諸国のエネルギー安全保障の脆弱性があらためて浮き彫りにされたからである。

4　黒海は一つの地域か

　第 2 節 (1) と (2) から，黒海地域は，多様性に富む一方で共通のアイデンティティや文化を欠き，対立や紛争が絶えない地域であることが理解できたが，それでも黒海地域は一つの地域として捉えることができるのであろうか。この素朴ではあるが本質的な疑問に対する答えは，然りである。それは，第一に，前述したような地域協力が進められているからである。また，第二に，地域を，共通のアイデンティティや共通の文化ではなく，人々の生活や政治単位を結びつけるために不可欠な一連の交流，すなわち相互作用の地理的空間と定義すれば，黒海はまさしく一つの地域と言える。黒海および黒海に流れ込む大河が，2500 年以上にわたって，黒海地域の住民や社会の連携を促進するための架橋の役目を果たしてきたからである（King 2004 : 7-8）。

　しかも，第三に，そのような相互関係を超えた，黒海地域特有の政治経済構造が存在するとともに，それら政治経済構造が織りなす歴史的パターンが認識されるからである。アンカラの経済史専門家オズヴェレンの分析によれば，黒海地域固有の政治経済構造の一つは，政治権力構造が単極で，覇権国家が指令経済を介

して帝国の維持に不可欠な物資調達経済を展開する構造であり，もう一つは，多極分散型の政治権力構造において，覇権国家主導の物資調達経済は後退し，かわって市場経済の展開が顕著となる構造である。そして，これら二つの構造が入れ代わり繰り返される歴史的パターンが，黒海地域で定着してきた。前者は，ビザンツ，オスマン，ソ連が黒海地域の覇者であった時代の構造であり，後者は，ジェノヴァとヴェネツィアなどイタリア商人の時代，19世紀後半の黒海のヨーロッパ化の時代，冷戦終結後の構造である（Ozveren 2001：72-79）。

　前者の構造の下では，ビザンツやオスマンが覇権を通じて黒海の資源を独占し，帝国の運営，とりわけ首都コンスタンティノープルないしイスタンブルの維持に必要な物資を指令経済を介して調達した。この構造下では，黒海は外部世界に対して閉鎖され，ビザンツの海ないしオスマンの海であった。しかし，ビザンツの勢力が衰退して黒海南方へと後退し，モンゴルが黒海北部を支配して黒海地域の権力構造が二極化すると，イタリア人商人が黒海に進入し，クリミアやドン川を拠点として水上交通網を整備し，貿易の発展に努めた。その結果，黒海地域で資本の蓄積が進み，市場経済が発達して，同地域は欧州の資本主義経済発展に寄与した。また，14世紀のワラキアとモルドヴァの両公国の発展により，ドナウ川の戦略的重要性が高まり，黒海の入口となるボスフォラス，ダーダネルス両海峡と共に，ドナウ川は黒海地域の勢力関係を決定する重大な要因となった。

　しかし，16世紀までに黒海がオスマンの海となると，黒海はイスタンブルの補給地となり，黒海はそれ以前と比べ相対的により自立した経済単位となった。ところが，13世紀にビザンツがイタリア商人の圧力に屈して黒海を外部世界に開放したように，19世紀になると，オスマンはヨーロッパ列強による黒海開放に向けた圧力に抗することができず，黒海はヨーロッパの海に転じた。その結果，前述したように黒海地域の政治権力構造は多極化し，指令経済に代わって市場志向型経済が優勢となった。しかも，黒海地域の経済は，オスマン帝国下における小規模な資本蓄積に加え，産業革命に起因する新たな国際分業体制，およびフランス革命に鼓舞された国民国家の拡散によって活性化した。それゆえ，黒海地域は一つのまとまりある地域へと質的転換を遂げたのである（同前：64-67）。

　第一次世界大戦後に誕生したソ連は，そのようにまとまりつつあった黒海地域で，ビザンツとオスマンの指令経済の伝統を復活させた。しかし，ソ連が1991

年に瓦解すると，19世紀末と同じく複数の新独立国家が誕生し，黒海地域は再び政治的多極構造と市場経済へと向かった（同前：63-79）。そして，21世紀に入るとEUとNATOが東方へと拡大し，黒海のヨーロッパ化が再開されるのであるが，ロシアとトルコが黒海を閉鎖的な海にとどめようと共闘し始めたため，黒海地域の政治構造は現状維持勢力と現状打破勢力からなる不安定な二極構造へと収斂していったのである（本書第3章）。

　以上のようなオズヴェレンの見解は，極度に単純化したものであるとはいえ，黒海に歴史的に固有の政治経済構造が長期にわたって存在してきたことを指摘したものであり，ここから黒海地域は一つのまとまりある地域として捉えることができるのである。（なお，第1章では，ここで紹介したオズヴェレンの見解とは異なり，黒海地域の構造転換を，南からの一極支配から西欧とロシアが加わった多極構造への推移として捉えている。両者の見解の相違は，オズヴェレンが黒海地域の政治構造（単極／多極）と経済構造（指令経済／市場経済）に焦点を当てているのに対し，黛が外交分析に力点を置き，なおかつ外部世界である西欧諸大国を分析対象に加えていることに由来するもので，両者の見解は矛盾するものではない。）

　黒海地域を一つの地域とする第四の要因は，前述したように，21世紀に入る頃から，黒海地域が三地域の周辺からハブへと転換し，同地域が戦略的に重要な一つのまとまりある地域として扱われる傾向が強まったことである。EUは1997年に黒海シナジーを始動させ，黒海地域協力の支援とEU＝黒海関係の強化に着手した。NATOは2004年のイスタンブル・サミット宣言において，初めて黒海地域の戦略的重要性に言及し，黒海地域担当の国際スタッフポストを創設した。トルコの反対で実現しなかったものの，同スタッフが中心となってNATOの黒海戦略作成に向け調整が行われたのである。

　このようにして，一つの地域としての黒海の重要性が認識されてきた結果，21世紀に入るあたりから黒海地域に関する国際会議が開催され，研究書が出版され始めた。アイバクによる編著『黒海の政治』が2001年に出版されたのに続き，2004年には先述のキングの『黒海』のほか，パヴリュークとツィンツァゼの編集による『黒海地域——協力と安全保障構築』，2005年には3名のトルコ人研究者による『黒海政治——不安定な地域における政治文化と市民社会』，2007年にはヴォルテンとタシェフ編『広域黒海地域における安全保障と安定の確立』，

2011 年には，ロマニューク編『競争する諸大国──広域黒海地域の安全保障』，
2012 年にはギリシャ人経済学者マノリの単著『黒海サブ地域のダイナミズム』，
2014 年にはイギリス人軍事専門家による単著『黒海の海軍力』が出版された。
ジャーマン・マーシャル基金による 2004 年と 2006 年の国際会議報告書も注目に
値する。中心的な役割を担ったロナルド・アスムスは，黒海地域の地政学的・戦
略的重要性を欧州諸国にアピールする目的で国際会議を組織したと筆者に語った
が，著名な国際政治学者が一堂に会して開催されたこれら 2 回の国際会議は，黒
海研究の発展にとって分水嶺となった。

　本節では，黒海地域を一つの地域，一つの分析単位として捉えることは妥当で
あるし，必要な分析視角であることが確認された。しかし，黒海地域は孤立した
地域ではなく，ヨーロッパ，中東，中央アジアとの関係性の中で発展してきた
（第 1 章参照）。とりわけ，近代の黒海地域の国際関係は，欧州国際秩序である
ウィーン体制，ヴェルサイユ体制，ヤルタ体制，ポスト冷戦後の欧州国際秩序の
文脈において展開されてきた。したがって，黒海国際政治に関する第 1 章から第
3 章は，欧州国際秩序との関連性に留意しながら考察を行う。

5　日本と黒海地域

　21 世紀に入ると，日本でも黒海地域への関心が高まった。民間の研究機関で
あるグローバル・フォーラムが「日・黒海地域対話」の開催に向けて準備を開始
したのは，ジャーマン・マーシャル基金が最初の黒海国際会議を開催した 2004
年のことである。そして，翌年 11 月に第 1 回「日・黒海地域対話」が外務省の
後援を得て BSEC との共催で開かれ，その後同対話は 2007 年，2010 年，2013
年と続けられた（Reports 2005, 2007, 2010, 2013）。

　また，第一次安倍内閣が「自由と繁栄の弧」外交を旗揚げしたのは 2006 年 11
月 30 日の麻生外相演説においてであり，同演説において，東南アジアから中央
アジア，コーカサス，バルカンを通ってバルトへと至る諸大国の狭間に位置する
地域で，日本が民主化と経済発展に積極的に貢献していく方針が打ち出された
（六鹿 2007）。同政策の立案に関わった外交官によれば，当初「自由と繁栄の弧」

外交の中核は黒海地域に置かれていたが，その後の政策決定過程で様々な地域が追加されていき，最終的にユーラシア全体にまたがる「弧」になったとのことである。

それはともかく，日本は，同構想の下で，2007年6月のバクーGUAM[5]サミットに初めて参加し，それ以後「GUAM＋日本」の枠組みにおいて定期協議が続けられた。他方，日本はBSECへのオブザーバー参加を申し入れたが，ギリシャの拒否権行使にあい，部門別対話パートナーシップの資格でBSECとの関係を発展させてきた。ギリシャはマケドニア旧ユーゴスラヴィア共和国（FYROM）を含むすべての国家のオブザーバー申請に拒否権を行使してきたが，それはキプロスがBSECへオブザーバー資格を申請した際にトルコが拒否権を行使したことへの報復措置と言われる。

アカデミズムの世界では，黒海地域の研究者からなる黒海学会が2006年4月に発足し，定期的な研究会開催後，2008年から4年間にわたり科学研究費基盤A（海外）「黒海地域の国際関係——4次元分析における学際的総合研究」プロジェクトが組まれた。同プロジェクトでは，2009年10月初めにイスタンブルのボアジチ大学において，また2011年11月には静岡県立大学で，各々黒海地域に関する国際会議を開催した。本書はこの科研プロジェクトの研究成果の一部である。我が国では黒海地域に関する研究書は皆無であるため，この学問上の間隙を埋め，日本の地域研究および国際関係研究の発展に寄与することを目的に，本書は企画された。

本書は三部からなる。第I部では黒海地域の政治と経済を歴史的に概観する。オスマンの海からオスマンとロシアの海を経て，黒海の国際化へと至る過程を第1章で扱う。第2章では，第一次世界大戦終了から冷戦が終結するまでのおよそ1世紀に及ぶ黒海の歴史を描写し，第3章では，冷戦後から現在に至る黒海地域の国際政治を広域ヨーロッパ国際政治との関わりの中で考察する。第4章では，黒海地域の経済関係について分析する。第II部の第5章から第9章では，黒海地域の域内関係をより深く理解するため，ロシア，トルコ，ウクライナ，バルカ

---

5) GUAMとは，ジョージア，ウクライナ，アゼルバイジャン，モルドヴァで構成される国際組織のことで，2006年に改称し，現在の正式名称は，「民主主義と経済発展のための機構 – GUAM（ODED-GUAM）」である。

ン，南コーカサスの政治変動と外交政策，とりわけ対黒海政策について具体的に分析する。第 III 部の第 10 章から第 13 章では，黒海地域に特有な課題である，非承認国家問題，エネルギーと輸送，宗教や企業に見られるトランスナショナルな関係について分析する。最後に，終章において本書の総括を行う。

参考文献
①外国語
Asmus, Ronald D. (ed.). 2006. *Next Steps in Forging a Euroatlantic Strategy for the Wider Black Sea*, Washington : The German Marshall Fund of the United States.

Asmus, Ronald D., Konstantin Dimitrov and Joerg Forbrig (eds.). 2004. *A New Euro-Atlantic Strategy for the Black Sea Region*, Washington, D. C. : The German Marshall Fund of the United States.

Bailes, Alyson J. K. 1999. "The Role of Subregional Cooperation in Post-Cold War Europe : Integration, Security, Democracy," in *Subregional Cooperation in the New Europe : Building Security, Prosperity and Solidarity from the Barents to the Black Sea*, ed. Andrew Cottey, London : Macmillan Press Ltd., pp. 153-183.

Barlas, Dilek. 1998. *Etatism & Diplomacy in Turkey Economic & Foreign Policy Strategies in an Uncertain World, 1929-1939*, Leiden, New York, Koln : Brill.

Birsay, Cem. 2007. "The Integration of Regional Efforts for Strengthening Stability Initiatives in the Wider Black Sea Area and Turkey's Position," in *Establishing Security and Stability in the Wider Black Sea Area*, eds. Peter M. E. Volten and Blagovest Tashev, Amsterdam : IOS Press, pp. 90-111.

Bothe, Samantha N. and Ryan Hickman. 2012. *Turkey and the United States*, New York : Nova Science Publishers, Inc.

Cottey, Andrew. 1999. "The Visegrad Group and Beyond : Security Cooperation in Central Europe," in *Subregional Cooperation in the New Europe : Building Security, Prosperity and Solidarity from the Barents to the Black Sea*, ed. Andrew Cottey, London : Macmillan Press Ltd., pp. 69-89.

Cviic, Christopher. 1998. "The Central European Initiative," in *Subregional Cooperation in the New Europe : Building Security, Prosperity and Solidarity from the Barents to the Black Sea*, ed. Andrew Cottey, London : Macmillan Press Ltd., pp. 113-127.

Graphic Maps, http://www.worldatlas.com/aatlas/infopage/blacksea.htm

Gunes-Ayata, Ayse, Ayca Ergun and Isil Celimli (eds.). 2005. *Black Sea Politics : Political Culture and Civil Society in an Unstable Region*, London, New York : I. B. Tauris.

Joenniemi, Pertti. 1999. "The Barents Euro-Arctic Council," in *Subregional Cooperation in the New Europe : Building Security, Prosperity and Solidarity from the Barents to the Black Sea*, ed. Andrew Cottey, London : Macmillan Press Ltd., pp. 23-45.

King, Charles. 2004. *The Black Sea : A History*, Oxford : Oxford University Press.

Kiniklioglu, Suat. 2006. "Turkey's Black Sea Policy : Strategic Interplay at a Critical Junction", in *Next Steps in Forging a Euroatlantic Strategy for the Wider Black Sea*, ed. Ronald D. Asmus,

序 章 **23**

Washington, D. C. : The German Marshall Fund of the United States, pp. 55-64.

Kupich, Andrzej. 1999. "The Central European Free Trade Agreement : Problems, Experiences, Prospects," in *Subregional Cooperation in the New Europe : Building Security, Prosperity and Solidarity from the Barents to the Black Sea*, ed. Andrew Cottey, London : Macmillan Press Ltd., pp. 90-112.

Larrabee, F. Stephen. 2010. *Troubled Partnership : U. S. -Turkish Relations in an Era of Global Geopolitical Change*, Santa Monica : Rand.

Macfie, A. L. 1989. *The Eastern Question 1774-1923*, London and New York : Longman.

Manoli, Panagiota. 2012. *The Dynamics of the Black Sea Subregionalism*, Surrey : Ashgate.

Martin, Lenore G. and Dimitris Keridis (eds.). 2004. *The Future of Turkish Foreign Policy*, Massachusetts : Harvard University Press.

Ozveren, Eyup. 2001. "The Black Sea World as a Unit of Analysis," in *Politics of the Black Sea*, ed. Tunc Aybak, London, New York : I. B. Tauris Publishers, pp. 61-84.

Pantev, Plamen. 2001. "Security Cooperation in the Black Sea Basin," in *Politics of the Black Sea*, ed. Tunc Aybak, London : I. B. Tauris, pp. 115-132.

Pavliuk, Oleksandr and Klympush-Tsintsadze, Ivanna (eds.). 2004. *The Black Sea Region : Cooperation and Security Building*, New York : East West Institute.

Reports. 2005, 2007, 2010, 2013. The First, Second, Third, and Fourth "Japan-Black Sea Area Dialogue," sponsored by the Global Forum of Japan.

Romaniuk, Scott Nicholas (ed.). 2011. *Competing Powers : Security in the Wider Black Sea Region*, Saarbrucken : Lambert Academic Publishing.

Sanders, Deborah. 2014. *Maritime Power in the Black Sea*, Surrey : Ashgate.

Stalvant, Carl-Einar, "The Council of Baltic Sea States," in *Subregional Cooperation in the New Europe : Building Security, Prosperity and Solidarity from the Barents to the Black Sea*, ed. Andrew Cottey, London : Macmillan Press Ltd., pp. 46-68.

Volten, Peter M. E. and Tashev, Blagovest (eds.). 2007. *Establishing Security and Stability in the Wider Black Sea Area*, Amsterdam : IOS Press.

②日本語

北海道大学スラブ研究センター 2006『「民主化革命」とは何だったのか──グルジア，ウクライナ，クルグスタン』研究報告書，16 巻。

六鹿茂夫 1998「第二次世界大戦とバルカン」柴宜弘編『バルカン史』山川出版社，285-323 頁。

─── 2004「拡大後の EU が抱えるもう一つの難題──広域欧州における「欧州近隣諸国」vs「近い外国」」『外交フォーラム』7 月号，68-75 頁。

─── 2005「欧州近隣諸国政策と西部新独立国家」『国際政治』142，95-112 頁。

─── 2006「ルーマニアの東方外交」羽場久美子・小森田秋夫・田中素香編『ヨーロッパの東方拡大』岩波書店，233-250 頁。

─── 2007『政策提言：黒海協力，日本の対黒海政策──「自由と繁栄の弧」外交を求めて』平成 18 年度外務省委託研究報告書，日本国際問題研究所，1-46 頁 [http://www2.jiia. or.jp/pdf/report/h18_BSEC.pd]。

─── 2011「広域黒海地域の国際政治」羽場久美子・溝端佐登史編『ロシア・拡大 EU』ミネルヴァ書房，265-280 頁。

―――2014「ディアスポラ」吉川元・首藤もと子・六鹿茂夫・望月康恵編『グローバル・ガヴァナンス論』法律文化社，187-200 頁。

第 I 部

黒海の地域性
──域内協力と域外関係──

第1章

黒海国際関係の歴史的展開
――20世紀初頭まで

黛　秋津

はじめに

　本章では，最初に古代から近世末期までの黒海とその周辺領域の歴史を概観して，歴史的観点から，この海の周辺領域がいかなる意味で「地域」としてとらえ得るのか，という問題について考察する。そしてその後，18世紀後半から第一次世界大戦までの約1世紀半の時期に焦点を当て，この時期に前近代の黒海地域の性格がどのように変容し，現代につながる黒海地域の国際関係がいかに出現したのかを検討したい。

1　近世までの黒海地域――一つの「地域」として

　史料の上で，黒海とその周辺領域の歴史をたどれるようになるのは，紀元前8世紀頃に始まるギリシャ人の活動からである。ギリシャ人は黒海を単に「海（ポントス Πόντος）」，あるいは「もてなしのよい海（エウクセイノス・ポントス Εὔξεινος Πόντος）」と呼び，エーゲ海のアナトリア側に位置するミレトスを中心に，アッティカ地方のメガラやその他のギリシャ都市が，紀元前7～5世紀に次々に黒海沿岸に植民市を建設していった。現ルーマニア領のヒストリア（イストロス）や，ドン川河口のタナイスのように，その後放棄された植民市もあるが，イスタ

第 1 章 黒海国際関係の歴史的展開　27

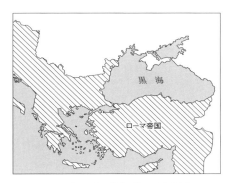

ローマ帝国による統合（紀元 300 年頃）

オスマン帝国による安定（17 世紀後半）

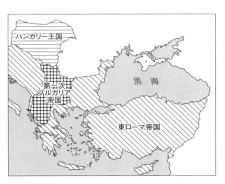

東ローマ帝国と諸勢力（1000 年頃）

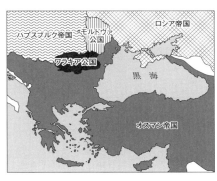

ロシア・ハプスブルクの進出（1801 年頃）

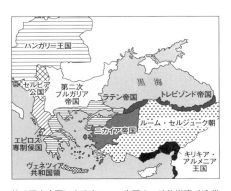

第 4 回十字軍による東ローマ帝国の一時的崩壊（13 世紀初頭）

オスマンの後退と諸勢力の勃興（1878 年ベルリン条約後）

地図 3　黒海地域の歴史的変遷

ンブル，ヴァルナ，コンスタンツァ，ケルチ，スフミ，ポティ，トラブゾンといった，現在黒海沿岸にある主要な都市の多くが，こうしたギリシャ人による植民市を起源としている。黒海周辺の領域には，北部にスキタイ人，西部にトラキア人などの遊牧民がいたが，これらの土着の勢力と，ギリシャ人植民者たちは時に緊張をはらみつつも共存関係を維持し，主にエーゲ海を中心とするギリシャ世界との交易を行った。植民市からは食糧や原材料，それに奴隷などが，一方中心世界からは手工業製品やオリーブオイル，ワインなどがもたらされ，これらの交易品の内容は，近代に至るまでほとんど変わらない。このような人とモノの往来を通じて，植民市を核として黒海沿岸にギリシャ的な文化が広がり，また植民市側も後背地の遊牧民世界から一定の影響を受けた（篠崎 2013）。こうしてギリシャ人の活動は黒海沿岸の領域を一つの文明の下に置き，以後黒海周辺は，地中海からギリシャ人がもたらす文化の広がる場，かつギリシャ世界とユーラシア遊牧民世界の接する場としての性格を共有することになる。

　このように文化の共有が進展し黒海沿岸の領域が「地域」としての性格を帯びる中で，政治的にもその領域を統一しようとする動きが現れる。紀元前 5 世紀から黒海北岸に勢力を持ったボスポロス王国，紀元前 3 世紀から 1 世紀にかけて黒海南東部を支配したポントス王国などがその例であるが，これらの国は一定の領域を支配したものの，黒海沿岸領域の統一には程遠かった。しかし，その後紀元前 2 世紀頃にバルカンから黒海方面に進出したローマ帝国はボスポロス王国を従属させ，そしていわゆるミトリダテス戦争によりポントス王国を滅ぼし，さらに現在のルーマニアの領域にあったダキアを征服して，紀元後 2 世紀には黒海周辺のかなりの部分を政治的に統合することに成功した（Bekker-Nielsen 2006）。これにより文化的にも政治的にもある程度統合された黒海周辺領域は，地中海世界の辺境としての性格を有する一つの「地域」として認識し得ることとなった。

　しかし，ローマ帝国にとって黒海周辺はあくまで辺境であり，この領域の安定による政治的・経済的利益を最優先の課題としたわけではなかった。そのため，帝国が混乱期を迎える 3 世紀には黒海周辺の多くの領域からローマ軍が撤退し，その影響力は限定されたものとなる。このような状況が大きく変化するのは，ローマ帝国の混乱が終結し，4 世紀前半にコンスタンティヌス 1 世（在位 306〜37年）が，ローマからビュザンティオンに都を遷してからであった。コンスタン

ティノポリスと名づけられたこの新たな都は黒海の出入口に位置しており，この遷都によって，それまで帝国の辺境であった黒海とその周辺は，帝国の中核に近い，政治的にも経済的にも重要な地域としての性格を帯びることとなった。

　周知の通り，その後ローマ帝国は東西に分裂し，西ローマ帝国はまもなく滅亡したが，東ローマ帝国は，6世紀のユスティニアヌス1世（在位527〜65年）の時代に，黒海東岸部 ‒ コーカサスに位置するラジカ王国をサーサーン朝から，またクリミア半島をフン族とゴート族から得るなどして黒海周辺の領域を獲得した。しかしながらそれ以上の領土の拡大は実現せず，逆にその後は，黒海北部から移動してきた遊牧民のブルガール族に黒海西岸部を奪われて7世紀にブルガリア帝国の建国を許し，また同じ頃，黒海北東岸部でも，テュルク系遊牧民と推測されるハザールにより王国が建国されて，東ローマ帝国の黒海沿岸支配は打撃を受けた。その他，黒海南東岸部は，その付近まで迫るサーサーン朝やその後進出したイスラーム勢力によってしばしば脅かされ，こうして政治的統合という観点からすれば，ユスティニアヌス後の東ローマ帝国は黒海周辺領域にそれを貫徹することはできなかった。しかしその一方で文化的観点から見ると，東ローマ帝国の影響は実際の支配領域を超えて，黒海周辺領域に広く及んでいたといえる。それは，帝国の有する高度な文明が周辺国家に影響を与えたということとともに，キリスト教が帝国支配地域の周辺部にも徐々に広がったためであった。ブルガリア帝国もキエフ・ルーシも東ローマからキリスト教を受け入れ，西欧と比較して教会と皇帝の一体性がより強力であることもあって，キリスト教を通じた東ローマ帝国の精神的権威は黒海周辺に広がった。自称「ローマ帝国」とはいえ，支配層がギリシャ人であり，「ギリシャ帝国」としての性格を有する東ローマ帝国は，イタリア商人など，黒海交易への参入を望む勢力の黒海での活動を制限したため，黒海での交易の主役は依然としてギリシャ人であり続けた。このように，東ローマ帝国期における黒海周辺領域はそれ以前の時期と変わらず，依然としてギリシャの世界であり，また遊牧民とギリシャ人の接触の場であり続けた。

　しかし，こうした黒海周辺の地域的性格に変化が生まれたのが13世紀初頭である。東ローマ帝国は，11世紀初頭にブルガリア帝国を滅亡させて黒海西岸部の支配を回復したものの，その後はノルマン人やセルジューク朝との抗争によって弱体化し，よく知られているように1204年の第4回十字軍の攻撃を受けて

いったん滅亡する。コンスタンティノープルに建国されたラテン帝国はヴェネツィア商人に黒海交易の権利を付与し，その後亡命政権のニケーア帝国がジェノヴァと組んで帝国復興に成功したことで，パレオロゴス朝の下での黒海交易においては，ジェノヴァとヴェネツィアが活躍することとなった。ヴェネツィアはドン川河口のタナに，ジェノヴァはクリミアのカッファにそれぞれ植民地を建設して，ともに十字軍で混乱する東地中海交易に代わり重要性を増した黒海における交易の主要な担い手となり，とりわけジェノヴァは優位な立場に立って，東ローマ帝国滅亡まで黒海交易の主役であり続けた。

　13世紀半ばから15世紀半ばまで続いた東ローマ帝国最後の王朝であるパレオロゴス朝は，アナトリアのイスラーム勢力やバルカンのセルビア王国などと絶えず戦い，また度重なる内乱にも見舞われて領土を減らしていった。それに伴い黒海沿岸部でも，西は第二次ブルガリア帝国，北はキプチャク・ハーン国とジェノヴァ領，東はグルジア諸王国，南東部は東ローマの亡命政権の一つトレビゾンド帝国がそれぞれ支配し，政治的分裂が進んでいった。しかしその後，このような混乱を収め，黒海周辺を再び政治的に統合する強力な勢力が現れる。それが，20世紀まで存続するオスマン帝国であった。

　アナトリアのトルコ系遊牧民を中心とするイスラーム戦士集団から勃興したオスマン帝国は，短期間のうちにアナトリアからバルカンへと勢力を拡大し，バルカンの諸国家を次々と征服してコンスタンティノープルに迫った。そして，帝都の周辺わずかの領土を保つだけとなったパレオロゴス朝を1453年に破り，ここに約1000年ものあいだ黒海周辺領域でヘゲモニーを握ってきた東ローマ帝国は滅亡することとなった。征服したコンスタンティノープルを中心にさらに勢力を拡大するオスマン帝国は，キプチャク・ハーン国（ジョチ・ウルス）から自立したクリム・ハーン国を従属させ，カッファ（トルコ語でケフェ）を中心とするクリミア半島の一部および黒海西岸部を直接支配し，西岸部のワラキアとモルドヴァ，そして東岸部のグルジアのいくつかの王国をも従属させるなど，15世紀後半から16世紀にかけて，黒海沿岸の領域を次々と手中に収めていった。これと並行して，それまで黒海交易で活躍していたジェノヴァとヴェネツィアの商人の特権を徐々に廃止して彼らを黒海交易の中心的役割から排除し，さらに外国の船舶の黒海航行も次第に禁止して黒海交易の利益の独占を図った。こうして16

世紀には黒海は完全にオスマン帝国の内海となり，この「オスマンの海」の状態は18世紀後半まで続くことになる。黒海はまさに一つの「地域」であった。

　安定したオスマン支配下の黒海では活発な通商活動が行われ，それ以前と同様，この海を通過して東西南北に多くの物資が運ばれた。黒海を通過する遠隔地貿易については，例えば，アゾフ（トルコ語でアザク），トラブゾン，カッファ，キリ，アッケルマンなどの主要な港を経由して，イランやアラビア半島方面からは，香辛料，染料，宝石，絹などが，地中海方面からはオリーブオイル，ワイン，毛織物，ガラスなどが，ポーランド・ロシア方面からは毛皮や鉄製品などが，そしてアナトリアの内陸からは綿製品などがそれぞれ運ばれ，こうした黒海中継貿易は，オスマン帝国にとっても他の諸国にとっても経済的に重要な役割を果たした。また「オスマンの海」としての黒海は，こうした遠隔地貿易のみならず，帝国内の人とモノの流れという観点からしても重要であり，特に黒海沿岸から多数の人口を擁するイスタンブルへ，小麦，米，魚，バター，蜂蜜，蜜蠟，塩などの食糧や必需品が海を経由して供給された（İnalcık 1973：145）。この他に，オスマン帝国にとっての黒海交易の重要性の一つとして，南ロシアからウクライナにかけての地域やコーカサスからこの海を通って多くの奴隷が帝都にもたらされたことも指摘しておきたい[1]。

　このような交易を担ったのは，オスマン帝国臣民であるムスリム商人，キリスト教徒商人，そしてユダヤ教徒の商人たちであった。キリスト教徒商人の中には，アルメニア系のほか，古くから黒海交易に従事してきたギリシャ系の人々も含まれ，彼らはオスマン支配期においては，かつてのような黒海交易の独占的な担い手とは言えないものの，活発に通商活動を行っていた。一方外国商人も，黒海交易から完全に排除されていたわけではなかった。歴代のオスマン皇帝は，ヴェネツィア，イギリス，オランダ，フランスなどの商人に対して，時に黒海での通商活動に許可を与えていた。また外国船についても，特に16世紀頃までは，黒海内に入ることを認める場合もあった。15世紀のコンスタンティノープルと黒海周辺領域征服後，すぐに外国商人や外国船を厳格に排除したわけではなかったの

　1）もっともこの奴隷調達ルートはオスマン帝国台頭前から見られるもので，黒海北岸のステップ地帯やコーカサスは，古くからイスラーム世界への奴隷供給地であった（佐藤1991）。

である（İnalcık 1979）。しかし総体的に考えると，黒海交易における外国商人の役割はそれ以前の時期と比較して確実に低下した。

　このように，前近代のオスマン帝国期においては，イスタンブルに黒海周辺から多くの人やモノが集まり，ここを中心として黒海周辺領域は政治的・経済的・文化的に緩やかに統合されていたと言えるだろう。

　ここまで，古代からの黒海周辺領域の歴史を概観した。この長い歴史の特徴を大まかに言えば，この領域は時代によってばらつきはあるものの，コンスタンティノープルを中心とする一つの政治勢力によって政治的にある程度支配され，そうした勢力の下，ギリシャ人を筆頭にイタリア人やその他の，地中海側で活動する人々が黒海においても活躍し，経済的にも文化的にも周辺領域に大きな影響を与えていた。またその一方で彼らは，北岸部一帯を中心にユーラシア中央部から流入し定着する遊牧民たちと絶えず接触を持っていたことも忘れてはならない。ゆえに，前近代における黒海周辺の領域を，地中海世界の影響を強く受けながらも，ユーラシアステップの遊牧世界との接点としての性格も持ち合わせる地中海世界の辺境として，ある程度のまとまりを持った「地域」ととらえることが可能であろう。しかし，長らく続いたこのような地域的性格は，17世紀末頃から徐々に変化を見せるようになる。それは黒海の北方にあったロシアが台頭し，北側から徐々に黒海に向けて進出し始めたためである。この北方に位置する国家による黒海進出と周辺領域支配の恒常的な試みにより，「黒海地域」は新たな歴史を迎えることになるのである。

2　転換点としての18世紀後半――「オスマンの海」から「開かれた海」へ

　ウラジーミル大公国の中の一公国から台頭し，やがて旧キエフ・ルーシ領の多くを含む領域を支配することとなったモスクワ大公国は，15世紀後半には，ロシア史において「タタールのくびき」と呼ばれるモンゴル支配から脱して，黒海地域の北方に確固たる勢力を築いた。前節で言及したように，その頃東ローマ帝国がオスマン帝国によって滅亡したため，東ローマ最後の皇帝の姪を迎えたモスクワ大公国は，ギリシャ正教と正教徒を擁護する東ローマ帝国の後継者として名

乗りを上げ，そのためモスクワがローマ，コンスタンティノープルに続く「第三のローマ」である，という言説も現れた。歴史的に，モスクワが支配するルーシの地と黒海地域との関係は深く，「ヴァリャーグからギリシャへの道」と呼ばれるバルト海と黒海を結ぶ交易路に位置する地理的条件から，ルーシは古くから経済的にも文化的にも黒海とは強く結ばれており，現在に至るまでロシアと密接不可分の関係にあるキリスト教も 10 世紀末に東ローマ帝国から受容したものであった。しかしながら，当時のモスクワ大公国の支配領域は黒海からは離れており，大公が「皇帝（ツァーリ）」を名乗り，国が「ロシア帝国」と呼ばれるようになってからも，黒海沿岸領域を直接支配するまでには非常に長い時間を要した。なぜなら，その実現のためには，黒海を自らの内海とし，当時西欧世界に脅威を与えるほどの強大な勢力を誇っていたオスマン帝国と対峙しなければならなかったからである。

　ロシアとオスマン帝国との外交関係が始まったのは 15 世紀末のことである。当初は友好的だった関係も，16 世紀のイヴァン 4 世（大公在位 1533〜47 年，皇帝在位 1547〜74 年，1576〜84 年）の時代にロシアがイスラーム化したカザン・ハーン国とアストラハン・ハーン国を次々に征服し，特にヴォルガ河口の交易の要衝であるアストラハンを押さえたことによって悪化し，両国間で戦争が勃発した。その後，凍ることのない海への進出を望むロシアは，17 世紀にドン川河口のアゾフ征服を何度か目指したが成功せず，オスマン帝国の支配する黒海周辺領域に進出することは長年の目標であった。

　転機は 17 世紀末のピョートル 1 世（在位 1682〜1725 年）の時代に訪れた。17世紀末はオスマン帝国がヨーロッパ諸国との戦争で敗北し，初めて大規模に領土を喪失してオスマン優位の力関係が大きく変化した時期であるが，この対オスマン戦争に加わったロシアも，1696 年にピョートル軍がオスマン軍に勝利してアゾフを占領し，1700 年のイスタンブル条約によりアゾフを領有することになった。その後 1711 年のロシア＝オスマン戦争で敗北したロシアは，アゾフをオスマン側に返還することになるが，この頃からオスマン側に，ロシア船の黒海航行やロシア商人の黒海通商参入を盛んに要求し，時としてオスマン側がそれを例外的に認めることもあった。ロシアのこうした要求が条約の中に初めて反映されたのは 1739 年のベオグラード条約である。この第 9 条でロシア商人の黒海での活

34　第 I 部　黒海の地域性

動の自由が明記された（Bostan 1995 : 356-357）。しかしその活動はオスマン帝国
の船によるものに限るとされ，ロシア船の黒海航行は依然として認められなかっ
た。

　こうして，17 世紀末から 18 世紀前半にかけて，ロシアは徐々に黒海へ進出し，
自国商人がそこで通商活動に従事できるまでの権利を得た。しかしながら，ロシ
ア船の黒海航行は，特別な許可が下りる例外的なケースを除き，原則として認め
られなかった。これは，ロシアに限らず，他国についても同様であった。18 世
紀前半まで，黒海は依然として「オスマンの海」だったのである。このような状
況が大きく変化したのが 18 世紀後半のことであった。

　1768 年に勃発したロシアとオスマン帝国間の戦争では，ロシア軍はオスマン
帝国の付庸国クリム・ハーン国を占領し，またバルカンのモルドヴァ，続いてワ
ラキアの主要都市を支配下に置き，さらにコーカサス方面にも展開するなど，黒
海の周辺が主戦場となった。ロシアは戦争開始直前の 1768 年 11 月の国家評議会
において，戦争の目的の一つとして，黒海におけるロシア船の自由航行を確保し
そのために戦争中に港湾と城塞を建設することを決めていた（АГС 1869 : 7）。す
なわちロシアは，黒海への進出という明確なヴィジョンを持って戦争に入ったわ
けである。オスマン側の準備不足もあって，勃発後まもなくロシア側の圧倒的優
位が明らかになると，西欧諸国はロシアのオスマン帝国に対する大幅な勢力拡大
を警戒してロシアに早期の和平条約締結を要求し，とりわけハプスブルク帝国と
プロイセンは和平交渉の仲介者として積極的に関与しようとした。

　ロシアとオスマン帝国は，こうした西欧諸国の外交的関与を受けながら，1774
年 7 月，現ブルガリア領のキュチュク・カイナルジャという場所で行われた交渉
でようやく和平合意に達し，条約を結んだ。このキュチュク・カイナルジャ条約
は一般にはそれほど知られていないが，ロシアとオスマン帝国との力関係のみな
らず，両帝国と西欧諸国との力関係にも影響を与えるなど，当時のヨーロッパ東
方のパワーバランスを大きく変える転換点となった非常に重要な条約である。そ
の中で黒海に関する最も重要な内容は，第 11 条で定められた，ロシア商船の黒
海内およびボスフォラス・ダーダネルス海峡と地中海での自由航行権と，オスマ
ン帝国内のあらゆる港への入港をオスマン側が認めたことであろう。この規定は，
それまでオスマン船籍の船以外の航行を認めていなかったオスマン帝国がその政

策を断念したことを意味し，この条約をもって黒海は数世紀ぶりに外国に開かれたのである。さらにロシアは，アゾフとその周辺部，ケルチ海峡の両側に位置する要衝イェニカレとケルチなどの領土を獲得した。これによりロシアは，ドン川からアゾフ海，そして黒海へと抜ける航路を確実に押さえることとなった。さらに黒海を取り巻く領域に関しても，ロシアはその後の影響力拡大につながる様々な権利を得た。例えば，黒海の西に位置するオスマン帝国の二つの付庸国ワラキアとモルドヴァに関して，ロシアはその内政に対する発言権をオスマン側に認めさせ，またクリミア半島を支配する，やはりオスマン帝国の付庸国であるクリム・ハーン国をオスマン宗主下から自立させることに成功した（黛 2009）。

　以上のように，この条約によってロシアは，それまで閉ざされていた黒海への参入を果たし，さらには周辺領域への進出の足掛かりも得ることとなった。ここに 15 世紀後半以来続いた「オスマンの海」としての黒海は終焉を迎え，現代まで続く，複数の国々がせめぎ合う場としての黒海が始まることになる。これは，単にオスマン帝国の独占的な支配が崩れたということではなく，古代以来続いてきた，一つの政治勢力，および沿岸地域に経済的・文化的共通性をもたらす主要な担い手によってある程度統合された空間としての「黒海地域」が変容を始める世界史的な大きな転換点ととらえられる。この黒海をめぐる一連の問題は，その後オスマン帝国分割をめぐるヨーロッパ列強間の政治外交問題，いわゆる「東方問題」の焦点の一つとなるが，その意味でこの 1774 年の条約は「東方問題」の出発点ともみなし得るのである。

　こうして新たな段階に入った黒海とその周辺領域には，その後急速な勢いでロシアをはじめとする諸外国が進出することになる。ロシアは，同じく黒海交易への参入を狙うハプスブルク帝国と連携しつつ，黒海周辺に着実に勢力を伸ばしていった。例えば，1781 年にワラキアに総領事館を開設してバルカン進出の足掛かりを築き，クリミアではオスマン宗主下から独立したクリム・ハーン国の内政に介入して 1783 年についにその併合を宣言した。さらにコーカサスでも 1783 年にグルジアのカルトリ・カヘティ王国とゲオルギエフスク条約を結んで，同王国を保護下に置いた。そしてこの頃，ハプスブルク帝国もオスマン帝国から黒海での自国商船の自由航行権と通商活動の自由を得た。キュチュク・カイナルジャ条約からわずか 10 年足らずの間にハプスブルク帝国も黒海通商に加わり，さらに

36 第 I 部 黒海の地域性

ロシアはクリミア併合によって黒海沿岸にかなりの領土を得て，黒海は早くも
「三つの帝国の海」となった。

　念願の黒海沿岸のクリミアを手に入れたロシア皇帝エカチェリーナ 2 世（在位
1762〜96 年）は，1783 年の併合宣言後直ちに半島の南西岸に位置するかつての
ギリシャ植民市ヘルソネソス近郊の入江にセヴァストポリの町を建設し，そこに
アゾフ艇隊を移動させて新たな艦隊の基地に定めた。これが現在の黒海艦隊の始
まりである。さらにエカチェリーナは 1 年あまりかけてペテルブルクからクリミ
アのセヴァストポリまで巡幸を行い，ロシアの力を内外に誇示した。南にコンス
タンティノープル，その向こうに地中海が控えるクリミアは，ロシアの威信を示
す格好の舞台であったのである（カレール＝ダンコース 2004：519-531）。

　オスマン帝国に対する挑発的なこの巡幸が原因となり，1787 年に再びロシア＝
オスマン戦争が勃発したが，この戦争でもロシアは軍事的に勝利を収め，オスマ
ン帝国から南ブーク川とドニエストル川の間の地域を割譲された。その中にハジ
ベイという小さな城塞が含まれていたが，エカチェリーナはそこに都市を築くこ
とを決め，1794 年から建設が始められた。古代ギリシャ植民市のオデッソスに
ちなんで「オデッサ」と名づけられたこの都市は，その後ロシアの黒海交易の拠
点として大きく発展することになる（Herlihy 1991）。

　このように，1774 年のキュチュク・カイナルジャ条約以降 1790 年代前半まで
の時期は，黒海交易にロシアとハプスブルク帝国が参入し，黒海は「オスマンの
海」から「ロシアとハプスブルクとオスマンの海」になった。さらにその後まも
なく，黒海には他の西欧諸国も進出することになる。その契機はフランス革命に
よるヨーロッパの秩序の動揺だった。

　1789 年のフランス革命勃発によるヨーロッパの混乱に対し，オスマン帝国は
これを注視しつつも，混乱に巻き込まれないようヨーロッパ諸国から距離を置こ
うとした。しかしながら，1790 年代後半にフランスがバルカン進出を試みるよ
うになり，そして 1798 年にフランス軍がエジプトに侵攻する事態に直面すると，
オスマン帝国は否応なくヨーロッパの国際関係に巻き込まれることになった。オ
スマン帝国はイギリスおよび，長年対立してきたロシアと同盟を結び，フランス
軍のエジプトからの排除を目指した。オスマン帝国にとって，長年の友好国であ
るフランスと本格的な戦争状態に陥ったのはこの時が初めてであるが，この戦争

によりイギリス，ロシアと同盟関係に入ったことは，黒海の問題にも大きな影響を与えた。まずイギリスについては，1799年初頭に締結した同盟条約の中でオスマン帝国は，ロシアとハプスブルク帝国に続いてイギリスにも黒海内での商船の自由航行と通商活動を認めた。またロシアに関しては，フランス軍に対抗するため，オスマン艦隊が東地中海でロシア艦隊との共同作戦を行う必要があることから，1798年末の同盟条約においてオスマン帝国は，戦時に限りロシアの軍事船のボスフォラス・ダーダネルス海峡通過を容認した（Noradounghian 1897-1900 : vol. 2, 24-27）。それ以前の条約でロシアに認められていたのは非軍事船の海峡通過であり，同条約によってロシアの軍艦の黒海から地中海への進出が初めて実現することになったのである。ロシアはオスマン帝国と共同で，フランスから奪取したギリシャ沖のイオニア諸島を統治し，軍を駐屯させた。「イオニア共和国」あるいは「七島連邦国」などと呼ばれる，ロシアが実効支配するこの国はわずか7年間で消滅したが，ロシアは一時的であるにせよ，長年の念願だった地中海への進出に成功した。こうしてフランスとオスマン帝国間の対立によって生じたオスマン帝国をめぐる外交関係の変化は，ボスフォラス・ダーダネルス両海峡，および黒海と地中海の問題にも影響を及ぼした。

　さらにフランス軍の敗北によってフランス＝オスマン両国間で休戦が結ばれたが，和平交渉の中でフランスもオスマン帝国に対し黒海における船舶の自由航行と通商活動の自由を求め，オスマン側も1802年に締結された和平条約の中でそれを認めた。その後オスマン帝国とフランスは再び接近し，それに伴いロシア＝オスマン関係は悪化して，1806年のロシア＝オスマン戦争へとつながってゆくことになるが，フランス革命に端を発するヨーロッパの一連の混乱はオスマン帝国をも巻き込み，その中で黒海は新たにイギリスとフランスにも開かれることになったのである。

　以上のように，1774年のキュチュク・カイナルジャ条約は前近代の黒海地域の性格を大きく変える転機であった。この条約でオスマン帝国による黒海支配独占が崩れたことを契機として，ロシア，ハプスブルク，イギリス，フランスが次々と黒海交易に参入し，また黒海の周辺領域にも，ロシアについてはコーカサス，クリミア，バルカンに，西欧の国々についてはバルカンを中心として，これらの国々の影響が急速に及び始めた。こうして1774年から19世紀初頭のわずか

38　第 I 部　黒海の地域性

30 年程度のうちに，黒海の問題はヨーロッパの複数の国が関わる，きわめて国際的な問題となった。その後もオスマン帝国は，プロイセン，デンマーク，スウェーデン，サルデーニャなどの国々にも黒海参入を認め，黒海問題のさらなる国際化の流れは続くことになるのである。

3　19 世紀前半のウィーン体制下の黒海地域

　フランス革命とナポレオン戦争により混乱したヨーロッパの秩序は，ナポレオンの敗北とそれに続くウィーン会議，そしてその結果としてのウィーン議定書の取り決めによって回復することとなった。19 世紀前半のヨーロッパ国際秩序である「ウィーン体制」の原則は正統主義，すなわち革命以前の状態への回帰であった。では，そのような原則のウィーン体制の下で，黒海とその周辺地域をめぐる国際関係はどのような展開を見せたのだろうか。

　これまで述べてきたように，19 世紀初頭までにロシアや西欧の主だった国は黒海通商に参入し，さらにロシア，オーストリア，イギリス，フランスなどはバルカンを中心に黒海周辺の領域にも勢力を伸ばしつつあった。とりわけ，ウィーン会議を主導しウィーン体制を支えたロシアは，1801 年のカルトリ・カヘティ王国の併合以降，コーカサス山脈の南側の小国家を次々に併合し，またワラキアとモルドヴァ，その他のバルカン地域でも着実に影響力を強めて，黒海周辺への勢力拡大を進めていった。ここでの問題は，19 世紀前半，黒海とその周辺の領域はウィーン体制というヨーロッパ秩序の中にしっかりと組み込まれていたのか否か，別の言い方をすれば，黒海をめぐる問題に対して，ウィーン体制を支える大国が協調して解決しようというメカニズムが働いていたのか，ということにある。結論を先に言えば，当初は必ずしもそうとは言えなかったが，1830 年代頃から特にボスフォラス・ダーダネルス海峡に関する問題がイギリスとロシアが深く関与する国際的に非常に重要な問題となり，結果として，ウィーン体制を支える大国にオスマン帝国を加えた諸国間の合意が次第に原則となっていった。このことは，黒海問題の最重要アクターの一つであるオスマン帝国が，ヨーロッパの国家間システムに取り込まれてゆく過程と並行しているということができる。以

下，具体的な展開を見て行こう。

18 世紀後半以降，オスマン帝国はロシアとともに，西欧を中心とする国際システムへと急速に取り込まれていっており，その一端はこれまでに見てきた通りであるが，1814 年のウィーン会議でもオスマン帝国の処遇が議論となった。イギリス，オーストリア，フランスなどは，ロシアの南下を牽制するため，オスマン帝国の参加がヨーロッパ秩序のさらなる安定をもたらすとして会議に加えるべきだと主張したが，1806 年に始まったロシア = オスマン戦争の結果，1812 年のブカレスト条約でベッサラビアなどの領土を得ていたロシアは，正統主義の原則が 1789 年以降オスマン帝国から得た領土や権利に及ぶことを懸念し，オスマン帝国の参加に反対した。そして当事者のオスマン帝国自身が，ヨーロッパ諸国による秩序への関与を警戒してウィーン会議への参加を拒否したため，結局会議はオスマン帝国抜きで進められることになった（Ismail 1975 : 363-371）。しかし上述の通り，新たなヨーロッパ秩序の構築に積極的にコミットしたロシアも，消極的だったオスマン帝国も，すでにこの時期に西欧中心の国際システムにかなりの程度取り込まれており，黒海をめぐる問題が西欧列強をも巻き込んだ主要な国際問題になるのは時間の問題であったと言えるだろう。

ロシアにとって，オスマン帝国のギリシャ系正教徒臣民との関係は，政治的にも経済的にも重要であった。ロシアと信仰を同じくする彼らは，ロシアの船に乗り込み，ロシアの黒海通商の担い手としても活躍した。そのため 18 世紀末以来ロシア黒海通商の拠点として発展するオデッサには，大規模な彼らの居留地が形成された。しかし，ロシアにとって彼らの存在は，その後大きな問題を引き起こす。それが 1821 年に始まるギリシャ革命であった。

1821 年，オデッサのギリシャ系商人により結成された秘密結社フィリキ・エテリアが中心となって生じた蜂起は，ワラキア，モルドヴァ，そしてモレア（ペロポネソス半島）に広がった。彼らはロシア皇帝の支援を期待したが，ウィーン体制の擁護者であるアレクサンドル 1 世（在位 1801～25 年）は，秩序を動揺させるこうした革命の動きを容認せず，支援を与えなかった。しかしその一方で，1822 年頃から蜂起軍がオスマン政府軍に次々に敗れ，オスマン帝国内で多くの正教徒臣民が被害をこうむっている状況は，キュチュク・カイナルジャ条約でオスマン帝国が約束した，オスマン政府によるキリスト教徒の保護に反するもので

あり，正教徒の盟主たるロシアにとっても放置できない問題であった。さらにモレアからロシア領に逃れる正教徒臣民の移動や武器の輸送を阻止するため，オスマン政府がイスタンブルを通過するロシア船籍の船に対して不法に臨検を行うなど，ロシアの重視する黒海航行の問題にも影響が及び始めた（Jelavich 1991: 57）。こうしてロシアとオスマン帝国との関係は緊張し，ロシアは軍のバルカンへの派遣を準備したが，他の西欧列強はロシアの南下を警戒して軍の派遣を支持せず，結局それは実現しなかった。

　ロシアは，ギリシャ独立に直接かかわる問題については，基本的に西欧諸国との協調による解決を目指したが，ギリシャ独立問題の影響を受けて生じたワラキアとモルドヴァ，あるいは黒海に関する問題についてはオスマン政府との直接交渉によって解決を目指す方針を取り，この政策は1820年代を通じて一貫していた。具体的な事例を挙げれば，1824年にエジプトのムハンマド・アリー（1769〜1849年）がオスマン政府の要請を受けて蜂起鎮圧に参加しクレタ島やモレアの一部を押さえると，これが地中海における「インドへの道」の安全の障害になり得ると見たイギリスがギリシャ問題への本格的な関与を決め，それにフランスも加わって，ギリシャ問題にはますます深く西欧列強が関わることになった。この時ロシアはイギリス，フランスと協調し，1827年に三国間でロンドン条約を結んで，オスマン政府に対し事実上ギリシャ独立を迫った。その一方で，ロシアはイギリス，フランス，オーストリアなどが容認する限度内において，オスマン帝国を圧迫して黒海とその周辺領域についての権利と領土の拡大を目指した。例えば，1825年のアレクサンドル1世の死去後即位したニコライ1世（在位1825〜55年）が，イェニチェリ廃止により混乱するオスマン帝国に対して最後通牒を送り，その結果，ワラキア，モルドヴァ，セルビアの自治拡大を含む1826年のアッケルマン協約が結ばれたことは，こうしたロシアの姿勢を示すものであろう（Noradounghian 1897-1900: vol. 2, 116-121）。さらにその延長として，1828年に始まるロシア＝オスマン戦争で勝利したロシアは，1829年のアドリアノープル（エディルネ）条約でワラキア，モルドヴァ，セルビアの一層の自治拡大のほか，ドナウ・デルタ，黒海北東部沿岸，コーカサスの一部の領土獲得，さらに黒海通商拡大のため，ロシア商船および他の外国商船によるボスフォラス・ダーダネルス海峡の完全に自由な通行などといった，黒海地域にかかわる諸権利をオス

マン帝国に認めさせた（同前：166-173）。

　しかしながら，ロシアのこのような黒海とその周辺での勢力拡大は，西欧列強の「容認する限度」を明らかに超えつつあった。このアドリアノープル条約により西欧列強，とりわけイギリスは，ロシアの将来的な地中海進出を強く警戒するようになる。

　1830年にギリシャの独立がロンドン議定書により決められた直後，エジプトのムハンマド・アリーはギリシャ戦争参加に対する報酬としてオスマン政府にシリア領有を要求し，1831年に軍をシリアに派遣した。近代化されたエジプト軍はシリアからアナトリアへ進軍して各地で勝利を収め，イスタンブルに迫ったが，この重大な危機に直面して皇帝マフムト2世（在位1808〜39年）はロシアの援軍を受け入れ，これにより帝都陥落の危機は回避された。このロシアとオスマン帝国の接近は，イギリスとフランスに衝撃を与えた。両国はオスマン政府とムハンマド・アリー双方に圧力をかけ，後者のシリアとアダナ領有をオスマン政府に認めさせて問題を一応解決することにより，ロシア軍をイスタンブルから撤退させた。しかしエジプト軍のさらなる攻撃に備えたいマフムト2世と，オスマン帝国に対しより大きな影響力を及ぼしたいニコライ1世との思惑が一致した結果，その直後にヒュンキャル・イスケレシ条約が結ばれた（同前：229-231）[2]。この相互防衛条約の締結によってオスマン帝国に対するロシアの影響力は強まったが，同時に西欧列強のロシアに対する反発と警戒も招いた。特に大きな問題になったのは同条約の秘密条項の内容であった。ロシアが第三国から攻撃を受けた際，オスマン政府は援軍を派遣するかわりにイスタンブルの海峡を封鎖し，オスマン帝国以外の「すべての外国」の軍事船の通行を禁ずる，というその規定に関して，ロシアが「すべての外国」から例外として除外されるのではないか，すなわちロシアの軍艦が黒海から地中海へ出ることが可能であると解釈されるのではないか，という疑念をイギリスやフランスは持ったのである（Anderson 1966：84-85）。イギリスは，エジプトの勢力拡大によるオスマン帝国の弱体化はロシアの影響力拡大を招くとして，オスマン帝国の安定と強化を支援し，さらにこの時期，ロシアのコーカサスへの南下を阻止すべく，チェルケス（アディゲ）人への軍事的援助

　2）日本では一般に，オスマン語による名称 Hünkâr İskelesi をフランス語読みして「ウンキャル・スケレッシ条約」として知られる。

42　第 I 部　黒海の地域性

を積極的に行っていた。そうした援助のために黒海東岸に派遣されていたイギリ
ス船ヴィクスン（Vixen）号が 1836 年にロシアによって拿捕され，イギリス＝ロ
シア関係に緊張が高まった事件は，アフガニスタンを中心に 19 世紀から 20 世紀
初頭にかけてユーラシア各地で見られたイギリスとロシアの戦略的な対立が，す
でにこの時期黒海周辺にも及んでいた表れとみなすことができる。

　オスマン帝国もロシアへの過度な依存を避けるべくイギリスに接近した。そう
した中で，イギリス＝オスマン両国間で締結されたのが，オスマン側の専売制を
はじめとする様々な通商障壁の廃止を定めた 1838 年のバルタ・リマヌ条約であ
り，ヨーロッパ列強と非ヨーロッパ諸国間の不平等条約のひな形として知られる
この条約は，すでにトラブゾンなどを拠点に本格化していたイギリスの黒海での
通商活動の拡大にも影響を与えるものであった（松井 1998；Noradounghian 1897-
1900：vol. 2, 249-260）。

　1839 年，再びムハンマド・アリーが軍を派遣してオスマン軍との戦闘が生じ
るが，ロシアを含む列強はみな近東での現状維持を強く望み，ムハンマド・ア
リーにシリアを放棄させエジプトとスーダンでの世襲を認める形で，1840 年の
ロンドン条約によりフランスを除く列強とオスマン帝国はこの問題を解決した。
その頃，1833 年に締結したヒュンキャル・イスケレシ条約が更新の時期を迎え
ていたが，このロンドン条約において平時におけるボスフォラス・ダーダネルス
海峡の軍艦通行禁止があらためて明示され，1833 年の条約に疑念を持つ西欧列
強に対してロシアはヒュンキャル・イスケレシ条約の更新を断念せざるを得なく
なった。これにより，1830 年代に見られたオスマン帝国に対するロシアの強い
影響力は解消され，同時に，ロシア軍艦のボスフォラス・ダーダネルス海峡通過
の可能性も消滅した。この海峡をめぐる問題については，1841 年のロンドン海
峡条約により，平時においてはオスマン帝国を除くすべての国の軍事船の海峡通
行が禁止されることが，イギリス，フランス，オーストリア，プロイセン，ロシ
ア，オスマン帝国間で合意された（Noradounghian 1897-1900：vol. 2, 342-344；An-
derson 1966：106-107）[3]。

　1830 年代は，エジプト問題を契機にロシアがオスマン帝国への影響力を強め

　3）外国使節の来航に使用される軽量の軍事船を除く。

第 1 章　黒海国際関係の歴史的展開　　43

た時期であった。こうした状況でイギリスをはじめとする西欧列強は，オスマン帝国の一体性の重要性を再認識し，その結果オスマン帝国の安定をヨーロッパ列強が集団で保障する体制が確立した。地中海を勢力圏とするイギリスやフランスと，黒海を勢力圏とするロシアがオスマン帝国を南北に挟んで対峙し，オスマン帝国も両者のバランスの中での自らの領土保全を本格的に考え始めた。そうした中で，地中海と黒海との結節点に位置するボスフォラス・ダーダネルス海峡が全ヨーロッパ的に重要な問題として浮かび上がったのである。1841 年の条約は，一方のイギリスをロシアの地中海進出の心配から，他方のロシアをイギリスをはじめとする西欧列強による黒海侵入の脅威から解放し，事実上イギリス゠ロシア間の勢力圏を定めるものとなった。この海峡の問題は 1820 年代とは異なり，もはやロシア゠オスマン帝国間だけの問題ではなくなっており，そして黒海とその周辺領域の諸問題も，海峡問題と同様，次第に全ヨーロッパ的な広がりを持つようになる。

　しかし，このような大国間の協調はやがて破綻し，ウィーン体制は崩壊する。その崩壊が決定的になったのが 1853 年に始まるクリミア戦争であることはよく知られている。イェルサレムの聖地管理権をめぐるフランスとロシアの対立に端を発し，様々な戦争回避の動きにもかかわらず勃発したこの戦争は，イギリスとフランスの軍艦が史上初めて黒海に入るなど，ヨーロッパの諸勢力が関わる戦争の中で初めて黒海を主要な舞台として行われたものであった。ロシアとオスマン帝国との間で始まったこの戦争が，従来の両帝国間の戦争とは異なり，まもなくイギリス，フランス，サルデーニャ王国などの参戦をも招いたことは，オスマン帝国に関わる列強間の力関係の変更を防ぐべく，オスマン帝国の秩序をヨーロッパ各国で保障する体制がすでに成立していたことを考えれば，当然の成り行きであったと言えるだろう。単独で戦うロシアは，コーカサスやバルカンではある程度の勝利を収めたが，公式には参戦しなかったオーストリアやプロイセンを含む西欧各国の軍事的外交的圧力の前にワラキアとモルドヴァからの軍の撤退を余儀なくされ，さらにクリミア半島の黒海艦隊の基地セヴァストポリでの攻防戦に敗北し，和平を受け入れざるを得ない状況に立たされた。この時すでに，反ロシア同盟を結んでいたイギリス，フランス，オーストリアの間では，オスマン帝国の領土保全とロシアの南下阻止のために，ロシアのバルカンでの権利，ドナウ川の

自由航行，1841 年の海峡に関する条約の見直しなどの点について議論が行われており，こうした連合国側の意向を，ニコライ 1 世の死去後即位したアレクサンドル 2 世（在位 1855〜81 年）が原則的に受け入れたことによって，1856 年 2 月にパリ講和会議が開催された。近代以降オスマン帝国がヨーロッパが主導するこうした和平会議に参加するのは初めてのことであり，この会議は，ヨーロッパ国際社会へのオスマン帝国の参入の象徴としてヨーロッパ外交史などでしばしば語られるが，オスマン帝国側から見れば，自らの勢力維持のためには，すでにヨーロッパ内の勢力均衡を利用せざるを得ない状況に置かれていたことを示している。同年 3 月に締結されたパリ条約では，黒海地域に関連する内容として，1829 年にロシアが獲得したドナウ・デルタのモルドヴァへの割譲，ワラキアとモルドヴァに対してロシアが保有していた権利の見直しと両公国の地位と権利に対する国際的な保障，ドナウ川の国際河川化に関するドナウ・ヨーロッパ委員会の設置，黒海内におけるロシア・オスマン両国の軍事船の航行禁止，黒海沿岸に位置するロシアとオスマン帝国の要塞および工廠の破壊，などが定められた（Noradoun-ghian 1897-1900 : vol. 3, 70-83）。これらの内容から明らかなように，クリミア戦争の結果，ロシアの黒海における影響力は大きく後退することとなった。

　こうして，1830 年代まで西欧諸国の影響を受けながらもロシアとオスマン帝国の二者間で決められていた黒海地域の様々な問題は，1840 年代以降，ロシア，オスマン帝国，西欧諸国の間で規定されることになり，それゆえロシア＝オスマン戦争として始まったクリミア戦争が，西欧列強をも巻き込む大規模な戦争へと拡大したのであった。大国の協調を原則とするウィーン体制崩壊後の 19 世紀後半，ヨーロッパの各国が帝国主義的な動きを強める中で，黒海地域はこうした各国のさらなるせめぎ合いの場となるのである。

4　19 世紀後半から第一次世界大戦までの黒海地域

　大国の協調を基調としたウィーン体制がクリミア戦争で崩壊した後，ヨーロッパにおいて新たな秩序が模索される中で，西欧列強とロシアとオスマン帝国は，黒海地域をめぐる諸問題にどのように関わっていったのだろうか。

黒海地域をめぐる各国の政治的なせめぎ合いが激しくなる中，この地域内での人や物資の移動は増加の一途をたどり，黒海地域は経済的あるいは文化的にも相互に結びつきを強めていた。まずその点について見ておこう。

　19世紀半ば頃，黒海地域において顕著に見られたのが，蒸気船や鉄道などの輸送手段の発達である。海上においては，帆船に代わって登場した蒸気船が，それまでの輸送能力を大幅に高め，黒海地域に大きな経済的効果をもたらした。黒海における蒸気船の航行はすでに1820年代に見られ，30年代には旅客と貨物を扱うロシアの会社がコンスタンティノープルを通って黒海北岸とマルマラ海を結び，イギリスの会社もボスフォラス海峡まで定期船を運航させた。さらにやや遅れて1840年代にはオスマン帝国もトラブゾン－バトゥミ間に定期船を運航し，黒海地域内での人とモノの移動は大幅に増加した（小松2002：10-15, 25）。そしてクリミア戦争による中断の後，技術革新によるこうした人とモノの流れはさらに拡大する。こうした動きが，前節で触れた1838年のバルタ・リマヌ条約締結後オスマン帝国が諸外国に市場を開放してゆく時期と重なったことは，オスマン帝国を経済的によりヨーロッパに結びつけ周縁化する結果となった。また，旅客船の発達によりロシアとオスマン帝国間の人の往来は増加し，とりわけロシア帝国内のムスリムが黒海経由でイスタンブルを訪問し，さらにメッカ巡礼に赴いた。黒海はイスラーム世界をつなぐ道でもあり，巡礼の道ともなったのである。

　一方，陸上においては，クリミア戦争後，黒海周辺における鉄道建設が本格化した。オスマン帝国では，1860年代に現ルーマニア領のドナウ岸のチェルナヴォダ－コンスタンツァ間と，現ブルガリア領のルセ－ヴァルナ間に鉄道が開通し，70年代以降もバルカンとアナトリアの各地で鉄道建設が進められた。またロシアでも，黒海北岸では輸出用穀物運搬の目的で1860年代にオデッサと内陸のバルタの間に鉄道が開通し，その後まもなくキエフまでつながった。また，アゾフ海岸の中心都市ダガンログも同じ頃にハリコフ－クルスク－モスクワと結ばれた。コーカサスでは1872年に黒海岸のポティとティフリス（トビリシ）の間が鉄道で結ばれ，80年代にはバクーまで延長された（King 2004：196-197）。

　こうした海上交通と陸上交通の発達は，黒海地域内，そして黒海地域とその他の地域を経済的により緊密に結びつけ，形成されつつある世界経済の中で黒海地域の重要性は高まっていった。とりわけ19世紀初め以降，ウクライナで生産さ

46 第Ⅰ部 黒海の地域性

れる小麦のほとんどは黒海とイスタンブルの海峡を経由して地中海地域を中心とする西欧各地に輸出され，19世紀半ばのロシアの対西欧輸出における黒海経由の取引量は，バルト海経由に次いで，全体の4分の1を占めていた（武田2010：44-45）。ロシア経済にとって，黒海地域の重要性は年を追うごとに増していった。一方，黒海が諸外国に開かれた1774年以降，ペルシャと西欧を結ぶ交易路としてコーカサス－黒海ルートが使われていたが，コーカサスがロシア領となるのに伴い，1830年代以降イギリスをはじめとする西欧諸国はコーカサスを避けてトラブゾン経由のルートを使用するようになり，トラブゾンは貿易の中継地として発展した（King 2004：174-177）。

　このように黒海地域が世界経済との結びつきを深める中，この地域に対する各国の関心もさらに高まっていった。

　パリ条約によって成立した秩序は，敗戦国ロシアの犠牲の上に成立したものであった。クリミア戦争以前の黒海地域におけるロシアの影響力後退は，特にバルカンにおいては諸民族に新たな活動の余地を与え，戦争直後からそうした動きが見られた。1866年にクレタ島で発生した反乱やセルビアのオスマン支配からの完全独立に向けた動きなども重要であるが，最も大きな政治的変動は，ワラキアとモルドヴァの統一運動であった。

　両公国ではともに俗ラテン語の影響を強く受けた言葉が話され，18世紀末以来ローマの末裔として自らのラテン性を意識した民族運動が高まっていたが，そうした中から言語，文化，歴史を共有するワラキア・モルドヴァ両公国の統合を目指す動きが19世紀半ばに現れた。クリミア戦争後の1859年，両公国の議会がともにアレクサンドル・ヨアン・クザ（1820～73年）という一人の人物を公として選出したため，事実上の合同が成立した。問題は，宗主国オスマン帝国と列強がそれを承認するかどうかであった。バルカンにこのようなかなりの規模の領域と人口を有する自治公国が誕生することは，現状の大きな変更であり，また民族のアイデンティティとしてのラテン性はフランスへの親近感を生んでいたため，この両公国の統一問題はオスマン帝国とヨーロッパ列強にとって無視し得ない国際的な問題となった。この地域への進出を狙うオーストリアはこれに強く反対し，宗主国であるオスマン帝国も反対したが，ロシアを含め他の諸国は最終的には容認したため，1859年にワラキアとモルドヴァの新たな連合公国が誕生し，1862

年ルーマニア公国が成立した。

　このようにロシアはバルカンでは勢力を後退させたが，その一方で，西欧列強の影響が及ばない黒海東岸のコーカサスにおいては，クリミア戦争後も着実に征服活動を進め，その支配を確固たるものにしていった。1859 年にコーカサス山脈の山岳地帯で抵抗を続けてきたシャーミル（1797～1871 年，ロシア語ではシャミーリ）率いるムスリム勢力を降伏させたことにより，ロシアは完全にコーカサスを押さえることとなった。クリミア戦争時にも，ロシアからクリミア・タタール人をはじめとする多くのムスリムがオスマン帝国に移住したが，このコーカサス戦争の終局においても，この地域からチェルケス（アディゲ）人が百万単位の規模でオスマン帝国領に避難した。

　とはいえ，ロシアにとってパリ条約で定められた黒海に関する規定は修正されるべき内容であり，ロシアはその機会をうかがっていた。18 世紀以来バルカン進出の拠点だったワラキアとモルドヴァの前述の合同についても，フランスの影響が強く及びかねないこのような国家の成立をロシアは歓迎しなかったが，既存の秩序変更となるルーマニア統一を容認したことは，黒海の中立化と非武装化というロシアにとって厳しい規定の変更を主張するための下地となった。折しも1866 年にプロイセン＝オーストリア戦争，続いてプロイセン＝フランス戦争が勃発し，西欧諸国の関心はドイツとフランスに向けられていた。1870 年のプロイセン＝フランス戦争時，プロイセンのビスマルク（1815～98 年）は各国がフランス側につかないよう根回しをしていたが，ロシアはこの機会を逃さず，パリ条約の規定する黒海中立化と非武装化に関する条項の破棄をビスマルクに提案して支持を取りつけた。これを受けて皇帝アレクサンドル 2 世は，直ちに黒海に関するパリ条約の条項の破棄を宣言した。当然のことながらこのロシアの一方的な宣言は，オスマン帝国，イギリス，オーストリアの反発を呼んだが，各国とも具体的な行動を取ることはなく，結局翌 1871 年，ロンドンでこの問題に関する会議が行われ，条約が調印された（Нарочницкая 1989）。その結果，黒海内におけるロシアとオスマン帝国の軍事船の航行が再び認められロシアの目的は達成されたが，この条約でオスマン帝国には，平時に友好国や同盟国の軍事船の海峡通過を認める権利が与えられ，これがロシアに対する大きな牽制となった。

　1875 年のヘルツェゴヴィナでの蜂起，および翌 1876 年のブルガリアの四月蜂

48　第Ⅰ部　黒海の地域性

起というバルカンでの混乱を直接の原因として 1877 年に勃発したロシア゠オスマン戦争でも，ルーマニアやセルビア，その他の正教徒義勇兵の協力を得たロシアは，バルカンとコーカサスの各地で勝利を収めたが，こうしたロシアの軍事的勝利によるパワーバランスの変更はやはりこの戦争でも西欧列強により修正された。しかしその修正はクリミア戦争時とは異なり，列強の参戦という形ではなく和平内容の修正という形を取った。1878 年 3 月，軍事的に優位に立つロシアはオスマン帝国とサン・ステファノ条約を結び，その結果バルカンには巨大なブルガリア公国が生まれ，コーカサスではバトゥミやカルスなどがロシアに割譲されることになった。黒海に関しても注目すべき変更が見られた。第 24 条において，オスマン帝国が戦争中であっても，黒海岸のロシアの港との間を往来する中立国の商船は海峡を自由に通行できることが保障され，その他，オスマン帝国が黒海とアゾフ海のロシアの港を封鎖するような措置を講じないことが定められた（Noradounghian 1897-1900：vol. 3, 509-521）。これにより，ロシアは常時黒海とイスタンブルの海峡を通じた物資の輸送を確実なものとした。

　周知の通り，サン・ステファノ条約の内容，とりわけロシアの影響を強く受けることが確実で，黒海と地中海にまたがる領域を占める大ブルガリアの建国は，他の列強の強い反発を生んだ。その後列強の利害の調整のため，ビスマルクが仲介するベルリン会議が同年 6 月から開かれることになり，その結果締結されたベルリン条約では，サン・ステファノ条約でロシアが獲得したブルガリアの領土が約 3 分の 1 にされるなど，ロシアはバルカンとコーカサスへの進出において後退を余儀なくされ，外交的に敗北した。結局，ベルリン条約では，黒海航行と海峡問題については 1871 年の条約の内容が確認されるにとどまり，黒海周辺に位置するブルガリアやコーカサスにおけるロシアの拡大も，ロシアの軍事的勝利に比べれば最小限に抑えられる結果となった。とはいえこの条約により，バルカンではブルガリア公国が成立したほか，ルーマニア，セルビア，モンテネグロの三国がオスマン宗主下から完全に独立し，オスマン帝国のバルカン支配はさらに後退した。それに代わりオーストリア・ハンガリー帝国はボスニア・ヘルツェゴヴィナを占領して事実上の統治を行い，汎スラヴ主義を掲げるロシアも，当初より縮小はしたもののブルガリア公国の独立を成し遂げ，同条約によりバルカンへの列強の進出はますます拡大した。また，黒海南東岸のバトゥミや，現トルコ領のカ

ルス，アルダハンなどのアナトリア北東部の一部はロシア領となり，ロシアは黒海南東部でさらに領土を獲得することとなった（Noradounghian 1897-1900：vol. 4, 175-192）。

　このように，この戦争においても，ロシアが目指した黒海とその周辺の領域をめぐる力の変更に対しては，西欧列強からそれに反発する大きな力が働き，ロシアの黒海地域における勢力拡大は，オスマン帝国の犠牲の下，列強間の力の均衡が保たれる範囲内にとどまったということができる。こうした勢力均衡維持の力学が強く作用した理由として，二つの要因を指摘できる。一つは，クリミア戦争によるウィーン体制崩壊以後，不安定だったヨーロッパの秩序が，1870年代に再び安定していたことである。すなわち，ドイツ帝国の宰相となったビスマルクがフランスを孤立させるために1873年にオーストリア・ハンガリーとロシアとの間で三帝同盟を成立させており，それがヨーロッパを安定させ，大きな力のバランスの変更を抑止する役割を果たした。この同盟が存在したがゆえに，バルカンで競合するロシアとオーストリア・ハンガリー両帝国間の利害が調整され，またロシアもサン・ステファノ条約を修正するベルリン会議の招集を受け入れざるを得なかったのである。もう一つはユーラシアにおいて「グレートゲーム」と呼ばれるロシアとイギリスとの対立が次第に深まる中，1869年のスエズ運河開通により，イギリスにとってインドへの道に当たる東地中海の戦略的重要性が高まったことである。その結果，ボスフォラス・ダーダネルス海峡の問題を含む黒海地域の諸問題はイギリスにとってそれまで以上に重みを増し，ロシアの地中海方面への進出を阻止するためにより強い姿勢で臨むこととなったのである。

　ベルリン条約の後，技術革新と工業化の進展，そして列強の植民地獲得をめぐる海外進出が激しさを増す中で世界の一体化はますます進展し，黒海貿易も引き続き成長して，ヨーロッパ各国にとっての黒海地域の重要性も高まっていった。さらに，この頃新たに加わった重要なファクターとして石油の存在を挙げることができる。1870年代頃からアゼルバイジャンのバクー油田の開発が本格化し，生産された原油の主要な輸出ルートとしてロシアは黒海を重要視した。そのため80年代にはバクーとティフリス間に鉄道が建設されて，すでに開通していたポティ－ティフリス線とつながり，原油を鉄道により黒海へ運ぶことが可能となった（King 2004：198-199）。さらに，完成は1900年代と遅れたものの，黒海岸との

50　第 I 部　黒海の地域性

間にパイプライン建設が構想されたのもこの頃であった。

　こうしてロシアにとって黒海地域は，経済的にも戦略的にもますます重要性を増し，それゆえ 1878 年以降第一次世界大戦までの 30 年余りの間に，ロシアは再三にわたってボスフォラス・ダーダネルス海峡に関する規定の変更，すなわちロシア軍艦の海峡通行権の確保と，そのための具体的手段としてイスタンブルの軍事的占領を試みる。例えば，ベルリン条約によるキプロスの事実上の領有やアルメニア人が多数居住する黒海南東岸に近接するアナトリア北東部六州でのアルメニア人の待遇改善の要求，さらに 1882 年のエジプト占領などによって，イギリス＝オスマン関係が悪化すると，オスマン帝国はロシアを利用してイギリスに対抗しようとし，皇帝アブデュルハミト 2 世（在位 1876〜1909 年）は一時的にロシアに接近する動きを見せた。この機会に，1883 年に駐コンスタンティノープルロシア大使に任命されたアレクサンドル・ネリドフ（1835〜1910 年）は本国に対し，イスタンブル占領によるオスマン帝国の保護という強硬策を進言した。しかしながらこの提言はロシア政府に聞き入れられず，実行に移されなかった（Kurat 1990 : 105-106）。

　その後，ロシアはブルガリア公アレクサンドル・バッテンベルク（在位 1879〜86 年）と対立したため，1885 年に東ルメリア[4]とブルガリア公国との統一問題が浮上すると，ロシアはこれに強く反対したが，ブルガリア・ナショナリズムの高揚を抑えることはできず，公が東ルメリア総督職を兼ねることにより事実上の統一が果たされ，ロシアのバルカンにおける影響力は後退した。ロシア皇帝アレクサンドル 3 世（在位 1881〜94 年）はこれを汎スラヴ主義によるバルカン進出の挫折ととらえ，これを受けてそれまで以上に海峡問題を重視する姿勢を見せた。そうした状況でロシアは再び 1892 年に海峡問題の規定の変更を画策し，ロシア大使ネリドフは再度本国政府にイスタンブル占領を進言して，この時にはロシア軍が実際に攻撃準備に入った。しかしながらロシアの新たな同盟者であるフランスの仲介によりこの試みも実行されなかった（同前 : 109-111）。

　4）サン・ステファノ条約で規定されたブルガリア領土の 3 分の 1 が，ベルリン条約において独立を認められ，残りはオスマン帝国領となったが，そのうちバルカン山脈の南側の地域は東ルメリア（Rumeli-i şarki）として，列強の同意のもとにオスマン皇帝が任命するキリスト教徒の総督が治め，独自の議会を持つ自治州となった。

1894 年に生じたアナトリア北東部六州でのアルメニア人とムスリムとの衝突は，黒海と海峡問題にも大きな影響を与えた。ロシアと国境を接し，多くのアルメニア人が居住するこの地域の安定を，オスマン帝国の安定を支持するイギリスは重視する一方，ロシアは，介入の足掛かりとしてこの地域の混乱を望んでいた。1894 年に生じた騒乱に対し，オスマン帝国の非正規軍団である「ハミディエ」は徹底的な鎮圧を行い，多数の死傷者を出すこととなった。これに対して 1896 年，イギリス政府内ではイスタンブルにイギリス艦隊を派兵する計画が議論され，この計画に対抗してネリドフはまたもや黒海艦隊のボスフォラス海峡への派遣を強く主張したものの，フランスはこれを支持せず，やはり実現せずに終わった（同前：117-121）。

　この 1890 年代，オスマン帝国を含むヨーロッパの国際関係も大きく変化していた。ビスマルクの退場によりドイツの伝統的なフランス孤立政策が転換され，いわゆる「世界政策」を進めるヴィルヘルム 2 世（在位 1888〜1918 年）のドイツは 1890 年にロシアとの再保障条約を更新せず，ここに三帝同盟成立以来のドイツとロシアとの同盟関係は終わりを迎えた。その結果ロシアはそれまで孤立していたフランスと手を組み，1894 年に両国は同盟を締結した。こうしてロシアは，オスマン帝国，イラン，アフガニスタン，極東などをめぐって，これまでと同様にイギリスと対立する一方で，ドイツとも緊張した関係に入り，こうしたヨーロッパの国際関係の変化は黒海地域にも影響を与えた。というのも，ドイツは 1880 年代にオスマン帝国に軍事顧問団を派遣して陸軍改革を後押しし，次第に帝国内で影響力を増していたが，1890 年代末にバグダード鉄道の敷設権を獲得すると，ロシアはこれを黒海南東部とコーカサスにおける自らの権益を脅かすものとして警戒したためである。ドイツのこうしたバルカンから中近東への進出は，イギリスにとっても脅威であり，その後 1907 年の英露協商締結につながった。こうしてヨーロッパの国際関係は，イギリス・フランス・ロシアの協商側とドイツ・オーストリア・イタリアの同盟側の二つの大きな勢力が対峙する構図となり，それゆえ 1914 年のオーストリア領ボスニアでの一事件がヨーロッパ全体を巻き込み，さらに他の地域にも波及する世界大戦へと拡大したのであった。

　第一次世界大戦では，オスマン帝国とブルガリアが同盟国側で，セルビア，ルーマニア，ギリシャが協商国側で参戦し，黒海周辺の各地と黒海上で戦闘が行

われた。陸上では，バルカンとコーカサスの戦線で激しい戦闘が生じ，特にアナトリア北東部ではロシア軍とオスマン帝国軍の戦闘の中，多数のアルメニア人が犠牲となった。海上ではドイツの支援を受けたオスマン海軍が活躍を見せ，ダーダネルス海峡西岸に位置するガリポリ（トルコ語でゲリボル）半島で行われた英仏中心の協商国軍とオスマン軍との戦いは，協商国側のイスタンブル占領と海峡通過，そして黒海，特にコーカサス戦線への軍の派遣を目的としていたが，オスマン軍の抵抗により協商国軍は目的を果たせず撤退を余儀なくされた。そして黒海では，ドイツ艦隊とオスマン艦隊がロシアの黒海艦隊と戦い，初期においてはドイツ・オスマン軍が優勢であったが，その後ロシア軍が巻き返し，決定的な勝敗がつかぬままロシアが1917年のロシア革命の影響で戦線から離脱した。その後ドイツも1918年11月のドイツ革命発生により協商国側と休戦協定を結び，こうしてこの戦争は終結した。翌年1月に開始されたパリ講和会議によって，ヨーロッパを含む世界各地の新たな秩序が定められることになり，「ヴェルサイユ体制」と呼ばれる新しい秩序の中で，黒海地域も新たな歴史を迎えることになる。

おわりに

　前近代において黒海とは一つの「地域」であった。そこでは概して一つの主要な政治勢力が支配を及ぼし，その下で，ギリシャ人やジェノヴァ人といった地中海でも活躍する集団がこの海の内外を往来し，その沿岸を経済的・文化的に結びつけていた。このようにして黒海とその周辺の領域は，地中海的性格を強く持ちながらもユーラシアの遊牧的要素も見られる一つの地域的まとまりとして長らく存在していた。その中でオスマン帝国は，15世紀半ばに征服したイスタンブルを中心に16世紀前半までに黒海周辺の多くの地域を支配し，かつ，外国船舶を黒海から排除して，黒海を「オスマンの海」とした。

　18世紀に入り，オスマン帝国の西欧世界に対する優位が崩れ，かつ近代化を進めるロシアが台頭する中，1768年のロシア＝オスマン戦争と1774年のキュチュク・カイナルジャ条約が，黒海地域の歴史の大きな転換点となった。ロシアの商船の黒海内自由航行と黒海通商への参入を認めたこの条約によってオスマン

帝国の黒海支配は崩れ，その後ロシアはクリミアでの領土獲得や，コーカサスやバルカンへの進出により，黒海地域に勢力を拡大した。これに対しハプスブルク帝国も1780年代にオスマン帝国からロシアと同様の権利を得て黒海通商に参入し，さらにはフランス革命後にはイギリスとフランスも黒海通商の権利を得た。こうして1774年からわずかの間に黒海は多くの国々が関わる「諸国の海」となり，そのヘゲモニーは次第にオスマン帝国からロシアの手に移っていった。

　しかし19世紀初頭から1820年代頃まで，黒海をめぐる諸問題は，必ずしも西欧諸国が深く関与するような「東方問題」の最重要問題というわけではなかった。1820年代のギリシャ独立問題についてはロシア，イギリス，フランス，オーストリア間での協調により解決が図られたが，黒海地域の問題については，西欧諸国の関与を受けつつもロシアとオスマン帝国間でやり取りがなされた。

　けれどもこのような原則は1830年代を通じて次第に変容し，オスマン帝国を挟んで地中海方面への進出を試みるロシアと，それを阻止したいイギリスとの本格的な対立が現れる中で，黒海の出入口であるボスフォラス・ダーダネルス海峡の問題が国際的な枠組みで話し合われ合意されるようになる。さらに黒海を戦場としたクリミア戦争の結果，黒海の非武装化と中立化がオスマン帝国を含む多国間条約の中で規定されるに至り，黒海地域は，諸勢力がせめぎ合い，力の均衡が保たれるよう西欧列強をはじめとする国々が国際的な保障を与えるような場となった。それゆえ19世紀後半，ロシアが強く改定を望んでいたクリミア戦争後の黒海非武装中立の原則こそ，1870年のヨーロッパ大陸における一連の混乱の中で変更されたものの，その後ロシアが画策した，自国の軍艦の通行が可能になるようボスフォラス・ダーダネルス海峡に関する規定を変更する試みは，西欧列強とりわけイギリスの意向によりことごとく失敗したのである。結局1841年の多国間による条約は，原則として第一次世界大戦まで大きく変更されることはなかった。

　一方，18世紀後半から黒海を通じた人とモノの動きは増大し，そうした動きは黒海地域内，さらには黒海地域とその外の世界とを，それまで以上に経済的にも文化的にも緊密に結びつけた。こうしてイスタンブルの海峡のみならず，黒海地域を成すオスマン帝国領や19世紀に新たに独立したバルカン諸国なども，ヨーロッパを中心とする国際システムの中に取り込まれることになったのである。

54 第 I 部 黒海の地域性

　以上のように，長らく一つのゆるやかな地域的まとまりであった黒海地域は，近代移行期である 18 世紀後半から複数の勢力がせめぎ合う場へ，そして 19 世紀にはその秩序が複数の国々による国際的な枠組みの中で維持される場へと変容していった。ゆえに，現代の黒海をめぐる国際関係の基本的性格は，すでに 19 世紀に形作られていたと考えられるのである。

参考文献

①外国語

Anderson, M. S. 1966. *The Eastern Question 1774-1923 : A Study in International Relations*, London : Macmillan.

Bekker-Nielsen, Tønnes (ed.). 2006. *Rome and the Black Sea Region : Domination, Romanisation, Resistance*, Aarhus : Aarhus University Press.

Bostan, İdris. 1995. "Rusya'nın Karadeniz'de Ticarete Başlaması ve Osmanlı İmparatorluğu (1700-1787), " *Belleten* 59, pp. 353-394.

Herlihy, Patricia. 1991. *Odessa : A History, 1794-1914*, Cambridge : Harvard University Press.

İnalcık, Halil. 1973. *The Ottoman Empire : The Classical Age 1300-1600*, London : Weidenfeld and Nicolson.

――――. 1979. "The Question of the Closing of the Black Sea Under the Ottomans," *Αρχείον Πόντου* 35, pp. 74-111.

Ismail, F. 1975. *The Diplomatic Relations of the Ottoman Empire and the Great European Powers from 1806 to 1821* (Thesis Presented for the Degree of Doctor of Philosophy in the University of London).

Jelavich, Barbara. 1991. *Russia's Balkan Entanglement 1806-1914*, Cambridge : Cambridge University Press.

King, Charles. 2004. *The Black Sea : A History*, Oxford : Oxford University Press.

Kurat, Akdes Nimet. 1990. *Türkiye ve Rusya*, Ankara : Kültür Bakanlığı Yayınları.

Noradounghian, Gabriel effendi. 1897-1900. *Recueil d'actes internationaux de l'Empire Ottoman*, 4 vols, Paris : P. Pichon.

Tukin, Cemal. 1999. *Boğazlar Meselesi*, İstanbul : Pan Yayıncılık.

АГС. 1869. *Архивъ государственнаго совета*, т.1, СПб.

Нарочницкая, Л. И. 1989. *Россия и отмена нейтрализации Черного моря 1856-1871 гг.*, Москва : Наука.

②日本語

カレール＝ダンコース，H（志賀亮一訳）2004『エカテリーナ二世――十八世紀，近代ロシアの大成者』下巻，藤原書店。

小松香織 2002『オスマン帝国の海運と海軍』山川出版社。

佐藤次高 1991『マムルーク――異教の世界からきたイスラムの支配者たち』東京大学出版会。

篠崎三男 2013『黒海沿岸の古代ギリシア植民市』東海大学出版会。

武田元有 2010「19 世紀前半におけるロシア黒海貿易と南下政策——モルダヴィア・ワラキア支配の意義と限界」『鳥取大学大学教育支援機構教育センター紀要』7，23-102 頁。

松井真子 1998「オスマン帝国の専売制と一八三八年通商条約——トルコ・アヘンの専売制（一八二八～一八三九年）を事例として」『社会経済史学』64-3，338-367 頁。

黛秋津 2008「ロシアのバルカン進出とキュチュク・カイナルジャ条約（1774 年）——その意義についての再検討」『ロシア・東欧研究』37，98-109 頁。

第 2 章

20 世紀黒海地域の国際政治

六 鹿 茂 夫

はじめに

本章では，第一次世界大戦終了から冷戦終結までの黒海地域の国際政治について考察する。ドイツが降伏した 1918 年 11 月から東欧革命（1989 年）およびソ連の崩壊（1991 年 12 月）へと至るおよそ 70 年にわたる黒海地域の国際政治は，5つの時期に区分される。(1) イギリスの覇権の下で黒海が欧州に開かれた海となる 1920 年代，(2) 国際関係が著しく緊張を増すなかでモントルー条約が締結され，黒海が外部世界に閉鎖されてトルコとソ連の海となる 1933〜36 年，(3) ヴェルサイユ体制の崩壊後黒海がイギリスとドイツ，続いてドイツとソ連の抗争の場となる 1936〜45 年，(4) 黒海が冷戦の最前線となって二極化されていく第二次世界大戦直後，(5) 二極対立の構造が次第に緩和されていき，東欧革命とソ連の崩壊により黒海地域が力の真空状態となるまでの 1948〜89/91 年である。

1　イギリスの覇権と欧州に開かれた黒海（1920 年代）

第一次世界大戦を経て，黒海周辺の国際環境は大きく変化した。黒海北部から東部にかけては，1917 年のロシア革命によりロシア帝国が瓦解し，1922 年 12 月にソヴィエト社会主義共和国連邦が誕生した。黒海南部では，オスマン帝国が消

滅し，1923 年 10 月にトルコ共和国が成立した。他方，黒海西部から南西部に至るバルカンでは，戦前から存在したルーマニア，ブルガリア，ギリシャ，アルバニアに加え，セルビア人・クロアチア人・スロヴェニア人王国（1929 年に国名をユーゴスラヴィア王国へ改称）が誕生した。また，ルーマニアはトランシルヴァニアとベッサラビアを加えて大ルーマニアとなり，ブルガリアは西トラキア南部をギリシャに割譲し，エーゲ海への出口を失った。他方，ルーマニアとベッサラビアが統一したことで，ソ連はドナウ川への出口を喪失し，ドナウ沿岸国の地位を失った。

　ソ連は以下の経緯を経て誕生した。ロシア革命を契機に，ロシア帝国内の少数民族は独立を求めて立ち上がった。ウクライナでは，中央議会に相当する中央ラーダが 1917 年 11 月にロシア連邦下におけるウクライナ人民共和国の建国を宣言し，翌年 1 月にロシアから独立した。これに対し，ウラジーミル・レーニン率いるボリシェヴィキは軍事力を駆使してウクライナの独立を阻止しようとしたが，ウクライナはドイツおよびオーストリアの支援を得て抵抗した。ウクライナに続いてモルドヴァ[1]でも，中央議会に相当するスファートゥル・ツァーリが 1917 年 12 月にロシア連邦下におけるモルドヴァ共和国樹立を宣言し，翌年 1 月にロシアから独立した。続いて 3 月にスファートゥル・ツァーリがルーマニアとの統一を宣言し，これをルーマニア議会が承認して，ルーマニアとの統一が達成された。他方，南コーカサスでは，10 月革命直後の 1917 年 11 月に，ジョージア，アゼルバイジャン，アルメニアの民族主義諸政党が「ザカフカス委員会」を結成し，翌年 4 月に「ザカフカス連邦共和国」を樹立した。しかし，その後内部対立が生じ，5 月に 3 ヵ国が別々に独立を宣言した。

　このような諸民族の独立運動に直面したボリシェヴィキ政権は，1917 年 11 月に「ロシア諸民族の権利宣言」を公布して，諸民族がロシアから分離独立する自由を一旦は認めた。ところが，上述したように，諸民族が実際に独立し始めると，1918 年 1 月に「勤労，被搾取人民の権利の宣言」を発して諸民族の自治を認めた連邦制を提示し，ロシアから分離独立した諸民族の再統合に乗り出した。ボ

---

1) 1812 年のブカレスト条約によってロシア帝国領に編入されたベッサラビアを指す。ベッサラビアとは，14 世紀に建国されたモルドヴァ公国の東部に位置する，プルト川，ドニエストル川，黒海に囲まれた領域のことである。

リシェヴィキは劣勢を挽回して 1920 年にウクライナ，アルメニア，アゼルバイジャンにソヴィエト権力を樹立し，翌年 2 月にはジョージアでも権力を掌握した。アゼルバイジャン，アルメニア，ジョージアは 1922 年 3 月にザカフカス・ソヴィエト社会主義共和国を樹立し，同年 12 月にロシアとウクライナ，ベラルーシ，ザカフカスの各ソヴィエト共和国が条約を締結してソ連が創設された（Pipes 1997）。しかし，バルト諸国が独立し，モルドヴァがルーマニアと統一し，ポーランドとの国境が 1922 年のリガ条約でカーゾン線よりおよそ 200 キロ東に定められたため，ソ連はかつてのロシア帝国領西部地域を大幅に喪失した。

　他方，オスマン帝国は 1918 年 10 月 30 日にムドロス休戦協定に調印し，領土の大半が協商国に占領された。また，協商国の軍艦が 11 月 13 日にボスフォラス海峡およびダーダネルス海峡（以下，トルコ海峡）に到着し，イスタンブルはイギリス，フランス，イタリアからなる高級委員会の統治下に置かれた（Barlas 1998：114；Jelavich 1983：128）。翌年 5 月 15 日にギリシャ軍がイズミルに上陸し，1920 年 3 月 16 日にイギリスがイスタンブルを占拠するなかで，オスマン政府は 8 月 10 日にセーヴル条約に調印した。同条約によりオスマン帝国領土は分断され，トラキアと西アナトリアがギリシャ領に編入され，イズミルの帰属については 5 年間のギリシャ統治の後に住民投票に掛けられることとなった。また，ドデカネス諸島はイタリア領となり，アルメニア国家とクルド国家が樹立された。イギリスはエジプト，スーダン，キプロスで全権を握るとともに，パレスチナ，ヨルダン，イラクを委任統治下に，フランスはシリアを委任統治下に置いた。トルコ海峡は非武装化され，国際連盟の管理下に置かれたが，実質的にはイギリスが同海峡を監視することになった。これによりイギリス艦隊の黒海へのアクセスが可能となり，イギリスの黒海における覇権が確立された（Barlas 1998：118）。

　これに対し，ムスタファ・ケマル・パシャはトルコ民族運動を組織し，ボリシェヴィキ政権から武器支援を受けるなどして抵抗運動を続けた（Ahmad 2004：17）。1920 年 9 月にアルメニアを攻撃し，翌年 3 月 11 日に軍をジョージアに進めて赤軍と対峙したが，16 日にボリシェヴィキと友好条約に調印した。ボリシェヴィキ政権は，トルコのケマル政権が主張するすべての領土を承認し，カルスとアルダハンがトルコに返却され，バトゥミはソ連領となった。他方，国際的な支援のないクルド国家は制圧された（Barlas 1998：118-120）。

このようにして東部戦線を終結させたケマル政権はギリシャとの戦闘に集中できるようになり，国際情勢もトルコ有利に傾き始めた。フランスが1920年11月以降イギリスと一線を画してケマル政権の承認へ向かい，またイタリアも1921年6月にアナトリア南部からの軍隊の引き上げに同意した。戦況も好転して，ギリシャ軍が1922年9月23日に東トラキアから撤退し，トルコとギリシャは10月11日にムダニア停戦協定に調印した。続いてオスマン朝が11月1日に滅亡し，ローザンヌ講和会議が同月20日から開催され，翌年7月24日にセーヴル条約に代わってローザンヌ条約が締結された（同前：119-121）。

同条約により，トルコの独立が認められ，アルメニアの一部を含むアナトリアと東トラキア，ダーダネルス海峡付近の島々がトルコに返還された。また，同条約は，同質的な民族国家を創設するためとして，正教徒のギリシャ人とムスリムのトルコ人各々の「母国」への移住を決めたため，およそ150万人のギリシャ人がアナトリアからギリシャへ，35万人のトルコ人がギリシャからトルコに強制移住させられた（King 2004：213-214）。

しかし，トルコ海峡については，セーヴル条約同様，沿岸から15〜20キロの地域が非武装地帯とされ，同地域は国際委員会の監視下に置かれた。また，トルコが中立国にとどまる限り，平和時でも戦時でも，商船および軍艦の自由航行が認められた。このようにトルコの両海峡に関する主権が制限されたのは，イギリスの意向が強く働いたためである。ロイド・ジョージ英国首相は，トルコ海峡は世界で最も重要な戦略拠点であり，トルコ軍がイギリスの東方への生命線を断ち切るような事態を二度と招いてはならないと固く決意していた。両海峡の自由航行を国益とするルーマニアもイギリス案を支持した。これに対し，ソ連は黒海を自国の覇権の下で閉鎖された海にしようと考えていたため，両海峡へのトルコの主権を認めるべきであると主張した。その結果，かつて黒海をめぐって戦闘を繰り返したロシアとトルコが協力してイギリスに立ち向かうことになったが，ほどなくしてトルコが英国案に譲歩したため，ソ連は7月19日にローザンヌ条約に調印する意向を伝えた。孤立したソ連は，国際的な国家承認を最優先させる方針に転換したのである。

他方，戦時においてトルコが交戦国の場合，すべての商船と中立国の軍艦の海峡通過が認められたが，トルコに船を訪問する権利が与えられた。また，戦時

60　第 I 部　黒海の地域性

においても平和時においてもトルコが中立国にとどまる場合，黒海に進入できる
非沿岸国の軍艦は黒海で最強の軍艦のトン数を上回ってはならず，いかなる場合
にも一隻の軍艦は 1 万トンを超えてはならないとされた。さらに，3 隻以上の軍
艦を同時に黒海内に進入させてはならないとの制限が設けられた（Otu 2006：254-
260）。このようにトルコやソ連への配慮が施されたが，総じて第一次世界大戦後
の黒海は欧州に開かれた海となり，トルコ海峡は国際管轄下に置かれ，イギリス
の支配下に置かれたのである。

　ところで，1920 年代の黒海地域における安全保障の脅威は，1922 年 10 月に権
力についたイタリアのムッソリーニ政権であった。ムッソリーニはローマ帝国の
再現を国家目標に掲げ，ドデカネス諸島を基地として東地中海への勢力拡張を目
論見た。アルバニアの保護国化を図るとともに，フランスの同盟国であるユーゴ
スラヴィアを孤立させるべく，ハンガリー，オーストリア，ブルガリアとの関係
強化に努めた。そして，1928 年にトルコおよびギリシャと中立条約を締結し，
それらにブルガリアを加えた 4 ヵ国同盟を創設して，東地中海におけるイタリア
のリーダーシップを構築しようとしたのである（Barlas 1998：136-137）。

　これに対しトルコは，ソ連やバルカン諸国との協力を介して黒海地域の安定に
努めた。1925 年 12 月 16 日にモスルのイラクへの帰属が決定すると，トルコは
翌日ソ連と友好中立条約を締結し，1932 年 4 月にはトルコ首相が訪ソして，ソ
連から 80 万ドルの無償支援を受け取った。他方，トルコ，ユーゴスラヴィア，
ギリシャ，ルーマニアは 1930 年から毎年バルカン会議を開催し，1934 年 2 月に
バルカン協商を創設した。また，イタリアがドデカネス諸島付近で軍事演習を強
化し，軍縮会議が滞って軍拡傾向が顕著になると，トルコは，1933 年のジュ
ネーヴ軍縮会議において，非武装地帯条項の削除を含むローザンヌ条約の見直し
を要求した。しかし，同提案は，トルコとソ連の軍事協力に弾みがつくことを恐
れたイギリスの反対によって葬り去られた（同前：111-129）。

2　外部世界に閉ざされる黒海（1933〜36 年）

　しかし，トルコは，1935 年 4 月 11 日にローザンヌ条約のすべての締結国に覚

書を送り，海峡レジームの見直しに関する国際会議の開催を呼びかけた。条約改定の根拠として，トルコは，世界戦争の危機の高まりにもかかわらず，日本の国際連盟脱退やイタリアのエチオピア侵攻などにより，ローザンヌ条約が規定する英仏伊日 4 大国によるトルコ海峡の安全が保障されなくなった点を指摘した（Otu 2006：263-265）。

　実際，1933〜35 年にかけ，欧州の国際情勢は著しく不安定化した。1933 年 3 月にイタリアの呼びかけにより英仏独伊による 4 ヵ国協定が締結され，翌年 3 月にはイタリア，オーストリア，ハンガリーからなるローマ議定書が調印されて，ドナウ流域におけるイタリアの影響力が高まった。これに対し，ギリシャ，トルコ，ルーマニア，ユーゴスラヴィアが，上述したように 1934 年にバルカン協商を締結し，ソ連とルーマニアが同年 6 月に国交を回復するなど，地中海や黒海地域の現状維持に向けた動きが活発化した。また，トルコは黒海沿岸 4 ヵ国による黒海条約の締結を呼びかけて，トルコ海峡の安全を確保しようとした。

　ところが，フランスとイタリアが 1935 年 3 月にローマ条約を締結し，独墺統一阻止に関する協力と引き換えに，フランスがイタリアのエチオピアへの関心に理解を示したことから，イタリアは 10 月にエチオピアに侵攻した。他方，現状維持を目的とした東方ロカルノ構想や地中海条約案がことごとく葬り去られるなか，1933 年 1 月に政権についたヒトラーが 1935 年 3 月 16 日に徴兵制を導入し，翌年 3 月にライン川流域の非武装地帯に軍隊を進駐させたため，ヴェルサイユ体制は崩壊の危機に瀕した。

　このような国際情勢下において，ローザンヌ条約改定に関する会議が，1936 年 6 月 20 日からスイスのモントルーにて開始されたのである。トルコは 6 月 22 日提出の草案において，トルコ海峡の非武装条項の削除，商船の自由航行，軍艦の通行管理と規模の制限，戦時にトルコに認められる特別な権利などを要求した。これに対し，ソ連は，沿岸国には完全なる自由航行権が認められるべきであるが，非沿岸国の自由航行権は制限されるべきであると主張した。他方，イギリスは，海峡の再武装には賛成したが，トルコ海峡は引き続き国際委員会によって管理されるべきであると発言し，その根拠として，インドおよび極東へと至るイギリス船舶が地中海において通信を妨げられることへの懸念を表明した。

　また，イギリスは，沿岸国と非沿岸国双方に平等の権利が保障されるべきであ

るとして，それが保障されるなら軍艦の通行制限に同意してもよいと述べた。これに対し，ソ連は，交戦中の非沿岸国は軍艦を黒海に進入させてはならず，また沿岸の交戦国にも軍艦を黒海に向けて航行させることを禁じるべきであるとの修正案を提示した。ただし，国際連盟の指示ないし国際連盟規約の枠組みの中で調印された，相互援助条約の履行のために行動している国の軍艦は例外であるとした。

　イギリスはソ連の修正案に反対したが，トルコがソ連案に近い妥協案を提示すると，イギリスが条約の不成立を恐れて両国に譲歩したため，7月20日にモントルー条約が調印された。イギリスが譲歩した背景には，ドイツとイタリアの接近があった。イギリスは1935年6月に英独海軍条約を締結して，軍艦と潜水艦のドイツの保有量を各々英国の36％と45％に制限することを取り決めたが，ドイツが翌年7月11日にイタリアと相互不干渉条約を締結したため，イギリスはトルコおよびソ連との関係を重視するに至ったのである（同前：266-272；Barlas 1998：167-170）。

　モントルー条約の成立により，黒海地域の国際環境は激変した。トルコは海峡地帯を武装化する権利を認められ，海峡を管理する国際組織は廃止されて，その権限はトルコ政府に移譲された。また，商船の海峡の自由航行はこれまで同様認められたが，軍艦の通行は厳しく制限された。非沿岸国の場合，平和時に黒海に進入できる総軍艦トン数は1万5000トン，沿岸国の場合は3万トンで，複数の軍艦は一度に通過できず一隻ずつ通過しなければならないとされた。また，非沿岸国の軍艦が黒海に滞在できる期間は最大20日で，海峡通過の8日前までに，他方沿岸国の場合は15日前までに，トルコ政府に通達する義務が課せられた。

　また，戦時中トルコは，交戦国のすべての軍艦に対して海峡を封鎖できるが，トルコが中立国にとどまる場合，中立国の軍艦の海峡通過は上記の平和時と同じ条件で認められる。また，国際連盟憲章の枠内で締結され，かつトルコが条約締結国となっている相互援助条約に基づいて，被侵略国家の支援に向かう場合は，交戦国の軍艦でも海峡を通過できる。さらに，ある軍港を出航した交戦国の軍艦は，沿岸国・非沿岸国を問わず，その軍港に帰港できる（Barlas 1998：169-170）。

　他方，戦時中，トルコが交戦国の場合，軍艦の海峡通過は全面的にトルコ政府の判断に委ねられ，トルコがさし迫った戦争の危険にさらされていると判断した

場合，軍艦の通過を拒否できる。その際，トルコ政府は，締約国および国際連盟理事会に，同政府が執る手段について伝えなければならず，国際連盟理事会が3分の2以上の賛成をもって，トルコ政府の措置が正当性を欠くと判断した場合，あるいは，署名国の過半数が同様の判断をした場合，トルコ政府は同措置を見直さなければならない。また，戦闘機の海峡内の領空通過は禁止された（Otu 2006：269-270）。

　このようにして，トルコは地中海と黒海を繋ぐトルコ海峡を管理し，同地域を再軍備する権利を得るとともに，軍艦の海峡通過が制限されたため，トルコの安全保障は著しく高まった。また，非沿岸国の軍艦の黒海への進入が制限されて，黒海はトルコとソ連の海となる一方で，沿岸国の軍艦については海峡をほぼ無制限に通行する権利が認められたため，ソ連は黒海における覇権のみならず地中海への出口をも確保した。すでに検討したように，トルコ政府が沿岸国の軍艦の海峡通過を禁止できるのは，トルコと交戦中の国である場合と，自国に戦争の危険が急迫している場合に限られるからである。

3　黒海をめぐる独ソの攻防（1936～45年）

　1936年3月のドイツによるラインラント占領と同年秋のベルリン＝ローマ枢軸の成立によって，ヴェルサイユ体制は脆くも崩れ去った。この時点で，フランスに代わって欧州国際秩序の再建に乗り出したイギリスは，大英帝国の温存，西欧の安定，自国の経済発展という国益を達成するために，欧州をドイツと勢力分割し，東欧をドイツの勢力圏と認めることで，欧州の平和を維持しようとした。ところが，この英独による平和は長続きしなかった。1938年9月のミュンヘン会談によってヒトラーの侵略計画をくい止めたと確信したチェンバレン首相であったが，ドイツ軍が翌年3月にチェコスロヴァキアに侵攻したことで，イギリスの対独宥和政策の失敗が歴然としたからである。

　その結果，1939年春以降，イギリスが東欧やバルカンへの関与を深めていき，同地をめぐる英独の綱引きが激しくなると，ソ連の重要性が否が応でも増すこととなり，英仏とドイツにソ連が加わって三つ巴外交が展開されていくのである。

英仏とソ連は軍事同盟の締結に向け交渉を開始したが、ヒトラーが対ポーランド攻撃を決意するに及んで、8月23日の独ソ不可侵条約の締結へと至った（六鹿1998a：285-296）。

独ソ不可侵条約付属秘密議定書によってバルト海から黒海へと至る地域をドイツと勢力分割したスターリンは、分割の対象外であったトルコ海峡への関心を強めた。1939年10月に訪ソしたトルコ外相に対し、トルコ海峡の共同防衛の必要性に言及したのである。トルコ外相は、1833年のヒュンキャル・イスケレシ条約の再現は認められないと即座に同提案を拒否し、トルコ政府はその2日後の10月19日に英仏と同盟条約を締結した（Ahmad 2004：22；Barlas 1998：195-196）。第一次世界大戦直後からソ連と協力関係を築いてきたトルコであるが、第二次世界大戦勃発直後のこの時点において、トルコは同盟国をソ連から英仏へと転換したのである。

それはともかく、独ソ不可侵条約における東欧分割は、黒海西北岸に位置するルーマニア東部のベッサラビアまでを対象とし、ドナウ川以南およびトルコ海峡は対象外であった。ところが、フランスの降伏後、黒海地域がにわかに独ソ関係の焦点となった。1940年6月22日のフランスの降伏によってドイツの支配が中欧から西欧に到達したことで、次なるドイツの攻撃目標がイギリスないしソ連に絞られたからである。ソ連は迫りくるドイツ戦に備え、これまで独ソ勢力圏分割の対象外に置かれてきた黒海地域を勢力圏に取り込むことで、自国の安全保障を高める必要性に駆られたのであった。他方、ドイツにとっても、資源や食料の供給源として重要な役割を期待できる黒海地域を支配下におさめることは、戦争を継続していく上で必要不可欠となった。このようにして、中欧とは対照的に、それまで力の真空地帯に置かれてきた黒海地域が、フランスの降伏と同時に一挙に独ソ関係の焦点となり、両国はこの地をめぐって勢力圏抗争を熾烈化させていくのである。

独ソはまずルーマニアをめぐって火花を散らした。ソ連は、1939年春の英仏による対ルーマニア保障宣言と、ドイツのルーマニアへの関心の大きさを考慮して、ポーランド、バルト諸国、フィンランドとは対照的に、ベッサラビアの占領には慎重であった。ところが、フランスの敗北によって英仏の対ルーマニア保障が有名無実となり、しかも英独が単独講和に向かう可能性が出てきたため、ソ連

は独ソ不可侵条約付属秘密議定書で約束されたベッサラビアを急いで獲得する必要性に迫られた。そこで、フランスが休戦協定に調印した翌日の6月23日に、ソ連はベッサラビアの併合をドイツに通告した。その際、ソ連がベッサラビアのみならず、独ソ不可侵条約付属秘密議定書に含まれていなかった旧オーストリア領のブコヴィナまで要求したことから、ただちにドイツの抗議するところとなり、両国はわずかこの1万平方キロメートル余りの地をめぐって火花を散らしたのである。交渉の末、ウクライナ住民が多く住む北ブコヴィナだけがソ連に割譲されることで妥協が成立すると、ソ連は26日にルーマニアに対して24時間の時限つきで最後通牒を突きつけ、翌日ルーマニアは独伊の勧告に従って最後通牒を受け入れたのであった。

　ルーマニアをめぐる独ソの対立は、ハンガリーとブルガリアのルーマニアに対する領土修正主義が複雑に絡んでその後も続いた。ルーマニアの領土をめぐる争いに英ソが介入してくることを恐れたドイツは、8月30日にイタリアを誘って第二次ウィーン裁定に乗り出し、北トランシルヴァニアのハンガリーへの割譲をルーマニアに承諾させた。ソ連のヴャチェスラフ・モロトフ外相は、このウィーン裁定を、共同の利益がかかわる問題についての協議義務を定めた独ソ不可侵条約第3条に違反するとして抗議した。続いて、9月7日にクラヨーヴァ条約が締結され、南ドブロジャのブルガリアへの割譲が決定されると、ドイツはイタリアと共に、残されたルーマニア領土に対する保障宣言を発して、ソ連のバルカン進出をベッサラビアでくい止めようとした。

　そして、ドイツは対ソ攻撃に備えて11月12日にルーマニアに軍を進めると同時に、ベルリンにモロトフ外相を招いて独ソ外相会談を開催した。ヨアヒム・フォン＝リッベントロップ独外相は、ドイツ、イタリア、日本、ソ連の4ヵ国同盟による世界分割案を提示し、ソ連のインド洋方面への進出を促した。これに対し、モロトフが、ドナウ川河口の管理権、ブルガリアのソ連勢力圏入り、トルコ海峡におけるソ連の軍事基地建設などを要求し、ドイツ軍のフィンランドおよびルーマニアへの進駐の意味を執拗に問いただそうとしたため、会談は物別れに終わった。しかし、スターリンは11月25日付の書簡において、独伊日同盟に加わる条件として、ソ連＝ブルガリア相互援助条約の締結、ソ連のトルコ海峡の通行権と同地における軍事基地建設、バトゥミ南部とバクーからペルシャ湾へと至る

地域におけるソ連の権利の承認などを要求した。すなわち，スターリンはブルガリアとトルコ海峡を自国の影響下に置くことで，ハンガリー（11月20日），ルーマニア（23日），スロヴァキア（24日）を矢継ぎ早に三国同盟に加盟させてドナウ北岸を自国の勢力圏に組み入れたドイツが，勢力圏を黒海へと拡張しないよう歯止めを掛けようとしたのである。また，11月25日にアルカディ・ソボレフ外務次官がブルガリアに赴き，トラキア地方の供与と引き換えに，ソ連軍による黒海海軍基地の使用を認めるよう迫った。

　これに対し，ドイツは3月1日にブルガリアを，25日にユーゴスラヴィアを各々自国の同盟国に加えた。ところが，これに不満を抱いたユーゴスラヴィア軍部が3月27日未明にクーデタを決起し，ドゥシャン・シモヴィッチ将軍を首相とする新政権を発足させた。同政権は三国同盟との関係を堅持しつつもイギリスとの関係緊密化を図り，さらに4月5日にソ連と友好不可侵条約を結んで中立路線の回復に努めようとした。その翌日ヒトラーはギリシャとユーゴに対する攻撃を開始し，イタリア，ハンガリー，ブルガリアの軍隊が四方から攻撃に加わって，ユーゴは4月17日に，ギリシャは20日に相次いで降伏した（六鹿 1998a：296-309）。

　このようにして，1940年春から翌年春にかけてドナウ地域と黒海西岸を征服したヒトラーが，1941年6月22日未明にバルバロッサ作戦を開始し，黒海周辺においてルーマニア油田とコーカサス油田をめぐってソ連との間で激しい攻防が繰り広げられた。同年7月9日から8月18日にかけ，ソ連黒海艦隊の空軍機53機がルーマニアの油田地帯プロイェシュティを爆撃した。これに対しヒトラーは，8月21日に，「冬がやってくる前に遂行すべき最重要課題はモスクワを陥落させることではなく，クリミアとドネック工鉱業地帯を征服し，ロシアによるコーカサス原油獲得を阻止することである」との命令を下し，ドイツ軍は1942年9月9日までにオデッサとセヴァストポリに続いてノヴォロシイスクを占領した。

　他方，トルコ海峡は依然として中立を守るトルコの支配下にあったため，ヒトラーは，黒海地域を征服することで，トルコを枢軸国側に招き入れようとした。これに対しウィンストン・チャーチルは，1942年11月18日に，トルコを連合国側につかせるためには，英米ソがトルコの領土保全を保障する必要があるとソ連に伝えた。ソ連は，トルコが連合国側につけば同国の空軍基地からルーマニア油田を爆撃できるとして同案を歓迎したが，トルコは英ソ独三ヵ国の間で均衡を

とることで中立を維持しようとした。トルコは 1939 年 10 月 19 日にイギリスと相互援助不可侵条約，1941 年 3 月 23 日にソ連と友好中立条約，同年 6 月 18 日にドイツと友好条約を各々調印していたのである（Vartic 2006：292-300）。しかし，英米首脳は 1943 年 1 月 12〜13 日のカサブランカ会談で，トルコを連合国側に立って参戦させることで一致し，チャーチルが 1 月 30 日にトルコのアダナに赴いて説得にあたった。チャーチルは，ソ連のバルカン進出を阻止するために，トルコを含むバルカン連邦を構想していたのである。しかし，トルコ首相は首を縦に振らなかった。

　1942 年暮れ以降，黒海地域の戦況が激変した。ソ連が 1942 年 11 月 19 日に反撃に転じ，翌年初めにスターリングラード戦で勝利を収めたのである。ヒトラーは 1943 年 10 月 29 日に「いかなる環境においても，あらゆる手段を駆使してクリミアを死守せよ」との指令を出したが，1943 年末までに黒海地域におけるソ連の優勢が確定した。それにもかかわらず，ヒトラーは，クリミアがドイツの占領下にある限りトルコは連合国側に立って参戦しないであろうとの信念から，その後しばらくの間クリミアからの撤退命令を出さなかった。ところが，英米が 1944 年 4 月 5 日にイタリアの空軍基地からルーマニア油田に対する空爆を開始したため，ヒトラーはクリミアからの撤退を決意せざるを得なくなり，ドイツ軍は 5 月 9 日から 10 日にかけてセヴァストポリから撤退した。ここにおいて，ソ連によるクリミア支配が決定的となったが，加えて，ルーマニアが 8 月 23 日に連合国側に寝返るとともに，ソ連が 9 月 9 日にブルガリアに宣戦布告したため，黒海におけるソ連の影響力が著しく高まった。

　この現実を踏まえ，スターリンとチャーチルは，10 月 9 日にクレムリンで英ソ首脳会談を開いてバルカンに関する勢力圏取り決めを行うとともに，黒海におけるソ連の覇権と地中海におけるイギリスの覇権を相互に確認した。スターリンは，「もしイギリスが地中海に関心を抱いているのなら，ロシアも同様，今もなおトルコが支配する黒海に関心を持っている」と述べ，モントルー条約を修正する必要性に言及した（Gardner 1993：200-201）。そしてソ連は，1945 年 3 月 21 日にソ連＝トルコ友好中立条約を破棄し，トルコ海峡の共同防衛とカルスおよびアルダハンのジョージアへの返還を認める新条約の締結を催促したのである（Ahmad 2004：25）。

4　黒海をめぐる米ソ対立（第二次世界大戦直後）

　第二次世界大戦直後の黒海地域の特徴は，ジェノサイドや強制移住，領土変更，勢力圏分割，トルコをめぐる冷戦の開始，二つの軍事ブロックの対立の5点に集約される。

　第一のジェノサイドや強制移住については，第一次世界大戦末期から終戦直後にかけて，オスマン帝国によるアルメニア人ジェノサイドや，ギリシャ人とトルコ人の住民交換が行われたように，第二次世界大戦さなかにルーマニアやウクライナのオデッサからドニエストル川東部に至る地域で，多くのユダヤ人やロマ人が殺害されたり排斥されたりした。また，スターリンは，ドイツ軍に協力したとして，1944年5月に18万9千人にものぼるクリミア・タタール人を中央アジアに強制移住させ，その他にもギリシャ人，ブルガリア人，アルメニア人，チェチェン人，イングーシ人，ヴォルガ川近郊のドイツ人などを強制移住させた（King 2004：228-229）。

　第二の領土変更については，南部ベッサラビアと北ブコヴィナがソ連ウクライナ共和国に割譲され，残りのベッサラビア領とトランスニストリア（沿ドニエストル）を併せてモルダヴィア・ソヴィエト社会主義共和国が創設された（六鹿1998a：331-333）。さらに，ソ連は1948年に，1878年からルーマニア領であった蛇島（Insula Șerpilor）をソ連領土に併合し，そこに黒海と東地中海を監視するための無線電子設備を建設した（Dumitru 2006：316）。他方，南ドブロジャがルーマニアからブルガリアへ譲渡され，アドリア海東部のイタリア領はユーゴスラヴィアへ，ドデカネス諸島はイタリア領からギリシャ領となった。

　第三の三大国による勢力圏分割は，第二次世界大戦さなかの首脳会議において行われた。1943年1月のカサブランカ会談におけるドイツに対する無条件降伏要求の決定により，ドイツ敗退後の東欧が力の真空状態に置かれることが明白になった。そして，同年11月のテヘラン会談で，チャーチルが固執したバルカン作戦ではなくノルマンディー上陸作戦が採用されたため，東欧に生じる力の真空はソ連軍が単独で埋めることとなった。しかも，1943年夏にイタリアが降伏した際，同国の占領行政は米英ソ三連合国ではなく，イタリアを軍事力で解放した

米英が単独で行うこととなったため，このイタリア占領方式が東欧にも適用されることとなり，東欧を単独で解放するソ連が東欧の占領行政を担うこと，すなわちソ連の東欧支配が 1943 年の時点で暗黙のうちに了承されたのである。

他方，バルカンに関しては，1944 年 10 月の英ソ首脳会談で，ルーマニアとブルガリアがソ連の勢力圏に，ギリシャがイギリスの勢力圏に置かれることが取り決められた。したがって，ソ連は 1945 年 2 月のヤルタ会談後ただちにルーマニアとブルガリアの共産化に着手し，イギリスは軍事力を用いてギリシャの人民解放戦線勢力を一掃してブルジョア政権を樹立させたのである。ところが，ユーゴスラヴィアに関しては，ギリシャとは対照的に，イギリスがパルチザン勢力を支持したため，チトー率いる共産勢力が実権を握ることとなった（六鹿 1998b：309-331）。

第四はトルコをめぐる米ソ対立と冷戦の始まりであるが，バルカン勢力分割とは対照的に，三大国はトルコおよびトルコ海峡について合意に達しておらず，ソ連はドイツ降伏後トルコ海峡の管理とトルコ東部の領土を要求し始めた。すでに 1940 年 11 月の独ソ外相会談でトルコ海峡に強い関心を示していたソ連は，1945 年 7 月のポツダム会談において，モントルー条約を修正してトルコ海峡に関する新たな取り決めを結ぶべきであると主張した（Vartic 2006：309）。そして，スターリンが翌年 4 月にダーダネルス海峡における軍事基地の保有を要求すると，アメリカは軍艦ミズーリ号を東地中海に派遣し，同艦は 4 月 5 日にイスタンブルに寄港した。そのねらいは，トルコを支配下に置くことで黒海における覇権を確立し，ひいてはバルカンや中東へ勢力を拡大しようとするソ連を牽制することにあった。

他方，ソ連は，モントルー条約が失効する 11 日前の 1946 年 8 月 7 日にトルコ政府に覚書を送り，黒海沿岸国に対する他国による敵対行為を防ぐために，ソ連とトルコが共同でトルコ海峡を防衛しようと持ちかけた。これに対し，ソ連から覚書のコピーを受け取っていたアメリカは，8 月 19 日の回答において，トルコ海峡の防衛責任は引き続きトルコが負うべきであると主張して，ソ連の提案を退けた（同前：310-311；Dumitru 2006：316-318）。トルーマン大統領が同回答をソ連に送ることを許可した 8 月 15 日に，アメリカの軍部は対ソ戦争の際にトルコを基地として使用することを決定したが，同決定は，アメリカがイギリスに代わっ

てトルコとギリシャの安全保障を担うことを宣言した 1947 年 3 月 12 日のトルー
マン・ドクトリンへつながっていくのである（Ahmed 2004 : 26-27）。そして，ア
メリカが同年 6 月にマーシャル・プランを公表すると，ソ連は同計画に参加しな
いよう東欧諸国に圧力を掛け，9 月にコミンフォルム大会を開いて東側陣営の結
束を固めた。ここにおいて，欧州は，マーシャル・プランに参加する西欧と，そ
れに参加しないソ連・東欧に分断されたのであり，黒海地域は西岸〜北岸〜東岸
の共産圏世界と，西南岸〜東南岸の資本主義世界との南北に分断されたのである。

　その後，黒海地域におけるこの二陣営の対立は，第五の軍事ブロックの対立へ
と向かった。1949 年 4 月に北大西洋条約機構（NATO）が創設され，1952 年 2 月
16 日にギリシャとトルコが NATO に加盟した。他方，1955 年に東側 7 ヵ国から
なるワルシャワ条約機構が樹立されたが，そこには黒海沿岸諸国のソ連，ルー
マニア，ブルガリアが含まれていた。ギリシャとトルコの NATO 加盟により，
NATO の南欧連合軍（AFSOUTH）の防衛範囲が黒海地域にまで拡大され，1952
年 9 月 8 日にはバルカンを含む南欧，東地中海，黒海の防衛を担う南東欧連合陸
軍（LANDSOUTHEAST）が，また 10 月 14 日には南欧連合空軍（AIRSOUTH）が，
トルコのイズミルに創設された。さらに，1953 年 3 月 15 日に，東地中海と黒海
の防衛を主な任務とする NATO 地中海連合軍（AFMED）司令部がマルタに設け
られた（Dumitru 2006 : 324-328）。

　他方，1955 年 6 月にワルシャワ条約機構が創設されて以降，ソ連の黒海艦隊，
ルーマニアとブルガリアの海軍が黒海において共同軍事演習を開始したため，
黒海は NATO とワルシャワ条約機構が対峙する海となった。ソ連は冷戦期を
通じて黒海を外部に閉ざされた海にしようと試みたが，トルコとアメリカがトル
コ海峡の管理権を譲らなかったため，黒海がソ連の海と化すことはなかった
（King 2004 : 230）。

5　黒海地域における二極構造の弛緩と冷戦の終焉（1948〜89 年）

　このようにして出来上がった黒海地域の二極構造は，世界場裏における冷戦構
造や黒海地域内の国際関係の転換により，次第に変貌を遂げていった。まず，

ユーゴスラヴィアが 1948 年にコミンフォルムから追放され，それ以降，同国は
ソ連とは異なる労働者自主管理型社会主義と非同盟路線を歩み始めるとともに，
NATO 諸国との関係を強化した。1951 年 6 月にユーゴスラヴィアの国防司令官
が訪米して武器軍事技術供与協定に調印し，1953 年 1 月にギリシャおよびトル
コと友好・軍事経済文化協力条約，さらに 1954 年 8 月 9 日には両国と同盟政治
協力相互援助条約を締結した。

　次に，アルバニアが 1960 年にソ連ブロックから離反し，中国との同盟関係を
深めていったが，それは，1953 年から始まる非スターリン化とソ連＝ユーゴス
ラヴィア関係の修復によって，親ユーゴスラヴィア派を粛正して権力を固めたエ
ンヴェル・ホッジャの政治生命が危険にさらされたからである。ホッジャは，中
ソ間で激しい論争が展開された 1960 年 6 月のルーマニア共産党大会において中
国支持を表明し，中国に庇護を求めたのであった（六鹿 1998b：342-349）。これに
続いて，ルーマニアも中ソ論争を巧みに利用して 1964 年 4 月に自主外交宣言を
発し，ワルシャワ条約機構とコメコンに留まりながらも，アメリカ，西ドイツ，
中国などと多角的な外交関係を展開していくのである（六鹿 1995：137-161）。

　しかし，このような同盟の弛緩はソ連ブロックにのみ生じたのではなく，西側
陣営でも国益が衝突して，同盟国間関係に亀裂が生じた。1956 年のスエズ危機
におけるアメリカと英仏の衝突や，1958 年に始まるドゴール外交による米仏の
溝である。スエズ危機とは，エジプトが 1956 年 7 月にスエズ運河を国有化した
ことを契機にイスラエルがシナイ半島を占領し，続いて英仏がエジプトに対して
空爆を開始したが，米ソ双方から圧力を受けて英仏が戦闘を停止したことで紛争
が収束した事件である。このスエズ危機において，西側同盟国のアメリカと英仏
の亀裂が露呈されるとともに，米ソに対する英仏の凋落が歴然となった。

　他方，世界の関心がスエズ危機に釘付けにされているとき，ソ連ブロック内の
亀裂も露呈した。1956 年秋にハンガリーで，共産党による一党独裁とソ連支配
に対する民衆の抗議運動が起き，ソ連軍がブダペストに侵攻してそれを鎮圧する
という事態が生じたのである。また，同事件と関連して，黒海地域の軍事情勢に
影響を及ぼす状況が生まれた。ハンガリー事変の解決に協力してソ連指導部の信
頼を勝ち得たルーマニアが，1958 年に駐留ソ連軍を撤退させることに成功した
結果，駐留ソ連軍は黒海西岸からソ連モルダヴィア共和国まで後退したのである。

ただし，ソ連軍はハンガリーとブルガリアには駐留し続けた。

　ところで，ニキータ・フルシチョフは1956年の第20回ソ連共産党大会において　アメリカとの平和共存路線を掲げつつ，同時に植民地主義とバグダード条約を批判して，同条約への参加を拒否したインド，エジプト，シリアとの関係を強化し始めた。ソ連はエジプトのスエズ運河国有化宣言を支持するとともに，翌年8月から9月にかけてトルコとの関係が悪化したシリアへの支援に乗り出した。同年9月にニコライ・ブルガーニン首相やアンドレイ・グロムイコ外相がトルコのシリア攻撃を批判するとともに，トルコ国境沿いで軍事演習を行い，シリアのラタキア港に軍艦を寄港させたのである。これに対し，ジョン・フォスター・ダレス国務長官は国連において，大量のソ連製武器がシリアに持ち込まれており，トルコは軍事的脅威にさらされているとソ連を批判し，第六艦隊を地中海からトルコ領海内に派遣した。このようにして，平和共存路線で一致した米ソであるが，中東では対立を深めていったのである（Dumitru 2006：333-335；Adelman 1989：166-167）。

　他方，アメリカとトルコは1950年代は良好な関係にあったが，1960年代に入ると亀裂が生じ始めた。1962年10月のキューバ危機に際して，ソ連がキューバからミサイルを撤去するかわりに，アメリカがトルコに配備するミサイルの除去に同意したため，トルコの対米不信が高まったのである。続いて，翌年11月にキプロスのマカリオス大統領が，トルコ系キプロスの高度な自治を保障した1960年憲法の改正を提案したことで，トルコ軍のキプロス介入の可能性が高まると，トルコとギリシャの関係のみならず，トルコとアメリカの関係も悪化した。アメリカのリンドン・ジョンソン大統領が1964年6月にトルコ首相宛てに書簡を送り，トルコは米国が供与した武器をワシントンの同意なく対キプロス攻撃に使用してはならないし，トルコの軍事攻撃がソ連の介入を招いたとしても，トルコはNATOの支援を期待することはできないと警告したからである。同書簡は，トルコが対米一辺倒の外交安全保障政策を見直し，対ソ関係の改善へと向かうきっかけとなり，1967年にはトルコ首相が訪ソした（Ahmed 2004：48-49；Larrabee 2003：77-78；Dumitru 2006：353）。また，1974年にトルコ軍がキプロスに介入すると，アメリカは1975年から78年までトルコに対して武器禁輸政策をとり，これにトルコは米軍駐留協定の破棄で応じ，ギリシャはNATOの軍事機構から

一時的に引き上げた。このように，キプロス問題は，トルコ＝ギリシャ関係のみならず，アメリカや NATO との関係にまで深刻な影響を及ぼした。しかし，1979 年にソ連軍がアフガニスタンに侵攻し，イランで革命が起きると，アメリカとトルコは翌年に防衛経済協力協定を締結して同盟関係を復活させた（Larrabee 2003：88, 164；Booth 2012：97-100）。

　他方，米ソは 1970 年代末から，アフガニスタン問題，中距離核戦力（INF）問題，ポーランド連帯問題などにより第二次冷戦（新冷戦）へと突入したが，ゴルバチョフが 1985 年 3 月にソ連共産党書記長のポストに就いてペレストロイカを開始すると，米ソ間で軍縮交渉が本格化し，世界は緊張緩和へと向かい始めた。しかし，1987 年 1 月にグラスノスチ政策が始まると，ソ連国内ではそれまでタブー視されてきた民族主義が蘇生し，1991 年 8 月の新連邦条約の調印へと向かっていくのである。これに対し，ソ連の崩壊を憂慮した連邦派や保守派が同条約の締結を阻止するために 1991 年 8 月 19 日にクーデタを決行したが，同クーデタが失敗したため，各共和国が矢継ぎ早に独立宣言をすることとなり，同年 12 月 25 日のソ連崩壊へと至るのである。その結果，黒海北岸から東岸にかけて，ウクライナ，モルドヴァ，ロシア，ジョージア，アルメニア，アゼルバイジャンの 6 つの独立国家が誕生した。また，東欧では 1989 年に共産主義体制が矢継ぎ早に崩壊するドミノ現象が起き，1991 年 7 月にはワルシャワ条約機構が解散して，ソ連ブロックは崩壊した。その結果，黒海西岸〜北岸〜東岸にかけて，安全保障の真空状態が生まれたのである。

おわりに

　本章では，第一次世界大戦終了から冷戦終結までの黒海地域の国際政治について考察した。第一次世界大戦後のヴェルサイユ体制は，英仏主導の現状維持勢力と独伊にソ連を加えた修正主義勢力との二極対立を基本構造とするが，1920 年代はドイツとソ連が戦争の痛手から回復しておらず国際的に孤立していたがゆえに，同体制は相対的に安定していた。このような国際環境において，黒海はイギリスの覇権の下で欧州に開かれた海となり，トルコとソ連が協力してイギリスの

覇権に対抗する構造が出来上がった。トルコ海峡は国際管理下に置かれ、同海峡に関するトルコの主権が制限されて、実質的にイギリスの監視下に置かれたのである。

しかし、ドイツの再軍備やラインラント侵攻によってヴェルサイユ体制が危機に瀕すると、黒海国際関係の構造は根本的に転換した。1936年にモントルー条約が締結されて、トルコがトルコ海峡に関する主権を回復するとともに、沿岸国の軍艦が海峡をほぼ無制限に通行する権利が認められたため、ソ連は黒海から地中海への出口を確保することとなり、黒海は外部世界に閉ざされたトルコとソ連の海と化したのである。

そして、1936年秋のベルリン゠ローマ枢軸の成立によってヴェルサイユ体制が崩壊し、1939年3月のドイツ軍によるチェコスロヴァキア侵攻によってイギリスの対独宥和政策の失敗が明らかになると、イギリスがトルコの支援を得てルーマニアやギリシャの安全保障強化に乗り出したため、黒海地域における英独の対立が高じた。かかる状況において、同年8月に独ソ不可侵条約が締結され、独ソはバルト海から黒海へと至る地域を勢力分割したが、1940年6月のフランス降伏以降、独ソは黒海地域をめぐって勢力圏抗争を熾烈化させていき、翌年6月に始まる独ソ戦において、両国は黒海地域をめぐって戦闘を繰り広げた。

その結果、連合国側の勝利が明らかとなると、英ソは1944年10月にモスクワ首脳会談を開いて、地中海と黒海における各々の覇権を相互に認め合った。そして、翌年以降ソ連がトルコ海峡への関心を一層強めると、黒海地域をめぐる米ソの攻防が激化し、黒海地域は米ソ冷戦の最前線となって、NATOとワルシャワ条約機構が黒海を南北に分断して対峙した。冷戦期の黒海国際関係は概ねこの二極構造を基本としたが、各々の同盟は一枚岩ではなく、1960年代から70年代末までソ連とトルコは協力関係を深めていった。そして、世界政治は1970年代末から第二次冷戦（新冷戦）期に突入したが、1989年の東欧革命および1991年のソ連の崩壊によって冷戦が終結し、黒海地域は、第一次および第二次世界大戦直後と同様、再び力の真空および安全保障の真空となった。黒海地域がこの真空状態からいかなる構造転換を遂げていくのかについては、次章で考察する。

参考文献

①外国語

Adelman, Jonathan and Deborah Palmieri. 1989. *The Dynamics of Soviet Foreign Policy*, New York : Harper & Row.

Ahmad, Feroz. 2004. "The Historical Background of Turkey's Foreign Policy," in *The Future of Turkish Foreign Policy*, eds. Lenore G. Martin and Dimitris Keridis, Cambridge : The MIT Press.

Booth, Samantha N. and Ryan Hickman. 2012. *Turkey and the United States*, New York : Nova Science publishing, Inc.

Barlas, Dilek. 1998. *Etatism and Diplomacy in Turkey : Economic and Foreign Policy Strategies in an Uncertain World, 1929-1939*, Leiden : Brill.

Dumitru, Laurenţiu-Cristian, and Şerban Pavelescu. 2006. "Marea Neagră în timpul Războiului Rece 1945-1990," in *Marea Neagră de la 'lacul bizantin' la provocările secolului XXI*, ed. Mihail E. Ionescu, Bucureşti : Editura Militară, pp. 314-363.

Gardner, Lloyd C. 1993. *Spheres of Influence : The Partition of Europe, from Munich to Yalta*, London : John Murray.

Jelavici, Barbara. 1983. *History of the Balkans*, Vol. 2, Cambridge : Cambridge University Press.

King, Charles. 2004. *The Black Sea : A History*, Oxford : Oxford University Press.

Larrabee, F. Stephen, and Lesser O. Ian. 2003. *Turkish Foreign Policy in an Age of Uncertainty*, Santa Monica : Rand.

Otu, Petre. 2006. "Marea Neagră în relaţiile internaţionale din perioada interbelică," in *Marea Neagră de la 'lacul bizantin' la provocările secolului XXI*, ed. Mihail E. Ionescu, Bucureşti : Editura Militară, pp. 248-279.

Pipes, Richard. 1997. *The Formation of the Soviet Union*, revised edition, Cambridge : Harvard University Press.

Vartic, Gheorghe. 2006. "Arealul pontic în anii celui de-al Doilea Război Mondial," *Marea Neagră de la 'lacul bizantin' la provocările secolului XXI*, ed. Mihail E. Ionescu, Bucureşti : Editura Militară, pp. 280-313.

②日本語

六鹿茂夫 1995「衛星国の自立化——ルーマニア自主外交」伊東孝之・木村汎・林忠行編『スラブの国際関係』弘文堂。

―――― 1998a「第二次世界大戦とバルカン」柴宜弘編『バルカン史』山川出版社。

―――― 1998b「多様な社会主義の試み」柴宜弘編『バルカン史』山川出版社。

第3章

冷戦後の黒海国際政治

六 鹿 茂 夫

はじめに

　本章では，冷戦直後から現代までの黒海地域の国際政治を，広域ヨーロッパとの関連性において考察する。第1節では，冷戦終結直後の安全保障の真空をめぐる地域諸国間の対立と協力，第2節では，1990年代後半の黒海国際政治の構造転換，第3節では，21世紀はじめの黒海地域の欧州化と，それに伴う現状維持勢力と現状変更勢力の二極対立，第4節では，2000年代後半の黒海地域をめぐる欧米とロシアの対立の激化，第5節では，ロシア＝ジョージア戦争後の欧米＝ロシア関係のリセットからウクライナ危機を経て露土対立へと向かう2009～16年10月を扱う。

1　安全保障の真空をめぐる対立と協力（1990年代前半）

1）欧州国際政治と黒海地域

　1989年から91年は欧州国際政治にとって転換期であった。1989年の東欧革命により，東欧および黒海地域は北大西洋条約機構（NATO）とワルシャワ条約機構とが対峙する二極構造から解放され，どの大国の支配下にもない力の真空状態を回復したが，同時にそれは，安全保障の真空状態に置かれることをも意味した。

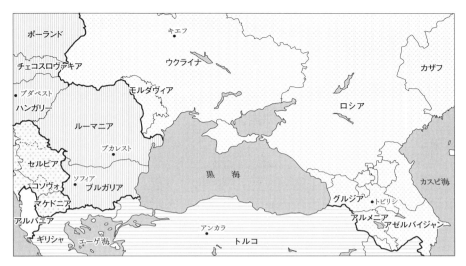

地図 4　冷戦時代の黒海地域

▨：ソ連を除くワルシャワ条約機構加盟諸国　▨：ソ連　▨：ユーゴスラヴィア（非同盟）　▨：NATO

　また，同年 11 月 9 日のベルリンの壁の開放により，ドイツ再統一問題が焦眉の課題となった。そして，1991 年 6 月には旧ユーゴスラヴィアで武力紛争が始まり，それは翌年 4 月にボスニアへ拡大した。他方，ソ連では 1991 年 8 月に保守派によるクーデタが起き，それが失敗に終わった結果，同年末ソ連は瓦解した。

　この間，西側では，冷戦後の欧州安全保障体制の主導権をめぐって，冷戦期に創設された国際機構である欧州共同体（EC），NATO，欧州安全保障協力会議（CSCE）の間で，いわゆる「頭文字戦争」が起きた。しかし，ドイツ再統一をめぐる諸大国間交渉，およびユーゴスラヴィア紛争をめぐる実際の国際政治を介して，1994 年までに重層的な安全保障体制へと収斂していった。その中核を担ったのは NATO であるが，それは，統一ドイツの NATO 加盟と，NATO 空爆によるボスニア紛争の解決によってもたらされた。それゆえ，1998 年 2 月末にコソヴォ紛争が本格化すると，NATO は人道的介入を敢行して，冷戦後の欧州安全保障体制における NATO の使命を貫徹しようとしたのである。

　このようにして，冷戦後新たに生じた諸課題は漸次解決されていったが，中・東欧と旧ソ連地域に生じた安全保障の真空は未解決のままであった。その一つの

解決策として打ち出されたのが EU と NATO の東方拡大であったが，それはあくまでも中・東欧に限られた。EU は 1993 年 6 月のコペンハーゲン理事会で EU 統合のみならず中・東欧への拡大を決定し，クリントン政権は 1993 年末以降中欧への NATO 拡大方針を固めていったが，旧ソ連諸国に対しては控え目な関係の維持にとどめた。例えば，EU は中・東欧には経済再編支援（PHARE）を適用したが，旧ソ連諸国に対しては 1991 年から独立国家共同体技術支援（TACIS）を通じた経済技術協力に絞って支援を開始した。また EU は，中・東欧については EU 加盟を見据えた連合協定の締結を目標に掲げたが，ベラルーシを除く旧ソ連諸国とは，連合協定とは異なるパートナーシップ協力協定（PCA）を 1996 年に締結した。加えて NATO も 1991 年に北大西洋協力理事会（NACC，1997 年に欧州・大西洋パートナーシップ理事会（EAPC）に改組）を，1994 年には「平和のためのパートナーシップ（PfP）」を創設して，旧ソ連諸国との間では NATO 加盟を目的としない関係を推進するにとどめたのである。

　したがって，1990 年代前半の EU，NATO，米国の関心はバルカンと中・東欧に絞られ，旧ソ連地域の安全保障に直接関わったのは CSCE（OSCE）[1]のみで，この傾向は 1990 年代後半になるとコソヴォ紛争の勃発や EU/NATO の中・東欧への拡大によって一層鮮明になっていった。さらに，欧米諸国はロシアの民主化支援を最優先し，黒海北岸の西部新独立国家（WNIS）や東岸の南コーカサス[2]への介入を控えた。WNIS と南コーカサスは中・東欧やユーゴスラヴィアと違ってスターリン体制が根付いていたばかりか，ペレストロイカ末期から独立期にかけて分離独立運動が恒常化したため，欧米国際社会が同地域の体制変動に期待を寄せることはなかったからである。

　このような事情から，この時期の欧米国際社会はバルト諸国とは対照的に，黒海地域にほとんど関心を払うことはなかった。バルトに対しては，デンマーク，スウェーデンなど北欧諸国，さらにはドイツやアメリカまでもが強い関心を示し，同諸国に駐留していたソ連軍をアメとムチの双方を駆使して撤退させ，環バルト地域協力の推進に貢献した。ところが，これとは対照的に，黒海地域のモルド

---

1) CSCE は 1954 年 12 月のブダペスト首脳会議において，欧州安全保障協力機構（OSCE）に改名された。
2) 南コーカサスとは，アゼルバイジャン，アルメニア，ジョージアからなる地域を指す。

ヴァやジョージアには，ソ連軍およびソ連崩壊後はロシア軍が非合法に駐留し続け，トランスニストリア，南オセチア，アブハジア，ナゴルノ・カラバフ問題は未解決のまま放置されたのである。その一つの要因は，欧米国際社会の黒海地域に寄せる関心の低さにあった。

ただし，1990年代初めに米国はウクライナに強い関心を示し，米国の同国への支援額は総額で第2位を占めたが，それはウクライナの非核化と関連してのことであった。ウクライナは1994年に米，英，露3ヵ国とブダペスト条約を調印し，ウクライナが非核化するかわりに，これら3ヵ国がウクライナの領土保全と安全を保障する取り決めを交わしたのである。ところが，1990年代末に第二期を迎えたレオニド・クチマ政権が権威主義的傾向を強め，親ロシア外交へと傾斜するにつれ，アメリカのウクライナへの関心は色褪せていった。

2) 体制変動と国民国家建設

冷戦の終焉によって，黒海地域には看過できない4つの変化が起きた。第一に，黒海西岸に位置するブルガリアとルーマニアが，民主化と市場経済に向け体制変動に着手したことである。第二に，黒海北岸と東岸にかけて6つの新独立国家——ウクライナ，モルドヴァ共和国，ロシア連邦，ジョージア，アルメニア，アゼルバイジャン——が誕生し，これら諸国が，上記二つの体制変動に加え，国民国家建設に取りかかったことである。第三に，黒海地域で深刻な武力紛争が多発したことである。1990年8月にイラク軍がクウェートに侵攻し，翌年1月に国連多国籍軍がイラクを攻撃した。また，1990年にナゴルノ・カラバフをめぐってアゼルバイジャンとアルメニアの間で戦争が起き，南オセチアとジョージア政府軍が武力闘争を展開した。さらに，1992年にはアブハジアとジョージア，トランスニストリアとモルドヴァが各々武力紛争に突入した。加えて，1991年6月に黒海南西の西バルカンでユーゴスラヴィア紛争が起き，それがスロヴェニア，クロアチア，ボスニアへと拡大していった。第四の変化は，こうした武力紛争とは対照的に，黒海経済協力機構（BSEC）が1992年6月に創設され，地域協力が開始されたことである。

第一と第二の点に関して黒海地域に特徴的なのは，黒海諸国の体制変動や国民国家建設がバルト諸国や中欧諸国に比べて困難を極めたことである。それは，一

80　第 I 部　黒海の地域性

つには，「ビロード革命」と称される無血の市民革命によって共産政権が打倒された中欧諸国とは対照的に，ブルガリアは宮廷革命，ルーマニアは「盗まれた革命」によって政権交代が実現したことに起因する。それゆえ，中欧諸国の新政権は旧政権と繋がりがなく民主化が円滑に進められたが，二つのバルカン諸国では新政権と旧共産党政権との連続性が強く，民主化への移行は遅々として進まなかった。これら政治権力の連続性に加え，経済発展水準の相違により，市場経済化政策にも違いが生まれた。経済発展水準が相対的に高い中欧諸国の新政権はショック療法を断行して急速な市場経済化を進めたが，経済発展水準の低いバルカン 2 ヵ国の新政権は，ショック療法ではなく漸進的な市場経済化を進めたため，経済構造改革が遅延し，1990 年代は経済混乱が続いたのである。

　これら政治と経済の二つの次元における体制移行に加え，国民国家建設に着手した旧ソ連諸国においても，バルト諸国と黒海沿岸諸国とでは大きな差違が生まれた。エストニアとラトヴィアは，欧米諸国がソ連による両国の併合を認めなかったことに支えられて，いわゆるゼロ・オプションと言われる国籍法を採択せず，ソ連に併合された 1940 年 6 月 17 日以降両国に移民した人々およびその子孫への国籍付与を控えた。その結果，エストニアでは 28 ％，ラトヴィアでは 30 ％の住民が無国籍者となり，彼らは参政権も民営化に与する権利も奪われたが，相対的に安定した政治経済改革が進められた。ところが，その他の旧ソ連諸国ではすべての住民に国籍が付与されたため，多数の少数民族を国民として抱え込むこととなり，国民国家建設において難しい舵取りを余儀なくされた。それゆえ，黒海西岸，北岸，東岸は，体制変動と国民国家建設をめぐって不安定化し，本書序章で指摘したような権力闘争や民族紛争が激化したのである。

3）黒海諸国の対立と同盟関係

　①露土対立

　冷戦の終焉による国際環境の変化や，体制変動と国民国家建設による国内情勢の不安定化が，黒海諸国の対立を惹起した。冷戦後の黒海地域に起きた国家間対立の一つは，歴史的なロシア＝オスマン対立の再燃である。過去 13 回戦闘を交えた両国であったが，戦間期と冷戦期の関係は概ね良好であった。ところが，冷戦が終わり，ソ連が崩壊して地政学的大変動が起きると，トルコはそれをアタ

チュルク外交再現の好機と捉え，コーカサスから中央アジアに広がるトルコ語話者やムスリム民族との関係強化に乗り出した。トルグット・オザル大統領は，欧米との難しい関係を相殺できる可能性をコーカサスから中央アジアに見出し，そこを新たな開拓地と見なして，「ユーラシアの星として輝くトルコ」を夢見たと言われる（Larrabee 2003：99-126；Gokay 2001：16）。

トルコは中央アジア銀行を開設して中央アジア諸国との経済関係を深化させ，1992年10月にトルコ語系諸国の首脳会議を開催した。また，トルコはアゼルバイジャンとジョージアに軍事支援を施し，バクーとトビリシに軍事アカデミーを創設した。これに対し，ロシアはトルコの中央アジアへの進出に警告を発するとともに，ジョージアとアルメニアにロシア軍を駐留させ続け，民族紛争を利用して同地への影響力の浸透を図った（Kiniklioglu 2006：59）。また，ロシアが独立国家共同体（CIS）諸国軍からなる平和維持軍（PKF）を旧ソ連地域の民族紛争に送り込もうとすると，トルコはそれに反対した。さらに，トルコはチェチェン独立闘争を支援し，ロシアはクルド人過激派組織のクルディスタン労働者党（PKK）とギリシャ系キプロスを支援した。また，黒海地域でトルコの影響力が増すことを恐れたロシアは，ギリシャをBSECに加盟させるよう，ブルガリアとともにトルコに迫った（Moshes 2004：71-73）。

②ロシア＝ウクライナの対立

黒海地域におけるもう一つの深刻な国家間対立は，ロシアとウクライナの対立である。両国は，黒海艦隊の分割，セヴァストポリ海軍基地の租借，ケルチ海峡の領海線，アゾフ海大陸棚の画定，トゥズラ島の領有など，領土および軍事の問題に加えて，クリミアの帰属をめぐっても争った（Roslycky and Boonstra 2007：122-126, 129-134）。クリミアでは1994年1月に大統領選挙が実施され，ロシア・ブロックのユーリー・メシュコフが決選投票で72.9％を得票して当選した。また，同年3月27日のクリミア議会選挙でもロシア・ブロックが100議席中57議席を獲得したことから，クリミア独立運動に拍車がかかった。

しかし，クリミア問題は1998年までに一応の解決を見た。1994年にチェチェン紛争が勃発したため，ロシア政府はクリミア独立運動への支援を控え，クリミアのロシア・ブロックも利権をめぐる内紛が災いして勢力が衰退した。このよう

な状況において，ウクライナ議会が 1996 年 4 月 4 日にクリミア自治共和国法，1998 年 12 月にクリミア憲法を各々採択して，自治共和国としての地位と引き換えにクリミアのウクライナ国家への帰属が確定されたのである（Bukkvoll 1997：45-60；Kuzio 2007：151-176）。

　③ルーマニアとウクライナの対立

　ルーマニアとウクライナも領土や少数民族問題をめぐって緊張が続いた。ルーマニア政府は，1939 年 8 月 23 日の独ソ不可侵条約付属秘密議定書，いわゆるモロトフ＝リッベントロップ協定の非合法性を主張し，ウクライナ政府に対して北ブコヴィナ，ヘルツァ，南ベッサラビアの返還を要求した。さらに，ルーマニアは，1955 年にソ連に移譲された蛇島の返還もウクライナに求めた。

　黒海地域では，これら三つの事例以外にも，序章で言及した諸国家間の領土や少数民族をめぐる対立が，冷戦の終焉と同時に噴き出したが，そのような対立は黒海地域諸国を自ずと非公式な同盟や協力関係の形成へと向かわせた。たとえば，トルコとウクライナは，ロシアに共同で対抗しようと関係を強めた。ウクライナ大統領レオニド・クラフチュクが 1992 年 5 月にトルコを訪問して友好善隣条約に調印したのに続き，同年 7 月にはトルコ国防相がウクライナに赴き，ウクライナの領土保全支持と NATO 加盟支援を表明した。また，1994〜96 年ウクライナ国家安全保障文書は，黒海諸国間の二陣営論を展開した。トルコに対抗するロシア，ブルガリア，アルメニア，ギリシャからなる陣営と，ロシアに対抗するトルコ，ウクライナ，アゼルバイジャン，ジョージアからなるそれとの二つの陣営論である。しかし，ウクライナとトルコは，ロシアを刺激しないよう政治・軍事同盟の締結を控え，協力関係を勢力均衡の維持に限定した（Bukkvoll 2001：90-93）。

4）黒海経済協力機構（BSEC）

　冷戦の終結による地政学的大変動により，黒海地域には，以上概観したような紛争や国家間対立のみならず，地域協力に向けた新たな動きが現れた。トルコのイニシアティヴにより，1992 年に BSEC が創設されたのである。同案はゴルバチョフ大統領の「欧州共通の家」構想に則ったものと言われ，ソ連，ブルガリア，ルーマニアに打診され，最初の準備会談が 1990 年 12 月にアンカラで催された。

続いて 1991 年にブカレスト，ソフィア，モスクワで準備会談が続けられ，1992 年 6 月の BSEC 首脳会談開催となった（Aybak 2001：31-32）。

　BSEC の基本的なコンセプトは，経済協力を介した黒海地域の安全保障の確保にあると言われるが，トルコが BSEC 創設でイニシアティヴをとった背景には，冷戦後の国際環境の変化があった。一つには，冷戦の終焉によりトルコの戦略的重要性の低下が憂慮されたため，黒海地域でイニシアティヴをとることで，冷戦後のトルコの戦略的重要性をアピールするためであった。また，前述したように，冷戦の終結によって黒海地域が安全保障の真空地帯となったため，それに対処する必要性に迫られたからでもある。さらに，二極構造下では不可能であったが，冷戦の終焉によりソ連内のトルコ語系およびイスラーム系諸民族との関係強化に道が開かれたため，同政策への足掛かりとして，トルコは BSEC の創設に乗り出したのである。加えて，トルコの伝統的な欧州化政策の一環として，冷戦後のグローバル化や欧州統合への参加を促進するために，同構想が練られたとも指摘される（Aybak 2001：31-33；Kasim 2004；六鹿インタヴュー 2006）。この点は，ノルウェーのバレンツ海欧州北極圏評議会（BEAC）創設の動機と共通している。ノルウェーは，冷戦の終焉によって NATO の重要性が低下し，逆に EC（EU）の重要性が高まると判断し，BEAC を介して EC（EU）との関係強化を図ろうとしたのである（Joenniemi 1999：30-32）。

　しかしながら，すべての黒海諸国が BSEC の強化に賛成したわけではなかったし，安全保障分野における BSEC の権限については意見が分かれた。ロシアは BSEC をトルコの影響力を増大させるものと見なし，当初は BSEC の活動には消極的であった。また，ロシアとギリシャは，同じ理由で，政治問題に関する協議・政策決定機関を設けることに反対した（Gokay 2001：18）。他方，これとは対照的に，ウクライナやジョージアは，ソフト・セキュリティのみならず，ハード・セキュリティとしての役割を BSEC に与えようとした。ジョージアのエドゥアルド・シェワルナゼ大統領は，1992 年の BSEC 創設会議において，ハード・セキュリティ面での協力の必要性を訴え，防衛外交評議会の設置を提案した。また，ウクライナは 1993 年 11 月に信頼醸成メカニズム（CBM）の構築を提起し，翌年 6 月には黒海沿岸諸国海軍の信頼醸成強化策の必要性について言及した。さらに，ウクライナは 1996 年に，BSEC が安全保障問題にも対処すべきであると

84　第I部　黒海の地域性

して，平和維持，危機管理，紛争の調停に関する役割も担うべきであると主張し
たのである（Pantev 2001：123-124）。

2　地域国際政治構造の転換（1990年代後半）

　1990年代後半に入ると，黒海地域の国際政治構造は大きく転換した。主要国
の関係が改善され，BSECの制度化が進み，海軍の協力，通常戦力削減など，黒
海地域の安全保障が強化され始めたのである。この背景には，NATOやEUの黒
海地域への関与の増大，欧州通常戦力適合条約の調印，コソヴォ紛争，アメリカ
の同時多発テロという重要な国際要因が存在した。

1）NATO/EUの黒海地域への関与

　まず，「平和のためのパートナーシップ（PfP）」を介したNATOと黒海沿岸諸
国との合同軍事演習が開始され，1996年には29隻のNATO艦隊が延べ400日
間黒海に滞在した（Kavalsky 2001：170）。また，NATO，とりわけアメリカのク
リントン政権はNATOの東方拡大を漸進的に進め，1997年3月のヘルシンキ米
露首脳会談を経て5月に「NATOとロシアの相互関係，協力および安全保障に
関する基本文書」いわゆるNATO＝ロシア基本文書を締結し，ロシアのG8参加，
NATO＝ロシア常設合同理事会の設置，新規加盟諸国にNATOの核兵器を配備
したり大規模な兵力を常駐させたりしないことなどを一方的に宣言して，ロシア
への配慮を示した。その上で，同年7月のNATOマドリッド・サミットで中欧
3ヵ国のNATO加盟が決定され，NATOは黒海地域へ一歩近づいた（Solomon
1998：111-120, 132）。

　他方，EUの欧州委員会は，1997年の欧州理事会宛て報告において，黒海地域
の戦略的重要性と潜在的経済力の大きさを指摘し，黒海地域との協力を推進し
ていく際の優先目標を具体的に提示した。これを受け，BSECは1999年4月の
トビリシ外相会議で「BSEC＝EU協力綱領」を採択し，EUとの協力関係の強化
に期待を表明した。また，EU主導の中央アジア，コーカサス，欧州を結ぶ輸送
ルート「トラセカ（TRACECA）」に関する協議が本格化し，1997年4月に第1回

TRACECA = BSEC 会議がトビリシで開催された（Bukkvoll 2001：101）。さらに，同年5月に黒海運輸国際会議がキエフで開かれ，1999年にはバクー，トビリシ，ジェイハンを結ぶ BTC パイプライン・ルートの開設が決定された。

　このように，NATO と EU の黒海地域への関与が増すにつれ，黒海主要国の関係は大きく転換した。第一は，ロシアとトルコの関係が競合から協力へと転化したことである。一連の NATO 拡大過程において，ロシアとトルコは，NATO 艦隊の黒海への進入を阻止し，黒海地域の勢力均衡を維持して，黒海をロシアとトルコの海に保つことで利益が一致したのである。トルコがロシアとの協力に踏み切った背景には，貿易や観光など経済協力が露土間で強化されたことに加え，冷戦終結直後にトルコ政府が試みたコーカサスや中央アジアのトルコ語系諸民族との関係強化が期待したように進まなかったばかりか，EU 加盟交渉も行き詰まった事情がある。そこで，トルコはロシア・カードを用いてトルコの重要性への注目を EU に喚起し，EU がトルコの EU 加盟に関心を払うよう試みたと言われる。さらに，キプロス問題，アルメニア人ジェノサイド問題，クルド人問題，民主化など主要課題をめぐる欧米諸国との亀裂が，トルコを対露関係の改善へと向かわせた（Moshes 2004：72-73；Kiniklioglu 2006：58-60）。例えば，トルコのオザル大統領は，1991年の湾岸戦争を自国の戦略的重要性をアピールする好機と捉え，アメリカとの戦略的パートナーシップの締結と，EU 加盟交渉の進展を期待した。ところが，米国との戦略的パートナーシップ協定が結ばれなかったばかりか，イラク北部のクルド自治区からトルコへの攻撃が激しさを増して，トルコ南部にクルド国家が建設される危険性が生じたのである。そこで，トルコ政府は，トルコ南方に位置する中東地域の不安定化ゆえに，北方に位置する黒海地域の安定を望むに至り，黒海地域の勢力均衡を覆すような NATO 艦隊の黒海への進入や NATO 東方拡大に反対するために，ロシアと共同歩調をとり始めたのであった（Larrabee 2010：7-9）。

　ロシアのヴィクトル・チェルノムィルディン首相が1997年12月15日にトルコに赴いた際，両国はブルーストリーム・ガスパイプライン建設協定に調印し，2002年には戦略的ユーラシア行動計画を締結した。また，ロシアとトルコは各々自国内のクルド人とチェチェン人の活動を制限する措置を講じるとともに，欧州通常戦力（CFE）適合条約を締結して信頼醸成に努めたのである（Moshes

2004：72-73；Kiniklioglu 2006：58-60）。

　第二の重大な変化は，黒海艦隊，クリミア，領土問題で対立していたロシアとウクライナが，ウクライナの主権，領土保全，国境不可侵，武力の不行使を謳った友好・協力・パートナーシップ条約を 1997 年 5 月 31 日に調印したことである。同条約が 1998 年にロシア上下両院で可決されたことで，クリミアとセヴァストポリのウクライナ帰属が国際的に承認され，両国は黒海艦隊の分割やセヴァストポリ海軍基地の 2017 年までのロシアへの租借で合意した（Bukkvol 2001：89；Sakwa 2015：69-70）。

　NATO 拡大に伴う第三の変化は，ルーマニアとウクライナの領土をめぐる対立に終止符が打たれたことである。1996 年のルーマニア議会・大統領選挙で勝利したルーマニア民主連合が政権に就くやいなや，領土・少数民族問題を抱えるハンガリーとの関係改善へ向かったことで，ルーマニアの NATO 加盟の可能性が急浮上した。そこで，1997 年 7 月の NATO マドリッド・サミット直前に，ルーマニアはウクライナとの現存国境の承認と少数民族の権利の遵守を謳った条約に調印し，多くの国民が反対するなかで議会が同条約を批准して，NATO 加盟に望みを託したのである（六鹿 1998：37-64）。

2）露土関係の改善と黒海国際政治の構造変動

　このように，NATO 艦隊の黒海進入と NATO 拡大に伴い，露土関係，ロシア＝ウクライナ関係，ルーマニア＝ウクライナ関係が改善されたが，露土関係の転換によって，さらに 3 つの変化が生じた。BSEC 憲章の採択，黒海海軍協力タスク・グループ（BLACKSEAFOR）の創設，アルメニアおよびアゼルバイジャンの外交・安全保障政策の転換である。

　BSEC は 1998 年 6 月のヤルタ首脳会議で憲章を採択し，加盟国の批准を経て翌年 5 月に国連憲章第 8 章に基づく正式な国際地域機構となった。この背景には，露土関係の改善による，ロシアの BSEC に関する認識の変化があった。前述したように，ロシアは当初 BSEC に消極的で，不信感さえ抱いていた。ところが，ロシアは 1996 年 3 月に国家黒海経済協力委員会を設置し，同年 7 月に黒海貿易開発銀行創設協定を批准するなど，BSEC に積極的に関与し始めたのである（Kavalsky 2001：173-175）。このロシアの黒海政策の転換が，BSEC の制度化に少

なからず貢献したことは言うまでもない。

　また，黒海諸国関係の改善は，軍事面での協力に道を開いた。黒海沿岸6ヵ国は1998年2月にウィーンのウクライナ大使館において，「黒海海軍相互の信頼と安全保障の強化」について協議し（Bukkvoll 2001：94），その後専門家会議を重ね，2001年4月2日にイスタンブルでBLACKSEAFOR設立協定を締結した。主な任務は探索救援活動，人道支援，地雷撤去，環境保護，艦隊親善訪問，平和支援活動と，年2回の合同軍事演習である（Blackseafor：homepage）。

　さらに，露土関係の改善は，アゼルバイジャンとアルメニアの外交・安全保障政策の転換をもたらした。ロシアがトルコに続いてアゼルバイジャンとの関係改善に乗り出したため，アゼルバイジャンは1999年以降トルコに加え，ロシアやイランとの良好な関係を含む全方位外交に踏み切った。アゼルバイジャン政府は，ナゴルノ・カラバフ問題の解決にとって，ロシアとの協力が不可欠と判断したのである（Cornell 2011：347-356）。他方，独立直後からアゼルバイジャンおよびトルコと対立するアルメニアは，ロシアとの同盟関係を介して外交的孤立を免れてきた。アルメニアが，アゼルバイジャン，ジョージア，モルドヴァとは対照的に，ロシア軍の駐留とロシア軍事基地に同意したのはそのためである。ところが，ロシアがトルコのみならずアゼルバイジャンとの関係改善に向かったため，アルメニアは外交・安全保障政策の見直しを迫られ，EU，NATO，イランとの関係強化に向かったのである（Poghosyan 2007：177-184）。

3）欧州通常戦力（CFE）適合条約

　上記の諸要因に加え，1999年のCFE適合条約の調印も，黒海地域の信頼醸成に貢献した。1990年に締結されたCFE条約は，NATOとワルシャワ条約機構の通常兵器の軍事バランスを基調としていたので，ワルシャワ条約機構解体後の新たな国際環境に即した通常兵力削減取り決めが不可欠になった。そこで，1996年からCFE条約改定交渉が開始され，1999年11月の欧州安全保障協力機構（OSCE）イスタンブル・サミットにおいてCFE適合条約が調印されたのである。

　このCFE条約改定交渉と関連して，黒海国際政治構造に重大な影響を及ぼす3つの課題が浮上した。GUAMの創設，ジョージアおよびモルドヴァに駐留するロシア軍撤退問題，ロシア国内に配備される兵力の南北比率である。第一の

GUAM とは，ジョージア，ウクライナ，アゼルバイジャン，モルドヴァ 4 ヵ国からなる地域機構のことである。これら 4 ヵ国は，「凍結された紛争」や分離主義問題，駐留ロシア軍，エネルギーのロシアへの過度な依存等の課題を共有しており，それらを克服するために GUAM を創設することが 1996 年の CFE 改定会議の際に取り決められた。そして，1997 年の欧州評議会首脳会合において GUAM 創設協定が調印され，同年 11 月 25 日にバクーで開かれた GUAM 創設会議で 4 つの政策目標が決定された。分離主義への対抗措置と地域紛争の解決に向けた相互支援，PKF の創設，エネルギー輸送ルートの建設，EU と NATO への加盟準備である。さらに，GUAM は 1999 年 1 月に PKF の創設を決め，BTC パイプラインの安全保障および分離主義問題の解決のために PKF を使用することを取り決めた（Bukkvoll 2001：92-93，詳しくは第 8 章参照）。

　また，1999 年にウズベキスタンが加わった GUUAM は，上記 OSCE イスタンブル・サミットにおいて，ジョージアとモルドヴァに非合法に駐留するロシア軍の撤退を，CFE 適合条約の批准条件とすることに成功した。ロシアが CFE 適合条約を批准したので，欧米諸国はこの批准条件を盾に，ジョージアとモルドヴァから軍隊を撤退させるようロシアに圧力をかけ続け，結局同条約を批准することはなかった（McCausland 2009：1-5）。

　他方，1990 年の CFE 条約はソ連国内の軍隊の配備に関する南北の比率を定めていたが，同比率の設定は CFE 適合条約においても継続された。この条項により，ロシアは国内の兵力を北方ないし南方に集中できなくなり，黒海地域の軍事面での信頼醸成は確実性を増した[3]。

4）コソヴォ紛争と EU/NATO の深まるバルカンへの関与

　黒海地域の国際政治に大きな変化をもたらしたもう一つの要因は，1998 年 2 月末から激しさを増したコソヴォ紛争により，NATO と EU のバルカンへの関与が一層深まったことである。NATO はボスニア紛争末期に軍事介入し，停戦後

3）ロシアは CFE 適合条約による自国軍隊の国内駐留南北比率に不満を表明するようになり，プーチン大統領は 2007 年 12 月に同条約の履行を停止した。その結果，ロシアは自国軍隊を国内で自由に移動できるようになり，翌年のロシア＝ジョージア戦争および 2014 年のウクライナ危機に際し，自国南部および西南部で大規模な軍隊を動員し展開したのであった。ロシアは 2015 年 3 月に同条約を脱退した。

は平和履行部隊（IFOR）および平和安定部隊（SFOR）として同地に駐留したが，1999年3月にコソヴォ紛争にも人道的介入を行い，停戦後はコソヴォ治安維持部隊（KFOR）としてコソヴォに駐留した。また，コソヴォ紛争のさなかに開催されたNATOワシントン・サミットで，バルカンの安全保障機構である南東欧イニシアティヴ（SEEI）が創設され，2001年5月にその基本文書「地域安全保障の挑戦と機会に関する南東欧共通査定書（SEECAP）」と，同文書を実施するための南東欧グループ（Seegroup）が組織された。さらに，2001年3月に紛争がマケドニアに飛び火し，同年夏にオフリド合意が成立すると，NATOはアルバニア人武装集団の武装解除を任務とする「エセンシャル・ハーヴェスト（Essential Harvest）」（2001年8月22日～9月23日）と，マケドニア和平国際監視団の保護を任務とする「アムバーフォックス作戦（Operation Amber Fox）」（2001年9月23日～2002年12月15日）および「アライド・ハーモニー作戦（Operation Allied Harmony）」（2002年12月16日～2003年3月31日）を展開した。

　他方，EUは1998年から，中欧3ヵ国にエストニア，スロヴェニアを加えた5ヵ国に絞って加盟交渉を開始したが，コソヴォ紛争後のヘルシンキ理事会で加盟交渉国を10ヵ国に拡大し，ブルガリアとルーマニアとの加盟交渉を開始した。これは，コソヴォ紛争によりバルカンの不安定性が再認識され，両国をEU加盟プロセスに取り込むべきであるとの判断が働いたためである。さらに，EUは2000年11月に西バルカン諸国を対象とする安定連合プロセス（SAP）を開始し，「再建，発展，安定のための共同体支援（Cards）」を介して具体的な支援に入った。SAPは，第一段階で，西バルカン諸国がEUの支援を得て加盟条件の履行に努め，同条件が履行できた段階でEUと「安定連合協定」を締結し，第二段階で，この安定連合協定に則ってEU基準への接近を図っていくという戦略である。EUが西バルカン諸国のEU加盟プロセス開始を決意した背景には，同地域がEU加盟国によって囲まれる不安定な孤島になったことに加え，冷戦時代に旧ユーゴスラヴィア連邦で試行された労働者自主管理政策ゆえに，政治経済改革が旧ソ連諸国より容易に達成されるのではないかとの期待が働いたためである（六鹿2006a：54-57）。

3 欧州化と二極化——現状維持勢力と現状変更勢力（2000 年代前半）

　前節で概観したように，1990 年代後半の黒海地域は，主要国関係の改善，黒
海地域協力や安全保障が高まる一方で，GUAM の創設や BTC パイプライン建設
決定など，ロシアとの新たな対立の火種が生まれた。他方，欧米ではバルカンの
戦略的重要性に関する認識が高まり，EU や NATO の黒海への関心が深まり始め
た。さらに，21 世紀に入ると，本書序章の第 3 節 (2) で指摘したように，米国
同時多発テロとそれに続くアフガニスタン戦争やイラク戦争などにより，黒海地
域の戦略的重要性が一気に高まった。その結果，かつて 19 世紀に黒海地域が経
験した欧州化の波が，21 世紀に入って再び黒海地域に押し寄せるのであるが，
黒海の欧州化は広域ヨーロッパ[4]の次元と黒海地域の次元双方において進行した。
しかし，黒海を閉鎖的な海にとどめようとする勢力が黒海の欧州化に反対して巻
き返しに入るため，黒海地域の国際政治構造は現状維持勢力と欧州化を進めよう
とする現状変更勢力に二極化し，両者の対立が，広域ヨーロッパ，黒海地域，黒
海地域諸国内，それらすべての次元をまたがるトランスナショナルな次元におい
て深まっていくのである。

1）広域ヨーロッパの次元

　①EU の黒海政策

　広域ヨーロッパの次元における黒海の欧州化は，主に EU，NATO，米国に
よって進められた。EU が 2000 年 11 月に西バルカン諸国を対象とする安定連合
プロセス（SAP）を開始したことはすでに指摘したが，同プロセスに則って，マ
ケドニアが 2001 年 4 月 9 日，クロアチアが同年 10 月 29 日，アルバニアが 2006
年 6 月 12 日，セルビアが 2008 年 4 月 29 日，ボスニア・ヘルツェゴヴィナが同
年 6 月 16 日に安定連合協定に調印し，同協定は各々 2004 年 4 月 1 日，2005 年 2
月 1 日，2009 年 4 月 1 日，2013 年 9 月 1 日，2015 年 6 月 1 日に発効した。さら
に，EU はバルカンの安全保障にも着手した。ボスニア紛争およびコソヴォ紛争

　4）ここでは広域ヨーロッパとは，欧州評議会加盟国からなる地域とする。

後の復興活動には，国連，EU，OSCE，NATO，欧州評議会があたったが，経済的復興に主な責任を負ったのは EU であった。また，EU はコソヴォ紛争後の欧州安全保障防衛政策（ESDP）の一環として，同年暮れのヘルシンキ理事会で緊急即応部隊の編成を決定した。アフガニスタンの国際治安支援部隊（ISAF）に重点を置き始めた NATO に代わり，EU は 2003 年 1 月 1 日からボスニア・ヘルツェゴヴィナに警察使節（EUPM）を派遣し，翌年 12 月 2 日から欧州連合部隊アルテア（EUFOR-Althea）を展開した。さらに，マケドニアには 2003 年 4 月 1 日から欧州連合部隊コンコルディア（EUFOR-Concordia）を送り，その後，警察使節（PROXIMA，2003 年 12 月 15 日〜2005 年 12 月 14 日）を経て，2005 年 12 月 15 日から警察助言チーム（EUPAT）を派遣したのである（六鹿 2006a：57）。

このようなバルカン安全保障政策に加え，EU は東方拡大が間近に迫る 2002 年あたりから新たな近隣諸国とどう向き合っていくべきか議論を本格化させ，2003 年 3 月に欧州委員会が新近隣諸国政策（NNP）に関する声明を出し，EU 拡大直後の 2004 年 5 月には欧州近隣諸国政策（ENP）を打ち出した。ENP の本質は，バルカン向けの SAP とは対照的に，近隣諸国の EU 加盟問題を棚上げしたままで同諸国の改革を鼓舞し，地域の安定化を図ることで EU 自身の安全を確保することにあった。具体的には，各国が推進すべき改革目標をアクション・プランの中にベンチマークとして盛り込み，それらの達成度に応じて EU が経済的便宜を供与するというものである（六鹿 2005a：95-96）。

②NATO の黒海政策

他方，冷戦直後の NATO は，バルカン，中・東欧，バルトを中心に「変容と拡大」戦略を展開し，旧ソ連地域との関係は北大西洋協力理事会（NACC，1997 年に欧州・大西洋パートナーシップ理事会（EAPC）に改組）や「平和のためのパートナーシップ（PfP）」を介した緩やかな協力関係にとどめてきた。ところが，9.11 同時多発テロが状況を一変させた。NATO は，同時多発テロの翌日，発足以来はじめてワシントン条約第 5 条を発動して集団防衛に乗り出し，10 月に早期管制警戒機（AWACS）を展開して米国領空の防衛任務にあたるとともに，「アクティヴ・エンデヴァー（Active Endevour）作戦」を開始して地中海のパトロールと監視にあたった。そして，NATO は 2003 年 8 月にアフガニスタンに ISAF

を派兵し，発足以来はじめてヨーロッパ以外の地で軍事作戦に着手したのである。

このようにして，NATO が地中海，バルカン，アフガニスタンで軍事作戦を展開し始めたことで，これら三地域の結節点にあたる黒海および中央アジアの戦略的重要性が増した。そこで，2002 年 11 月の NATO プラハ・サミットは，個別パートナーシップ計画（IPP）および計画・再検討作業（PARP）より高次元の個別パートナーシップ行動計画（IPAP）の導入，対テロリズム・パートナーシップ行動計画（PAP-T）および国防機関創設パートナーシップ行動計画（PAP-DIB）と PfP 信用基金の設立を決定し，黒海地域における対テロ活動の強化と財政支援態勢を整えた。また，NATO は同年ウクライナと行動計画（アクション・プラン）を締結し，同国の NATO 加盟実現に向けた戦略的枠組みを強化した。行動計画の内容は，ウクライナの戦略目標と優先順位を明確にした上で年間目標達成計画（Annual Target Plans）を作成し，年 2 回開催される評価委員会が履行状況を査定し，毎年報告書を作成するというものである。

そして，2004 年 6 月の NATO イスタンブル・サミット宣言は黒海の戦略的重要性に初めて言及し，同宣言に則ってブリュッセルの NATO 本部に黒海地域を担当する国際スタッフが常駐することになった。また，同サミットでは，1994 年に作られた地中海対話（Mediterranean Dialogue）をパートナーシップに格上げするとともに，イスタンブル協力イニシアティヴ（Istanbul Cooperation Initiative）を中東に適用するなど，NATO は地中海や中東諸国との双務的な安全保障協力に乗り出した。トルコの反対により，NATO の黒海戦略は作成されなかったが，これらの動きから NATO が地中海 – 黒海 – 中東および中央アジアを一括りの戦略的重要地域と見なし，同地域との協力関係強化に着手したことがうかがえる（六鹿 2006a：55-56）。

③アメリカの黒海政策

アメリカの対黒海戦略は明瞭な形で存在するわけではないが，冷戦後のアメリカ外交を跡づけていけば，同国の外交安全保障政策の一つの柱が黒海地域の周辺で展開されてきたことがわかる。ビル・クリントン大統領は，1993 年後半から NATO 拡大を進め，1995 年夏にボスニア空爆を開始して同紛争の解決に乗り出し，1999 年 3 月にはコソヴォ紛争に人道的介入を行った。ジョージ・W・ブッ

シュ大統領は，このような民主的平和論に則ったリベラル国際主義外交を批判して現実主義外交を主張したが，2001年春にマケドニア紛争が起きると，政権の中心的指導者自らが同紛争の解決に乗り出した。そして，同年9月にアメリカ本土で同時多発テロが起きると，ブッシュ政権は現実主義外交の立場から予防戦争（preventive war）を意味する先制行動（pre-emptive action）を唱えて対テロ戦争に乗り出し，アフガニスタン戦争，さらにはイラク戦争へと突き進んでいった。

　このようにして，バルカン−アフガニスタン−中東へと至る地域が冷戦後のアメリカ外交にとっての戦略的重要地点として定着していったことから，同地域の結節点に位置する黒海地域の戦略的重要性が必然的に高まった。そこで，アメリカはまず黒海地域諸国との軍事協力に乗り出した。中央アジアのウズベキスタンおよびキルギスタンをはじめ，アゼルバイジャンとも基地協定を締結して同国軍事基地の使用権を獲得した。また，ロシア軍が駐留するジョージアでは軍事基地の使用は控えたものの，2002年から同国軍隊の訓練に着手した。さらに，アメリカは黒海地域諸国に対テロ戦争での協力を要請した。ジョージアはアメリカの支援を受けて2002〜03年にかけ，アルカイダが潜んでいると言われたパンキシ渓谷を掃討し，アゼルバイジャンはイスラーム急進派の国内への進入防止に努めた。他方，ルーマニアは首都ブカレストに南東欧協力イニシアティヴ（SECI）を創設し，バルカン地域におけるテロ情報の収集とその情報交換に努めた。

　また，イラク戦争によって，エネルギー供給源の分散化がこれまで以上に重要性を増したことから，アメリカは1990年代末から建設に取り組んでいた，ロシアとイランを迂回するBTCパイプラインを2006年に全面開通させるとともに，ナブッコ（Nabucco）・パイプライン建設を進めようとした。さらに，アメリカは，共和党国際研究所（IRI），民主党国際研究所（NDI），ソロス財団などのNGOが中心となって，ウクライナやジョージアなどの現地NGOと協力して民主化政策に取り組み，それはやがて「バラ革命」や「オレンジ革命」——いわゆる「色革命」——へと結実していった（六鹿 2006a：59-61）。

2）黒海地域の現状打破勢力

　以上のようなEU，NATO，アメリカの動きに対し，黒海地域は，欧米諸国の影響力の浸透を歓迎して黒海を開かれた海にしようとする現状打破勢力と，それ

を阻止して現状維持を図ろうとする勢力に分かれた。2000 年代初めの段階では，前者は，EU/NATO 加盟を目指すブルガリアとルーマニア，SAP 対象の西バルカン諸国，GUAM とアルメニアであった。コソヴォ紛争をきっかけに，ブルガリアとルーマニアの EU 加盟交渉が開始され，西バルカンを対象とした SAP が開始されたことはすでに指摘したが，同時多発テロやイラク紛争によりブルガリアとルーマニアの戦略的重要性が再認識され，2004 年の NATO 加盟の可能性が高まった。また，ロシアとトルコおよびアゼルバイジャンの接近によって，アルメニアが欧米やイランに接近し始めたことはすでに指摘した通りである。

　他方，2000 年代初めの GUAM 諸国政府は，公式には EU や NATO への加盟を表明していたが，実際には民主化や経済改革には消極的であった（六鹿 2005a：100-103）。とりわけ，ウクライナのクチマ政権は，イラクへの武器輸出や「クチマ・ゲート事件」などで欧米との摩擦が大きくなり，親露政策へと舵を切っていた。また，アゼルバイジャンは 1999 年からロシアとの関係改善に乗り出し，近隣諸国や欧米と等距離外交を展開していた。2001 年に政権に就いたモルドヴァのウラジーミル・ヴォローニン政権に至っては，ロシア＝ベラルーシ連合への加盟を国家目標に掲げてはばからなかった。

　しかし，GUAM 諸国の社会は，改革志向と現状維持，EU/NATO 加盟とロシアとの関係強化をめぐって分裂していた。反民主主義志向の政治エリート，年金生活者，ロシア系少数民族を政治基盤とする政治エリートは，概ね現状維持に固執し，ロシアとの関係強化を望んだ。とりわけ，経済的にロシアと繋がりの深い企業，エネルギー関連企業，権威主義体制下で不透明な経済活動を介して利益を得てきたオリガルヒ等は，ロシアとの繋がりを求めて体制の維持を図ろうとした。他方，民主的志向の強い政治エリートや青年層は，改革路線を掲げて反政府運動を展開するとともに，EU や NATO への加盟を訴えた。高学歴の若者や，透明なビジネス環境において経済利益を拡大しようとする中小企業家の間では，闇経済，オリガルヒ，賄賂や汚職などに対する不満が鬱積していき，彼らは民主化，市場化，汚職撲滅などの構造改革を唱える EU/NATO への加盟を声高に主張した。

　同じ民族でもアイデンティティの相違によって，親ブリュッセル志向と親モスクワ志向に分かれ，ひいては改革と現状維持へと分極化していく。例えば，同じモルドヴァ人でも，自らをルーマニア人と見なす人々はルーマニア経由で EU/

NATO 加盟を目指すが，反ルーマニア志向の強い人々はロシアとの紐帯を求めて現状維持志向が強くなる。また，同じ正教会でも，モルドヴァの「キシナウおよび全モルドヴァ司教区」はロシア正教会との繋がりを求め，「ベッサラビア司教区」はルーマニア正教会との一体性を志向する。さらに，地域によっても政治的志向が明瞭に分かれる場合がある。ウクライナ東部やクリミア半島では親ロシア的傾向が強いが，西部住民は概して EU/NATO 加盟を求める声が強い。

　このような二極対立構造において，ジョージアでは 2003 年 11 月に議会選挙の不正をきっかけに反政府デモが起き，シェワルナゼ政権が崩壊して，翌年 1 月の選挙でミヘイル・サアカシュヴィリが新大統領に就任した。ウクライナでも 2004 年 11 月の大統領選挙における大規模な不正をきっかけに反政府デモが起き，やり直し選挙において親欧米派のヴィクトル・ユシチェンコが大統領に当選した。前者は「バラ革命」，後者は「オレンジ革命」として知られるが，モルドヴァでも，革命こそ起きなかったものの，同国の外交・安全保障政策を大転換させる事件が起きた。ロシア大統領府長官のドミトリ・コザック氏が 2003 年 11 月に突如公表したトランスニストリア問題の解決案，いわゆるコザック・メモランダムをめぐって，モルドヴァで反政府デモが起きたのである。欧米諸国がヴォローニン大統領に圧力をかけたため，予定されていたプーチン大統領のモルドヴァ訪問とコザック・メモランダムへの署名が突如中止され，以後モルドヴァは親露から親欧米路線へと舵を切った（六鹿 2004：68-75；2005a：95-112）。ここにおいて，GUAM の再活性化に向けた素地が出来上がったのである。

3）黒海地域の現状維持勢力

　ロシアとトルコは，NATO，EU，アメリカという外部勢力が黒海地域に浸透することに神経をとがらせ，黒海を両国の内海にとどめようと 1990 年代後半から協力関係を深めた。例えば，地中海で NATO が展開する「アクティヴ・エンデヴァー作戦」を黒海まで延長しようとの提案に対し，トルコはロシアが孤立する危険性とモントルー条約を盾に反対した。そして，トルコは，2001 年に BLACKSEAFOR を組織し，2004 年には黒海ハーモニー（Black Sea Harmony）を創設して，同作戦の黒海への拡長を阻止することに成功した。前者は沿岸 6 ヵ国海軍の相互運用性と協力の推進を目的とし，後者はテロリズムや大量破壊兵器の拡

散を防ぐことを目的とする。プーチン大統領は就任当初，米露協調路線を進め，ブッシュ大統領が唱道した対テロ戦争にも加わったが，黒海を伝統的なロシアの海と考えるロシアの政治エリートは，NATO 諸国海軍の黒海への進入を嫌った。そこで，ロシアは BLACKSEAFOR や黒海ハーモニーに加わるなどして，トルコと共に NATO の黒海への進入を阻もうとしたのである（Sanders 2014：78-79）。

　トルコが欧米の黒海参入に反対する理由の一つとして，黒海地域の勢力均衡が崩れ，ひいては欧米とロシアの対立が高じて地域が不安定化することを指摘する向きがある（六鹿 2006c）。しかし，トルコにとってそれ以上に深刻な理由は，欧米の黒海地域への参入によって，黒海地域におけるトルコのリーダーシップが損なわれる危険性である。また，トルコは地政学的に，欧州，中東，コーカサスおよび中央アジアの接点に位置するため，欧米にのみ傾斜することなく，これら諸地域すべてを視野に入れた多角外交を展開する必要があるし，またその可能性も有している。実際，トルコの死活的利益に関する欧米諸国との摩擦によって，多角外交は不可避となった。アメリカのイラクへの介入も一歩誤ればクルド独立国家の誕生につながりかねず，それはトルコの領土保全を危険にさらしかねない。また，キプロス問題やアルメニア人ジェノサイド問題に関する欧米との齟齬は，欧米同盟の危険性をトルコ人に想起させるに十分であり，こうした認識はすでに 1960 年代からトルコ人政治エリートの間で共有されてきた。さらに，欧米が主張する民主化に関しても，トルコの現状にそぐわない点が少なからず存在する。このような背景から，トルコは，アメリカや NATO の同盟国であり，また EU 加盟を国家目的に掲げるにもかかわらず，同時に自主独立の多角外交，ひいては黒海地域の現状維持に固執するのである。この点は，アメリカとの同盟関係を最優先して東方外交を展開する中・東欧やバルト諸国と対照的である（Larrabee and Lesser 2003：45-70, 159-186；六鹿 2006b：233-250）。

4　黒海地域をめぐる欧米とロシアの対立（2005〜08 年）

1）色革命と黒海の欧州化──GUAM の活性化と「新しい欧州」の東方外交

　前節で検討したように，色革命後のジョージア，ウクライナ，モルドヴァが親

欧米路線を鮮明にしたことで，GUAM の再活性化が始まった。2005 年 4 月の
GUAM キシナウ・サミットは，EU と NATO 加盟に向けて同機構を活性化する
方針を採択するとともに，「凍結された紛争」の解決にも取り組んでいく姿勢を
鮮明にした。そして，翌年春のキエフ・サミットで GUAM 憲章を採択し，名称
を「民主主義と経済発展のための組織 – GUAM（ODED-GUAM）」に改名して，民
主主義およびエネルギー面での協力と自由貿易圏の創設を目標として掲げた。続
いて 2007 年にはバクーとヴィリニュスで，2008 年にはジョージアのバトゥミで
サミットを開催し，エネルギー・ルートや分離主義問題について協議を重ねた。ま
た，2005 年 12 月にウクライナとジョージアのイニシアティヴで，バルト海から
黒海およびカスピ海にかけての地域で，民主主義，人権，市民社会の育成を目的
とする民主的選択共同体（CDC）を創設することが決定された。

　ポーランド，ルーマニア，リトアニアなどいわゆる「新しいヨーロッパ」と呼
ばれるバルトおよび中・東欧諸国は，これら GUAM や CDC を支援するなど，積
極的な東方外交を展開し始めた。上記 GUAM サミットにはポーランドやルーマ
ニアの大統領が出席し，エネルギー・ルートなどの話し合いに加わった。とり
わけ注目を引いたのは，2004 年の選挙でルーマニア大統領に就任したバセスク
で，彼は就任演説において「ワシントン＝ロンドン＝ブカレスト枢軸」と黒海地
域の安全保障重視策を打ち上げ，2006 年 6 月にはブカレストで黒海フォーラム
を開催した（六鹿 2006b：235-250）。また，2006 年 11 月に「自由と繁栄の弧」外
交を打ち出した日本も，2007 年 6 月の GUAM バクー・サミットを皮切りに，
「日本＋ GUAM」定期協議を開始した。

　このように，EU，NATO，アメリカが黒海地域への関与を深めていく過程に
おいて，WNIS および南コーカサス諸国の政府と国内 NGO，バルトおよび中・
東欧諸国や欧米の民主化 NGO は，WNIS と南コーカサス諸国を EU/NATO に接
近させるべく協力関係を築いていくのである。

2）色革命後の欧米の東方政策

①EU の東方政策

　前述したように，EU は NATO 同様，西バルカンと旧ソ連諸国を区別し，前者
に対しては EU 加盟を前提とする SAP を，後者に対しては加盟を前提としない

ENP を適用してきたが，色革命後，後者への関与を強め始めた。2005 年 1 月末，EU はソラナ 10 箇条計画を発表して，ウクライナの世界貿易機構（WTO）加盟支援，市場経済ステータスの供与，エネルギー支援，自由貿易圏の創設などを掲げて，ユシチェンコ政権の支援に乗り出した。そして，EU は同年 12 月にウクライナの市場経済ステータスを認め，EU＝ウクライナ・サミットにおいて，政治的優先課題が達成されれば PCA に代わる「より高次の協定」を締結することを約束した。この取り決めに則って，EU は 2006 年 3 月のウクライナ議会選挙で政治条件が満たされたとして，2007 年に同協定の締結に向けて交渉を開始し，2008 年 5 月 16 日にウクライナが WTO に加盟したことで，自由貿易協定交渉に拍車がかかった。

　また，EU はモルドヴァ支援にも力を入れ始めた。2005 年に EU 代表部をキシナウに開設してトランスニストリア問題担当特使を派遣し，同年 11 月 30 日にはウクライナとトランスニストリアの国境を監視する EU 国境支援使節（EUBAM）を派遣した。同使節の目的は，人身売買，商品の密輸，武器拡散，税関における不正行為の取締と防止であったが，トランスニストリア指導部が不法に取得してきた財源の削減につながることも期待された。さらに，EU は 2005 年 9 月から，それまでの OSCE，ロシア，ウクライナ，モルドヴァ政府，トランスニストリア代表からなるトランスニストリア問題解決五者協議枠に，アメリカと共にオブザーバー資格で参加し始めた。これはモルドヴァ政府の要請に基づき，ウクライナの支援を得て可能となった。モルドヴァは上記トランスニストリア問題解決協議枠へのアメリカ，EU，ルーマニアの参加を要請したが，ロシアとトランスニストリアの反対にあって，上記の結果に落ち着いたと言われる。

　以上概観したように，EU と黒海地域との関係は，各国との双務関係を中心に進められてきたが，EU は黒海地域との多国間関係の推進にも踏み切った。EU 加盟国のギリシャが BSEC の議長国を務めた 2005 年 4 月に，EU は BSEC と初の準公式会合をブリュッセルで開き，人身売買，麻薬密輸問題，エネルギー輸送，環境分野での協力について協議した。他方，BSEC は，2005 年 10 月の BSEC 外相会議決議に則って，2006 年 1 月に北方次元（Northern Dimension）に倣った「黒海次元」を設けることを要請する文書を EU 理事会に提出した。また，2004 年 11 月に開始されたバクー・プロセスに弾みがつき，2006 年 5 月には第 2 回運輸

閣僚会議，同年 11 月には第 2 回エネルギー閣僚会議が開催されるなど，エネルギーおよび運輸における EU と黒海－カスピ海地域の協力が進められた。さらに，EU は黒海や中央アジア諸国と部門ごとに協力関係を強化し，ヨーロッパ－コーカサス－アジア輸送回廊「トラセカ」，ヨーロッパ向け国家間石油ガス輸送（INOGATE），黒海汎ヨーロッパ輸送圏（the Black Sea PETrA），ドナウ黒海環境タスク・フォース（DANBUS）などを進めたのである（六鹿 2006a：58-59）。

　そして，ブルガリアとルーマニアが 2007 年 1 月に EU に加盟すると，EU は同年 5 月に，黒海地域内協力の支援と EU および黒海地域との協力推進を目的とする，黒海シナジーを開設した。具体的には，運輸，環境，漁業，貿易などの域内経済協力，政治的民主化，国境管理，エネルギー安保，「凍結された紛争」の解決が掲げられた。

　また，2007 年前半に EU 議長国を務めたドイツは，ロシア，中央アジアとの協力に加え，EU の東方政策を一層強化する ENP プラスを提唱した。同案は，中東や北アフリカの安定を重視する南欧諸国と欧州委員会の反対にあって陽の目を見ることはなかったものの，翌年春のポーランドとスウェーデンのイニシアティヴによる，東方パートナーシップ構想につながっていくのである。

　②NATO の東方政策

　色革命によって，加盟行動計画（MAP）継続中の西バルカン 3 ヵ国に加え，ウクライナとジョージアの NATO 加盟問題がにわかに浮上した。2004 年 12 月のウクライナ大統領選挙のやり直し決選投票で逆転勝利したユシチェンコ大統領が 2005 年 2 月に NATO サミットに招待され，同年 5 月に NATO 加盟のための「対話の強化（Intensified Dialogue）」がウクライナに適用された。「対話の強化」とは，IPAP と MAP の間に位置する NATO 加盟に向けたプログラムである。そして，同年 6 月，「対話の強化」に基づいて開催された第 1 回 NATO＝ウクライナ外相会談において，ウクライナは NATO 加盟希望国として承認され，同国は翌年秋までの MAP 開始を国家目標に据えた。他方，NATO といち早く IPAP を締結したジョージアは，2006 年春までに IPAP を「対話の強化」に格上げし，同年秋のリガ・サミットで MAP 適用国になることを目標に定めたが，実際には半年遅れの 2006 年 9 月に「対話の強化」資格が与えられた。このようにして，ウクライ

ナとジョージアは，2008 年の NATO サミットまでの NATO 加盟を希望するように
なっていった。

③アメリカの黒海政策

　ブッシュ政権も，大統領任期最後の NATO サミットとなる 2008 年のブカレス
ト・サミットで，ウクライナとジョージアを NATO に加盟させたいとの意向を
示した。ブッシュ大統領が，イラクの民主化を促進すべく，同国に近接する黒海
地域の民主化に力を注ぎ始めたことが一因である。2005 年春に大統領自らがス
ロヴァキア，ラトヴィア，ジョージアに赴き，中・東欧やバルトの EU/NATO
加盟の成果を喧伝し，WNIS における民主化を鼓舞した。さらに，ブッシュ大統
領は，トビリシの「自由広場」において，「我々は，自由が，黒海からカスピ海，
ペルシャ湾，さらにそれらを越えて広がりつつある歴史的な時代に生きている」
と述べ，民主化ドミノに期待を寄せたのであった。他方，ディック・チェイニー
副大統領はヴィリニュスにてロシアの民主化や人権政策を厳しく批判し，対露関
係より民主化を重んずる姿勢を鮮明にした。このように，イラク戦争後の米露関
係は，2001 年春のリュブリアナ首脳会談における蜜月関係から大きく後退した。
　また，アメリカはウクライナ，ジョージア，ルーマニア，ポーランド，バルト
諸国が推進する民主的選択共同体（CDC）を支援するとともに，GUAM にオブ
ザーバー参加して同機構の強化に努めた。加えて，アメリカはルーマニアのイニ
シアティヴで 2006 年 6 月にブカレストで開催された黒海フォーラムを側面支援
し，バルカン民主化信用基金に相当する黒海地域協力信用基金を設立するなどし
て，黒海への関与を一層深めた（六鹿 2006a：61）。
　アメリカは軍事面でも黒海に強い関心を示した。アメリカの国務省高官がヴォ
ローニン大統領に対して，「コザック・メモランダムに調印することは主権国家
モルドヴァの自由であるが，それがもたらす責任はヴォローニン大統領が一人で
負うことになる」と警告したのは，最終段階で，トランスニストリアに駐留する
ロシア軍の駐留延長の文言が同メモランダムに挿入されたためと言われる。また，
アメリカは，2005 年 12 月にルーマニアの黒海沿岸にあるコガルニチャヌ基地の
共同使用権を，2006 年 4 月にはブルガリアの三基地を使用する権利を得た。そ
の結果，黒海地域における米軍の軍事的プレゼンスは飛躍的に向上し，アフガニ

第 3 章　冷戦後の黒海国際政治　**101**

スタン，中東，バルカンへの軍事作戦を容易に遂行できる環境が整ったのである。

3）ロシアの外交・安全保障政策の転換

　このように，黒海の欧州化が進むなかで二期目を迎えたロシアのプーチン政権は，外交・安全保障政策を根底から見直し始めた。2003〜04 年の色革命と 2004 年の EU/NATO 拡大が，プーチン政権に二つの深刻な脅威をもたらしたからである。一つは地政学的な脅威で，冷戦後の欧州国際秩序から排除されて潜在的な修正主義国となったロシアは，EU/NATO 拡大によって新たに自国の伝統的な勢力圏さえも喪失し，ひいては国際的孤立や国力および発言力の低下を被りかねない危険性に直面した。もう一つは，EU/NATO 拡大が価値の拡大を伴うため，ウクライナなど「近い外国」の民主化を介して，プーチン体制自らが国内の民主化圧力にさらされる危険性であった。

　プーチン政権が外交・安全保障政策を転換させたもう一つの理由は，欧米を取り巻く国際環境が悪化するとともに，色革命が褪せ始めて混迷の時期に入ったため，強硬な外交・安全保障政策を遂行する機会が訪れたことである。アメリカのブッシュ政権は，単独主義に則ってイラク戦争を開始し，フセイン政権の打倒には成功したもののイラク情勢の不安定化を招き，イラク問題に没頭せざるを得なくなった。また，EU は憲法採択に失敗して欧州統合に陰りが出始め，NATO もアフガニスタンで開始した ISAF が深刻な事態に直面していた。さらに，オレンジ革命によってウクライナに誕生したユシチェンコ政権は，政権内部の権力闘争と汚職により支持率が低下し，2006 年 3 月の議会選挙で地域党に完敗した。その結果，同年 8 月にヴィクトル・ヤヌコヴィチを首相とする地域党主体の内閣が誕生し，クチマ政権時代の「ロシアと共に EU へ」を想起させる，「ロシアも EU も」との路線を声高に主張するようになった。また，2006 年夏にプーチン大統領との関係修復に成功したモルドヴァのヴォローニン大統領は，トランスニストリア問題の解決に向けてロシアと水面下で包括交渉を開始した。それゆえ，2007 年以降モルドヴァが GUAM サミットへの参加を自粛したため GUAM が GUAm となり，加えてヤヌコヴィチの意向により GUAM の活動は経済問題に限定され，CDC の活動も停滞し始めた。

　このような状況において，プーチン政権は 2005 年以降「近い外国」政策を根

本的に見直し，欧米に対しても，また近隣諸国に対しても，強硬な外交・安全保障政策を展開し始めたのである。ロシア政府は，まず NGO 組織に対する海外からの資金援助規制法を採択して，国内への欧米の影響力を弱め，民主化に歯止めをかけた。また，非承認国家で実施された独立を問う住民投票への支援を表明するとともに，2005 年にはモルドヴァとジョージアに対して経済制裁を課した。さらに，2006 年にはウクライナをはじめとする旧ソ連諸国向けのガス価格を大幅に引き上げ，同諸国の経済困難と政権の不安定化を惹起し，同諸国の EU や NATO への接近を阻もうとした。

　また，当時のロシア下院外交委員会委員長のコンスタンティン・コサチェフが「オレンジ革命」さなかの 2004 年 12 月 28 日にソフト・パワーの重要性を喚起したように，ロシアは色革命の教訓からソフト・パワーを駆使し始めた（Pelnens 2009: 36）。親露派指導者の選挙支援，親欧米派指導者に対するマスメディアを使った誹謗中傷，ガス価格の引き上げやガス供給の一時停止などのエネルギー外交[5]，ワイン，農産物，ミルクに対する禁輸措置，旧ソ連諸国からロシアへの出稼ぎ労働者に対するヴィザの義務化，あるいは同ヴィザの発給停止や彼らを国外追放するとの脅し，ロシア・パスポートの発給とロシア国籍の付与，「凍結された紛争」を利用したロシアの影響力の行使とモルドヴァ，ジョージア，アゼルバイジャンの欧米への接近阻止などである（Nygren 2008: 49-153）。

　ロシアはこれらのソフト・パワーのみならず軍事力も巧みに使った。例えば，自国軍隊をアブハジア，南オセチア，トランスニストリアに非合法に駐留させ，軍による保護の下で「非承認国家」建設を進めた。しかし，軍事力が実際に戦闘で使用されるのは 2008 年以降のことで，2000 年代前半の段階では，外国に住むロシア系ディアスポラの人権保護のためには軍事力の使用も辞さないとの警告を発するにとどまっていた。

4) ロシア = ジョージア戦争

　このようにして，欧米とロシアは黒海地域において，「凍結された紛争」やコザック・メモランダム，ウクライナ大統領選挙，米軍によるルーマニアとブルガ

5）例えば，ロシア政府は，トランスニストリアに無償で提供しているガス代金の債務を，ロシア政府の融資を使って返済するようモルドヴァ政府に促した。

リアの軍事基地使用，CFE 適合条約，モルドヴァとジョージアの駐留ロシア軍，エネルギー輸送ルートをめぐって対立を深めていった。そして，2007 年はロシアの外交・安全保障政策にとって転換点となった。プーチン大統領は 2007 年 2 月のミュンヘン会議で冷戦を彷彿させるほどの強い口調で欧米を非難し，3 月 27 日に公表されたロシア外務省文書「ロシア連邦外交政策概観」において，在外のロシア系同胞の保護がロシア外交の優先課題であると明言し，その実施機関である「ロシア世界（Russian World）基金」を 6 月に創設した[6]（Pelnens 2009：45-46）。さらにプーチン大統領は 7 月に，CFE 適合条約を 12 月に停止すると述べ，それを実行した。それによって，ロシア軍は，CFE 適合条約が定める南北比率に制約されることなく，自由に国内を移動できるようになった。

　そして，翌 2008 年 2 月にコソヴォが独立を宣言し，欧米諸国がコソヴォの独立を承認すると，ロシア下院は南オセチアやアブハジアの独立を承認すべきであると宣言した。また，3 月にロシアの偵察機がジョージアの無人偵察機を撃ち落とすなど，ロシアとジョージアの関係は経済制裁のみを伴うものから政治的・軍事的緊張関係へとエスカレートした。加えて，2008 年 4 月の NATO ブカレスト・サミットがウクライナとジョージアの将来の NATO 加盟を宣言し，MAP 資格付与に関する審査を同年 12 月に行う決定をすると，プーチン大統領は 4 月 16 日に大統領令を発して，アブハジアおよび南オセチアとの公式な外交関係を樹立するよう指示した。すなわち，冷戦後のロシアの基本政策であったジョージアの領土保全支持を撤回したのである。

　その後ロシアは，アブハジアにおける軍事力の増派や，ロシアとアブハジアを結ぶ鉄道の整備に着手するなど，ジョージアに対する軍事的圧力を強めていった。そして，南オセチアにおいてジョージア警察とオセチア人武装勢力の間で死傷事件が多発して緊張が高まるなか，サアカシュヴィリ大統領が 8 月 7 日に南オセチア攻撃を命令した。ロシアは直ちにジョージアに対する大規模な攻撃を開始し，ロシア軍がトビリシに急迫したが，当時 EU 議長国であったフランスのニコラ・

---

　6) ロシア世界基金によれば，「ロシア世界」とは，「ロシア文化およびロシア語環境における大小様々な共同体からなり，かつロシアを精神的中核とする，ネットワーク構造を有するエスニック文化の現象」，すなわち，エスニックなロシア人の居住空間を超えた，ロシアの文化的精神的空間を意味する。

サルコジ大統領が調停に入り，8月12日にロシアとジョージアの間で停戦協定が調印された（Asmus 2010：111-214）。

　ロシアは8月31日にいわゆるメドヴェージェフ・ドクトリンを出して，旧ソ連地域におけるロシアの特殊な権益や勢力圏を主張するとともに，外国に在住するロシア市民の保護のため，必要であれば軍事介入する意向を明らかにした（RIA Novosti 2008）。そして，ロシアはアブハジアと南オセチアの独立を承認し，同地にロシア軍を駐留させ続け，軍事基地の建設を開始した。他方，ジョージアは，戦争によって甚大な経済的損失を被ったばかりか，南オセチアとアブハジアへのロシア軍の駐留を招き，さらに同国のNATO加盟の可能性も一層遠のいた。

　ロシア＝ジョージア戦争は，黒海地域の国際政治にも少なからぬ波紋を投げかけた。ロシアは，軍事力を行使してジョージアのNATO加盟阻止に向け断固たる態度をとったことで，旧ソ連諸国のみならず欧米に対しても明確なメッセージを送ることに成功した。例えば，ジョージアと同じく「凍結された紛争」を抱えるモルドヴァでは，親露政策への転換が正しかったこと，とりわけ中立政策（NATO非加盟）が間違いでなかったことが証明されたとして，トランスニストリア問題の解決に向け，ロシアとの二国間交渉が継続された。

　他方，ウクライナ政府は，ジョージアを攻撃するためにセヴァストポリを出航したロシア黒海艦隊の帰港を認めないなど，ジョージアとの友好関係を貫こうとした。また，1997年のロシア＝ウクライナ条約では，セヴァストポリ軍港のロシアへの租借期限は2017年までと定められていたが，同期限の延長をめぐって両国の間で論争が激化した。さらに，ロシア艦隊問題に加え，クリミアの帰属問題が再浮上した。2008年12月に期限切れとなる，クリミアのウクライナへの帰属を確認した1997年の友好・協力・パートナーシップ条約を，ロシアが更新しないと言い始めたからである（Kupchinsky 2008）。それゆえ，ウクライナでは，クリミアにロシア系住民が多いことから，ロシアがジョージアで用いたのと同じ手段を駆使してクリミアに軍事介入するのではないかとの懸念が広がった。

　また，ロシア＝ジョージア戦争は，多角外交を展開するトルコにも影響を及ぼした。トルコはNATO加盟国であり，アメリカの重要な同盟国であるが，すでに指摘したように，ロシアと共にNATO諸国海軍の黒海への進入を阻んできた。他方，BTC石油パイプラインやバクー–トビリシ–エルズルム（BTE）ガスパイ

プラインに象徴されるように，トルコはカスピ海の石油・ガスを欧米へと輸送する重要なエネルギー回廊上に位置しており，ジョージアとの友好関係の維持は不可欠であった。ところが，そのロシアとジョージアが戦争を開始し，ロシアとアメリカが黒海において対立を深めたのである。ロシアはセヴァストポリから黒海艦隊をジョージアに送って同国を攻撃し，海上封鎖を断行した。他方，アメリカはジョージアへの人道支援物資を軍艦で輸送し，NATO加盟国のスペインやポーランドの軍艦が矢継ぎ早にボスフォラス海峡を通って黒海に入った（Kardas 2008）。それゆえ，1936年のモントルー条約に則って軍艦のボスフォラス海峡通過を規制する立場にあるトルコは，米，露，ジョージアの間で難しい外交の舵取りを迫られた。このような状況において，トルコはコーカサス安定条約という独自の和平案を提案することで，すべての関係国との善隣友好関係の維持に努めようとしたのである。

5　緊張高まる黒海地域──リセット，ウクライナ危機，露土対立（2009〜16年10月）

1）欧米＝ロシア関係のリセット

　ロシアは，ジョージアに大規模な軍事攻撃を仕掛けたことで国際的信用を失墜したばかりか，南オセチアとアブハジアの独立を承認したため，国際的孤立を余儀なくされた。しかし，ジョージアとの戦争を介して，軍事力を用いてでも同国のNATO加盟を断固阻止する姿勢を誇示するとともに，ジョージアのNATO加盟阻止が欧米関係以上の優先課題であるとの明確な信号を西側に送ったことで，自国に有利な国際環境を醸成することに成功した。ロシア＝ジョージア戦争後の欧米国際社会は，対露政策をめぐって対露協調派と対露強硬派の二つに分裂していたが，次第に前者が優勢になっていったのである。

　対露協調派は，ロシアとの協力は不可欠であり，ロシアの安全保障要求に耳を傾け，ロシアと協調することこそ国際平和と安定につながると説いた。これに対し，対露強硬派は，ロシアの強硬な姿勢に妥協すべきでなく，ロシアが民主的政策を講じるよう，またロシアが勢力圏構想に基づいた「近い外国」政策を放棄し，国際法原則に則って対CIS諸国外交を展開するよう，ロシアを説得すべきであ

ると主張した。

　当初はロシアのジョージア攻撃のすさまじさを目の当たりにして対露強硬派が勢いづいたが，秋以降に始まる対露関係の見直しの中で，対露協調派が大勢を占めるようになった。ロシアがアブハジアと南オセチアの独立を承認し，停戦協定を無視して同地に軍事力を駐留させ続けたばかりか軍事力を強化し始めたにもかかわらず，EU と NATO は対露関係を正常化させ，2009 年 1 月に発足したアメリカのバラク・オバマ政権は対露関係のリセットに踏み切った。それどころか，ロシアを欧米の安全保障体制の中に組み入れることが肝要であるとの論調さえ出始めたのである。

　①米露関係のリセット

　ジョー・バイデン副大統領が 2009 年 2 月のミュンヘン演説でロシアとの関係を「リセット」する必要性について言及し，4 月のロンドンにおけるオバマ＝メドヴェージェフ会談で，核兵器の削減，核不拡散条約の強化，対テロ対策，経済的安定，中東和平など共通の利益に沿って協力していくことで一致した（White House Blog 2009）。続いて，7 月の米露モスクワ・サミットで，START（戦略兵器削減条約）後の核兵器削減条約に関する共同覚書とアフガニスタンへの武器通過協定が調印され，大統領委員会を設置して，経済発展，エネルギー，環境など幅広く協議していくことを確認した（White House 2009a）。そして，2010 年 4 月 8 日にプラハで新 START 条約の調印式が行われ，6 月にドミトリ・メドヴェージェフ大統領が訪米した。その際，ホワイトハウスは，米露関係のリセットの成果として，新 START 条約の調印，イランや北朝鮮に対する制裁，アフガニスタンでの協力などおよそ 20 項目を挙げたのである。

　②NATO ＝ロシア関係

　他方，NATO は，ロシア＝ジョージア戦争が起きるやいなや 8 月 8 日に事務総長声明を出して武力紛争の即時停止を促し，8 月 12 日には臨時の北大西洋理事会（NAC）大使会議を開催して，「ロシアの不釣り合いな軍事力使用」に対し遺憾の意を表明した（North Atlantic Council 2008）。さらに，8 月 19 日に NAC 特別外相会議を開催して，ロシア軍の即時撤退を促すとともに，「ロシアが停戦を固

守するまで NATO = ロシア理事会（NRC）を延期する」ことを決定した。また，同会議は，ロシア = ジョージア停戦協定の即時履行の重要性，ジョージアの領土保全と主権独立の支持，NATO = ジョージア委員会の創設，同委員会を介した NATO ブカレスト・サミット決定の継続に加え，いくつかの対ジョージア支援策を打ち出した（NATO's foreign ministers 2008）。加えて，ロシアによる南オセチアとアブハジアの独立承認を，ジョージアの領土保全に関する国連決議違反であると批判し（Statement 2008a），休戦協定の履行をロシアに求めたのであった（Statement 2008b）。

　ところが，同年 12 月 3 日の NATO 外相会議は対露関係の重要性に触れ，近い将来「限定的かつ段階的なアプローチ」をとることを決定し，NATO 事務総長や NRC を通じての非公式協議を介したロシアとの関係再開と，ジョージアおよびウクライナに MAP 資格を供与しないこととを決定したのである（Allies 2008）。そして，2009 年 6 月 27 日にコルフ島で NRC 会議を再開し，9 月に NATO 新事務総長に就任したアナス・フォー・ラスムッセンは就任演説において，対露関係をさらに生産的なものにするために NATO とロシアが共通の利益を有する分野で協力を強化していく必要があると強調した（Rasmussen 2009）。また，12 月 4 日の NRC 会議では，NATO とロシアが 21 世紀の安全保障上の脅威を共同で検討していくことが決定された（NATO and Russia 2009）。

　③EU = ロシア関係
　EU 議長国フランスのイニシアティヴの下で 8 月 12 日の休戦協定締結にこぎ着けた EU は，9 月 1 日に緊急欧州理事会を開催し，ロシアによるアブハジアおよび南オセチアの一方的な独立承認を非難するとともに，ロシア軍が 8 月 7 日以前の地点に撤退するまでパートナーシップ協定交渉を延期することを決定した（Extraordinary European Council 2008）。ところが，その 2 ヵ月後の 11 月 14 日に EU = ロシア首脳会談をニースで開催し，EU は，停戦，ロシア軍の撤退，EU オブザーバーの派遣，ジュネーヴ交渉開始に関するロシアの姿勢を評価し，パートナーシップ協定交渉の継続と，ロシアの WTO 加盟支援を再確認したのである。その後，EU は 2009 年に入ると通常通り年 2 回のサミットを 5 月と 11 月にハバロフスクとストックホルムで開催し，世界経済危機，「4 つの共通空間」[7]，貿易

問題，人権問題，新協定交渉，ロシアの WTO 加盟支援，エネルギー問題，ヴィザ問題など二国間問題以外に，中東，アフガニスタン，イラン，スリランカなどの国際問題について協議を行い，エネルギー安保に関連した「早期警戒メカニズム」に関する協定を締結した。そして，翌年 5 月末の首脳会談で，EU とロシアは「近代化のためのパートナーシップ」を進めていくことで合意したのであった。

④新欧州安全保障条約

　ロシア＝ジョージア戦争後のもう一つ新たな傾向は，欧州安全保障体制の中にロシアを迎え入れるべきであるとの論調が高まったことである。これは，メドヴェージェフ大統領による欧州安全保障条約締結の呼びかけに対する，欧米国際社会の反応として出てきた動きである。メドヴェージェフは，2008 年 6 月の訪独の際，法的拘束力ある欧州安全保障条約の締結を呼びかけ，その後も同提案を再三繰り返した（Medvedev 2008a）。これに対し，独仏は 2009 年 2 月のサルコジ＝メルケル共同書簡において前向きな姿勢を示したが（Sarkozy and Merkel 2009），それは，ロシアのジョージア攻撃が欧米の政治エリートに，ロシアを欧州安全保障体制の中に迎え入れる必要性を喚起したからにほかならない。すなわち，ロシアを迎え入れることで，新欧州安全保障体制の中でロシアの行動を制御できる可能性，さらにはロシアを冷戦後の欧州国際秩序に対する修正主義国家から現状維持国家へと転換させる可能性が高まると考えたからである。

2）欧米とロシアの対立激化

　このように，アメリカ，NATO，EU とロシアの関係は，ロシア＝ジョージア戦争直後の冷え切った関係から徐々に協調的関係へと推移した。その背景には，グローバル化による相互依存の増大と，2008 年に始まる世界金融危機があった。同危機により深刻な国内問題に直面した諸大国は，経済財政危機を克服するために国際協力へと向かったのである。ところが，欧米とロシアの関係は，2010 年秋以降，ミサイル防衛，両国の大統領・議会選挙に絡んだ民主化問題，2009 年春に始動する EU の東方パートナーシップをめぐって再び緊張し，ウクライナ危

---

7) EU とロシアは 2005 年 5 月 10 日に(1)経済，(2)自由・安全保障・司法，(3)外的安全保障，(4)研究・教育・文化の 4 分野における「4 つの共通空間ロードマップ」に調印した。

機へと向かっていくのである。

①ミサイル防衛問題

2004年にカリフォルニアとアラスカに迎撃ミサイルを配備したブッシュ政権は，2006年に欧州へのミサイル防衛配備方針を明らかにして，2007年からポーランドおよびチェコと各々ミサイル防衛施設とレーダーの配備について交渉を開始した。そして，チェコとは2008年7月8日に弾道ミサイル防衛レーダー配備に関する協定を締結し，ポーランドともロシア＝ジョージア戦争直後に弾道ミサイル防衛の設置合意書に署名した（Declaration 2007；Easton 2008）。これに対し，ロシアのメドヴェージェフ大統領が，必要とあれば，中・東欧諸国に配備されるミサイル防衛システムを無力化できるイスカンデル・ミサイル・システムをカリーニングラードに配備するであろうと述べ，中欧へのミサイル配備の動きを牽制したため（Medvedev 2008b），ミサイル防衛問題が米露関係にとってもう一つの障害として立ちはだかった。

そこで，対露リセット政策を打ち出したオバマ政権は2009年9月17日に，ブッシュ政権下で進められた固定型迎撃ミサイルとレーダーのポーランドおよびチェコへの配備を中止すると明言し，それに代わる新欧州ミサイル防衛構想を打ち出した。そこでは，段階的アプローチを採るためミサイルの早期配備が可能になること，また従来の固定型で大規模な迎撃ミサイルではなく，移動可能で柔軟な迎撃ミサイルとセンサーを陸海双方に配備できるため，欧州全域をイランの攻撃から防衛できることが，同構想の利点として強調された（White House 2009b）。そして，ラスムッセンNATO事務総長は2010年3月，「我々はNATO全加盟諸国のみならずロシアを含む，一つのミサイル防衛システムを必要としている。我々が一緒に構築し，支援し，展開する一つの安全保障の屋根である。我々すべてを保護してくれる一つの安全保障の屋根である。……一つの安全保障の屋根は，ロシアが欧州・大西洋家族の完全なる構成員であること——外部ではなく，まさにその内部に位置すること——を示すきわめて強力な政治的シンボルとなろう」と述べ，「ヴァンクーヴァーからヴラディヴォストークへと至る一つの安全保障の屋根」の創設を提唱したのであった（Rasmussen 2010）。

ところが，それからおよそ半年後のNATOリスボン・サミット宣言には「一

つの安全保障の屋根」という表現は見あたらず，NRC はミサイル防衛協力の将来の枠組みについて共同で分析し，その結果について 2011 年 6 月の NRC 国防相会議で議論することを決定したのであった（NATO-Russia Council 2010）。同決定は，メドヴェージェフ大統領が NRC において，NATO とロシアのミサイル防衛システムを統一することを提唱したのに対し，オバマ大統領はじめ NATO 諸国首脳が同提案を専門家の分析に委ねるよう逆提案したことを受けてなされたものである。メドヴェージェフ案は，NATO とロシアが共同でミサイル防衛システムを創設し，双方が各々の防衛責任領域において敵のミサイルを迎撃すること（Fidler and White 2010），すなわち NATO に対する南と東からの攻撃をロシアが責任をもって防衛することを骨子としていた（六鹿 2012）。このいわゆるセクター方式は，一つには，ロシアの核抑止力の低下につながるような，アメリカおよび NATO のミサイル防衛システムの欧州への配備を防ぐことを目的としていた（Diakov, Miasnikov and Kadyshev 2011）。また一つには，アメリカおよび NATO の欧州ミサイル防衛システムがロシアに対して使用されないよう，ロシアがコントロールできるミサイル防衛体制を作ること，さらには NATO のミサイル防衛に参加することで NATO 内におけるロシアの発言力を強化することをねらいとしていた（Kulhanek 2011）。実際，ロシアの NATO 代表部高官は，ロシアが NATO との合同ミサイル防衛の構築を求めたねらいは，ロシアの領土が NATO の欧州ミサイル防衛の射程に入らないようにすることと，ロシアの軍事的抑止力を維持することにあったと語った（六鹿 2012）。

　これに対し，アメリカのヒラリー・クリントン国務長官は，2011 年 2 月のミュンヘン安全保障会議において，NATO とロシアのミサイル防衛システムが相互に補強できるよう，「協力的なミサイル防衛システムにとって基礎となる，共同分析，共同演習，および早期警戒データの共有の開始を希望する」と述べ，「我々はミサイル防衛に関していかなる〔外部からの〕制約も受け入れない」として，NATO リスボン・サミットで合意した欧州ミサイル防衛を 2011 年中に配備すると宣言した（Clinton 2011）。

　このようにして NATO との合同ミサイル防衛構想が葬り去られると，ロシアは NATO のミサイル防衛システムが自国の攻撃ミサイルを標的としないことを保障する法的拘束力ある文書の締結（Collina 2011），および NATO のミサイル防

衛システムがロシアを標的にしない技術面での保障を要求し始めた（RF, NATO 2011）。そして，アメリカ，NATO，ロシアは欧州ミサイル防衛問題について 2011 年 5 月から 8 月にかけて協議したが，結局双方の溝は埋まらなかった（US 2011）。同年 6 月の NRC 国防相会談後の記者会見で，ラスムッセン NATO 事務総長は，我々が構想するのは二つの独立したミサイル防衛システムの構築であり，互いの領土防衛の効率を高めるために情報を交換する二つのシステムであると述べ，ロシアのセクター方式は NATO の集団防衛義務ゆえに受諾できないと明言した（Rasmussen 2011）。

　そして，2011 年 11 月 14 日のアジア太平洋経済協力ホノルル・サミットにおける，ミサイル防衛に関するオバマとメドヴェージェフ両大統領の協議が物別れに終わると，メドヴェージェフは 11 月 23 日に，欧州防衛ミサイルに対して次のような報復措置をとると述べた。それらは，(1)カリーニングラード地域へのミサイル攻撃早期警戒レーダー基地の設置，(2)戦略核兵器による防衛の強化，(3)新しい戦略弾道ミサイルへのミサイル防衛システムおよび効果的な弾道弾の装着，(4)欧州ミサイル防衛システムデータを無力化する手段の構築，(5)これら諸措置が不十分な場合，欧州ミサイル防衛システムを排除できる近代攻撃兵器のロシア西部および南部への配備と，それへの第一歩としてのイスカンデル・ミサイルのカリーニングラードへの配備であり，これらに加えてメドヴェージェフは新 START 条約から脱退する可能性についても言及した（Medvedev 2011）。

　これに対し，アメリカと NATO は 4 段階からなる欧州ミサイル防衛の配備を再確認し，第一段階として 2011 年にミサイル防衛配備のイージス艦をスペインと地中海で展開するとともに，トルコでミサイル・レーダー基地の建設を開始した。そして，2012 年 5 月の NATO シカゴ・サミット宣言第 37 項は，ロシアが NATO との国境近くに軍事施設を建設していることに懸念を表明するとともに，NATO とロシアが信頼性，透明性，予測性を回復する必要があると指摘した。他方，2012 年 5 月 8 日に大統領に就任したプーチンがシカゴ・サミットを欠席したため，NRC 共同声明は出されなかった。このようにして，NATO リスボン・サミットからシカゴ・サミットへと至るわずか 1 年半の間に，米国および NATO とロシアの関係は著しく冷却化したが，そこには，2011 年 3 月末に始まる NATO によるリビア空爆とカダフィ大統領の死も影響していた（Hill 2013:

309-310)。

②議会・大統領選挙と民主化

　以上に加え，2011年から翌年にかけてロシアとアメリカで議会選挙と大統領選挙が行われたため，両国はロシアの選挙や民主化をめぐって対立した。2011年9月にプーチン首相とメドヴェージェフ大統領が翌年3月の大統領選へのプーチン首相の出馬を決定すると，そのような国民の意思を無視した政治的手法に国民の怒りが爆発して反政府デモが起きた。また，ホワイトハウスは，同年12月に，ロシア当局が選挙監視NGOのゴーラス（Golos）やデモ参加者を弾圧していると批判し（White House 2011），クリントン国務長官は，ロシア議会選挙は公正でもなければ自由でもないと批判した。この発言に対しプーチン首相は，ロシアの反政府デモを扇動するものであると反論して，リセット政策はこの年の末までに終結したのである（Spetalnick and Cornwell 2011）。他方，EUのキャサリン・アシュトン外務・安全保障政策上級代表は翌年2月初めに，ロシア政府は反政府デモ参加者や野党指導者と対話すべきであると述べ，またEUとロシアの間には，シリア，イラン，ジョージア，モルドヴァをめぐって意見の違いがあるとも発言した（Ashton 2012）。

　このような欧米とロシアの民主化をめぐる攻防はプーチンの大統領就任後いっそう激しさを増し，アシュトンは，集会の自由を制限する法律，外国から資金を得ているNGOに対してエージェントとして届け出を義務づける法律，インターネット規制法，国家反逆罪に関する法律などを批判した（Statement 2012）。さらに，アメリカ議会が2012年12月に人権侵害の疑いのあるロシア人の米国への入国を禁止するマグニッツキー法案を採択すると，ロシア下院はそれに対する報復措置として，ロシアの子供を米国人に養子に出すことを禁じる法律と，アメリカから支援を受けている人権団体の活動を禁止する法律を採択した（Rodkiewicz 2012；Felgenhauer 2013）。

③DCFTAと関税同盟

　ロシアとEUは経済分野でも対立を深めた。PCAに代わる新協定締結交渉において，EUはWTO水準より高い自由化「WTOプラス」をロシアに求めたのに

対し，ロシアはEUがロシア，ベラルーシ，カザフスタンで構成される関税同盟と交渉すべきであると主張した（Malmstrom 2012）。また，双方はエネルギーに関する「第三パッケージ」をめぐっても対立した。生産，輸送，消費すべてを独占して巨額の富を得ようとするロシアに対し，EUはエネルギー第三パッケージを介してこれら三部門を分離し，各々に自由競争を導入して消費価格をできる限り抑制すべきであると主張した。そして，欧州委員会は2012年9月にガスプロム社を反トラスト法違反で調査すると宣告した（Kardas 2012）。

さらに，EUとロシアはガス・パイプラインをめぐっても争った。EUはロシアへのガス依存を減らすために，中央アジアからアゼルバイジャンとトルコを経由して欧州へと至る，トランス・カスピ海パイプライン－トランス・アナトリア・パイプライン（TANAP）－西ナブッコないしトランス・アドリア海パイプライン（TAP）を繋ぐ「南ガス回廊」を実現しようとした。他方，ロシアは，トルコの黒海における排他的経済水域を通ってブルガリア，セルビア，ハンガリーへと至るサウスストリーム・パイプライン計画を進めた。ロシアは競合する南ガス回廊構想を阻止するために，トランス・カスピ海パイプライン建設はカスピ海の環境破壊につながると主張し，すべてのカスピ海沿岸諸国の同意が必要であると述べた。これに対し，EUは，高度技術を駆使すれば環境汚染を最低水準に抑えることができるし，ノルドストリーム建設に関してすべての沿岸諸国の同意があったわけではないと反論した。

サウスストリームをめぐる対立は2014年春に最高潮に達した。ブルガリア，セルビア，オーストリアはガスプロムとの間でサウスストリーム・パイプライン建設の契約を交わし，ブルガリアは欧州委員会の中止要請にもかかわらず，国内法を改正してまで同パイプライン建設を強行しようとした。これに対し，連立内閣を組むトルコ系政党が議会の解散選挙を掲げて与党社会党に圧力をかけるとともに，ジョン・マッケインなどアメリカの有力議員がソフィアを訪問して説得にあたった結果，ブルガリア政府は6月上旬にサウスストリーム建設の中止と，EUとアメリカが推す南ガス回廊を最優先していく決定を下し，セルビアも同決定に従う意向を示した（Assenova 2014）。

さらに，EUとロシアは「深化した包括的自由貿易圏（DCFTA）」をめぐっても対立を深めた。DCFTAとは，ウクライナ，モルドヴァ，ベラルーシ，ジョージ

ア，アルメニア，アゼルバイジャン6ヵ国を対象に，2008年春にポーランドとスウェーデンが共同で提唱した，東方パートナーシップの主要な柱の一つである。ウクライナは2008年2月にEUとDCFTA交渉を開始し，2012年3月30日に連合協定，7月19日にDCFTAに各々仮調印したが，政治的動機によるティモシェンコ裁判などを理由にEUは署名を見合わせた。しかし，2012年12月にEU外相理事会は，諸条件が満たされれば翌年11月のヴィリニュス東方パートナーシップ・サミットで，ウクライナとの連合協定に調印することを決定した（Council meeting 2012）。他方，モルドヴァとジョージアは連合協定交渉を各々2010年1月12日と7月15日に開始し，両国ともDCFTA交渉を2012年3月に開始した。

　東方パートナーシップは，旧ソ連6ヵ国を欧州共同体へと接近させる試みであり，なかでもDCFTAは多分野にわたって包括的にEUとの経済統合を深化させる枠組みである。それゆえ，勢力圏を拡大してロシアを世界強国にすることを優先目標に置くプーチンは，DCFTAとは両立しない関税同盟を2010年1月に発効させ，東方パートナーシップ対象国に二者択一を迫ることで，旧ソ連諸国のDCFTA加盟，ひいてはEU接近を阻む戦略に着手した。そして，大統領就任後，プーチンは，関税同盟に加盟すればガス価格を値引きするとヤヌコヴィチ大統領に持ちかけ，ヤヌコヴィチが限定的な領域に限った関税同盟への加盟「3＋1」方式を逆提案すると，プーチンは関税同盟への完全なる加盟か非加盟かの二者択一しかないと迫ったのである（Iwanski and Sadowski 2012）。

　そして，東方パートナーシップ・ヴィリニュス・サミットを間近に控えた2013年夏，ロシアは禁輸措置などを通じて連合協定の調印停止を迫り，アルメニアのセルジュ・サルキシャン大統領は9月3日にモスクワでプーチン大統領と会談した際，関税同盟，さらにはユーラシア経済連合（EEU）への加盟を公表した。続いて，11月21日，ウクライナ政府は連合協定の調印延期を宣言し，ヴィリニュス・サミットでEU首脳との間で最後の交渉が行われたが，ウクライナ政府の決定は覆らなかった。プーチン大統領は150億ドルの借款供与とガス価格の引き下げを条件に連合協定の署名延期と関税同盟への加盟を迫ったと言われるが，ヤヌコヴィチがこの申し入れを受け入れない場合，クリミアを併合するとともに彼の汚職の実態を公表すると述べたとも言われる。

3）ウクライナ危機

　ウクライナ政府が11月21日に連合協定への署名延期を公表すると，決定に抗議する反政府デモがキエフのマイダン広場で開始された。自然発生的に始まった抗議デモであったが次第に組織化されていき，翌年1月にはサッカー・ファンや右派セクターが加わって急進化し，2月18日から20日にかけ100名にのぼる死者が出た。2月20日夜から，ドイツ，ポーランド，フランス外相の調停の下で与野党協議が行われ，21日早朝4時に6項目からなる協定が成立した。ところが，デモ隊側が同協定を認めようとせず，ヤヌコヴィチに辞任を求める最後通牒を突きつけたため，政府閣僚が21日夜から22日にかけて逃亡し，ヤヌコヴィチ政権は瓦解した。その権力の真空を埋めたのは，親欧米派からなる野党勢力であった。

　このような状況下において，プーチン大統領は電光石火クリミアをロシア連邦に併合した。そうすることで，ユーロマイダン革命の敗者となった彼は，およそ9割の国民に支持される国民的英雄，ツァーリ（ロシア皇帝）の地位に昇り詰めたのである。第三期プーチン政権の政治基盤が現実主義派から民族主義派へ移行したことが，プーチンにこの決断をさせた主要因と考えられるが，その他以下の諸要因を勘案して最終決定が下されたと推量される。すなわち，ロシア＝ジョージア戦争時における欧米国際社会の対応の甘さ，同戦争直後に開始された対露リセット政策，ウクライナの連合協定調印がプーチン大統領のユーラシア連合構想に与える打撃，セヴァストポリ軍港の戦略的重要性，クリミアの特殊事情，とりわけロシア系住民が過半数を占めることや軍事占領しやすい地形等である。

　クリミア併合はプーチンの支持率高揚につながっただけでなく，ユーロマイダン革命のモスクワへの飛び火も防いだ。民主化をめぐる諸勢力間の対立と協力の構造が，欧米，ウクライナ，ロシアを跨境して存在したことに加え，2011年からロシアで反政府デモが起きていたことから，ユーロマイダン革命がロシアに飛び火する可能性は十分あり得た。

　このようにしてクリミア併合は，プーチン大統領の優先目標である体制の維持と強化に資したが，もう一つの重要課題であるウクライナのEU/NATO加盟阻止にはむしろ逆効果となった。親ロシア派住民が過半数を占めるクリミアがロシア連邦に併合されたことで，EU/NATO加盟を掲げる親欧米派勢力がウクライナ

の議会選挙や大統領選挙で勝利する可能性が高まったためである。

　このような状況において，4月7日にウクライナ東部でドンバス人民共和国の樹立が宣言された。これによって，ロシア政府は，ウクライナのEU/NATO加盟を阻止するための，あるいはそれに備えるための，三つの選択肢を得た。ウクライナ分割，クリミア回廊の構築，コザック・メモランダム構想に則ったウクライナの連邦化である。第一の選択肢は，ウクライナの南東部から南西部へと至るノヴォロシアをロシア連邦に併合する戦略で，この戦略が実現すれば，将来ウクライナがEU/NATOに加盟した場合でも，ロシアが被る損害を最小限にとどめることができる。実際，プーチン大統領は，2008年春のブッシュ大統領との会談において，ウクライナが人工的に創られた国家であることを強調して，同国がNATOに加盟した場合ウクライナ分割に踏み切る意向を語ったと言われる。ところが，ハリコフとオデッサの住民がロシア連邦への統合を望まなかったため，同構想は断念された。

　第二の選択肢は，ロシア連邦とクリミアを結ぶ回廊をウクライナの南東部に構築する戦略であるが，戦略的要衝を軍事的に占拠できなかったため同構想も頓挫した。そこで，ロシアは第三の選択肢の実現を目指して8月に攻勢をかけ，9月にミンスク合意に持ち込んだのである。同合意に反映されたロシア側の主張は，ロシア大統領府第一副長官であったドミトリ・コザックが，2003年11月に公表したトランスニストリア紛争解決案に則ったもので（六鹿2004），それは翌年2月のミンスク合意2でさらに具体化された。すなわち，ウクライナを連邦化し，東部にドネツクとルガンスクの二つの共和国を創設して，これら二つの共和国に外交・安全保障面での拒否権を含む大幅な権限を保有させる構想である。同構想が実現すれば，ロシアは，同共和国を介して，ウクライナのEU/NATO加盟を阻止することができる。

　他方，ウクライナは，ミンスク合意2が定める東部の「特別な地位」を地方自治に限定し，連邦制ではなく単一国家を維持することで，ロシアの内政干渉を排除し，EU/NATO加盟への扉を開いておくための外交・安全保障政策を遂行してきた。さらに，この選択肢（これを便宜上第四の選択肢とする）と前述の第三の選択肢の間にはもう一つの第五の選択肢がある。それは，ドネツクとルガンスクがトランスニストリアのように非承認国家となる選択肢である。ロシアとウクライ

ナが第三と第四の選択肢をめぐって争っている現状に鑑みれば，その中間に位置する第五の選択肢に収斂していく可能性が高い。まず，東部の分離主義勢力が第五の選択肢を歓迎することは間違いない。また，この選択肢では，キエフの政治権力が東部の非承認国家に及ばなくなることは否めないが，キエフの政策決定に対するロシアの干渉も相対的に難しくなるので，同選択肢はウクライナ政府にとって，最善策ではないにしても，最悪の選択肢ではない。他方，東部の非承認国家化により，ロシアがキエフに直接干渉することは難しくなるとはいえ，ウクライナの政情不安を煽ることは容易なため，ロシアは同国の EU や NATO への接近を阻むことができる。

　このようなことから，ウクライナ東部の情勢は，第五の選択肢である紛争の凍結へと向かった。10 月と 11 月のノルマンディー・フォーマットによる首脳会談および外相会談において，2015 年末までに完了すべきであったミンスク合意，とりわけドネツクとルガンスクの地方選挙が翌年に持ち越されたのである。ここから，ロシアは，第三の選択肢の実現を一時棚上げし，むしろトランスニストリア・モデルに沿って紛争の凍結を図り，それを長期化することで，ウクライナの政情不安を煽る戦略に転換したと考えられる。

　ロシアの戦略転換の意図は，ウクライナの EU，とりわけ NATO への加盟を阻止しながら，紛争を凍結することで欧米国際社会に歩み寄って対露制裁を解除させることにあった。というのもロシアによるクリミア併合とウクライナ東部の武力紛争支援に対し，欧米国際社会はロシアの外交的孤立と経済制裁で応じ，それが功を奏し始めていたからである。石油価格の暴落など他の要因も災いして，ロシア経済は，ルーブル安，資本流出，物価高騰，経済成長の鈍化など深刻な状況に陥った。他方，欧米諸国への対抗措置として，プーチン大統領は中国との同盟関係やアジア・太平洋諸国との関係強化を図ったが，期待した効果は得られなかった。そればかりか，クリミア併合を正当化するために「ロシア世界」概念を使用したため，ロシア系ディアスポラを多く抱えるカザフスタンやベラルーシがロシアと距離を置き始め，国内の非ロシア系民族の動向にも不穏な動きが出始めたのである。

4) ロシアのシリア空爆と露土対立

　このような状況下において，プーチン大統領は 9 月 30 日にシリア空爆に踏み切った。オバマ政権は，2011 年末以後，アメリカの外交・安全保障政策の基軸を，ヨーロッパや中東からアジア・太平洋地域へシフトさせており，このリバランス政策によって生じた「力の真空」を，プーチンはウクライナに続いてシリアでも埋めに入ったのである。しかも，ロシアの対ウクライナ政策とシリア空爆の間には，このような共通性に加えて，戦略的な関連性が見られた。ロシア黒海艦隊が，シリア攻撃に必要な武器や弾薬を，クリミア併合によって獲得したセヴァストポリから，黒海，ボスフォラス海峡とダーダネルス海峡，東地中海を経てシリアのタルトゥス軍港に輸送して，シリア空爆に備えたのである。さらに，武器や弾薬のシリアへの輸送が，ウクライナ東部の重装備撤去と同じ 9 月に行われたことから，ロシアによるシリア空爆はウクライナ東部の紛争の凍結と関連してなされたと考えられる。

　このようなことから，シリア空爆のねらいは，国際社会における孤立から脱却し，欧米に制裁を解除させるために，欧米主要国，とりわけロシアを地域大国にすぎないと公言して憚らないオバマ政権を交渉のテーブルにつかせることにあったと推量される。たとえウクライナを征服できたとしてもロシアはユーラシアの地域大国にとどまるが，シリア空爆を断行すればロシアは世界大国の地位に上り詰めるため，アメリカはロシアを無視できなくなる。そこで，ロシアは，クルーズ・ミサイルを，カスピ海からイランとイラクの領空を通過してシリアに打ち込むことで，軍事技術の高さとともに，ロシアとイラン，イラク，シリア各政府との協力関係を顕示し，中東における自国のプレゼンスの大きさを誇示したのであった。しかも，空爆の対象を，イスラーム国家のみならず，欧米諸国が支援する反体制勢力に広げることで，欧米諸国，ことにアメリカがロシアとの交渉に応じざるを得ない状況を醸成したのである。

　そして，一旦交渉が始まれば，ロシアが国際的孤立から脱却する可能性が高まるのみならず，ロシアは，ウクライナ東部の和平交渉をシリア和平交渉と関連させながら，有利に進めることができる。侵略国のそしりを受けて交渉が受け身になりがちなウクライナ和平交渉とは対照的に，シリア和平交渉では，ロシアは，欧米が手をこまねいてきた紛争の解決に乗り出した平和構築国家として主導権を

握れるからである。

　実際，シリア空爆以降，シリア和平交渉とウクライナ和平交渉は交互に開催された。ニューヨークの国連総会に出席したプーチン大統領は，9月28日にオバマ大統領とシリア問題について協議し，その直後の30日にシリア空爆に踏み切った。そして，10月2日にパリでノルマンディー枠組みによる4ヵ国首脳会談が開催され，前述したように，ミンスク合意の履行延期が決定された。続いて，10月30日と11月14日にシリア和平会議がウィーンで開催され，シリア政府と反政府勢力が国連の調停の下で交渉を開始することで合意が得られた（Statement 2015）。他方，11月6日にベルリンでノルマンディー枠組みの4ヵ国外相会議が開催され，ミンスク合意の履行，なかんずくウクライナ東部の地方選挙の翌年への延期が決まったのである。このようなことから，アメリカとロシアがシリアとウクライナで取り引きをしたのではないかとの憶測がまことしやかに囁かれたが，バイデン副大統領もジョン・ケリー国務長官もそれを否定した。

　このような状況において，欧米諸国による対露制裁解除にとって追い風となる重大事件が11月13日に起きた。パリ同時多発テロである。同事件を受けて，フランソワ・オランド大統領が11月末に米国とロシアを訪問し，欧米とロシアによる対テロ同盟の構築に乗り出した。また，11月20日にリークされた，ジャン＝クロード・ユンカー欧州委員会委員長のロシア政府宛書簡には，EUはロシア主導のユーラシア経済連合と協力すべきであるとしたためられていた。このような情勢において，プーチン大統領はすかさず前言を翻し，ロシア民間機事故はテロリストの仕業であったと公表して，仏露対テロ同盟の呼びかけに積極的に応じたのである。欧米，とりわけアメリカとロシアの間には深い溝が横たわっており，両者の関係は予断を許さないが，テロとの闘いや難民問題で協力体制が構築されていけば，ロシアの国際的孤立からの脱却や制裁解除に向けた動きが活発化するであろうし，ウクライナ和平交渉にも少なからぬ影響を及ぼすことになろう。

　このように，欧米とロシアの対テロ同盟に向けた動きが加速するなかで，もう一つの重大事件が起きた。まさに米仏首脳会談が行われる直前の11月24日，トルコ機がロシア戦闘機を撃墜したのである。10月初めからロシア空軍機によるトルコの領空侵犯が頻発し，トルコはロシアに再三抗議を繰り返しており，同事件は起きるべくして起きたと言える。しかし，ロシアとトルコは，経済面での協

力を継続しながらも，2012年あたりからシリア問題，CFE適合条約，ミサイル防衛，東地中海の油田やいわゆるトルコストリームなどをめぐって関係がぎくしゃくしていた。とりわけシリア問題に関して，トルコ政府は，バッシャール・アサド政権打倒，反体制勢力支援，シリア領内のクルド勢力の弱体化とトルコ系民族トルクメン人の安全確保，新たな難民流出の阻止を目標に掲げて，ロシアと真っ向から対立していた。ところが，パリのテロ事件をきっかけに欧米とロシアが対テロ同盟に向けて接近し始め，シリア情勢がトルコの頭越しに欧米とロシアによって決定されかねない事態が生じたのである。ここから，トルコ政府が欧米とロシアの対テロ同盟形成の動きを阻止するために，ロシア空軍機を撃墜したとの解釈が出てくる。実際，この事件に関連して，アメリカはトルコの領空防衛権を支持し，アメリカ艦隊を含むNATO加盟諸国の軍艦が黒海に増派されて，ロシア黒海艦隊との間で軍事的緊張が高まったのである。

　ロシアが自国民のトルコへの観光を禁止するとともに経済制裁に踏み切ったため，ロシア＝トルコ関係は極度に緊張したが，トルコ大統領レジェップ・タイイップ・エルドアンが2016年6月27日にプーチン大統領に書簡を送って謝罪したため，それ以降両国関係は改善へと向かった。さらに，7月のクーデタによって，トルコ政府がその首謀者と主張する米国滞在のフェトゥラ・ギューレンをめぐって対米関係がぎくしゃくし始めたことが，トルコの対露接近に拍車を掛けた。8月9日にエルドアン大統領が訪露し，10月10日にプーチン大統領がトルコに赴いて，トルコストリームに関する協定が調印された。また，2016年4月には，NATOの不在によって黒海はロシアの海と化すであろうと警告していたエルドアンであるが，7月はじめのNATOワルシャワ・サミットでは，NATO黒海艦隊創設に関するルーマニア案に反対した。さらに，トルコはロシアの協力の下で，8月末にシリア北部でISIL勢力とクルド民主統一党勢力を攻撃し，親トルコのスンナ派勢力からなる緩衝地帯の創設に着手したのである。

5）ウクライナ危機の欧州国際政治への波紋

　ウクライナ危機は，ロシアとウクライナの関係にとどまらず，欧州，さらにはユーラシアやアジア・太平洋にまで波紋を投げかけた。第一は，ドイツの対露認識が劇的に変化したことである。プーチン大統領は，欧米，ことにロシア第一主

義を掲げるドイツは，ロシア＝ジョージア戦争のときと同様，短期間の冷却期間を経ればロシアとの関係改善に向かうであろうと判断して，クリミア併合に踏み切ったと思量される。実際，2014年7月初めの段階では，ドイツのフランク＝ヴァルター・シュタインマイヤー外相はロシアとともにウクライナに圧力をかけ，東部問題をロシアが望むような方法で解決させようとした。ところが，その後ドイツは対露制裁を第三段階にまで引き上げ，同年秋には制裁解除の条件としてミンスク合意の履行を掲げたのである。

　第二は，アメリカ政府が，2014年6月に欧州再保障イニシアティヴを宣言し，中・東欧の防衛力強化に向けた，軍事予算の増額と兵力増強を決定したことである（ERI 2016）。アメリカのリバランス政策に基本的な変化はないものの，同決定は，米国が欧州の安全保障への関与を再び強めたことを示している。

　第三に，NATO戦略の中核がグローバル・パートナーシップや域外活動から集団防衛へと転換され，2014年9月のウェールズ・サミットでは，高度即応統合任務部隊（VJTF）の創設が決定された。続いて2016年7月のワルシャワ・サミットでは，NATO北東多国籍部隊と南東多国籍部隊の司令部が各々ポーランドとルーマニアに置かれることとなり，NATO東部地域における前方展開戦略が強化されるとともに，ウェールズ・サミットでは言及されなかった核抑止の重要性も強調された。また，黒海地域における空軍と海軍の強化について，さらにはブルガリアとトルコの理解が得られず決定に至らなかった，NATO黒海艦隊創設に関するルーマニア案について，引き続き検討されることとなった。

　第四に，NATO拡大に関しては，ブカレスト・サミット宣言の有効性を再確認しつつも，実質的には，ウクライナおよびジョージアへのNATO拡大は当面見送られることになった。しかしながら，拡大の対象をモンテネグロなど西バルカンへ向けることで，拡大による価値外交と平和地域の創設というNATOの基本戦略を貫徹する姿勢を誇示した。

　第五に，EUは2015年5月のリガ・サミットにおいて，東方パートナーシップを継続していく方針を打ち出したが，未だ成果を出すに至っていない。アルメニアはロシア主導のユーラシア経済連合に加盟し，アゼルバイジャンはEUとの連合協定やDCFTAに調印しようとしない。アゼルバイジャンは，EUがナゴルノ・カラバフ問題で対立するアルメニアとアゼルバイジャンを，EaP枠内で同様

に扱おうとしていることに不満を抱いているからである。また，モルドヴァはモデル国家として期待され，2014年7月に連合協定に批准したが，その後政治不安に陥り，改革路線に陰りが見えてきた。

　第六として対露制裁効果については評価が分かれる。当初期待されたように，制裁は，プーチン政権を取り巻く政治エリート間の対立や国民の反体制運動の高揚をもたらさなかった。そればかりか，ロシアの対中接近を促し，ひいては，本来的に対立関係にあったロシア主導のユーラシア経済連合と中国の一帯一路戦略に関して，両国は協力していくことで一致した。しかしながら，他方では，原油価格の低下も相まって，ルーブル安，外資の流出，経済成長率の低下などロシア経済は危機的状況に陥り，プーチン政権の対外政策にも少なからず影響を及ぼしている。例えば，孤立するロシアは，中国との関係強化のみならず，シリア空爆やウクライナ東部からの主要部隊の撤収などを介して，欧米に対露制裁を解除させようと試みてきた。トランスニストリアへの財政支援も滞っており，DCFTAの同地への適用を阻止することもできなかったことを踏まえると，ロシアの同問題への対応に，近い将来変化が現れることも考えられる。

　第七は，ミンスク合意の完全なる履行を制裁解除の条件とするEUは，2016年7月1日の欧州理事会において，対露制裁を翌年1月31日まで延長することを決定した。したがって，第八に，冷戦後の欧州安全保障体制から排除されたロシアをどう扱うかという「ロシア問題」の解決に進展は見られない。最後に，諸大国の狭間に位置するバルト海から黒海へと至る地域の安全保障体制に関して，欧米とロシアの間に合意はなく，同地域，さらには広域ヨーロッパは今後しばらく不安定な状態が続くことになる。

おわりに

　本章では，冷戦後の黒海地域をめぐる国際政治の変遷を跡づけた。冷戦終焉直後は，トルコがBSECやトルコ語話者との関係強化を介して，黒海地域に生じた力の真空および安全保障の真空を埋めようとしたが不成功に終わった。また，黒海諸国間で競争や対立が起きるとともに，体制変動や国民国家建設をめぐって

情勢が不安定化し，紛争が頻発した。しかし，1990年代後半に入り，EUとNATOの東方拡大が進展して黒海の欧州化が始まると，ロシアとトルコが黒海地域の現状維持を目指して協力を開始し，ロシアとウクライナおよびウクライナとルーマニアの関係が改善された。さらに，コソヴォ紛争に関する和平協定が締結され，旧ソ連地域の紛争も凍結されるなど，黒海国際政治の構造転換が起きた。

　しかし，2004年にEUとNATOが黒海西岸に到達すると，それに触発されてウクライナやジョージアで色革命が起き，「新しい欧州」の東方外交に支えられて，ウクライナ，ジョージア，モルドヴァの欧米志向が強まった。これに対し，ロシアは外交・安全保障政策を根底から見直し，欧米および「近い外国」に対して強硬な政策をとり始めた。それゆえ，黒海北部と東部の旧ソ連諸国をめぐって，EU/NATO/アメリカとロシアとの対立が高じていき，ロシア＝ジョージア戦争およびウクライナ危機が起きた。その結果，欧米とロシアが新冷戦に突入し，ロシアが国際的孤立からの脱却を目指してシリア空爆を開始して中東における存在感を増すと，露土関係が著しく緊張するに至った。

　このような国際環境において，国際社会との連帯とロシアとの友好という二つの選択肢の狭間で難しい舵取りを迫られた日本の安倍政権は，一方で，欧米国際社会の対露制裁に加わるとともに，ウクライナへおよそ18億5000万ドルを拠出しながら，他方では，2015年9月に岸田外相を訪露させて，プーチン大統領の2015年内訪日を実現しようとした。対露関係改善策には，北方領土問題を解決して歴史に名を残したい安倍首相の意向が強く働いていることは疑いないが，同時に，日露関係を強化することで中露同盟にくさびを打ち込み，日米同盟に加えてロシア・カードを駆使することで，対中関係を有利に進めようとする外交戦略も絡んでいる。

　他方，日本が国際社会の対露制裁に加わるのは，国際社会との協調という普遍的外交方針に加え，ロシアによる武力を用いた領土変更政策に対して断固たる行動をとらなければ，中国が軍事力を用いて日本の領土変更に踏み切った場合，国際社会の支援が期待できなくなるからである。そればかりか，中国はロシアの修正主義に対する，日本を含む国際社会の対応を見守っている。したがって，黒海地域におけるロシアの修正主義に対して国際社会が宥和政策で応じれば，中国の東シナ海および南シナ海における修正主義は増幅しかねない。

それゆえ，ロシアによるシリア空爆が開始され，米露関係がさらに緊張すると，安倍政権は国際社会，とりわけ日米関係を最優先して，プーチン大統領の訪日のタイミングを年内から「適切な時期」へと政策転換した。そして，安倍首相は翌年5月にソチに赴いて8項目に及ぶ対露経済協力プランをプーチン大統領に提示し，9月にはウラジオストクを訪問して，北方領土問題を解決して平和条約を締結するための道筋をつけようとした。その結果，プーチン大統領の12月訪日が決まったが，同大統領の目的は，従来通り北方領土カードを用いて日本から対露経済支援を引き出すことに加え，それを介して欧米諸国と日本の間に楔を打ち込むことで，EUの対露制裁を解除へと導くことにあった。このようにして，日本外交は黒海地域の国際政治と密接なつながりを有するに至ったのである。

参考文献・インタビュー
①外国語

Allies. 2008. Discuss relations with Ukraine and Georgia and send a signal to Russia, 03 December [http://www.nato.int/cps/en/natolive/news_46747.htm?mode=news].

Ashton, Catherine. 2012. Speech of High Representative on the situation in Russia, European Parliament, Brussels, February 1.

Asmus, Ronald. 2010. *A Little War That Shook the World*, Hampshire : Palgrave Macmillan.

Assenova, Margarita. 2014. "Bulgaria Suspends South Stream as the Ruling Coalition Falls Apart," Eurasian Daily Monitor, June 9.

Aybak, Tunc. 2001. "Black Sea Economic Cooperation (BSEC) and Turkey : Extending European Integration to the East?" in *Politics of the Black Sea*, ed. Tunc Aybak, London : I. B. Tauris, pp. 31–60.

Blackseafor : http://www.dzkk.tsk.tr/icerik.php?icerik_id=229&dil=0&blackseafor=1

Bukkvoll, Tor. 1997. *Ukraine and European Security*, London : Royal Institute of International Affairs.

―――. 2001. "Ukraine and the Black Sea Region," in *Politics of the Black Sea : Dynamics of Cooperation and Conflict*, ed. Tunc Aybak, London : I. B. Tauris, pp. 85–114.

Clinton, Hillary Rodham. 2011. "Munich Security Conference Session Remarks," U. S. Department of State, February 5 [http://www.state.gov/secretary/rm/2011/02/156044.htm].

Collina, Tom Z. 2011. "Missile Defense Cooperation : Seizing the Opportunity," Arms Control Association, May 24.

Cornell, Svante. 2011. *Azerbaijan since Independence*, New York : M. E. Sharpe.

Council meeting. 2012. 3209th, Foreign Affairs, Brussels, December 10.

Declaration. 2007. On Strategic Defence Cooperation between the Czech Republic and the United States of America [http://www.aic.cz/press/Declaration_on_strategic_defense_cooperation.pdf].

Diakov, Anatoly, Eugene Miasnikov and Timur Kadyshev. 2011. "Nuclear Reductions After START :

第 3 章　冷戦後の黒海国際政治　**125**

Obstacles and Opportunities," Arms Control Association, May 3.

ERI (European Reassurance Initiative). 2016. Department of Defense, USA.

Jakub Kulhanek, NATO-Russia Missile Defense as ab Impossible Dream?, Atlantic Council [http: //www.acus.org/print/32364], Easton, Adam. 2008. "Deal cools Polish-Russian relations," BBC News, August 15.

Extraordinary European Council, 2008. Brussels, 1 September 2008.

Presidency conclusions, 6 October 2008, 12594/ 2/ 08, REV2).

Felgenhauer, Pavel. 2013. "Putin Activates Anti=American PR Campaign," *Eurasian Daily Monitor*, January 10.

Fidler, Stephene and Gregory L. White, 2010. "Russia Rebuffed on Missile Offer," *The Wall Street Journal*, November 26.

Founding Act on Mutual Relations, Cooperation and Security between NATO and the Russian Federation signed in Paris, France, 27 May 1997 [http://www.nato.int/cps/en/natolive/official_texts_25468.htm].

Gokay, Bulent. 2001. "The Politics of Oil in the Black Sea Area : Turkey and Regional Power Rivalries," in *Politics of the Black Sea : Dynamics of Cooperation and Conflict*, ed. Tunc Aybak, London : I. B. Tauris.

Hill, Fiona and Clifford Gaddy. 2015. *Mr. Putin : Operative in the Kremlin*, Washington, D. C. : The Brookings Institution.

Iwanski, Tadeus and Rafal Sadowski. 2012. "Ukraine : Between the European Union and the Customs Union," *OSW*, December 12.

Joenniemi, Pertti. 1999. "The Barents Euro-Arctic Council," in *Subregional Cooperation in the New Europe : Building Security, Prosperity and Solidarity from the Barents to the Black Sea*, ed. Andrew Cottey, London : Macmillan Press Ltd., pp. 23-45.

Kardas, Saban. 2008. "Turkey Delicate Act of Balancing in the Black Sea," *Eurasian Daily Monitor*, August 27.

Kardas, Szymon. 2012. "The European Commission opens antitrust proceedings against Gazprom," *OSW*, September 5.

Kasim, Kamer. 2004. "Turkey's Foreign Policy towards the Russian Federation" [http://www.turkishweekly. net/2004/10/13/article/turkey-039-s-foreign-policy-towards-the-russian-federation (2015 年 9 月 1 日最終アクセス)].

Kavalsky, Nicolai. 2001. "Russia and the Black Sea Realities," in *Politics of the Black Sea : Dynamics of Cooperation and Conflict*, ed. Tunc Aybak, London : I. B. Tauris.

Kiniklioglu, Suat. 2006. "Turkey's Black Sea Policy : Strategic Interplay at a Critical Junction", in *Next Steps in Forging a Euroatlantic Strategy for the Wider Black Sea*, ed. Ronald D. Asmus, Washington, D. C. : The German Marshall Fund of the United States, pp. 55-64.

Kulhanek, Jakub. 2011. "NATO-Russia Missile Defense as an Impossible Dream?," Atlantic Council, February 18 [http://www.atlanticcouncil.org/blogs/new-atlanticist/natorussia-missile-defense-as-an-impossible-dream].

Kupchinsky, Roman. 2008. "Ukraine and the Conflict in South Ossetia," *Eurasian Daily Monitor*, August 11.

Kuzio, Taras. 2007. *Ukraine-Crimea-Russia : Triangle of Conflict*, Stuttgart : Ibidem-Verlag.

Larrabee, Stephen and Ian Lesser. 2003. *Turkish Foreign Policy in an Age of Uncertainty*, Santa Monica : Rand.

―――――. 2010. *Troubled Partnership : U. S. -Turkish Relations in an Era of Global Geopolitical Change*, Santa Monica : Rand.

Malmstrom. 2012. "Speech by EU Commissioner for Home Affairs Cecelia on behalf of High Representative Catherine Ashton on the Swoboda Report," December 12 [http://www. eu2008. fr/PFUE/lang/en/accueil/PFUE-11_2008/PFUE-14.11.2008/CR_S...].

McCausland, Jeffrey. 2009. *The Future of the CFE Treaty : Why It Still Matters*, New York : EastWest Institute [http://www.eastwest.ngo/idea/future-cfe-treaty].

Medvedev, Dmitri. 2008a. "Speech at Meeting with German Political, Parliamentary and Civic Leaders", June 5.

―――――. 2008b. Address to the Federal Assembly of the Russian Federation, November 5, 2008.

―――――. 2011. "Statement in connection with the situation connecting the NATO countries' missile defense system in Europe," November 23 [http://eng.kremlin.ru/transcripts/3115].

Moshes, Arkady. 2004. "Litoral States and Region Building Around the Black Sea," in *The Black Sea Region : Cooperation and Security Building*, eds. Oleksandr Pavliuk and Ivanna Klympush-Tsintsadze, New York : EastWest Institute.

NATO and Russia. 2009. Agree to move partnership forward, 04 December [http://www. nato. int/ cps/en/natolive/news_59970.htm?].

NATO-Russia Council. 2010. Joint Statement, 20 November.

NATO-Russia Council. 2010. Joint Statement at the meeting of the NATO = Russia Council held in Lisbon on November 20, 2010 [http://www.nato.int/cps/en/natolive/news_68871.htm].

NATO's foreign ministers. 2008. Reiterate their support for Georgia, August 19 [http://www. nato. int/cps/en/natolive/news_43513.htm?mode=news].

North Atlantic Council. 2008. Discuss situation in Georgia, 12 August [http://www.nato.int/cps/en/natolive/news_43416.htm?selectedLocale=en].

Nygren, Bertil. 2008. *The Rebuilding of Greater Russia : Putin's Foreign Policy towards the CIS Countries*, Abingdon : Routledge.

Pantev, Plamen. 2001. "Security Cooperation in the Black Sea Basin," in *Politics of the Black Sea : Dynamics of Cooperation and Conflict*, ed. Tunc Aybak, London : I. B. Tauris, pp. 115-132.

Pelnens, Gatis (ed.). 2009. *The "Humanitarian Dimension" of Russian Foreign Policy towards Georgia, Moldova, Ukraine and the Baltic States*, Riga : Centre for East European Policy Studies.

Poghosyan, Tevan. 2007. "Establishing Security and Stability in the Wider Black Sea Area : Where Does Armenia Stand?" in *Establishing Security and Stability in the Wider Black Sea Area : International Politics and the New and Emerging Democracies*, eds. Peter M. E. Volten and Blagovest Tashev, Amsterdam : IOS Press, pp. 176-189.

Rasmussen, Anders Fogh. 2009. "NATO and Russia : A New Beginning," Speech by NATO Secretary General at the Carnegie Endowment, Brusseles, 18 September [http://www. nato. int/cps/en/nato live/news=7760.htm?mode=news].

―――――. 2010. "Building a Euro-Atlantic Security Architecture," Speech by NATO Secretary General Anders Fogh Rasmussen at the Brussels Forum 2010 organised by the German Marshall Fund, Brussels, Belgium, 27 March.

—————. 2011. Press conference by NATO Secretary General following the meeting of the NATO-Russia Council at the level of Defence Ministers, 8 June [http://www.nato.int/cps/en/natolive/opinions_75261.htm].

RF, NATO. 2011. "RF, NATO need to understand where they can agree on missile defense—view," Itar-Tass, November 14.

RIA Novosti. 2008. "Medvedev outlines five main points of future foreign policy" [http://en.rian.ru/world/20080831/116422749.html].

Rodkiewicz, Witold. 2012. "Human rights back on the agenda of Russia's relations with the West," *Center for Eastern Studies (OSW)*, December 12.

Roslycky, Lada and Jos Boonstra. 2007. "Ukraine : Changing Governments and Persistent Security Concerns in the Region," in *Establishing Security and Stability in the Wider Black Sea Area : International Politics and the New and Emerging Democracies*, eds. Peter M. E. Volten and Blagovest Tashev, Amsterdam : IOS Press, pp. 119–140.

Sakwa, Richard. 2015. *Frontline Ukraine : Crisis in the Borderlands*, London : I. B. Tauris.

Sanders, Deborah. 2014. *Maritime Power in the Black Sea*, Surrey : Ashgate.

Sarkozy and Merkel. 2009. "Security, our joint mission"——President Sarkozy and Chancellor Merkel's joint article in "LeMonde," Permanent Mission of the Federal republic of Germany to the OSCE, Vienna,SEC.DEL/ 31/ 09. 09 February.

Socor, Vladimir. 2016. "NATO Can Refloat Romania's Black Sea Naval Initiative," Eurasian Daily Monitor, July 22.

Solomon, Gerald. 1998. *The NATO Enlargement Debate 1990–1997 : the Blessings of Liberty*, Westport : Praeger.

Spetalnick, Matt and Susan Cornwell. 2011. "Analysis : US., Russia resetting 'reset' button in relations," December 9, *Reuters* [http://mobile.reuters.com/article/politicsNews/idUSTRE7B8269 20111209?irpc=970].

Statement 2008a. By the Secretary General of NATO on the Russian recognition of Abkhazia and South Ossetia, 26 August.

Statement 2008b. By the North Atlantic Council on the Russian recognition on South Ossetia and Abkhazia regions of Georgia, 27 August.

Statement 2012. By Spokesperson of High Representative Catherine Ashton A 319/12, July 10 ; A 350/12, July 24 ; A 403/12, September 11 ; A 473/12, October 25 ; A 566/12, December 10.

Statement 2015. Statement of the International Syria Support Group, Vienna, November 14, 2015 [http://eeas.europa.eu/statements-eeas/2015/151114_03_en.htm].

US 2011. "US hopes further cooperation with Russia on missile defense," ITAR-TASS news agency, November 24.

White House 2009a. Office of the Press Secretary, Press Conference by President Obama and President Medvedev of Russia, July 6.

White House 2009b. Office of the Press Secretary, Fact Sheet on US Missile Defence Policy, A "Phased, Adaptive Approacht" for Missile Defence in Europe, September 17.

White House 2010. U. S.-Russia Relations : "Reset" Fact Sheet, June 24.

White House 2011. Statement by NSCE Spokesman Tommy Vietor on Russian Government Harassment of Golos, December 2.

128 第 I 部 黒海の地域性

White House Blog 2009. Reset with Russia, April 1.

②日本語
六鹿茂夫 1998「NATO 拡大とルーマニア」林忠行『東中欧地域国際関係の変動』北海道大学
　　スラブ研究センター，37-64 頁。
─────2004「拡大後の EU が抱えるもう一つの難題──欧州近隣諸国政策 vs 近い外国政策」
　　『外交フォーラム』7 月号，68-75 頁。
─────2005a「欧州近隣諸国政策と西部新独立国家」『国際政治』142，95-112 頁。
─────2005b「モルドヴァのオレンジ"発展"」『海外事情』5 月号，27-39 頁。
─────2006a「黒海地域の安全保障」『国際安全保障』34-3，49-72 頁。
─────2006b「ルーマニアの東方外交」羽場久美子・小森田秋夫・田中素香編『ヨーロッパ
　　の東方拡大』岩波書店，233-250 頁。

③インタビュー
六鹿茂夫 2006c，トルコ外務省戦略研究センター，2006 年 2 月 16 日。
─────2007『政策提言：黒海協力，日本の対黒海政策「自由と繁栄の孤」外交を求めて』
　　日本国際問題研究所。
─────2012，在ブリュッセル・ロシア大使館迎賓館，2012 年 3 月 1 日。

第4章

黒海地域の経済協力と国際経済関係[1]

上　垣　　彰

1　黒海経済協力機構（BSEC）

　黒海地域には，関連諸国を包含する国際経済協力機関が存在する。1992 年 6 月 25 日，アルバニア，アルメニア，アゼルバイジャン，ブルガリア，ジョージア，ギリシャ，モルドヴァ，ルーマニア，ロシア，トルコ，ウクライナの政府・国家の首脳がイスタンブルに集まり，設立が宣言された「黒海経済協力（the Black Sea Economic Cooperation : BSEC）」がそれである。1994 年 3 月には BSEC の常駐国際事務局がイスタンブルに設置された。BSEC は 1999 年 5 月 1 日にその「憲章」を発効させ，地域経済協力機構すなわち「黒海経済協力機構（Organization of the BSEC : 以下ではこれも単に BSEC と呼ぶ）」として国際的に認知されることとなった[2]。2004 年 4 月にはセルビア・モンテネグロが新規加盟国となり，さらに，2006 年にモンテネグロが「セルビア・モンテネグロ」国から離脱し，セルビアだけが BSEC に残った。加盟国は現時点では 12 ヵ国となっている。本章は，黒海地域に属する諸国を厳密にこの 12 ヵ国と考えた上で，それらの個々の経済の現状，国際経済関係，相互の経済協力の可能性について考察しようとする

---

1) 本章は，Uegaki（2009），上垣（2010），Uegaki（2011）を元に，最新のデータを付加して，全面的に書き直したものである。制度の一般的な説明や筆者の年来の主張点を繰り返した部分を除いて，旧稿と重複する部分はほとんどない。

2) http://www.bsec-organization.org/Pages/homepage.aspx および http://www.bsec-organization.org/PIS/Pages/PIS.aspx

ものである。

　この組織は冷戦終焉の産物である。ワルシャワ条約機構およびコメコンの総帥であったソ連の後継国家であるロシア，NATO 加盟国であり長年 EU 加盟を切望してきたトルコ，そのトルコとはキプロス問題をめぐって鋭く対立する EU 加盟国ギリシャ，コメコン加盟国でありながら反ソ的で独自な外交路線を追求しつつ国内では抑圧的独裁体制を維持してきたルーマニア，これも抑圧的な体制のもと封鎖的政策をとっていたアルバニア，これらが，ソ連崩壊後，日を置かずして，旧ソ連構成諸国の一部（これらどうしの関係も単純ではない）とともに一つの国際経済組織を結成したことは，従来の国際秩序の崩壊を象徴する出来事だった。

　しかし，BSEC の経済協力機構としての一体性をあまり過大に評価すべきではない。「憲章」を読んでも，それが中長期的にどのような組織になることを目指しているかは，必ずしも明らかでない。もちろん，現時点では BSEC 加盟国のうちブルガリア，ギリシャ，ルーマニアの 3ヵ国はすでに EU 加盟国なのであり，トルコ，セルビアは EU 加盟申請を行っている。また，ジョージア，ウクライナの首脳は公然と EU/NATO 加盟の希望を表明している。このような状況下では BSEC が EU はおろか ASEAN 程度のまとまりを持った組織になることを期待することもできないであろう。BSEC はもっと緩やかの連合体として意味を持っているのだと考えるべきだろう。

　特に，2013 年 11 月から続くウクライナ危機（ユーロマイダン，ロシアによるクリミア「編入」，ドネック・ルガンスク（ウクライナ語読みではドネツィク・ルハンスク）における軍事衝突）は，BSEC 内の経済協力体制に亀裂をもたらすことは明らかである。2014 年 6 月に開催された第 30 回 BSEC 外相会議で，ジョージアの外務副大臣ダヴィド・ジャラガニアは，「ジョージアは，クリミアでの国民投票〔レファレンダム〕を認めないし，ルガンスク，ドネック地域で実施されたレファレンダムと称するものも認めない」（CMFA 30 Annex : 34）と言明し，ルーマニアの外務大臣ティトゥス・コルラツェアンは「ウクライナ，モルドヴァ共和国，ジョージアが，EU との経済的，政治的連合を進展させようとする自由意思は尊重されねばならない。国際法の基本原則がクリミアの不法な併合および東部ウクライナで進行中の暴力的な事態——それは 21 世紀のヨーロッパにそぐわないものだ——によって脅かされていることに我々は深い憂慮を表明する」とした（同

前：43）。もちろん，ウクライナ外務省から派遣された特使アンドリィ・ヴェセロフスキーは，ロシアを強く非難し，その行動は「BSEC の理念そのものを傷つけるものでもある」とした（同前：61）。

これらに対して，この会議におけるロシア連邦外務副大臣ヴァシリー・ネベンジアの態度は，受け身と言ってもよいものだった。彼は言う。「我々はクリミアをめぐる情勢に関し，我々のパートナーたちの立場をよく知っている。ロシアの立場がいくつかの BSEC メンバー国のそれと対極的な位置にあることは，よく知られている。私はここで，クリミアがどの国の不可分な領域であるのかは言わないことにする。しかし，この半島が本来的に黒海地域の一部を成し，ここに存在し続けることは誰も否定できない……私は，この問題を論じるには機が熟していないのだと信じる。我々はこの問題から逃げようとしているのではない。しかし，実利的に，感情的にならずに話し合えるような適切な環境になるまで待とうとしているのである。それによって我々は，この地域の経済協力の発展が損なわれるのを避けることができる」（同前：48, 52）。この弱気とさえ言える発言からは，プーチンの対外戦略がロシアの外交・経済専門家をも当惑させていることが窺い知れる。

しかし，このロシア代表の主張通りウクライナ問題の全面的討議を先送りにしたとしても，BSEC がもう一つの解決困難な問題を抱えていることは，この会議の各代表の発言から明らかになっていたと言える。それは，BSEC 内協力の方向性と各国の対 EU 接近政策との間の関係をどのように調整するかという問題である。ルーマニア代表が，いくつかの国の EU 加盟へ向けた動きを阻害すべきでないと主張したことは上で紹介した通りだが，これは，BSEC 諸国の経済発展を確実にする最も重要な方策は，各国の EU との関係強化であって，その上で，付随的に BSEC 内協力も行うという立場の表明であったと評価できる。これに対して，ロシアの代表は，このルーマニア代表の発言を「EU の BSEC の枠組みにおける地位は過小評価されてはならない」との意味と捉えた上でそれに賛意を示した。しかし続けて次のように言う。「我々は BSEC と EU との間の相互関係が質的に改善されるのを歓迎する。しかし，それは関係が平等原則に則っている場合にのみ当てはまる。さらに我々は，黒海から地理的に遠く離れた諸国，アメリカ合衆国，日本，韓国などが BSEC 地域における協力に関心を示していることに

132 第 I 部 黒海の地域性

注目している」（同前：48, 52）。ここには，BSEC 諸国（の一部）の経済発展の主導権が，EU に委ねられてしまうことへの警戒感が見て取れる。

ウクライナ危機が後戻りできない地点に到達しているように見える現時点（2016 年 7 月末）の情勢に鑑みれば，ロシア代表のこのような主張は，多くの BSEC 加盟国には，もはや聞き入れられないだろうが，では，すでに EU に加盟しているか，EU 加盟への準備を進めている諸国が，EU の助成を得て，新たな経済発展の展望を切り開けるのかと問うてみれば，その答えも必ずしも明快ではない。

我々は，ロシアも含めて個々の BSEC 加盟国の経済がどのような状態にあるのか，彼らが抱える問題点はなんなのか，どのような国際関係の展開があり得るのか，客観的事実に即して確認することから始める必要がある。

2　各国経済の概況

表 4-1 は，BSEC 加盟各国の経済概況である。ここからは，加盟諸国の多様性が浮かび上がってくる。人口 300 万人程度，面積が 3 万平方キロのアルバニア，アルメニアから人口 1 億 4000 万人，面積 1700 万平方キロのロシアまで，その規模は大きく異なる。各国の経済活動の規模の水準であり，また，各国民の豊かさの一つの指標と言える一人あたりの GDP を見ると，ギリシャのように 2 万ドルを超え，下位先進国に位置づけられるような国もあれば，モルドヴァのように非常に低い水準の国もある。その格差はほぼ 10 倍にもなる。ここで注目すべきは 12 ヵ国中 6 ヵ国が，一人あたり GDP が 5000 ドルに満たない低所得国であるという点である[3]。これら低所得国にとっては，BSEC の枠組みの中で自らの発展のきっかけを摑むのか，それとも，EU へのさらなる接近を通じて希望を見出すのかを見定めることが政策課題となろう。

---

3) 世界銀行の「アトラス方式」による GNI（かつて GNP と呼ばれたもの，GDP とは数値がやや異なる）指標では，世界平均が 8741 ドル，ラテンアメリカ・カリブ諸国が 6937 ドル，中東・北アフリカが 3594 ドル，サブサハラ諸国が 1096 ドルであった（2009 年現在。World Bank 2011：various pages）。

第 4 章 黒海地域の経済協力と国際経済関係 **133**

表 **4-1** BSEC 加盟国経済概況

	①人口（百万人：2013年央推定）	②面積（千平方キロ：2006年）	③GDP（10億ドル：2013年）	④一人あたりの GDP（2013年）	⑤GDP 成長率(2006~08年平均：%)	⑥GDP 成長率(2009~11年平均：%)	⑦2009年の対前年比GDP 成長率
アルバニア	3.15	29	12.02	3,816	6.3	3.1	3.4
アルメニア	2.98	30	10.43	3,500	11.3	-2.8	-14.2
アゼルバイジャン	9.41	87	73.98	7,862	23.0	4.7	9.3
ブルガリア	7.28	111	53.14	7,299	6.4	-1.1	-5.5
ジョージア	4.34	70	16.16	3,724	7.9	3.1	-3.8
ギリシャ	11.13	132	242.73	21,809	2.9	-5.1	-3.1
モルドヴァ	3.49	34	7.97	2,284	5.2	2.5	-6.0
ルーマニア	21.70	238	188.76	8,699	7.2	-1.9	-6.6
ロシア	142.83	17,098	2095.55	14,672	7.3	0.2	-7.8
セルビア	9.51	88	42.49	4,468	4.2	-0.3	-3.5
トルコ	74.93	784	823.78	10,994	4.0	4.2	-4.8
ウクライナ	45.24	604	182.09	4,025	5.8	-2.3	-14.8

出典）①*IFS*, Various data.
②World Bank (2011), various pages.
③*IFS* の各国通貨建て GDP を当該年の年平均為替レートデータ（これも *IFS* から採った）でドルに換算。
④筆者による計算（③× 1000 / ①）。
⑤～⑦*WEO* のデータから筆者が計算。
注）アルバニアの①，③および④は 2012 年のデータ。

　他方，ギリシャ，ロシア，トルコの BSEC 諸国へのアプローチはおのずから異なるものとなる。EU 加盟国でありながら経済・財政危機に見舞われているギリシャにとって，EU からできる限りの援助（債務減免措置を含む）を引き出すことが喫緊の課題となるが，BSEC 諸国，特にロシアとの関係は，対 EU 関係における交渉材料としてこれを利用するという観点が成り立つだろう。短期的に対 EU 関係の改善は見込めないロシアにとっては，BSEC 諸国は重要な対外経済戦略の対象となる。ただし，ロシア自体がすでに EU 経済の中に深く組み込まれていることも忘れるべきでない（上垣 2012）。長年 EU 加盟を熱望しながら果たせないでいるトルコにとっても，BSEC は自らの経済権益の橋頭堡として重要な意味を持っている。なかでも，対ロシア経済関係をどのように構築するかはトルコ首脳たちにとって中心的な課題となっている。

　BSEC 諸国の近年の経済状況を表 4-1 の GDP 成長率という視点から見る[4]と，

　4）表 4-1 には記載されていない 1990 年代の経済情勢を，実質 GDP 成長率（IMF 統計による。セルビアの統計は 1999 年以降からしか取れない）に基づいて簡単に述べておくと，以下のようである。(1) 社会主義システムからの過渡期国ではないギリシャとトルコを除

134　第Ⅰ部　黒海の地域性

特筆すべき事実が明らかになる。まずこの地域は，2008〜09 年のサブプライム
金融危機（以下，単にサブプライム危機と表記）までは，世界的基準から言って非
常に高い GDP 成長率を誇る成長センターの一つであったことが重要である。黒
海貿易開発銀行（BSTDB）の年次報告書は，2000 年から 2008 年 8 月まで BSEC
全体として年平均 5.9 ％の GDP 成長率を記録したとしている（BSTDB 2013：11）。
同じ時期に日本，アメリカ合衆国，ドイツでは，2000 年にアメリカで GDP 成長
率が 4 ％を超えたのを除いて，単年度で 4 ％を超えた年は一度もなかった。そ
れと比較すると，2006 年から 2008 年まで 3 年間にわたって平均 11.3 ％および
23.0 ％の成長を達成したアルメニアおよびアゼルバイジャンの実績は驚異的な
ものであったし，他の BSEC 加盟国の成長も十分賞賛に値するものだった。こ
のような成長の要因としては，ロシア，アゼルバイジャンの産油国に関しては，
石油価格の高騰をあげねばならないだろう[5]。その他の国については，外国直接
投資（FDI）の流入が強力な起爆剤となっていた。BSEC 諸国への外国直接投資
は，2000 年代においては，サブプライム危機が勃発するまで順調に増加してお
り，2007 年には総額 1200 億ドルにのぼっていた。これは，その年の BSEC 全体
の GDP 規模の 4.3 ％であった（BSTDB 2008：17）。

　しかし，この高成長も 2008 年サブプライム危機後は鈍化せざるを得なかった
ことは，表 4-1 の危機前後 3 年ずつの年平均成長率を比較したデータ（行⑤およ
び⑥）から明らかである。この地域のほとんどの国が危機の影響を甚大に被った
ことは 2009 年単年の前年比成長率（行⑦）からわかる。特にウクライナの落ち
込みは特筆すべきもので，のちのウクライナをめぐる動向の背景として記憶して

くと，1990 年代初期にはすべての国でマイナス成長を記録した，(2) 成長率がプラスに転
化する年は各国でまちまちである，(3) なかでもウクライナは IMF 統計の取れる 1993 年
以降 1999 年まで一度もプラス成長になったことはなかった，(4) ただし，この地域の大ま
かな傾向を見ると，経済が回復するのは 1995 年付近であり，その年，各国経済成長率の
単純平均（ギリシャ，トルコのデータを含む）が初めてプラスになった，(5) 1997 年およ
び 98 年のアジア通貨危機・ロシア通貨危機の影響はアルバニア，ギリシャ，モルドヴァ，
ロシアで大きかったが，その他の国ではその影響は特に目立たない（WEO のデータによ
る）。
5) ここで取り上げた GDP 成長率はすべて「実質値」による数字である。では，「名目値」で
ある石油価格の動向がどのような経路を通じて GDP の「実質」成長率に影響を及ぼすの
かは，理論的には簡単な問題ではない。この点に関しては，作間（2002），久保庭（2007）
および上垣（2009）を参照せよ。

おくべき事実である。2009 年に前年比でマイナス成長にならなかった国は，ア
ルバニアとアゼルバイジャンだけである。アルバニアが危機の影響を受けなかっ
た原因は，金融システムが対外的に開かれておらず，また，国民経済の輸出依存
率も低かったために，対外経済ショックを受けにくい構造にアルバニア経済が
あったからである（BSTDB 2013：16）。また，アゼルバイジャンの経済が危機の
影響を受けなかったのは，2008 年夏からの世界市場における石油価格の下落に
もかかわらず[6]，エネルギー関連開発事業が継続していたからだと見られる（同
前：16-17）。

　以上のように，この地域は 2000 年以降，世界的に見て高い経済成長を誇って
いたが，サブプライム危機の影響は甚大で，2009 年以降経済成長は鈍化した。
しかし，この地域の国々の抱える経済問題は，経済成長の鈍化それ自体ではない。
経済成長が鈍化傾向にある中で，失業，財政赤字，経常収支赤字のどれか，ある
いはそのすべてが，各国経済を襲っており，それがこの地域の経済の将来を不安
なものにしているからである。

3　失業，財政赤字，経常収支赤字

　表 4-2 は，BSEC 各国の失業率の動向を示している。これによって，多くの国
が厳しい失業問題に直面していることがわかる。アルバニア，アルメニア，
ジョージア，セルビアでは，2005 年以降一度も失業率が 10 ％ を下回ったことが
ない。2013 年時点において，上記の他にブルガリア，ギリシャでも失業率は危
険な水準である[7]。

---

6) 同じ産油国であるロシアでは，この石油価格の低下が「交易条件効果」を通じて，投資と
　消費の下落を招き，それに急激な資本流出が重なって，大きな GDP 下落を経験した（上
　垣 2009）。
7) ブルガリアの 13 ％ は低い数字のように見えるが，地域や年齢によっては，はるかに高い
　失業率が現れることに注意する必要がある。ブルガリア国立統計研究所（Republic of Bul-
　garia, National Statistical Institute）のウェブサイトのデータによれば，2013 年において（こ
　こでは，全国平均失業率は 12.9 ％ となっている），都市部の失業率が 11.4 ％ であったの
　に対して農村部では 18.4 ％，15〜24 歳の若年層の失業率は 28.4 ％，また，初等教育しか
　受けていない者の失業率は 47.5 ％ であった［http://www.nsi.bg/en/content/6503/unemployed-

136 第 I 部 黒海の地域性

表 4-2 BSEC 加盟国失業率

(%)

	2005	2006	2007	2008	2009	2010	2011	2012	2013
アルバニア	14.1	13.8	13.4	13.1	13.8	14.0	14.0	13.4	15.6
アルメニア	31.2	27.8	28.7	16.4	18.7	19.0	19.0	19.0	18.5
アゼルバイジャン	7.6	6.8	6.5	6.1	6.0	6.0	6.0	6.0	6.0
ブルガリア	10.2	9.0	6.9	5.7	6.9	10.3	11.4	12.4	13.0
ジョージア	13.8	13.6	13.3	16.5	16.9	16.3	15.1	15.0	14.6
ギリシャ	9.9	8.9	8.3	7.7	9.5	12.5	17.7	24.2	27.3
モルドヴァ	7.3	7.4	5.1	4.0	6.4	7.4	6.7	5.6	5.1
ルーマニア	7.2	7.3	6.4	5.8	6.9	7.3	7.4	7.0	7.3
ロシア	7.6	7.2	6.1	6.3	8.4	7.3	6.5	5.5	5.5
セルビア	21.8	21.6	18.8	14.7	17.4	20.0	24.4	23.1	21.0
トルコ	9.5	9.0	9.2	10.0	13.1	11.1	9.1	8.4	9.0
ウクライナ	7.2	6.8	6.4	6.4	8.8	8.1	7.9	7.5	7.2

出典）*WEO*.

注）確定値が推計値に変わる年が国によって異なるが，煩雑になるため注記しない。また，国によって失業率の定
義が異なる。

　他方，アゼルバイジャン，モルドヴァ，ルーマニアの失業率は上記諸国と比較
するとそれほど高くない。アゼルバイジャンの失業率の相対的な低さは，石油輸
出に基礎づけられた経済ブームによるところが大きい。モルドヴァ，ルーマニア
の失業率の低さは，両国の 2013 年における堅実な経済成長（BSTDB 2013：18-
19）と大量の在外労働者の存在とに関係している。後者の問題に関しては後述し
よう。

　ロシア，トルコ，ウクライナのような地域人口大国の失業率をどう評価するか
は難しい問題である。特に，ロシアとウクライナにおいては，機能する選挙民主
主義の不在，労働統計の不備，経済全般の硬直あるいは混乱の状況からして，表
4-2 に表れた数字が高いとも低いとも判断がつきかねる。しかし，少なくともサ
ブプライム危機以降のトルコの失業率は，看過できない高水準であると言える。
トルコ統計研究所（Turkish Statistical Institute）のウェブサイトが公表する統計によ
れば，2014 年 12 月時点で 300 万人以上の失業者が存在しており，特に若年層
（15～24 歳）の失業率は 19.1 ％であった[8]。人口 7500 万の民主主義国家でこの事
態を政治指導者が放置することは困難だろう。

　以上のように，現在多くの BSEC 諸国（少なくとも，12 ヵ国のうち 7 ヵ国）は，

─────────
　　and-unemployment-rates-national-level-statistical-regions-districts]。
　8）http://www.turkstat.gov.tr/UstMenu.do?metod=temelist

第 4 章　黒海地域の経済協力と国際経済関係　137

表 4-3　BSEC 加盟国財政赤字状況（対 GDP 比率：%）

	財政収支（マイナスは赤字）[1]									2013 年時点の累積政府債務[2]（プラスが赤字）
	2005	2006	2007	2008	2009	2010	2011	2012	2013	
アルバニア	-3.39	-3.23	-3.17	-4.97	-7.70	-4.26	-3.58	-3.48	-5.24	70.53
アルメニア	-1.98	-1.95	-2.33	-1.76	-7.69	-4.98	-2.88	-1.59	-1.70	40.40
アゼルバイジャン	2.43	1.15	2.29	19.99	6.57	13.98	11.58	3.80	1.43	13.75
ブルガリア	2.26	3.34	3.26	2.87	-0.92	-4.00	-1.98	-0.46	-1.86	16.41
ジョージア	2.21	3.38	0.83	-1.98	-6.54	-4.78	-0.87	-0.76	-1.19	32.21
ギリシャ	-5.64	-6.24	-6.81	-9.93	-15.65	-11.01	-9.64	-6.37	-3.17	169.73
モルドヴァ	1.55	-0.28	0.30	-0.93	-6.34	-2.49	-2.38	-2.15	-1.76	23.84
ルーマニア	-0.69	-1.35	-3.12	-4.83	-7.27	-6.42	-4.25	-2.52	-2.51	39.37
ロシア	8.16	8.33	6.75	4.88	-6.31	-3.42	1.54	0.42	-1.27	13.91
セルビア	1.15	-1.03	-0.92	-1.95	-3.85	-3.93	-4.40	-7.24	-5.69	65.80
トルコ	-0.81	-0.69	-1.95	-2.72	-6.08	-3.44	-0.64	-1.43	-1.52	36.27
ウクライナ	-2.27	-1.37	-1.98	-3.17	-6.26	-5.76	-2.76	-4.29	-4.82	40.94

出典）*WEO.*
注 1 ）ここで財政収支とは，国民経済計算統計にいう「一般政府の net lending（または net borrowing）」であり，それは，各年度の一般政府の収入と支出の差額である。
　 2 ）ここで累積政府債務とは，一般政府が返済すべきグロスの債務を総計したものであり，一般政府が保有する債権は考慮されていない。しかし，上記国家の政府債権は，アゼルバイジャンを除いて，無視できる額であると考えてよい。

重大な失業問題に悩まされている。現代世界経済において失業はどのような国でも容易には解決困難な問題であるが，この地域では，労働保護規制・失業対策のシステムが未整備な上，国際労働力移動が非常に活発であるという特殊な条件が存在して，問題解決のあり方を複雑にしている。

　次に表 4-3 は，各国の財政赤字の状況を示している。アルバニア，アルメニア，ギリシャ，ルーマニア，トルコ，ウクライナでは，2005 年以来財政収支が黒字となったことは一度もない。また，ブルガリア，ジョージア，モルドヴァでも，サブプライム危機と相前後して，恒常的赤字国に転落しているように見える。その結果，アルバニア，ギリシャ，セルビアでは，累積政府債務が簡単には制御できない領域に達している[9]。アルメニア，ルーマニア，ウクライナでも財政赤字は危険な領域に入りつつある[10]。

---

　9 ）何をもって「制御不能」と判断するかは簡単な問題ではないが，マーストリヒト条約におけるユーロ導入条件の一つが「財政赤字が単年度で対 GDP 比 3 ％以下，累積債務が 60 ％以下」であることが指標となる。

138   第 I 部　黒海の地域性

　財政赤字は，大衆民主主義と表裏一体の問題である。定期的に選挙の洗礼を受ける政治家たちにとって，増税と緊縮財政は，勇気を持って断行しにくい政策である。2015 年 1 月にギリシャに成立した新政権と，EU，IMF および欧州中央銀行との関係の背景にはこの問題がある。このような観点から言って注目すべきはロシアの動向である。ロシアでは，多額の石油輸出収入を基礎として，サブプライム危機までは，大幅な財政黒字を記録していた。サブプライム危機後に国内経済活性化のために多額の財政支出を実施し，そのために一時的に赤字に陥ったが，その後黒字に復帰したように見えた。しかし，2013 年以降[11]再び赤字に転落している。このことの主因は，石油価格の下落による税収の縮小であるが，他方で，産業政策的財政支出による経済の下支え政策を持続せざるを得ないロシア経済の構造がある。このことは，今後のロシア経済の動向を占う興味深い問題であると同時に，BSEC 地域の資金循環に構造変化をもたらす重大な問題である。なぜなら，ロシアのマクロ経済の資金過不足構造から見て，これは，ロシアがこれまでのように潤沢な資金を外国に供給するような国でなくなっていく可能性を示唆しているからである。

　表 4-4 は BSEC 諸国の経常収支の動向を示している。経常収支とは，国際収支において，財・サーヴィス貿易の収支に，利子・配当・労賃の受払や経常的な資金トランスファーを加えたものであり，一国の対外経済関係の構造を包括的に記録したフロー統計である。もしこれが黒字なら，その国は当該期間中に，対外的に純資産を増加させてきたことを意味し，国際的には資本の出し手であったことになる。もし経常収支が赤字なら，その国は当該期間中に，対外的に純負債を増加させたことを意味し，国際的には資本の受け手であったことを意味する。

　表 4-4 からは，BSEC 諸国のうち，アゼルバイジャンとロシアと除いて他のすべての国が経常収支赤字に悩んできたことがわかる。ここに表れている赤字の数字は，国際的基準から見て大変高いものである。経済規模が全く異なるので単純な比較はできないが，例えば，その経常収支赤字が世界経済全体の不安材料とし

---

10)　これら 3 ヵ国では 2013 年の累積債務が GDP の 40 ％ 前後になっている。

11)　2014 年予算実績でも赤字であった［http://www.gks.ru/wps/wcm/connect/rosstat_main/rosstat/
　　 ru/statistics/finance/］。また，2015 年度予算（および 2016 年，2017 年の計画予算）は，一
　　 旦成立したものに対して，削減措置がなされた（*Vedomosti*, 15 Dec. 2014）。

第 4 章　黒海地域の経済協力と国際経済関係　139

表 4-4　BSEC 加盟国経常収支（対 GDP 比率：%，マイナスは赤字）

	2005	2006	2007	2008	2009	2010	2011	2012	2013
アルバニア	-6.06	-5.64	-10.37	-15.57	-14.30	-11.20	-13.32	-9.99	-10.37
アルメニア	-2.53	-3.87	-8.52	-14.97	-17.58	-14.24	-11.08	-11.09	-8.05
アゼルバイジャン	1.26	17.63	27.26	35.48	22.98	28.04	26.45	21.81	17.00
ブルガリア	-11.64	-17.56	-25.20	-23.04	-8.93	-1.48	0.10	-0.92	1.88
ジョージア	-11.07	-15.18	-19.75	-21.99	-10.53	-10.25	-12.75	-11.70	-5.90
ギリシャ	-7.60	-11.30	-14.60	-15.02	-11.19	-10.29	-9.86	-2.48	0.73
モルドヴァ	-7.56	-11.34	-15.25	-16.07	-8.21	-7.76	-11.18	-6.80	-4.83
ルーマニア	-8.59	-10.39	-13.42	-11.55	-4.15	-4.42	-4.49	-4.44	-1.07
ロシア	11.05	9.33	5.49	6.26	4.12	4.42	5.11	3.53	1.56
セルビア	-8.79	-10.09	-17.77	-21.71	-6.61	-6.78	-9.13	-12.28	-6.54
トルコ	-4.44	-6.02	-5.85	-5.53	-1.97	-6.21	-9.69	-6.15	-7.94
ウクライナ	2.94	-1.50	-3.69	-7.09	-1.48	-2.21	-6.27	-8.11	-9.16

出典）*WEO*.

て取りざたされるアメリカ合衆国でも，1980 年以降その経常収支赤字が対 GDP
比で 6 ％を超えたことは一度もない。特にサブプライム危機以降は毎年 3 ％以
下である（*WEO*）[12]。世界経済への影響力はともかく，個々の国民経済にとっての
荷重は BSEC 諸国の経常収支赤字の方が大きい。巨大でダイナミックな金融市
場を持つアメリカならいざ知らず，表 4-4 で経常収支赤字が認められるような小
規模国家にとっては，経常収支赤字はそのまま放置できる問題ではない。それは
早晩，赤字を補填していた外国資本の引き上げ，国家の対外経済活動の縮小均衡
へと導かれるであろう。ただし，サブプライム危機以降，各国の経常収支赤字の
縮小傾向が見て取れる点も興味深い。特に，ブルガリアおよびルーマニアにおけ
る収支改善の動きは注目すべきものである。この点は後に再度取り上げる。

　表 4-4 のデータの中でもう一つ注目すべきはロシアの動向である。一時は
GDP の 10 ％を超えていたロシアの経常収支黒字は，サブプライム危機後縮小傾
向にあり，2013 年に対 GDP 比 1.56 ％にまで低下した[13]。このことは，ロシア経
済それ自体にも重大な影響を与える問題であるが，それだけではなく，我々は，
ロシアの経常収支黒字の減少が，BSEC 諸国間の資金循環に及ぼすインパクトに
も注目すべきである。というのも，上述のように，ある国の経常収支黒字の存在
は，当該国が外国に資本を提供していることと同義だからだ。ロシアの経常収支

---

12) 1990 年代にもほぼ 3 ％以下で推移した。
13) 2014～15 年には，経常収支黒字額はやや持ち直した。

黒字の縮小傾向は，ロシアから BSEC 諸国へ流れる資金の額が縮小する可能性を意味する。先に言及した黒海貿易開発銀行を通じた資金の流れにも大きな影響を及ぼす事態が，いま展開している。

4 在外労働者の報酬・送金——黒海地域国際経済関係の焦点

前節では，失業，財政赤字，経常収支赤字という，現代世界経済で多くの国が直面する問題に，BSEC 諸国もまた悩まされていることを示した。ここでは，BSEC 諸国が独自に直面しており，かつそれが当該諸国の国際経済関係に多大な影響を与える問題に関して説明を試みたい。

黒海周辺地域の経済上の大きな特色の一つは，各国の労働者の国境を越える動きが非常に激しいことである。この人の動きについては，種々の側面からすでに多くの研究がなされているが[14]，ここでは，国境を越えて動く人々がもたらすカネの動きに注目したい。従来この問題はそれほど注目されていないが，その量は考察に値するほど巨大だからである。

表 4-5 は，各国の経常収支および財・サーヴィス貿易収支の構造の中で，在外労働者の報酬や送金がどのような位置を占めているかを示したものである。ここでは在外労働者の報酬と送金の総計を Remittance と呼ぶこととする。表 4-5 はその純受取額を示している。国際収支表（IMF マニュアル第 6 版）に準拠した正確な定義によれば，それは以下のようなものである。

Remittance 純受取 = Compensation of employees (credit) − Compensation of employees (debit) + Personal transfers (credit) − Personal transfers (debit)

Compensation of employees とは，一時的に外国で働く者（居住者 = residents）が，自国に持参する労働報酬のことであり，Personal transfers とは，長期的に外国で

---

14) Routledge 社から出版されている学術誌 *Southeast European and Black Sea Studies* は，その 13 巻 2 号（2013 年）を "Migration, transnationalism and development in South-East Europe and the Black Sea region" という特集に充て，10 本の専門論文を掲載した。

第 4 章　黒海地域の経済協力と国際経済関係　**141**

表 4-5　在外労働者の報酬・送金による経常収支赤字の改善

（単位：百万米ドル）

国	国際収支表項目	2005〜08 年 （年平均）	2009 年	2010〜13 年 （年平均）
アルバニア	経常収支 財・サーヴィス貿易収支 Remittance 純受取	-1102.9 -2643.9 1388.3	-1851.3 -2966.9 1308.4	-1414.5 -2499.4 1030.8
アルメニア	経常収支 財・サーヴィス貿易収支 Remittance 純受取	-725.2 -1785.0 1195.2	-1520.4 -2461.2 1259.3	-1096.2 -2271.8 1594.3
アゼルバイジャン	経常収支 財・サーヴィス貿易収支 Remittance 純受取	7336.7 10228.2 678.5	10174.9 12972.3 616.5	14848.3 18760.5 204.6
ブルガリア	経常収支 財・サーヴィス貿易収支 Remittance 純受取	-8130.6 -7464.9 1648.0	-4256.3 -3922.8 1490.5	-49.8 -702.1 1452.5
ジョージア	経常収支 財・サーヴィス貿易収支 Remittance 純受取	-1671.7 -2380.1 721.2	-1139.3 -2065.1 1078.0	-1452.6 -2505.4 1535.1
ギリシャ	経常収支 財・サーヴィス貿易収支 Remittance 純受取	-35924.7 -28425.5 669.3	-35912.6 -25054.2 177.4	-15905.0 -10995.2 -607.6
モルドヴァ	経常収支 財・サーヴィス貿易収支 Remittance 純受取	-564.7 -2088.6 1300.7	-446.7 -1988.5 1124.4	-536.9 -2740.7 1608.7
ルーマニア	経常収支 財・サーヴィス貿易収支 Remittance 純受取	-17021.8 -19037.7 7014.0	-6955.0 -10028.0 4582.0	-6214.0 -7077.0 3338.3
ロシア	経常収支 財・サーヴィス貿易収支 Remittance 純受取	88208.1 123058.8 -12717.7	50383.6 95630.3 -16042.7	67537.4 138252.5 -23109.3
セルビア	経常収支 財・サーヴィス貿易収支 Remittance 純受取	-4321.1 -5697.3 1380.5	-2866.5 -7097.6 3843.6	-3468.9 -6348.7 3388.1
トルコ	経常収支 財・サーヴィス貿易収支 Remittance 純受取	-32814.3 -27793.3 1129.8	-12010.0 -6224.0 1024.0	-58472.8 -52198.0 910.0
ウクライナ	経常収支 財・サーヴィス貿易収支 Remittance 純受取	-4279.3 -6223.8 4018.5	-1736.0 -1957.0 5328.0	-11025.5 -11026.8 7050.5

出典）*BOP* のデータから筆者が計算。

働く者（非居住者＝ non-residents）が自国の家族・親戚等に送金する資金のことである。ここで，Compensation of employees は経常勘定の内数である Primary income の一項目であり，Personal transfers はこれも経常勘定の内数である Secondary income の一項目である。ちなみに財・サーヴィス貿易勘定は，経常勘定の内数であるが，Primary income および Secondary income は含まない。したがって，次の等式が成り立つ。

経常収支＝財・サーヴィス貿易収支＋ Remittance 純受取＋その他の経常勘常項目収支

　以上を前提として表 4-5 を見ると，次のことがわかる。(1)産油国であるアゼルバイジャンとロシア，および国際金融システムにすでに深く関与しているギリシャとトルコ[15]以外の国・期間では，経常収支赤字は財・サーヴィス貿易収支の赤字より小さい。(2)他方，Remittance 純受取はロシアおよびギリシャの2010～13 年以外では，すべてプラスである。(3)したがって，多くの国・期間で，財・サーヴィス貿易収支の赤字の部分が，Remittance 純受取（在外労働者の報酬および送金の純受取）で，ある程度補填されており，その分だけ，経常収支赤字が軽減されている。すなわち，BSEC の多くの国々で，外国で働く人々が自国へ持ち帰る賃金や家族，親戚等へ送金する資金が，経常収支赤字が危機的状況に陥るのを，かろうじて防いでいる状況なのである。この Remittance 純受取の大きさがどの程度かをイメージするには，その対 GDP 比を計算してみるのがよい[16]。例えば，2010～13 年のモルドヴァの純受取年平均 16 億 870 万ドルは，同時期のモルドヴァの GDP の年平均値（ドル換算した名目値）の 22.9％であった。国内経済の構造に多くの問題を抱え，海外への出稼ぎが非常に多いことで有名なフィリピンに関して同じ数値を計算してみると 10.1％であった[17]ことを考慮すると，その額の大きさが実感できる。

---

15) 上記等式で「その他の経常勘常項目収支」には，「利子・配当の受払」が含まれ，ギリシャ，トルコでは，この項目が大きな純支払であった。

16) ただし，Remittance は GDP の内数ではない。

17) *BOP* および *IFS* のデータから筆者が計算。なお，別の資料によると，フィリピンの Remittance 受取額（ただし，ここでは純額ではなく総額）は，2010 年の推計でインド，中国，メキシコに次いで世界第 4 位であった（World Bank 2011: 13）。

第 4 章　黒海地域の経済協力と国際経済関係　　143

　このような状況は，健全な国民経済の発展にとって望ましいものとは言えない。もちろん，原理的なリベラリズムの立場から言えば，人がどこで働きその家族がどこで生活しようが自由であって，外国で働きその賃金を自国の家族に送付することによって生活を成り立たせるような人生を必ずしも「不健全」と決めつけるわけにはいかない。しかし，国民経済全体の視点からは，このような経済のあり方には問題がある。最も重要な問題は，このように Remittance に寄りかかった経済は外国の経済変動に対して脆弱だという点である。

　この観点から言って興味深いのは，サブプライム危機がこの問題に与えた影響がどの程度だったかである。表 4-5 は，サブプライム危機（ここでは 2009 年を危機の底の年と考えている）の前後で，経常収支，財・サーヴィス貿易収支，Remittance 純受取がどのように変動したかを示している。ここで注目すべきはルーマニアの状況である。ルーマニアでは，危機前と危機後とを比較すると，Remittance 純受取が半額以下になっている。ルーマニア人が仕事のために赴く外国は，イタリア，スペイン，ハンガリー，イスラエル，アメリカ合衆国，ドイツ，カナダ，オーストリア，フランス，英国と言われているが（World Bank 2011 : 210），これら諸国の景気後退に伴って，そこで職を失ったルーマニア人が帰国するか，少なくとも収入を減じて，自国への送金を減らした状況をこのデータは物語っている。メースによれば，実はルーマニア人たちは，危機後，条件の悪い仕事に移動しながらも，外国に留まり続けているという（Meeus 2013 : 191）。したがって，帰国はせず，しかし送金を減らしたという例が多いと言えよう。しかし，経常収支赤字はむしろ改善している。これは，ルーマニア通貨レイの減価のため，財・サーヴィス収支が改善したことによる。筆者は，サブプライム危機直後，Remittance を多額に受け取っていたルーマニア等の国際収支が，Remittance 受取の減少を通じて，重大な影響を被る可能性を指摘したことがあるが（上垣 2010 : 30-31），事実は異なった。国際収支は，国内経済の貯蓄と投資の動向，国際資本移動の状況，特に為替相場と利子率の変動等の影響を複合的に受けた結果であり，単に Remittance だけの影響を受けて変動するものではないという意味では，このことは当然かもしれない。ただし，ルーマニア経済が総体としてサブプライム危機の影響を受けて停滞したことは事実である。その GDP 成長率は，2009～11 年に平均してマイナスであった（IFS より確認）。そのことと Remittance 純受取減

少には関係があると考えてよい[18]。

　ルーマニア以外の国の状況も興味深い。アルメニア，ジョージア，モルドヴァ，セルビア，ウクライナでは，危機後に Remittance 純受取は減少するどころか増加しているからである。経常収支の悪化をある程度まで防ぐという Remittance の役割は，これら諸国では，むしろ高まっていると言える。このことの理由として考え得るのは，次のことである。すなわち，これら諸国では，危機後の自国の経済停滞の結果[19]，自国内の労働市場がさらに縮小し，外国で働く者の数がかえって増加して，Remittance の受取総額が増えたという理由である。その過程で考慮しなければならない可能性は，労働者が赴く外国の構成がマクロレベルで変化しているかもしれないというものである。

　Remittance 純支払国（自国で働く外国人の報酬・送金の方が，外国で働く自国人の報酬・送金より多い）であるロシアでは，Remittance 純支払は増加している。すなわち，ロシアでは，自国で働く外国人が危機後にむしろ増えているのである（労賃単価が同じだとして）。上記のアルメニア以下の諸国の労働者の出国には，従来から，ロシアへ赴く場合[20]と西欧諸国へ赴く場合との二つの経路があった（World Bank 2008 : various pages）。例えば，世界銀行の推計によれば，2012 年において，ウクライナのドイツからの Remittance 収入は 2 億 3000 万ドルであったのに対して，ロシアからの Remittance 収入は 36 億ドル以上にも達していた（*WBRM*）。「労働者が赴く外国の構成がマクロレベルで変化しているかもしれない」という可能性を検証するには，このような事実も考慮すべきである。ロシア経済の経済成長率の変動，石油価格の低下傾向，そしてもちろんウクライナ情勢等，考慮せねばならない条件は多々あり，かつ，危機前と最新の状況について信頼できる詳細なデータが入手できない現状では，安易な推測は避けねばならないが，いま黒海周辺地域をめぐる人の動きに，構造的な変動が生じていることは推測できる。他方でしかし，多くの国で，その国際収支を支える重要な役割を Remittance が担っているという事実そのものには変化がない[21]。

18）Alturki, Espinosa-Bowen and Ilahi (2009) は，ロシアと CIS 諸国の経済変動が，Remittance の流れを伝播経路として，同期化しているとする興味深い研究である。

19）アルメニア以下の諸国の 2006〜08 年と 2009〜11 年の年平均 GDP 成長率を比較してみると，いずれの国でも 2009 年を境に急激に悪化している（*WEO* より筆者が計算）。

20）ロシアでもこの問題は従来から注目されている（*DK* 2009）。

第4章　黒海地域の経済協力と国際経済関係　**145**

BSEC 諸国が，このような問題を抱えながら，相互協力の実をあげて持続的な経済発展の契機を摑むにはどのような方策が必要であろうか。以下では，対域外経済関係と域内経済協力とについて調べることによってこのことを考察しよう。

5　域外経済関係と域内経済協力

　表 4-6 は，BSEC 諸国の輸出における地域（国）別比重を示している。ここでまず注目すべきは，モルドヴァとルーマニアを除いてどの国でも，ユーロ地域への輸出の比重がサブプライム危機後に低下していることである。ブルガリアのように EU 加盟を果たした国でも EU 加盟およびサブプライム危機の二つの画期を経て，対ユーロ地域輸出の比重は傾向的に低下している。2005〜08 年期から2009〜12 年期にかけて，わずかに対ユーロ地域輸出の比重を高めたルーマニアでも，2000 年代前半期と比較するとその比重は低下しているのである。その他，アルバニア，アゼルバイジャン，トルコでもこの低下傾向が認められる[22]。サブプライム危機がヨーロッパ先進地域に不況をもたらし，それが，対外需要の減退を導いた結果である。資本関係に関しても状況は芳しくない（表 4-6 には示していない）。BSEC 諸国への外国直接投資（FDI）の流入は，2008 年の 1440 億ドルをピークとして，翌年には半減し，2013 年に至ってもその停滞から脱しきれていない[23]（BSTDB 2013：21）。欧州の経済危機のため，この地域の国々がヨーロッパ先進地域との経済関係の強化を通じて発展のきっかけを摑もうとする戦略に，暗雲が立ち込めている。

　その一方で，表 4-6 は BSEC 内貿易が各国で，相対的に重要な役割を担い続けていることを示している。もちろん，総額が大きく変動する中での比重の動きなので，その傾向を過大に評価することはできないが，少なくとも，アルメニア，

21）ルーマニアでは危機後の 3 つのデータの構造は他国とはやや異なる。なお，トルコ，ギリシャに関しては，国民経済の規模が，Remittance の額と比して大きく，また，自国で働く外国人の数と外国で働く自国人の数が拮抗しており，他の諸国とは同列に論じられない。

22）ウクライナについて，表 4-6 で掲げたものは親ロシア的なヤヌコヴィチ政権時代のデータであり，その後の情勢は，ここからは判断できない。

23）ただし，この FDI 流入額のデータは，EU 地域以外からの FDI も含めた数字である。

表 4-6 輸出相手地域・国別比重（対全世界輸出中の比重：%）

地域・国		2001〜04 年平均	2005〜08 年平均	2009〜12 年平均
アルバニア	BSEC	14.1	13.8	13.9
	ユーロ地域	91.2	87.5	74.1
	ロシア	0.2	0.5	0.0
アルメニア	BSEC	19.3	27.8	35.0
	ユーロ地域	30.6	44.8	32.0
	ロシア	13.2	15.6	17.1
アゼルバイジャン	BSEC	17.7	11.1	13.9
	ユーロ地域	61.8	50.6	47.0
	ロシア	5.0	2.7	4.2
ブルガリア	BSEC	26.6	33.1	33.7
	ユーロ地域	53.5	48.1	46.0
	ロシア	1.6	2.1	2.7
ジョージア	BSEC	53.8	55.2	56.0
	ユーロ地域	10.4	12.5	9.9
	ロシア	18.2	6.7	1.9
ギリシャ	BSEC	19.1	21.2	22.1
	ユーロ地域	41.6	43.8	37.2
	ロシア	2.5	2.1	1.5
モルドヴァ	BSEC	58.4	53.5	54.5
	ユーロ地域	23.6	23.2	23.7
	ロシア	38.5	21.3	21.4
ルーマニア	BSEC	11.8	18.4	18.4
	ユーロ地域	61.3	54.1	54.8
	ロシア	0.4	1.4	2.2
ロシア	BSEC	12.7	14.3	9.1
	ユーロ地域	37.6	41.5	33.3
	ロシア			
セルビア	BSEC		16.6	20.8
	ユーロ地域		46.2	40.6
	ロシア		4.7	6.4
トルコ	BSEC	10.0	14.3	12.6
	ユーロ地域	42.3	37.0	30.8
	ロシア	3.0	4.2	4.1
ウクライナ	BSEC	31.5	38.1	38.0
	ユーロ地域	19.8	16.9	14.5
	ロシア	18.7	23.7	25.9

出典）*DOT*, Yearbook および CD Rom Version のデータより筆者が計算。

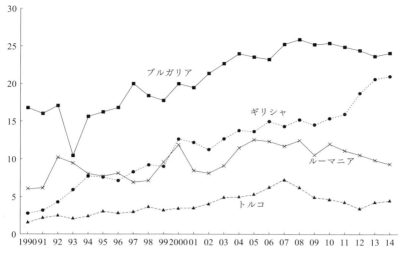

図 4-1 4ヵ国域内輸出（対世界輸出中の比重：％）

出典）*DOT* のデータから筆者が計算。

ブルガリア，ジョージア，ギリシャでは，対 BSEC 輸出の比重が確実に高まっている。

ここで筆者が注目しているのは，ブルガリア，ギリシャ，ルーマニア，トルコという比較的規模の大きな4ヵ国間の経済関係の強化である。筆者の計算による1990年以来の4ヵ国間貿易（輸出のみを示す）の実績が図 4-1 に示してある。これを見ると，少なくとも 2007～08 年までは 4ヵ国間の貿易関係が BSEC 内で年々強化されていたことがわかる。その後は，4ヵ国域内輸出の比重は伸びなくなっているが，ギリシャではかえって域内輸出の比重が高まっている。Tsarouhas（2009）は，従来敵対とゼロサム・ゲームのもとにあったギリシャ＝トルコ関係が 1990 年代末から好転し，両国間の貿易と FDI が増大している状況を示していて興味深い[24]。この2国にブルガリアとルーマニアを加えた4ヵ国を核とし

[24) ただし，同論文の主旨は，両国間関係の展開に際して，政治的イニシアティヴが大きな役割をもったという点にあるようである。なお，危機後のこの地域の政治経済システムの再構築過程におけるトルコとギリシャのイニシアティヴについては Onar and Watson（2013）を参照のこと。

148　第 I 部　黒海の地域性

て BSEC 内に新しい経済関係の枠組みが出来上がってくることを展望するのは
あながち非現実的とも言えないであろう[25]。

　もちろん，ロシアとウクライナおよびジョージアとの関係の決定的悪化，油価
の低下とロシアの経常収支黒字の縮小，ギリシャの経済危機などの条件を考慮す
れば，BSEC 諸国が，域内の努力だけで，経済的繁栄の経路に乗ることは不可能
であり，資本・技術を持った EU との密接な経済交流が，その不可欠な条件であ
ろう。現時点で，EU 側にその余裕がないとすれば，EU の経済的安定が確保さ
れ再び対外経済進出が積極化するまでの期間，BSEC 側自らが有利で安全な投資
先となるべく経済基盤の整備を行っていくというのが現実的な戦略となる。

　すでに言及したように BSEC には黒海貿易開発銀行という関連組織が存在す
る（1999 年設立）。これが，このような基盤整備を促進する役割を担える可能性
を秘めていると筆者は考えている。たしかにその規模はまだ非常に小さなもので，
そのマクロ経済へのインパクトは非常に限定的であると言わざるを得ない。2013
年末の貸付残高は[26]，7 億 7900 万ユーロ（当時の為替相場で約 10 億 6700 万ドル）
で，2013 年のアルバニアの経常収支赤字（13 億 7800 万ドル）をカバーするにも
足りない額であった。融資先別残高は，トルコ，ロシアといった大規模国に集中
しているし，融資先産業部門も金融機関に偏しているように見える（BSTDB
2013：76）。

　しかし，この銀行が BSEC 加盟諸国の経済発展に無視し得る意味しか持って
いないとは言い切れない。その融資実態をさらに細かく見ると，興味深い例を見
出すことができる。サブプライム危機直前の 2008 年の融資報告を見ると，アル
バニアの最大の製鉄会社 Kürüm（トルコ資本）への 2000 万ユーロの融資，同じ

　25）ジョージア，ウクライナ，アゼルバイジャン，モルドヴァの 4ヵ国で 1997 年 10 月に結成
　　　された国際組織［http://guam-organization.org/node/242］である GUAM の域内貿易は，
　　　ジョージアの輸出にとってのアゼルバイジャンの比重が例外的に高い（2014 年において
　　　対全世界輸出比 19.16 %，ただし，アゼルバイジャンにとって対ジョージア輸出はさして
　　　大きくない）のを除いて，必ずしも活発ではない。2014 年における各国の域内輸出の比
　　　重を示すと，ジョージアは 24.25 %（上記事情を反映している），ウクライナは 3.40 %，
　　　アゼルバイジャンでは 2.65 %，モルドヴァでは 6.07 % であった（*DOT* Internet Version よ
　　　り筆者が計算）。なお，同組織の国際政治上の意義に関しては，本書第 8 章を参照された
　　　い。
　26）現行融資事業の累積貸出額から返済額を引いた値。

くアルバニアのテレコム会社 Albtelecom への 2500 万ユーロの融資，アルメニア
のスーパーマーケット・チェーン SAS グループへの 760 万ユーロの融資，また
アルメニアの食品加工会社 NatFood CJSC への 700 万ユーロの融資が開始された
ことが記録されている（その他ロシア，トルコの企業・都市開発向け融資もあった）。
また，アゼルバイジャン，ジョージア，アルメニアの 3 銀行への貿易金融のため
の融資が実施され，さらに，ウクライナ，アルメニア，アゼルバイジャン，ブル
ガリア，モルドヴァ，ジョージア，ロシアの計 10 の銀行に中小企業へのリース
事業助成融資が開始された。これらプロジェクトの多くには，西欧諸国の金融機
関が関与している（BSTDB 2008：22-27）。2010 年 1 月に，黒海貿易開発銀行はス
ペインの環境企業 Grupo Empresarial Enhol 支配下のブルガリア企業による風力発
電開発事業（ブルガリア北東部スヴォロヴォ市に建設される）に 1100 万ユーロの融
資を決定した。この事業には，欧州開発銀行も参加している（BSTDB 2010：23）[27]。
2013 年の同銀行の報告書に，ロシア南部の中小企業専門銀行とジョージアの貿
易銀行への融資実績が並列して紹介されているのも興味が尽きない（BSTDB
2013：31）。

　すなわち，マクロ経済の全体構造に影響を及ぼすようなものではないかもしれ
ないが，国際金融市場ではこれまで関心を引かなかったような小国の事業や中小
企業の事業には，きめの細かい融資が実施されているのである。ここにこそ，黒
海貿易開発銀行のみならず BSEC 全体の今後目指すべき方向性が潜んでいるよ
うに思える。黒海周辺はエネルギー生産基地および供給回廊として，さらに，い
わゆる「凍結された紛争」の凝集地として，そして，国境をまたがって住む多民
族間の係争地として，国際政治ゲームの場である。この政治ゲームの動向に
BSEC が一体となって大きな影響力を及ぼせるとは思えない。むしろ，BSEC の
機能は，この政治ゲームの過熱を冷却することなのではないだろうか。ここで
「冷却」とは，草の根の努力を積み重ねることによって，従来なら対立の側面ば
かりが注目されてきた諸国間に信頼の基礎を醸成することであって，筆者は，こ
れこそ BSEC の今後の課題であると考える。このような新しい試みを生み出し
ていく構想力，これが今 BSEC に集う諸国関係者に求められている。

　27）http://www.bstdb.org/press_releases/2010/20100115_01.htm

労働力国際移動問題に関しても同様のことが言える。上述のように，自国民が外国で働かざるを得ないようなマクロ経済の構造を，BSEC のような組織が一挙に解決することは困難である。しかし，大量の労働力が外国へ赴くこと，彼らが相手国の経済状況に応じて一挙に帰国を余儀なくされること，これらの事態が生み出す社会的コンフリクトを，軽減・緩和する方策を，国際的枠組みの中で探ることなら不可能ではないであろう。

参考文献
①外国語
Aliboni, Roberto. 2006. "Globalization and the Wider Black Sea Area : Interaction with the European Union, Eastern Mediterranean and the Middle East," *Southeast European and Black Sea Studies*, vol. 6, no. 2.

Alturki, Fahad, Jaime Espinosa-Bowen and Nadeem Ilahi. 2009. "How Russia Affects the Neighborhood : Trade, Financial, and Remittance Channels," *IMF Working Paper*, WP/ 09/ 277.

Aras, Bulent and Salih Bicakci. 2006. "Europe, Turkey and the Middle East : Is Harmonisation Possible?," *East European Quarterly*, XL, no. 3.

BSEC. 1999. *Charter of the Organization of the Black Sea Economic Cooperation* [http://www.bsec-organization.org/documents/LegalDocuments/statutory/charter/Pages/charter.aspx].

BOP [IMF, *Balance of Payments Statistics*]. CD Rom Version, February 2015.

BSTDB [Black Sea Trade and Development Bank]. *Annual Report*, various years, Thessaloniki.

CMFA 30 Annex. 2014. *Annex III to Report of the Thirtieth Meeting of the Council of Ministers of Foreign Affairs of the BSEC Member States* [BS/ FM/ R (2014) 1] [http://www.bsec-organization.org/speeches/council/Reports/Statements%20combined%20website.pdf].

DK [*Den'gi i Kredi*]. 2009. "Transgranichnye operatsii fizicheskikh lits," *Den'gi i Kredit*, no. 7.

DOT [IMF, *Direction of Trade Statistics*]. CD Rom Version, September 2011 および Internet Version [http://data.imf.org/?sk=9d6028d4-f14a-464c-a2f2-59b2cd424b85].

DOTy [IMF, *Direction of Trade Statistics Yearbook*]. Various years, Washington D. C.

Hartwig, Ines. 1997. "The Black Sea Economic Cooperation Process," *EIPASCOPE*, European Institute of Public Administration, 1997, no. 1 [http://aei.pitt.edu/812/].

IFS [IMF, *International Financial Statistics*]. CD Rom Version, February 2015.

Imre, Ahmet. 2006. "Financial Cooperation within the Black Sea Region : The Experience of the Black Sea Trade and Development Bank," *Southeast European and Black Sea Studies*, vol. 6, no. 2.

Kiniklioglu, Suat and Valeriy Morkva. 2007. "An Anatomy of Turkish-Russian Relations," *Southeast European and Black Sea Studies*, vol. 7, no. 4.

Meeus, Bruno. 2013. "Welfare through Migrant Work : What If the Romanian 'Safety Valve' Closes?," *Southeast European and Black Sea Studies*, vol. 13, no. 2.

Onar, Nora Fisher and Max Watson. 2013. "Crisis or opportunity? Turkey, Greece and the political economy of South-East Europe in the 2010s," *Southeast European and Black Sea Studies*, vol. 13, no. 3.

Tekin, Ali and Paul A. Williams. 2009. "EU-Russian Relations and Turkey's Role as an Energy Corridor," *Europe-Asia Studies*, vol. 61, no. 2.

Tsarouhas, Dimitris. 2009. "The Political Economy of Greek-Turkish Relations," *Southeast European and Black Sea Studies*, vol. 9, nos. 1-2.

Uegaki, Akira. 2009. "International Labor Movement in Wider Black Sea Region," paper presented at *The International Conference on the Black Sea International Relations*, The Bogazici University, Istanbul, Turkey, 1 October 2009.

————. 2011. "Financial Aspects of Labor Movement in the Black Sea Area," paper presented at *The Symposium The Black Sea Area in a Changing World—Old Issues in a New Bottle*, University of Shizuoka, 29 October 2011.

WBRM [World Bank, *Remittances Matrix, May 2013 Version*]. [http://econ.worldbank.org/WBSITE/ EXTERNAL/EXTDEC/EXTDECPROSPECTS/0,, contentMDK: 22759429～pagePK: 64165401～ piPK:64165026～theSitePK:476883,00.html].

WEO [IMF, *World Economic Outlook*]. Internet version, October 2014.

World Bank. 2008. *Migration and Remittances Factbook*, 2008, Washington D. C.

————. 2011. *Migration and Remittances Factbook*, 2011, Second Edition, Washington D. C.

②日本語

上垣彰 2009「金融危機・石油価格下落下のロシア経済」『ロシア・東欧研究』38。

———— 2010「黒海経済協力機構（BSEC）を通じてみた黒海地域の経済」『ユーラシア研究』42，ユーラシア研究所／東洋書店。

———— 2012「ユーラシアの中のロシア＝EU 経済関係」塩川伸明・小松久男・沼野充義編『ユーラシア世界　第 5 巻——国家と国際関係』東京大学出版会，67-92 頁。

久保庭真彰 2007「転換点のロシア経済成長——供給サイドと所得サイド」『経済研究』58-3，一橋大学経済研究所。

作間逸雄 2002「交易条件効果をめぐって」経済統計学会第 46 回全国総会報告，2002 年 9 月。

第 II 部

域内国際関係

第5章

ロシアの政治変動と外交政策

横 手 慎 二

はじめに

1985 年にゴルバチョフがソ連共産党書記長として登場して以来，ロシア（1991 年末まではソ連）は今日まで大規模な政治変動を経てきた。この 30 年あまりの間に，ロシア指導部の黒海地域に対する関心は数回にわたり大きく変化した。まず，ゴルバチョフが指導者であった時期には，彼の旺盛な外交意欲にもかかわらず，ソ連指導部はこの地域に対して格別な注意を払わなかった。モスクワの指導部がこの地域に関心を寄せるとすれば，それは多くの場合，国内の政治や経済の問題との関連においてであった。ソ連崩壊後もしばらくの間はこの状態は変わらず，エリツィン指導部は，黒海地域がロシア帝国の時代からロシアが外敵と戦う際の主要な戦場の一つであった事実を忘れたかのように振る舞った。

しかし 1990 年代半ばまでにロシアの国内体制が固まると，黒海地域に対するエリツィン指導部の認識も変化していった。今度は，モスクワの指導部はNATO の拡大を意識し，ウクライナなど新黒海周辺諸国を中心にした反ロシア勢力の動きへの対応を迫られた。またこれに関連して，ロシア指導部は黒海地域を，旧ソ連諸国のエネルギー資源をヨーロッパ方面に輸送するための主要なルートの一つとして捉えるようになった。

さらに 2000 年代半ばにかけてプーチンが国内体制を固めると，ロシアの黒海地域に対する関心はもう一度大きく変化した。プーチンは引き続きこの地域がエ

第5章　ロシアの政治変動と外交政策　155

地図5　ロシア周辺の黒海地域

ネルギー資源の輸送路であることに注意を払ったが，しだいにアメリカに対抗するという観点からこの地域を見るようになった。米露関係は2008年から2012年まで続いたメドヴェージェフ大統領の時期にやや改善したが，プーチンが大統領として復帰すると，再び緊張に向かった。それとともにプーチン指導部は，黒海地域でも地政学的関心を露わにした対応を見せるようになった。こうしたロシアの政策はある程度成果を上げたが，2013年後半からウクライナで反政府運動が広がり，翌年2月には親ロシア的傾向の政権が瓦解した。この動きにプーチンはセヴァストポリ港を含むクリミア半島の併合で応じた。おそらくこれは同地のロシア系住民を保護するばかりか，自国の黒海艦隊の活動基盤を確保するための方策だった。

　また，ウクライナをめぐって緊張状況にあった2015年11月に，今度はトルコ軍によるロシアの爆撃機撃墜事件が起こった。これによってロシアとトルコの関係は一挙に冷却化したが，2016年7月には両国は関係修復に向かった。いずれにせよ，クリミアを含む黒海地域は今や軍事的対立ばかりが目立つ地域になったのである。

　以下では，上記のごとき関心の変化に即してモスクワの指導部がこの地域に対

156　第 II 部　域内国際関係

してとった政策を検討し，今後のロシアの行動に影響を与える要因について考え
てみたい。

1　体制転換の中での模索

ソ連末期から 21 世紀初頭まで，モスクワが黒海地域に統一した政策を示すこ
とはなかった。ソ連からロシアへと変貌する中で，モスクワの指導部は沿岸諸国
を個別に扱い，それぞれとの関係の整序を目指したのである。ここでは，そうし
た国々の中でモスクワにとって特に重要な意味をもったトルコとウクライナを中
心に，この時期の関係を見てみよう。

まずトルコとの関係では，1987 年にソ連は NATO の一員であるトルコに天然
ガスの供給を開始した。これにより両国間の経済関係は急激に深まり，1990 年
の貿易額は 1986 年の 4 倍弱，18 億ドル近くに達した。この事実を伝えるソ連外
務省の機関誌『国際生活』1991 年 3 月号は，同年 3 月にはトルコ大統領 T・オ
ザルがモスクワを訪問して友好善隣条約を締結する予定であることを指摘し，両
国間では黒海沿岸諸国による地域協力の発展を促す活動が活発化していると結ん
だ。ソ連外務省の職員たちは，冷戦が終結し，ようやく緊密な協力関係を発展さ
せる時期が訪れたと考えたのである（『国際生活』: 140-141）。

経済重視の姿勢はソ連からロシアに代わっても保持された。これは独立当初に，
ロシア国民の生活条件が極度に悪化していた事情を反映したものであった。しか
しそればかりではなく，当時エリツィン指導部内の多くが，アメリカを中心とす
る西側諸国は新生ロシアにとって敵ではなくなったのであるから，黒海地域でも
もはやロシアにとって軍事的脅威は存在しないはずだと判断したこともそこに少
なからず影響していた。

こうして，1992 年 5 月にはトルコ首相シュレイマン・デミレルがモスクワを
訪問し，両国最初の国家間条約となる基本関係条約が締結された。これは，長期
的視点に立って経済，文化など，広範な分野での関係の強化を取り決めるもので
あった。この条約に従い，ロシア指導部は同年 8 月にエネルギー資源にかかわる
協力について協議するため，副首相 V・チェルノムィルディンが率いる代表団を

アンカラに送った。さらに翌 1993 年 9 月には，トルコ首相タンス・チルレルがロシアを訪問し，一連の経済協力関係を取り決めた。その中には，トルコからロシアへ 3 億 5000 万ドルの借款を供与することや，ロシアの天然ガス供給量をそれまでの 60 億から 80 億立方メートルへ増大することなどが含まれていた（Koptevskii 2003 : 292-293）。

　経済関係の進展は，トルコが提唱する黒海地域経済協力（BSEC）構想にも影響を及ぼした。1992 年 6 月にエリツィンは，ウクライナなどの新独立国の首脳とともにイスタンブールを訪問し，黒海経済協力組織を宣言する文書に調印した。ロシアも地域協力によって黒海地域の平和を確保し，経済協力を促進しようとする動きに賛同したのである。しかし，翌 1993 年に設立を決めた黒海貿易開発銀行（BSTDB）は合意形成に手間取り，協定が発効したのはようやく 1997 年のことであった。さらに，黒海経済協力組織の規約が定まったのは 1998 年のことである（同前 : 259 ; Mozaffari 1997 : 184 ; Pivovar 2012 : 116）。以上のような事実が示すように，黒海経済協力構想は順調に発展したわけではなかった。これは基本的にトルコの国力が不十分であったからであるが，そればかりではなく，参加国の中に様々な思惑の違いが見られたからでもあった。

　この時期，参加国の中で生じた懸念のうち，ロシアに関連する事柄に絞ってみると，次のような点が挙げられる。第一に，トルコはソ連崩壊という事態を受けて，言語文化的に近いアゼルバイジャンと結び，さらに中央アジア諸国との関係強化を目指す姿勢を見せていた。このためにロシアは，黒海経済協力がそうしたトルコの勢力拡張策を助ける手段になることを恐れた。第二に，アゼルバイジャンとアルメニアの間でナゴルノ・カラバフをめぐる領土紛争が続いており，これまでの経緯からトルコはアゼルバイジャンを，そしてロシアはアルメニアを支持した。このために，両国はこの紛争をめぐって互いに相手の出方をうかがわざるを得なかった。第三に，ロシアとウクライナ間の対立があった。ウクライナの黒海沿岸地域にはクリミア半島というロシア系住民が多数住む地域があり，さらにそこにはソ連海軍の黒海艦隊の基地があった。しかも，独立後のウクライナはNATO の一員であるトルコに接近し，黒海経済協力組織の中でロシアに対抗する安全保障の構築を目指す動きを示していた（Smith 1993 : 132 ; Panov 2010 : 627 ; Kuzio 1995 : 82）。

158　第 II 部　域内国際関係

　こうして，黒海地域全体の協力を促進する動きは足踏みした。しかし，ロシア
とトルコ両国はそれに影響を受けることなく，二国間の経済関係を発展させて
いった。両国間の貿易額は 1995 年に 33 億ドルを超えた。1994 年 4 月には，軍
事技術協力に関する政府間協定も締結された。これはロシアが NATO 加盟国と
軍事技術の分野で結んだ初めての協力協定であった。さらに 1997 年 12 月には，
チェルノムィルディン首相がトルコを訪問し，これまでの年間輸送量の 2 倍の
160 億立方メートルの天然ガスを黒海の底を通って輸送するパイプライン（ブ
ルーストリーム・パイプライン）の敷設を取り決める政府間協定に調印した（Kop-
tevskii 2003 : 295-297, 414）。この協定に基づき，ロシアのガスプロム社とトルコ
の民間会社が商業ベースの契約を結んだ（Panov 2010 : 162）。
　以上のトルコとの関係とは対照的に，ロシアのウクライナとの関係は 1992 年
初頭から波乱含みだった。そもそもウクライナは外交ではロシアから離れること
を目指しており，旧ソ連諸国の再統合を目論むロシアと決定的に異なっていた。
しかしその反面では，ウクライナの経済と社会はロシアのそれと深く結びついて
おり，すぐに独立国として行動することは不可能だった。両国の間では，経済と
社会が未分化なまま，いくつかの外交問題が生じた。そのうち，欧米諸国の強い
圧力で解決が図られた核兵器の不拡散問題を除けば，二つの問題が大きな意味を
持った。
　第一の問題は，1954 年に当時のソ連の指導者フルシチョフが，独断でロシア
連邦共和国からウクライナ連邦共和国に管轄権を移したクリミアをめぐるもので
ある。1991 年にソ連構成国が各々独立すると，ロシア国内でも，またクリミア
でも，ロシアの帰属に戻すべきだとする声が高まった。1993 年 7 月には，ロシ
ア最高会議はセヴァストポリに対するロシアの主権を主張した。また，1994 年 1
月と 3 月に挙行されたクリミア自治共和国大統領選挙とクリミア議会選挙におい
ては，ともにウクライナからの分離とロシアへの編入を主張する勢力が勝利した。
当然ながら，こうした動きはウクライナ側にとって受け入れ難いものであった。
しかし，1994 年春のウクライナの大統領選挙で，対露協調路線を説く L・クチ
マが当選したため，クリミアとキエフ，そしてロシアとウクライナの対立は，し
ばらくの間，先行き不明な様子見状態になった（Belister and Bodruk 1998 : 53-63）。
　第二の問題は，ソ連軍が擁してきた黒海艦隊をめぐるものである。ロシア海軍

にとって，黒海艦隊はバルト艦隊，太平洋艦隊と並ぶ主要艦隊であったので，むざむざ放棄する選択はあり得なかった。他方，ウクライナ政府も黒海艦隊の保有は当然の権利と受けとめていた。エリツィンは，1992年春には独立国家共同体合同軍の創設が困難であることを認め，独立ロシア軍の創設に着手した。その結果，黒海艦隊の分割，さらには艦隊維持のための基地や施設の確保という難題をウクライナとの間で解決せざるを得なくなった。

この問題の最初の解決案は1993年7月に両国首脳が合意したもので，それは1995年までに艦隊を半々に分割するというものであった。しかし，1994年11月にロシア下院で開かれた公聴会で，ロシア海軍司令官フェリックス・グローモフがこの案に真っ向から反対する意見を述べた。彼はロシアがセヴァストポリ海軍基地をすべて継承し，ウクライナ海軍は別に基地を定め，さらに黒海艦隊に属するすべての艦船のうち，15％から20％を受け取ることで満足すべきだと主張した。明らかに，軍事力を背景に，強引にロシアの要求を通そうとしたのである。政府間の交渉では，さすがにロシア側もこのような要求を示すことはなかった。そこでは，ウクライナに分割されるはずの艦船のうちの30％ほどをロシア側が購入し，セヴァストポリについてはウクライナの領有を認めたうえで，ロシア側が有償で借用するという方向で交渉が進んだ（同前：71）。

結局，二つの問題を解決するための交渉は，1996年にエリツィンが大統領に再選された後に本格化した。彼は1991年の段階ではソ連解体のためにウクライナの独立志向を利用したのであるが，いざ同国が独立国として登場すると，その扱いに苦慮したのである。

2　NATO拡大の余波とロシアの対応

1997年5月に，ロシア政府とウクライナ政府は，一連の争点をめぐる共同宣言や協定などに調印した。知られる限りで言えば，合意の主要な点は，第一に，ウクライナはロシアにセヴァストポリの20年間の借用を認めるかわりに，ロシアに負う30億ドルの負債を帳消しにし，第二に，黒海艦隊は半々に分け，ウクライナは受け取り分のうちの相当数の艦船を，自国のロシアに対する債務を帳消

しにするために売却するというものであった（最終的にロシアとウクライナが所有することになった艦船数は第7章を参照）。この合意では，主要な争点の一つであったクリミア半島の領有について何も言及されていなかった。ただし，この合意の3日後に両国は友好・協力・パートナー条約を締結し，その第2条で相互の領土保全と「現在の国境の揺るぎのなさ」を確認していたので，1997年の時点ではロシア側がクリミア領有問題で譲歩し，ウクライナがクリミアを領有することを認めたものと受けとめられた（Belister and Bodruk 1998：76；*Rossiia-Ukraina*：99-146；Bogaturov 2003：590）。

　ロシアがウクライナとの関係の正常化に動いた背景には，NATO拡大の動きがあった。1996年9月に開かれたNATOの外相会議は，翌年夏に開催されるマドリッドの首脳会議で新加盟国を確定することを決めた。この点が報じられると，ロシア国内では反米感情が強まり，1997年初頭には「アンチNATO」と称する組織が議会内に結成された。同時に国内では，ウクライナなどの旧ソ連諸国との関係強化が不可欠だとする認識が広がった。

　しかし，再統合の動きに反対する旧ソ連諸国では，ロシアの意図に反する動きが生じた。この時点ではNATOが加盟の対象とみなしていたのは東欧諸国だけであったが，反ロシア勢力は旧ソ連諸国も加盟できるようになると考えたのである。ロシア側はこうした動きに神経をとがらせたが，旧ソ連諸国の動向はなかなかつかめなかった。たとえば，1997年3月にロシアの当時の有力紙に掲載された「CIS，歴史の始まりか終わりか」と題する論文では，ウズベキスタンが「NATO諸国との二国間や多国間の軍事的政治的共同活動を活発化させ，アゼルバイジャン，ウクライナ，ジョージアと一体になって，ロシアのそれに代わる西側への輸送回廊を創設するという，最も反露的政策を進めている」と記すばかりか，ジョージアとアゼルバイジャンもまた，カスピ海周辺の資源の開発に西側資本を引き込み，「軍事・政治的分野で自分たちの問題の解決を図るために，西側からのより積極的な支援を確保しようとしている」と分析していた（*Nezavisimaia gazeta*, 1997年3月26日号）。

　明らかに，同紙の記者はCIS諸国内に反ロシア・グループ結集の動きがあることを察知していたのである。しかし，同記事の発表からわずか7ヵ月後にストラスブールの欧州評議会で，ジョージア，ウクライナ，アゼルバイジャン，モル

ドヴァの四国の大統領が GUAM と称する反ロシア組織を正式に発足させることまでは把握していなかった。これらの四国は，いずれも国内に分離運動や民族紛争を抱えており，ロシア指導部内の勢力が自分たちの国を操るために，陰でこうした反政府勢力を支援していると看ていたのである。

　GUAM の結成は，その構成国が黒海周辺諸国だったので，ロシアの黒海地域に対する政策に大きな影響を与えた。1997 年 10 月にモルドヴァ共和国の首都キシナウで開催された CIS 首脳会議は大荒れになり，翌 1998 年 1 月に予定されていた会議は開かれないまま流会になった。こうした事態に直面し，エリツィンは CIS 諸国の関係を修復するために 1998 年 10 月にアゼルバイジャンの大統領に書簡を送り，1999 年 4 月に有効期限が切れる CIS 諸国の集団安保条約の延長に同意するよう求めた。しかし，アゼルバイジャンはもとより，ジョージアやウズベキスタンもこれに応じなかった。ウクライナは当初からこの条約に参加しておらず，他の国々のロシア離れを歓迎した。こうしてモルドヴァを含む五国は 1999 年 4 月にあらためてワシントンで会合し，GUUAM を発足させた（2002 年にウズベキスタンはそこから脱退した。Pivovar 2012：55-61；Tokaev 2003：396-399）。

　黒海に面する旧ソ連諸国のロシア離れは，経済的意味合いも持っていた。アゼルバイジャンとカスピ海周辺地域のエネルギー資源を，ロシアを通さずにヨーロッパ方面へ送るパイプラインの敷設が同時に進行したのである。現在のところ，どの段階からアメリカ政府筋がこれに関与していたのか不明だが，この時期に，以下のような計画が明白になった。

　第一はアゼルバイジャンのバクーとジョージアのスプサを結ぶ石油パイプラインの敷設で，その建設契約は 1996 年にアゼルバイジャンとジョージア間で調印され，その後敷設されて 1999 年に稼動を開始した。スプサまで運べば，後はヨーロッパ諸国へ輸送するのは容易であった。これに関連して，チェチェンの反ロシア勢力がチェチェンのグローズニーからジョージアへのパイプラインを建設し，これを上記のバクー–スプサ間パイプラインに結びつけようとした。しかし，こちらはロシア政府との紛争が継続中である上に埋蔵量が少なく，実現しなかった。

　第二はバクーとトルコのジェイハン間の石油パイプラインで，この敷設計画は 1999 年にイスタンブルで欧州安全保障協力機構（OSCE）首脳会議が開かれた際

に，バクー－トビリシ－ジェイハンを結ぶルート（BTC）として確定された。この工事は 2002 年に始まり，2005 年に稼働を開始した。このパイプラインでは，構想段階でロシアに近いアルメニアが敷設ルートとして名乗りを挙げたが，結局，アゼルバイジャン，ジョージア，トルコの三国を通ることになった。このルートの選定には，アメリカの意向が強く反映した。

この他に，カスピ海に面するカザフスタンでも，1990 年代末に欧米の石油資本とロシアのルクオイルが参加する石油パイプライン建設会社（カスピ海パイプライン・コンソーシアム，CPC）が設立された。しかし，2001 年 3 月の完成後にこのパイプラインによって輸送されるようになった石油は，ロシアのノヴォロシイスクで精製される以外になかった。また，もう一つのカスピ海沿岸国トルクメニスタンに関して言えば，同国の天然ガスをトルコ経由でヨーロッパに輸送するためのパイプラインのプロジェクトは，枠組み条約が 1998 年 10 月に締結されたが，ロシアとイランの強い反対を受けて実現しなかった。

以上のように，反ロシア勢力が黒海地域で台頭していた時期に，モスクワでは権力者の交代が起こった。このとき新たに登場したプーチンは二つの方向で巻き返しを図った。第一は GUAM の個別切り崩しであり，第二はエネルギー資源の利用である。

まず前者の問題では，首相であったプーチンは 1999 年 11 月にウクライナのクチマ大統領の再選を祝う就任式に出席し，さらに 2001 年 2 月に大統領としてキエフを訪問した。彼のウクライナ接近策は，2000 年にウクライナ国内でスキャンダル事件が発覚し，クチマが国内でも欧州諸国との関係でも苦境に陥っていたことから，一定の効果を上げた。当時クチマ周辺の政治経済エリートの中には，ロシアから安価で輸入したエネルギー資源を利用して利益を上げている者がいた（Balmaceda 2013：106-111）。おそらくプーチンはこの事実を摑んでおり，クチマにはロシアとの緊密な関係を取り止める意図はないと見ていたのである。

同様にプーチンは，アゼルバイジャンのヘイダル・アリエフ大統領にも接近した。二人が最初に会ったのは上記のクチマの大統領就任式であった。プーチンは 2001 年 1 月にアゼルバイジャンを訪問し，そこでバクー宣言に調印した。両国はこの宣言で，長期的に軍事的協力と軍事技術的協力を進める用意を表明し，さらにナゴルノ・カラバフ紛争での政治的解決を支持すると表明した。宣言の文面

から見て，プーチンはこのときアルメニアとアゼルバイジャン間の紛争で，これまでのアルメニア寄りの政策を放棄しないまでも，再考することを約束したものと思われる。アリエフ大統領は翌2002年1月にモスクワを訪問し，プーチンとの間で2010年までの長期経済協力条約を締結した（Pivovar 2012：16-20）。

　プーチンがジョージアに対してとった政策は，上記の二国に対するそれと対照的であった。たしかにここでも彼は，1999年11月にイスタンブルで開かれたOSCE首脳会談の際に，ジョージアに駐留するロシア軍の段階的撤退と，ジョージア領内にある4つのロシア基地のうちの2つの基地の閉鎖を約束し，一定の譲歩姿勢を示した。しかし，翌年4月に具体策について交渉が始まると，ロシア側は残置される2つの基地の長期利用権を求めた。明らかにロシア指導部は，ジョージアのNATO接近を抑える手段を確保しておきたいと考えたのである。また，プーチンはロシア側の言う「チェチェン人テロリスト」に対するジョージア政府の対応に，不満を感じていた。プーチンから見ると，ジョージア政府は自国領が「テロリスト」に武器と兵士を供給するルートになっているにもかかわらず，これを黙認していた。こうして2002年9月に，彼はジョージア政府に対して，ジョージア側の同意の有無にかかわらず，同国内の「チェチェン人テロリストの基地」を攻撃する用意があると通告して，欧米諸国の批判を招いた（Halbach 2002：148-150）。

　プーチンがウクライナなど三国に示した上記のごとき対応は，彼がGUAMを意識して行動していたことを示している。この点は，経済面での彼の政策にも及んだ。彼は1999年から石油価格が急速に上昇していくのを見て，ロシアの保有するエネルギー資源は国内政治ばかりか，対外政策でも利用できると考えたのである。プーチンは2002年7月に自国の大使を首都に集め，そこで対外政策は国家の経済的利害に従属させねばならないとし，EUとの経済的結合，とりわけエネルギー分野のそれは最優先項目だと述べた（Orban 2008：63-64）。この方針は，バルト海ばかりか黒海地域に対する政策でも，すでに一部は実行に移されていた。

　黒海地域でまず実現したのは，先に言及したブルーストリーム・パイプラインである。その敷設工事は2002年6月までになされた。すでにこの時点で，アゼルバイジャンの天然ガスをトルコのエルズルムまで輸送するパイプライン（BTEパイプライン）の構想が進んでいたので（実際の敷設工事は2004年に始まった），

ロシア側はヨーロッパ市場をめぐって競合状態にあることをよく理解していた。しかし，ブルーストリーム・パイプラインは，完成段階でトルコ側がガスの引き渡し価格の引き下げを求めたため，プーチンが出席する公式の開設式が開かれたのは 2005 年のことであった（ブルーストリームによる天然ガスの引き渡しは，2003 年末には最初に想定された価格よりも低い価格で始まった）。

　石油輸送パイプラインの敷設でもロシアは活発に動いた。ブルガリアのブルガスからギリシャのアレクサンドルポリを結ぶ 280 キロメートルのパイプライン敷設プロジェクトは，2005 年 4 月にロシアと他の二国の政府代表によって覚書が交わされ，2007 年 3 月に政府間協定が締結された。これはトルコが，モントルー条約（1936 年締結）によって獲得した海峡の管理権を利用して，1994 年から数回にわたって一方的に船舶の海峡通過規則を変更したことに対して，三国が協議を重ねた結果でもあった（Panov 2010 : 162 ; Zanina 2014 : 85）。

　さらにプーチンは，ロシア以外の旧ソ連地域のエネルギー資源保有国に対して接近を図った。彼は 2000 年に大統領に就任するとすぐにウズベキスタンとトルクメニスタンに赴き，緊密な関係を構築しようとした。ロシアが天然ガスを国内で使用し，同時にヨーロッパに大量に輸出するためには，これら二国の天然ガスは不可欠であった。彼と彼の意を受けた使者が，その後も頻繁に両国を訪問した（Paniushkin and Zygar' 2008 : 178-182）。

　こうしたロシア側の動きの中で特に注目に値するのは，すでに言及したアゼルバイジャンへの接近である。2002 年 9 月には，プーチンは大統領就任以来 3 回目の首脳会談を行い，そこでカスピ海における両国間の境界を定める協定を締結した。このとき両国の間で，経済，文化，軍事など，広範な分野での協定が調印された。その後 2003 年末にヘイダル・アリエフが死去すると，プーチンは 100 人の随員を伴ってバクーに赴き，その葬儀に参列した。これを受け，大統領職を継いだイルハム・アリエフは 2004 年 2 月にモスクワを訪問し，両国関係の発展を目指す姿勢を確認した（Pivovar 2012 : 20-21）。

　プーチンのアゼルバイジャンへの注意深い対応は，欧米諸国が同国を，エネルギー資源の供給国として特に重視していたことを受けたものだった。実際，アゼルバイジャン，さらにはトルクメニスタンの天然ガスをトルコ，ブルガリア，ルーマニア，ハンガリーを経由してオーストリアまで運ぶナブッコ（Nabucco）・

パイプラインの敷設構想は 2002 年に明瞭になった。ロシア側はこれに対抗するために，2006 年半ばに，クラスノダル州からトルコの黒海経済水域を通ってブルガリアまで天然ガスを輸送するパイプライン（サウスストリーム）の構想を明らかにした。敷設のためにはトルコの同意を必要としたが，翌年 7 月にイタリアのエニ社とガスプロム社の間で締結されたメモランダムによれば，その想定輸送量はナブッコのそれに匹敵した（Norling 2008：129；Tekin and Williams 2011：93-94）。

　以上見てきたごとく，1990 年代後半から 2000 年代前半にかけて NATO が拡大に向かうと，ロシアに新たに登場したプーチンは，黒海沿岸諸国を含む旧ソ連諸国との関係強化に向かった。彼はまた，旧ソ連諸国保有のエネルギー資源に対するロシアの影響力確保にも向かい，輸送パイプラインを黒海地域に敷設するプロジェクトに取り組んだ。石油価格が上昇局面に入った状況では，この政策は経済政策であるばかりか外交政策としての意味をも持った。

3　対米政策としての黒海地域政策

　2000 年代半ば以降，プーチン指導部はしだいにアメリカに対する態度を硬化させていった。2003 年春にアメリカがロシアなどの反対を押し切って開始したイラク戦争，同年末にジョージアで起きた政変（「バラ革命」），そして 2004 年から翌年にかけてのウクライナの政変（「オレンジ革命」）は，いずれもプーチン指導部にアメリカに対する警戒心を呼び起こした。特にウクライナの「革命」は，ロシアの対外的影響力を減じるばかりか，その国内体制を揺さぶる目的を持って CIA などアメリカ政府筋の関与で生じたものだと受けとめられた。

　対米姿勢の変化はプーチンの黒海地域に対する政策にただちに反映した。対応は以下のごとく，多方面にわたっていた。第一に，プーチンはトルコへの接近を本格化した。ロシアの新たな対トルコ政策は，これまでの経済関係の蓄積よりも，2003 年にアメリカが始めたイラク戦争に対するトルコの独自姿勢が引き起こしたもののように思われる。2004 年 12 月に，プーチンは初めて同国を公式訪問した際に，ロシアとトルコの政治的関係は経済的取引のレベルに後れを取っている

と指摘した。彼はこのとき，前年のイラク戦争のときにトルコがアメリカ軍の領土通過を許さなかった事実を取り上げて，その対応を称賛した。

　さらに，先に言及したごとく，プーチンは同年 11 月にブルーストリーム・パイプラインの開設式のためにトルコを訪問し，また 2007 年にはイスタンブルで開かれた BSEC 首脳会談に参加した。こうした行動が功を奏したのか，翌年 8 月にロシアとジョージアの戦争が起きたとき（この点は後述），トルコは NATO 諸国の中で唯一，ロシアのジョージアにおける活動を非難しなかった。さらには，アメリカの艦船が海峡を通って黒海に入ることを許さないと表明までした（結局は，この表明通りにはならなかった）。

　トルコのこうした行動はロシア指導部を歓喜させた。2009 年 2 月に同国のアブドゥラー・ギュル大統領がロシアを訪問したとき，迎えたメドヴェージェフ大統領はロシア＝ジョージア戦争に触れ，「両国はこの種の問題を自立的に，外部の大国の関与なく処理できる」と言明した。さらに同年 7 月にセルゲイ・ラヴロフ外相はトルコ外相と会談した際に，「国際問題に関しては，両国のアプローチは非常に多くの問題で近いか一致している。この点は国連と，トルコが現在その非常任理事国である国連安保理事会における両国の協力の枠組みにも表れている」と述べた（*Kommersant'*, 2009 年 2 月 14 日号；Panov 2010 : 628-629）。そして，2009 年にもプーチンがアンカラを訪問した。ロシアは一丸となってトルコとの緊密な関係の構築に向かったのである。

　この姿勢は経済関係にも追い風となった。両国の貿易額はブルーストリーム・パイプラインが稼働し始めた 2003 年には 57 億ドル余りだったが，リーマン・ショック後の 2009 年に 196 億ドル，翌 2010 年に 252 億ドルを記録した。貿易はロシアの大幅な出超で，トルコ側に不満を生んだが，それでもヨーロッパへのエネルギー資源の輸送の中継国になろうとするトルコ側の意欲がこの不満を抑えた。この時期，トルコはナブッコ計画にも参加する意向を表明していたが，ロシアは対抗して，先に言及したサウスストリームをブルガリアからオーストリアまで延引し，併せて輸送量を大幅に増大する計画案をトルコに提示した。さらにロシアは，トルコに対して同国初めての原子力発電所をかなりよい条件で建設する提案まで行った。おそらくこの時期プーチンは，トルコをアメリカの影響力から引き離せれば，それだけで黒海地域における自国の地位の強化につながると考えて行

動していた。目標がそこにあったとすれば，事態は彼の思惑通りに推移していたと言える。

　プーチンの黒海地域に対する第二の政策はウクライナに対するものである。前節で述べたごとく，プーチンは大統領就任前後にウクライナ接近策を試みた。しかしこの政策は，2004年から翌年にかけて起こった「オレンジ革命」によって失敗に終わった。プーチンの肩入れにもかかわらず，反ロシア的なV・ユシチェンコがウクライナの大統領に選出されたのである。プーチン指導部が危惧した通り，8月にはユシチェンコとジョージア大統領M・サアカシュヴィリが会談し，民主的選択共同体（CDC）を結成すると表明した。これは，かつて結成され，その後に機能不全に陥っていたGUAMの再生を目指す試みに他ならなかった。

　2005年から翌年初頭に生じたロシアのウクライナに対するガス供給中断事件は，まだ解明は不十分だが，間違いなくこうした両国関係の悪化を背景にしていた。このときプーチンは両国間のガス取引に直接的に関与し，12月8日の演説でウクライナに対し，翌2006年1月からガスプロム社が同国に供給する天然ガスの価格を，国際市場価格にまで値上げすると表明した。これにユシチェンコが，ロシアの黒海艦隊がクリミア半島で利用する基地の利用料の値上げを示唆して抵抗すると，ロシア側は1月1日に実際にガスを送るパイプを閉ざすという挙に出た。プーチンたちにしてみれば，代価を支払わずに天然ガスを抜き取っていたウクライナが非難されるはずだった。しかし，実際には欧米の批判はロシアに向かった。結局，両国は急遽再交渉を余儀なくされ，すぐに価格などで合意に達した。

　この「ガス紛争」を多角的に分析したアメリカの研究者バルマセダによれば，この時期にロシアがエネルギー資源を対外政策の目的達成のために利用したことは否定できないが，それは2005〜06年の紛争では問題の一面でしかなかった可能性があるという。彼女によれば，このときの事件は，これまで両国間のエネルギー資源の輸出入に介在して多大な利益を上げてきた会社を，別の会社に交代させるために，関係する勢力によって人工的に引き起こされたのではないかという（Balmaceda 2013 : 7, 123-127）。

　いずれにせよ，この事件が起こる少し前に，プーチンは中央アジアの天然ガスがウクライナに輸送されるのを阻止する動きに出ていた。ガスプロム社は，ウク

168　第 II 部　域内国際関係

ライナの大統領が 2005 年 3 月にトルクメニスタンに赴き，天然ガスの購入契約の締結を図っているのを察知すると，明らかにプーチンの命を受けて 10 月に，中央アジア諸国が産出する天然ガスを 2006 年から 2010 年まで，ウズベキスタン領を通ってロシアに至るガス・パイプラインによって運ぶ契約をウズベキスタン政府と締結した。また，11 月には同様の契約をカザフスタン政府とも締結した。ガスプロム社はこうした契約によって，トルクメニスタンの北方に位置する二つの国を巻き込み，同国産の天然ガスがロシアを迂回してウクライナに輸出されるのを邪魔立てしたのである（Grib 2009 : 202-207；Paniushkin and Zygar' 2008 : 186-190. ちなみに，ロシアは以上のごとく，中央アジア諸国が直接的にヨーロッパ方面に向けてそのエネルギー資源を送る動きを遅滞させることには成功したが，これらの国が自国のエネルギー資源を中国に向けて輸出する動きについては，もはや抑えることができなくなっていた）。

　こうしてウクライナは，2006 年以降もエネルギー資源不足の状態に置かれた。こうした状況を背景にして，2009 年 1 月にもガス供給中断事件が起こった。度重なる事件は，ウクライナ国内でもヨーロッパ諸国でもユシチェンコ政権に対する評価を失墜させた。その反面で，ウクライナでは親ロシア的なヤヌコヴィチの人気が高まり，2010 年の選挙では彼が大統領に選ばれた。これによってプーチンは，「オレンジ革命」による失敗を帳消しにしたかに見えた。この時点ではウクライナの西側志向は決定的に後退したように思われたのである。

　プーチンの第三の政策は，ジョージアに対するものである。上述した 2003 年の政変で同国に M・サアカシュヴィリ政権が成立すると，ロシアとジョージアの関係はすぐに緊張していった。その原因の第一は，ジョージアの新政権が NATO への加盟を目指したことにあった。それはロシア指導部にとって，ジョージアの政変がアメリカの差し金で起きたことを確信させるものであった。原因の第二は，名目上はジョージアに属するが，ソ連崩壊の前後から独立に向かって動き出した二つの少数民族地域（南オセチアとアブハジア）にあった。

　ロシア指導部は，1990 年代初頭に両地域に紛争が勃発し，避難民が多数発生したのを見て，ロシア軍からなる平和維持軍を両地域に派遣した。この動きを当初はジョージア側も受け入れていたのであるが，しだいにロシアが両地域の紛争を利用してジョージアの自立を困難にさせていると受けとめるようになった。こ

うして，両地域をめぐるロシアとジョージアの対立は解決不能な状態に陥った。特にサアカシュヴィリ政権登場後は，両国関係は一触即発の緊迫した雰囲気に包まれるようになった。

こうした状況を見てサアカシュヴィリは，2008 年 8 月 7 日に南オセチア駐留のジョージア人平和維持軍に対して，ロシア軍の平和維持軍への砲撃を開始するよう命じた。ロシア側はこうした攻撃がなされることを予想していたのか，翌日には大量の部隊をもって反撃を開始した。サアカシュヴィリは西側諸国がジョージア擁護に動くはずだと考えていたのかもしれないが，実際にはそれは起こらなかった。たちまちロシア軍部隊は南オセチアからジョージア人部隊を追い出し，さらに同地域を越えてジョージア本土にまで進攻した。ロシア軍は戦争を南オセチア内にとどめようとせず，拡大していったのである。ただし，ロシア軍の行動には指揮や使用兵器の面でかなりの問題点が見られた。おそらくそれがあったために，フランスの大統領が仲介に動くと，ロシア指導部はこれを受け入れることを決め，13 日にジョージアとの間で休戦協定を締結した。それでも，ジョージア側に戦争の対価を支払わせるかのように，ロシアは 26 日に南オセチアとアブハジアを国家として承認すると表明した。それはロシア指導部にしてみれば，ロシアの軍事力を侮ったことに対する処罰を意味したのであろう。しかし当然ながら，ロシアとジョージアの将来の和解は困難になった。

ロシア＝ジョージア戦争を通じてロシア指導部は，バルト諸国を除く旧ソ連諸国がロシアの利害を無視して，欧米諸国の軍事同盟に参加する姿勢を示した場合には，武力を行使してでもそれを阻止する用意があることを示した。実際，メドヴェージェフ大統領は戦争後に，ロシアは旧ソ連諸国に特別な利害を有していると表明した。こうした勢力圏の主張はロシアと欧米諸国の関係を緊張させたが，折から起こった経済危機のために，欧米諸国はこの時点で対露対決姿勢をとらなかった。それどころか翌 2009 年にアメリカに登場したオバマ政権は，ロシアとの関係を白紙状態から始める「リセット外交」を表明したのである。

さらにプーチンの第四の政策として，アゼルバイジャンに対するものがある。ただしこれは，前節で述べた接近策の連続でしかなかった。両国の首脳は 2004 年以降，毎年のように何度も会談を行い，2006 年と翌 2007 年には相互に「ロシアの年」と「アゼルバイジャンの年」を開催した。さらに 2008 年と 2009 年には，

ロシアとアゼルバイジャンとアルメニアの三国の首脳が集まり，ナゴルノ・カラバフ紛争をめぐる交渉を行った（Pivovar 2012: 22-31）。しかし，それでもロシアには，アルメニア擁護をやめてまでアゼルバイジャンに接近する選択はあり得なかった。他方，アゼルバイジャンとしても，ロシアとの円滑な関係を望んでも，そのために，トルコを通じて自国のエネルギー資源をヨーロッパ方面に輸送するプロジェクトを諦める選択はあり得なかった。後者は 2011 年に，アナトリア横断天然ガスプロジェクトとして現実化した。このときトルコとアゼルバイジャンは，共同でパイプラインを建設するコンソーシアム設立の覚書に調印したのである。こうして，アゼルバイジャンとの関係でロシアが達成したのは，友好関係を深めることによって同国の自立化を促し，併せて，旧ソ連諸国の反ロシア連合を勢いづかせない程度のことであった。

　以上，2000 年代半ばから 2012 年頃までにアメリカが行った政策に対して，ロシア指導部が黒海地域でとった対応を見てきた。まとめれば，ロシアはこの時期にトルコとの友好関係を促進し，ウクライナの反ロシア政権の退陣を図り，さらにジョージアに対しては，ロシアの意向に反して行動する危険性を思い知らせた。またアゼルバイジャンに対する政策では，それ以前に生まれた相互接近の動きを維持することに成功した。以上の成果をもって，ロシアとしては，この地域に浸透を図っていた欧米諸国の意図を挫くことに成功したと判断したようである。しかし，このときロシアが獲得した成果は，それほど確かなものではなかった。2012 年にプーチンがロシアの大統領に復帰すると，再びロシアと欧米諸国との不調和が目立つようになり，翌 2013 年にはこれまでロシアが挙げた成果は綻びを見せ始めた。

　まず同年後半にはウクライナで対外政策をめぐる対立が起こり，翌 2014 年 2 月にヤヌコヴィチ政権が倒された。これに対してプーチンは，またもやウクライナの事態は欧米諸国が裏で糸を引いて起こしたものだと評価し，3 月にクリミア半島で住民投票を実施してロシアへの併合を決め，4 月には東ウクライナで勃発した分離運動を支援し始めた。欧米諸国はこの動きに激しく反発し，対露経済制裁に入るとともに，ウクライナ支援を急いだ。その結果，同年秋には東ウクライナの紛争は一進一退の様相を示すようになった。

　ロシアと欧米諸国との対立はガス・パイプライン建設問題にまで及んだ。かね

てEU側は，ガスプロム社によるヨーロッパ諸国へのガス供給はEU競争法に違反するとして，サウスストリーム計画の実現に抵抗してきたのであるが，2014年12月になってプーチンは，サウスストリーム計画を全面的に取り止めると表明した。かわりにロシア側が打ち出したのは，ロシアに友好的なギリシャを巻き込み，トルコにガスを輸送するパイプライン（トルコストリーム）を建設するプロジェクトであった。ロシア指導部としては，ウクライナ経由でのガスの輸送を終わらせるという決意は変わらないと言いたかったのである。

さらに事態は紛糾した。2015年になってロシアはシリアに武器を送り，9月に同国のアサド政権を支える軍事活動を開始したのである。この動きは，B・アサドを支援するのと同時に，シリアに拠点を置くテロ組織「（イラク・レヴァントの）イスラーム国（ISIL）」との戦いでロシアと欧米諸国の協力の可能性を作り出すためのものだったと考えられる。事実，欧米の一部のマスコミには，この際ウクライナ問題を棚上げして，ロシアと協力してシリア問題の解決に当たるべきだとする意見が現れるようになった。しかし，そうした最中の11月に，トルコ軍が同国とシリアの国境付近に飛来したロシアの爆撃機を撃墜する事件が起こった。この事件はロシアとトルコのこれまでの友好関係の脆弱性を顕在化させた。ウクライナの友好政権を失ったロシアにとって，トルコとの関係の悪化は，そのまま黒海地域における外交活動の縮小を意味した。

おわりに

ロシア国民にとって黒海は，幾多の戦争を通じて地歩を固めてきた特別な地域である。ロシア＝オスマン戦争から第二次世界大戦まで，先人たちが黒海地域で示した武功は繰り返し語られ，国民の脳裏に刻み込まれてきた。この地における栄光と悲惨に満ちた戦いは，1980年代末に冷戦が終焉に向かったとき，すべて過去のエピソードになったと思われた。しかし，それから30年も経たないうちに，こうした判断に確たる根拠がなかったことが判明した。今日では黒海地域とその周辺が，この地域に位置するロシアと黒海沿岸諸国，さらに外部諸国の利害が激しく交錯し，和解困難な問題が暗礁のように潜む地域であることは誰の目に

172　第 II 部　域内国際関係

も明らかである。

　それでは過去 30 年ほどの間で見るとき，いかなる要因や事情がロシアのこの地域の政策に影響を与えてきたのか。上記の検討から明らかなように，政治指導者の役割の大きさは無視できない。新たにモスクワに登場した指導者がその国内体制を固めるとともに，ロシアのこの地域に対する関心は変化し，政策もそれに即して変わってきたのである。

　第二に，ロシアが外部勢力の介入を排して，黒海沿岸諸国と共存共栄の関係を生み出そうとしたことは否定できない。しかし，この点ではロシアと他の沿岸諸国の双方にとって受け入れ可能な条件を生み出すことは容易でなかった。何よりも，ロシアの軍事力は沿岸諸国のそれをはるかに上回るレベルにあり，常にアメリカなど外部勢力を巻き込んで対抗力を作り出そうとする動きを沿岸諸国側に引き起こした。たとえトルコが NATO との関係を弱めても，ウクライナなど新沿岸国が外部勢力の介入を求めたのである。

　この点は，ロシアがその軍事力を，自国南部を防衛するだけではなく，その国際的影響力を行使するための手段とみなしてきたことと深く関わっている。ロシアは経済力が極度に低下した 1990 年代には，黒海地域に隣接する中東地域や地中海地域の紛争に関与する姿勢を弱めたが，それは政治エリートには一時的状態だとみなされていた。2000 年代になって国力が回復するとともに，ロシアはこれらの地域の紛争に関わる姿勢を見せるようになり，黒海をロシアがその海軍力を地中海に送るための拠点として捉え直した。言い換えれば，ロシアは外部勢力に対抗可能なレベルの軍事力をこの地域に配備することをその課題とみなすようになったが，それは黒海沿岸諸国を脅かすレベルのものにならざるを得なかったのである。

　第三に，ロシアが黒海地域で安定的な地位を保持するために，基本的には軍事力ではなく，外交的手段に依拠しようとしたことも確かである。冷戦期には，ロシアはブルガリアなど東欧諸国を友好同盟国としたが，過去 30 年余りではトルコなど沿岸国との友好関係の強化に努めた。しかし，ウクライナとトルコにおける予想外の事態の勃発によって，2015 年末の時点でこの地域に残る友好国はごくわずかになり，ロシアの政治的影響力は極度に弱まった（軍事力の強化は，その状態を補うためのものと考えられる）。ロシアはこの状態を打開するために，ギ

リシャなど黒海地域周辺の友好国との関係を保持しつつ，トルコを含めた黒海沿岸国との間に協調的関係を生み出すよう努力している。実際，プーチンは 2016 年前半までトルコによるロシア爆撃機の撃墜を厳しく糾弾していたが，6月末にトルコ大統領がこの件で謝罪を表明すると，たちまち関係改善に向かった。彼としても，第一に自国がウクライナをめぐって欧米諸国と対立している状況ではトルコが戦略的価値を有すること，第二に経済面でもトルコがロシアにとって代替困難な位置にあることを無視できなかったのである。10月に両国首脳は会談し，ロシアからトルコの黒海領海を通るガス・パイプラインを敷設することを取り決めた。

　第四に，ロシアは黒海地域を通じた対外経済関係の発展にも多大な期待をかけてきた。この点を象徴するように，黒海に面するオデッサ港（現在はウクライナ領）は帝政ロシア期にもソ連期にも，同国有数の貿易港として栄えた。今日もロシア国民の大半は，黒海はできれば商船や観光船が平和に行き交う海となるべきだと考えているはずである。

　しかし，1990年代になってエネルギー資源価格が上昇し始め，さらにヨーロッパ諸国が天然ガスの利用を重視するようになると，多額の資金を投じて黒海地域にパイプラインを敷設する動きが勢いを増した。重要な市場であるヨーロッパ諸国へ旧ソ連諸国が有するエネルギー資源を輸送するためには，黒海地域を通るパイプラインを敷設することが最良の方法だとみなされた。

　この点では，たしかに2015年末の時点ではエネルギー資源価格が低迷局面に入り，しかもサウスストリームとトルコストリームの構想は中断した。しかし，条件が整えばロシアはエネルギー資源を輸送するパイプライン敷設の動きを起こした。ロシアばかりか，イタリアやアメリカなどのエネルギー企業も，経済的条件さえ合えば，ロシアと手を組み，この種のプロジェクトに着手することを願っているのである。

　以上からすれば，今後も政治指導者の変化が戦術レベルを超えた政策の変化を起こすと考えねばならない。また構造的要因としては，上記の軍事外交的，経済的事情が重要である。今後もこれらの事情や要因がロシアの黒海地域に対する政策に影響を与え続けるだろう。

174   第 II 部   域内国際関係

参考文献
①外国語
Balmaceda, Margarita M. 2013. *The Politics of Energy Dependency*, Toronto : University of Toronto Press.

Belister, N. and O. Bodruk. 1998. "Conflicting Loyalties in the Crimea" in *Conflicting Loyalties and the State in Post-Soviet Russia and Eurasia*, eds. M. Waller, B. Coiieters and A. Malashenko, London : Frank Cass, pp. 53-79.

Bogaturov, Aleksei (ed.). 2003. *Sistemnai istoriia mezhdunarodnykh otnoshenii*, Moskva : NOFMO.

Donaldson, Robert H. and Joseph L. Nogee. 2009. *The Foreign Policy of Russia, Changing Systems, Enduring Interests*, 4th ed., Armonk, New York, London : M. E. Sharpe.

Dzhuvarly, Togrul. 2001. Azerbaidzhanskaia neft' : poiski ravnodeistvuyushchei, *Azerbaidzhan i Rossiia : Obshchestva i gosudarstova*, red. D. E. Furman, vypusk 4, Moskva : Letnyi sad. 2001. s.379-434.

GRF-Carnegie Moscow Center working group. 2014. *Exploring the Prospect for Russian-Turkish Cooperation in a Turbulent Neighborhood*, Carnegie Endowment for International Peace and Global Relations Forum, Carnegie Moscow Center : September 2014. pp. 1-21.

Grib, Natal'ia S. 2009. *Gazovyi imperator*, Moskva : ID Kommersant'.

Halbach, Uwe. 2002. Mezhdu 〈goriachei voinoi〉 i 〈zamorozhennymi konfliktami〉, 2002. v. *Vneshniaia politika Rossii : ot Yel'tsina k Putinu*, red. Stefan Creuzberger et al., Kiev : Optima, s. 141-154.

Koptevskii, V. N. 2003. *Rossiia—Turtsiia, etapy torgovo—ekonomicheskogo sotrudnichestva*, Moskva : IV RAN.

Kuzio, Taras. 1995. *Ukrainian Security Policy*, Westport, London : Praeger.

Lo, Bobo, 2015. *Russia and the New World Disorder*, London : Chatham House.

Ministerstovo inostrannykh del RF, Ministerstovo inostrannykh del Ukrainy, *Rossiia-Ukraina : 1990-2000*, dokumenty i materialy, kn. 2, 2001, Moskva : Mezhdunarodnaia otnosheniia. (本文中では *Rossiia-Ukraina* と表記)

Mozaffari, Mehdi. 1997. "CIS's Southern Belt : Regional Cooperation and Integration," in *Security Politics in the Commonwealth of Independent States*, ed. M. Mozaffari, London : Macmillan Press, pp. 151-188.

Norling, Nikolas. 2008. "The Nabucco Pipeline : Reemerging Momentum in Europe's Front Yard" in *Europe's Energy Security*, eds. Svante E. Cornell and Niklas Nilsson, Washington, D. C. : Johns Hopkins University-SAIS, pp. 127-140.

Orban, Anita. 2008. *Power, Energy, and the New Russian Imperialism*, Westport : Praeger Security International.

Paniyushkin, Valerii i Zygar', Mikhail'. 2008. *Gazprom, novoe russkoe oruzhie*, Moskva : Zakharov.

Panov, Alksandr N. 2010 (et al red.). *Vneshniaia politika i diplomatiia rossiiskoi federatsii*, Moskva : Vostok-zapad.

Pivovar, Efim. I. 2012. *Rossiisko-azerbaidzhanskie otnosheniia, Konets XX—nachalo XXI*, Moskva : Kremlin Multimedia.

Smith, Mark. 1993. "Russia's New Priorities and the Middle East," in *The Soviets, Their Successors and the Middle East*, ed. Rosemary Hollis, London : St. Martin's Press.

Tekin, Ali and Paul Williams. 2011. *Geo-Politics of the Euro-Asia Energy Nexus*, Basingstoke :

Palgrave Macmillan.

Tokaev, Kasymzhomart. 2003. *Preodolenie*, Moskva : Mir.

Vneshnepolitichekaia i diplomatichekaia deiatel'nost' SSSR, 11. 1989-12. 1990, Obzor MID SSSR. 1999. "Mezhdunarodnaia zhizn', 3. 1991, s. 3-182. (本文中では『国際生活』と表記)

Weaver, Carol. 2013. *The Politics of the Black Sea Region*, Surrey : Ashgate.

Zanina, Valeriia. 2014. "Iz Kremlia ne biden," 'Mezhdunarodnaia zhizn', 7.2014, s. 82-94.

②日本語

田畑伸一郎編 2008『石油・ガスとロシア経済』北海道大学出版会。

第 6 章

トルコの政治変動と外交政策

間　　寧

はじめに

　欧米や中東をめぐる政策が混迷する今日のトルコにとって，黒海地域との関係は重要性を増しつつある。

　本章ではトルコの対黒海政策を，旧ソ連圏との関係を中心に概観する。第一にトルコ国内の政治変動と外交政策の関係を明らかにする。そこで見て取れるのはまず，めまぐるしい国内政治変動にもかかわらず，外交政策には継続性があり，変化は漸進的だということである。その一方，漸進的であれ変化を引き起こす要因は，外的環境変化（東西緊張緩和，冷戦終結，ソ連崩壊など）と過去の失敗体験（第一次世界大戦への同盟国側での参戦，ソ連崩壊後のトルコ民族主義外交）などである。トルコの歴代の政権やエリートが対外関係にどれほどの影響を与えていたかを実証的に論じることは史料の制約からきわめて困難だが，本章では同時期の内政と外交を併記することで，両者の関連性を示すことを試みたい。

　第二に，近年においてなぜトルコが旧ソ連圏との関係を深化させたかを明らかにする。オスマン帝国とトルコの対外関係において，ロシアとソヴィエト連邦は冷戦終結までの過去約 200 年の最大の脅威だった（Centinsaya 2007 : 5）。冷戦終結はその脅威をまずは軽減した。その直後のソ連崩壊は，トルコを同地域への民族主義的浸透の試みに導き，ロシア（およびアルメニア）との関係を緊張させたが，その経験に基づき 1990 年代末以降，トルコとロシアは政治的不可侵と経済優先

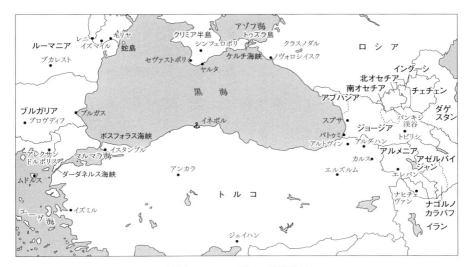

地図6　トルコ周辺の黒海地域

という共存様式を定着させた。さらに2002年以来続いているトルコの単独政権は多元外交を推し進め，旧ソ連圏，なかでもロシアおよび他の黒海地域諸国との関係を貿易や投資を通じて深めた。

1　歴史的関係

　オスマン帝国は17世紀以降に軍事経済力が相対的に低下するなか，欧州列強諸国からの脅威を防ぐために，これら諸国と個別に二国間関係を築いて西欧の対オスマン連合を阻止することを，外交の原則としていた。しかし20世紀初め，外交的に未熟な「統一と進歩」（いわゆる青年トルコ）政権はドイツと連合したのみならず，歴史的に最大の脅威だったロシアと開戦することにより，帝国崩壊の直接の引き金を引いた。その後，アナトリアの領土を維持して共和制を樹立したトルコの外交は，現実主義的安全保障を原則としてきた。すなわち，第二次世界大戦における中立主義および冷戦期の欧米との軍事同盟である。1952年にNATOに加盟したトルコは，西側，特にアメリカとの同盟のもと，東西対立の

178　第 II 部　域内国際関係

最前線に立った。ただし，東西緊張緩和期にキプロス問題などをめぐって米国との関係に摩擦が生じると，その外交的立場をより中立化させるとともに対ソ連関係を改善させた。

1）第一次世界大戦とオスマン帝国崩壊──対ロシア開戦の代償

　オスマン帝国はコーカサスの支配をめぐり，17 世紀から 20 世紀初頭までにロシアと 8 回の戦争を行った。1911 年にはトリポリ戦争でリビアを，1912〜13 年にはバルカン戦争でブルガリアを失った。1908 年に結社「統一と進歩」に属する若手将校らが蜂起してスルタンに立憲制を回復させたが，旧体制支持者がこれに抵抗すると将校らは自ら政権を握った。対欧外交をめぐり政権内の意見は分かれたがエンヴェル陸軍相らが内閣に無断でドイツと密約を結び，第一次世界大戦が始まるとロシアを攻撃して連合国を敵に回した。1915 年にロシアがトルコ東部に進撃すると「統一と進歩」政権は（ロシアへの協力が疑われた）東部アルメニア人の国外追放を命じ，アルメニア側によれば 100 万人，トルコ側によれば 20 万人が，虐殺，疫病，飢餓の犠牲になった。ロシア革命後，ボリシェヴィキ政権は 1918 年のブレストリトフスク条約で同盟国と単独講和したが，「統一と進歩」政権はこれを休戦の機とせずコーカサスへの無意味な侵攻を試みた[1]（Hale 2013：23-27；Henze 2003：79；新井 2001：145-152）。

　第一次大戦敗戦の責任を取って「統一と進歩」政権が総辞職すると，実権を取り戻したスルタンはオスマン朝維持のために連合国による占領と領土分割（セーヴル条約）を受け入れた。これに対して「統一と進歩」勢力が占領抵抗運動を組織すると，その監視のためにアナトリア地方に派遣された軍人のムスタファ・ケマルがその任務に反して抵抗運動の主導権を握り，祖国解放戦争を開始した。ケマルはこの戦争を，国内では聖戦と宣言したが，ロシアに対しては反帝国主義闘争であると訴えるとともにコーカサスへのロシア支配を支持し，西部戦線に注力した。ただしトルコへの領土要求を持つアルメニアについては，ロシアがアルメニア独立阻止を望んでいることに乗じてアルメニアに軍を進め，旧オスマン領のトルコへの割譲を定めたアレクサンドロポル条約を結んだ[2]。ロシアは直ちにア

1）エンヴェルはボリシェヴィキ政権による旧ロシア帝国取得領土の放棄に乗じてコーカサスと中央アジアへのトルコ勢力拡大を企てたが，ブハラでの敗戦（1922 年）で自滅した。

ルメニアを領有して同条約を破棄したが，トルコが祖国解放戦争で攻勢に転じる
と 1921 年 3 月にトルコとモスクワ（友好）条約を締結した。これによりトルコ
は，ボリシェヴィキ政権から武器供与を受けたのに加え，（9 月のカルス条約とも
あわせて）アルメニアからカルスとアルダハンを，ジョージアからアルトヴィン
を，他方ジョージアはトルコからバトゥミを，それぞれ割譲され，現在のトルコ東
部国境が画定した（Henze 2003：78-79；Gültekin-Punsmann 2013：174；Hale 2013：35-37）。

2）トルコ共和国樹立から第二次世界大戦以降まで──ソ連との経済関係，欧米 との同盟関係

　トルコは 1923 年に共和国体制に移行，大統領のムスタファ・ケマルが共和人
民党一党独裁下で，法・政治制度から宗教の影響を排除する世俗革命を断行した。
経済的には民間部門主導の経済発展を目指したが，非ムスリム中心の資本家の国
外逃避や 1929 年の世界恐慌で資本不足に直面すると，国家主導経済に政策転換
した。そのトルコを経済的に支援したのがソ連だった。トルコはソ連と 1927 年
に経済相互協定を結び貿易を促進するとともに，繊維工業設立のための融資を受
けた。1938 年のケマル死去後，後継のイスメット・イノニュ大統領は第二次世
界大戦では，英国など連合国側からの参戦要請にもかかわらず大戦終了直前まで
中立（その中立の位置取りには変遷があったにせよ）を保った。

　しかし第二次世界大戦末期，領土的拡張主義を強めたソ連のスターリンはモス
クワ条約を非難してカルス，アルダハン，アルトヴィンの返還，（モントルー条約
で中立が定められている）トルコ海峡へのロシア軍基地の設置などを求めるとと
もに，ブルガリアのソ連軍を増強した。これらの脅威に対抗するためトルコは欧
米との関係構築，さらには同盟を求めた。英国などの西欧諸国はトルコ支援に消
極的だったものの，米国は南欧へのソ連の脅威への対応として 1947 年のトルー
マン・ドクトリンにより（ギリシャに加えて）トルコへの経済援助を決め，さら
に 1948 年にはマーシャル援助をトルコに送り始めた（Hale 2013：87）。イノニュ
大統領は，農地改革をめぐる共和人民党の内部分裂や戦後世界における民主主義

　2）カルス州とアルダハン州は 1878 年のベルリン条約によりロシアに割譲されたが，1918 年
　のブレストリトフスク条約によりロシアが放棄，さらに同年のムドロス休戦協定でトルコ
　が放棄したため，アルメニアが支配していた（Hale 2013：264, n13）。

の重要性などを考慮して，1945年に複数政党制に移行，翌年総選挙を実施した。そして1949年には，西欧における民主主義促進組織である欧州会議の創立加盟国となった。

1950年の総選挙ではトルコ初の政権交代が実現，共和人民党から分派して経済や宗教の自由化を訴える民主党が政権に就いた。アドナン・メンデレス首相は朝鮮戦争参戦を決定，人的貢献を示すことでトルコは1952年に北大西洋条約機構の一員となった（Henze 2003：80-81；Gültekin-Punsmann 2013：174）。メンデレス政権はさらに1959年，米国の中距離核弾頭搭載ジュピター・ミサイルのトルコ配備を受け入れた。民主化という大きな政治的変化にもかかわらず，トルコの外交は西側陣営，特に米国との同盟で一貫していたうえ，世論の強い支持に支えられていた（Hale 2013：87-88）。同政権は10年間の単独政権を築いたが，次第に野党や批判勢力を弾圧するようになると，軍部のクーデタにより転覆された。軍部は「議会多数派による独裁」を阻止する民主主義体制の構築を制憲議会に委任，1961年には三権分立や政治参加を強化した憲法のもとで民政移管の総選挙が実施された。

ソ連は1953年のスターリン死後，フルシチョフのもとでトルコとの関係改善に動き，ジョージア，アルメニア両政府がトルコへの領土要求を取り下げる意思を，ソ連政府もトルコ海峡をめぐる主張見直しの用意を表明した（Gültekin-Punsmann 2013：175）。1957年にはシリアの共産化を恐れたトルコのメンデレス首相が同国への軍事介入の動きを見せ，ソ連との衝突が危惧されたが，フルシチョフによる緊張緩和発言により事態は沈静化した（Hale 2013：94-95）。米国のジュピター・ミサイルは軍事クーデタ後の1961年，トルコに配備されたものの，米国はソ連からの攻撃への脆弱性を勘案して同ミサイル・システムをポラリス潜水艦システムに変更するため，さらには1962年に勃発したキューバ・ミサイル危機でのフルシチョフの要求に応じる形で，トルコの反対を押し切って同ミサイルを撤去した。これを機にトルコは米国への信頼感を弱め，その外交姿勢を中立に近づけた。そしてミサイル撤去は同時にソ連との関係改善をもたらした（同前：98-101）。

1962年以降に米ソ関係の緊張が緩和すると，西側陣営の最前線国であるトルコはソ連からの脅威が弱まったことから同国や非同盟諸国との関係改善に動いた。1963年以降にキプロスで深刻化したギリシャ系＝トルコ系住民の対立をめぐり，

前者を支持する米国と後者を支持するトルコの関係が悪化したこともその背景にあった。キプロスにおいて，ソ連はギリシャ系の大統領マカリオス 3 世を支持していたが，ギリシャで 1967 年のクーデタにより誕生した軍事政権がギリシャとキプロスの一体化（エノシス）を目指すと，それがキプロスへの米軍基地設置につながることを懸念してトルコ系側の支持に回った。1960 年代以降ソ連とトルコの相互の公式訪問は定期化し，ソ連の 1970 年代の対トルコ経済援助は同国の対途上国援助としては最大額に達した（同前：106-118）。1975 年のヘルシンキ宣言最終協定では，国境の不可侵が認められた結果，ボスフォラス海峡をめぐる両国間の対立に終止符が打たれた（Gültekin-Punsmann 2013：175）。

　しかし，1979 年のソ連のアフガニスタン侵攻は中東におけるソ連の脅威をトルコに再認識させ，両国のそれまでの関係改善に水を差すこととなる。中道右派の公正党 S・デミレル少数派政権は米国との関係を強化すべく防衛経済協力協定（DECA）を 1980 年 3 月に締結した。なお 1970 年代末，トルコ国内では左右両極派の衝突やテロ行為が頻発，議会でも左右両政党の対立などにより，次期大統領を選出できない状態が半年続いていた[3]。このような政治的危機を解決するとの理由で軍部は 1980 年 9 月に軍事クーデタを決行し，デミレル政権を退陣させるとともにすべての政党を解党，主要政治家を投獄ならびに政治活動禁止にした。1983 年まで続いた軍事政権は，共産主義イデオロギーの影響力を弱めるためにトルコ・イスラーム総合という官製イデオロギーの普及を目指し，義務教育に宗教教育を導入するとともに聖職者養成学校卒業生の神学部以外の大学学部への進学を可能にした。

　軍事クーデタは欧米からの批判を浴びたものの，トルコは DECA 締結により，米国からエジプトとイスラエルに次ぐ規模の軍事援助を得るに至ったほか，米国からの技術移転により国内軍事産業を拡大させた（F16 戦闘機生産など）。ソ連はトルコの対米関係強化を新聞で批判したのに加え，コーカサスでの兵力増強，1982 年レバノン戦争後のシリアへの軍事援助などでトルコに圧力をかけた。転機はゴルバチョフが 1985 年に政権に就いたことで訪れた。ブレジネフの民族資本主義モデルは，開発途上国と先進国の潜在的対立を利用して前者をソ連圏に引

3）1961 年以降に選挙制度がそれまでの比較多数制から比例代表制になったことで，単独政権が成立しにくく，連立政権内の小政党（それらは民族主義的であったり宗教的であったり）の影響力が次第に強くなったこともその背景にある。

182　第 II 部　域内国際関係

き寄せることを狙っていたが，ゴルバチョフは国際経済における対等な協力関係を唱えた。1980 年代後半にトルコとソ連の関係は改善し，1987 年からの 3 年間で両国間貿易額は 4 倍以上に増加した（Hale 2013 : 120-121）。その主因はソ連の天然ガスのトルコへの輸出である。1984 年に締結された天然ガス協定によって代金の一部をトルコからソ連への輸出品で相殺できるようになったことが天然ガス貿易を促進したのである（Gültekin-Punsmann 2013 : 175）。またトルコでは，1983 年民政移管総選挙で誕生した中道右派の祖国党単独政権の T・オザル首相が，市場経済化と貿易自由化を推し進めてもいた。

3）冷戦終結直後──新興独立諸国への接近とロシアとの緊張関係

　1989 年の冷戦終了はトルコにとってロシアからの軍事的脅威を相対的に低下させた。すなわち第一に，トルコの対ソ連国境と重なっていた東西対立の最前線が消滅し，第二に，ロシアの軍縮が進んだ。その結果，冷戦期に 10 ％ 台でしかなかったトルコのロシアに対する兵力比率は，冷戦終結直後の 1992 年に 2 割に，1990 年代半ばに 5 割に達し，その後もこの率を割り込んでいない（Aktürk 2006 : 347-348）。これは長期的にはトルコの対露関係の改善に貢献した。冷戦終結直後，トルコはソ連と 1991 年 3 月に友好善隣条約を締結して関係強化を目指した。トルコは黒海経済協力機構（BSEC）の設立をも（ソ連崩壊後の）ロシアとともに主導し，1992 年にイスタンブルに事務所を開設した（1999 年に国際機構化）。ただし BSEC の黒海地域統合への影響力は限定的だった[4]。

　ソ連崩壊直後はむしろ，トルコはコーカサスと中央アジアのトルコ語系 CIS 諸国に対し民族的繋がりに訴えて浸透を図り，それによりロシアとの間に緊張関係が生まれた。またオザル首相は 1989 年に（議会での間接選挙によって）大統領に選出されると，トルコが議院内閣制であるにもかかわらず，（非常事態を想定した）閣議主催権限を行使するなどして祖国党政権首相を差し置き，外交政策の主導権を握った。祖国党政権が 1991 年総選挙で敗北した後，中道右派の正道党と

4）そもそも経済政治的に多様な（黒海に面していない国も含めた）諸国を包含していたことに加え，EU 加盟国であるギリシャの BSEC への加盟およびブルガリア，ルーマニアという BSEC 加盟国の EU 加盟，ジョージアやウクライナとロシアとの対立などの要因がある（Aktürk 2006 : 350）。

中道左派の社会民主人民党の連立政権下では，ナゴルノ・カラバフ紛争をめぐりオザル大統領がアルメニアに対する好戦的な態度を示し，より慎重なデミレル首相の足を引っ張った。

　トルコはアゼルバイジャン独立を他国に先駆けて 1991 年 11 月に，他の旧ソ連共和国をも 12 月に承認した。同国独立後初代政権のエブルフェズ・エルチベイ大統領は民族主義的政策を採り，ラテン文字導入，CIS 加盟拒否，駐留ロシア軍撤退などによりトルコと親密な関係を築いた。中央アジアについては，1992 年にトルコのデミレル首相が中央アジア諸国訪問でトルコ語系諸国同盟設立の可能性に言及，さらにトルコ語系地域経済同盟設立のための首脳会議をアンカラで主催した。トルコは 1993 年にはトルコ語系民族会議第 1 回大会を開催，中央アジア諸国とアゼルバイジャンに加えてロシア連邦のトルコ語系諸国からも参加があった。また中央アジアからの学生や公務員の留学を受け入れ，トルコ国営放送の中央アジアおよびコーカサス向け放送を開始，トルクメニスタン，キルギスタン，ウズベキスタンに金融支援の融資を行った（Aktürk 2006：341）。オザル大統領の 1993 年の逝去後，デミレル首相が 1993 年に大統領に選出されると，大統領の元所属政党（憲法の中立規定に従い離党する）と首相の政党が一致したため両者の関係はより円滑になったが，後任の T・チルレル首相はアゼルバイジャンでのクーデタ（後述）への対応をめぐって混乱をもたらし，外交的手腕不足を露呈した。

　民族主義的色彩を帯びたトルコ外交は 2 つの面でロシアとの間に対立を生んだ。第一に，アゼルバイジャンとアルメニアとの間に 1990 年に勃発した紛争で，アルメニアが攻勢を強めて 1992 年に（アゼルバイジャン領内のアルメニアの飛び地である）ナゴルノ・カラバフとそこへの回廊を占領したのに加え，（アゼルバイジャンのトルコ国境の）ナヒチェヴァンにまで迫った。トルコ世論はアゼルバイジャンを強く支持，オザル大統領はアルメニアに対する戦闘を示唆する発言を行った。トルコ陸軍司令官が軍事作戦の準備がなされたと述べると，（CIS 諸国に駐留していたロシア軍の）CIS 陸軍司令官やロシアの駐アンカラ大使は，第三国の介入は戦争につながるとの警告を発し，両国の軍事衝突の可能性が高まった。第二に，トルコの民族主義的浸透外交がロシア連邦内部にまで及んだことである。まずロシア自治共和国であるタタルスタンのミンチメル・シャミエフ大統領とトルコ外相は 1992 年に相互訪問を行った。同じくチェチェンの指導者ゾハール・ドゥダ

184　第II部　域内国際関係

エフが 1993 年にアンカラを訪問しデミレル大統領と面会すると，ロシアは駐モスクワ・トルコ大使を呼び出して，このような面会を繰り返さないよう確約を求めた（Winrow 2007 : 43）。

4）民族主義的外交の放棄とロシア勢力圏の確定

　ソ連崩壊により流動化したユーラシアでのトルコとロシアの対立経験は，トルコの民族主義的外交の限界と対ロシア軍事経済的劣勢を露呈する一方，その後の両国関係に慎重さをもたらし，直接的な相互批判は起きなくなった。アンカラでの 1992 年の首脳会議では，中央アジアの指導者たちがロシアとの関係への配慮や（人口の多い）ウズベキスタンへの危惧などによりトルコ語系共同体に否定的な態度を示したため，実質的な共同声明を出せずに終わった（Hale 2013 : 223–224）。ナゴルノ・カラバフ紛争をめぐっては，デミレル首相は 5 月，エリツィン大統領と緊急会談を行った。両者はアルメニアの攻勢を非難する声明を共同で発表，同国に戦闘を中止させることでトルコとロシアの衝突は回避された（同前：211–212 ; Aktürk 2006 : 343–344）。このときに締結されたトルコ＝ロシア関係の原則に関する条約はその後の両国関係の基礎を築いた（Gültekin-Punsmann 2013 : 176）。

　その後ナゴルノ・カラバフ紛争は再燃，アルメニアの攻勢が強まるとトルコは対アルメニア国境封鎖を実施したが効果はなく，他方ロシアの後ろ盾を得た退役軍人によるクーデタで，エルチベイ政権が 1993 年に転覆され，その後ナヒチェヴァン大統領でソ連共産党幹部だった H・アリエフが政権に就いた。さらに同紛争が 1994 年にロシアの仲介で停戦に持ち込まれたこともロシアのトルコに対する優越性を示したが，その後アゼルバイジャンがロシアに対する独立路線をたどったことはトルコの対ロシアおよび対アゼルバイジャン関係の安定化に貢献した（Hale 2013 : 211–212）。

　1994〜96 年および 99 年のチェチェン紛争をめぐっては，ロシアはトルコがチェチェン人を支持していると，トルコはロシアがクルディスタン労働者党（PKK）を支持していると，それぞれ主張していたが，両国は相手国の民族紛争への介入が自国の民族紛争への介入をもたらすことを認識していた（Tanrisever 2004 : 135–141 ; Hale 2013 : 210–211）。トルコや米国からの圧力を受けてロシアは国内の PKK 事務所を閉鎖，さらに（トルコの外交軍事的圧力により）シリアから

1998 年に追放されたアブドゥッラー・オジャラン PKK 党首のロシア亡命の要請をも拒否した。トルコ側では（右派の民族主義行動党および祖国党と連立政権を組んでいた）民主左派党のビュレント・エジェビット首相が 1999 年，チェチェン問題はロシアの国内問題だと述べるとともにロシアを訪問して対テロリズム協力の共同声明を発表した。これ以降，チェチェンおよび PKK の問題はもはや両国関係の緊張要因ではなくなった（Aktürk 2006 : 357 ; Ersen 2011 : 98）[5]。

　さらに NATO や EU に対してトルコが不信感を強めることは，トルコ＝ロシアの関係をより密接にした。NATO は東方拡大（東欧やバルト海諸国の新規加盟）に対するロシアの反発を和らげるため，コーカサスでのロシアの兵力拡大を含む欧州通常戦力（CFE）条約修正を認めた。トルコはこの事実をもって NATO はコーカサスにおいてはあえてトルコを支援しないと解釈し，ロシアとの関係改善が得策と判断した。同時に，トルコはポスト冷戦期の最前線国になりたくなかったため，NATO 東方拡大にそもそも消極的だった（Gültekin-Punsmann 2013）。さらに 1997 年 12 月の欧州理事会がトルコを EU 加盟候補国にしなかったことはトルコ外交の独自性を強めさせ，ロシアとの関係改善を後押しした[6]。1997 年 11 月のトルコ＝ロシア共同経済委員会の際，ソ連崩壊後初めてロシア首相がトルコを公式訪問した。そして，海中パイプラインにより天然ガスをロシアからトルコに輸出するブルーストリーム・プロジェクトを締結，また双方の経済利益や領土一体性を損なう行為を慎むことにも合意した（Tanrisever 2004 : 141-145）。

2　AKP 政権のトルコと黒海地域──多元外交，貿易・人の移動，エネルギー

　トルコ外交は 1990 年代末以降，それまでの安全保障志向から脱安全保障，欧

---

5) 2009 年にはロシアはトルコ大統領のタタルスタン公式訪問を許可している（Gültekin-Punsmann 2013 : 179）。

6) この時期，東欧諸国が EU 加盟候補国となったのに対し，トルコの加盟候補申請が拒否されたことで，トルコの対 EU 関係は冷却した。中道右派の祖国党と中道左派の民主左派党を主体とする連立政権のメスット・ユルマズ首相は，EU の拒否決定を受けて，トルコは対 EU 関係を凍結すると発言している。なお EC の準加盟国だったトルコは 1987 年に EC 正式加盟を申請したが，1989 年に却下されている。

186　第 II 部　域内国際関係

州化，貿易重視志向に転換した。なかでも貿易重視を体現しているのが 2000 年
代に入ってからの対ロシア関係である（Ersen 2011：96-97）。トルコとロシアの関
係は，1990 年代の地政学的競合関係から 2000 年代には経済政治的パートナー関
係へと変化した（同前：110）。その背景には 1990 年代末からの両国関係改善に
加え，親イスラーム政党である公正発展党（AKP）政権下での多元外交の進展が
ある。

1）AKP の長期政権──多元外交

　2002 年，AKP 政権は単独政権をトルコではほぼ 10 年ぶりに樹立した後，総選
挙で連続勝利して政権を維持している。長期政権を築いた最大の理由は，経済成
長と所得再分配に成功したことである。2001 年に発生したトルコ史上最悪の経
済危機の翌年の総選挙で前政権が退陣すると，IMF 構造改革を前政権から引き
継いで 10 年間で 1 人当たりのドル換算所得を倍増させ（1 万ドルに），2 桁が常
態だったインフレ率を 2004 年までに 1 桁に引き下げ，財政黒字を達成（2006 年），
銀行清算と再資本化を 2007 年までに完了して金融部門を安定化させた。また国
家公務員を優遇していた三大年金を統合（2007 年），国民皆医療保険制度を導入
（2008 年）するなどして社会保障制度における不平等を是正した。経済政策の成
功により，AKP の支持基盤は信仰心の厚い有権者のみならず，トルコの標準的
有権者にまで拡大した。さらに AKP 政権は，トルコの EU 加盟条件として文民
統制確立が求められていることを利用して，制度改革により軍部の影響力を削い
でいった。EU 加盟交渉推進は，AKP 政権に懐疑的な大手財界の支持を取り付け
るにも有益だった（Ayata 2004：272-273）[7]。

　AKP 政権は発足後，トルコの多元的善隣外交を掲げる国際関係専門のアフ
メット・ダウトール教授を首相外務顧問に迎え（後に外務大臣），歴史文化的に繋
がりの深い中東，コーカサス，バルカンでの影響力を高めることにより，トルコ
は欧州にとっても重要なパートナーとなりうるとの彼の主張を政策に具現化した

　7）ただし現在，AKP 政権に対する国民の広範な支持は崩れつつある。AKP 政権は第一期
　　（2002～07 年）には経済優先で，「保守民主主義」を標榜していたものの，第二期
　　（2007～11 年）には軍部や司法府という世俗主義エリートの影響力を削ぐことと宗教的価
　　値を社会に浸透させることに注力し，第三期（2011～15 年）から第四期（2015 年～）に
　　はより権威主義化し，世俗主義派やリベラル派などの批判勢力の言論を抑圧している。

（今井 2015）。AKP 政権下のトルコは中東における調停外交など国際舞台での存在感を増し，2008 年に国連の安全保障理事会非常任理事国に選出された。2009 年から 2011 年の任期中には，核開発に踏み切ったイランに対する経済制裁決議で反対票を投じるなど欧米と一線を画す態度を示した。AKP 政権以前でも，対欧米関係を基調としつつも周辺諸国との関係を深めようとする政治家（たとえばオザル首相・大統領や民主左派党のイスマイル・ジェム外相）は存在したが，官僚の抵抗や連立政治の力学により現状を覆せなかった（Altunisik 2005 : 178-190）。

2) 貿易と人の移動の自由化──経済関係深化と政治的不干渉

　トルコと黒海地域を中心とする旧ソ連諸国との経済関係深化は貿易と人の移動の自由化に体現されてきた[8]。トルコの旧ソ連圏との貿易は 2000 年代に加速したが（図 6-1），それはもっぱら輸入の拡大に支えられている（図 6-2）。他方，輸出の拡大は中東・北アフリカ地域において顕著である（図 6-3）。現在トルコの最大貿易相手国であるロシアは，ソ連崩壊直後にトルコにとって有望な市場となったが，同国の 1998 年経済危機後は輸出がふるわず，その後は石油と天然ガス供給元としての重要性が高まった（図 6-4）。なお，ロシアからの近年の輸入の落ち込みは，2008 年のリーマン・ショック後の世界的需要減退によりトルコの経済成長率も低下しエネルギー輸入が減少したことによる（図 6-5）。トルコは EU 加盟交渉準備段階では自国ヴィザ制度を EU のそれに調和させてきたものの[9]，2005 年に加盟交渉が開始されてからは調和をやめ，逆に非 EU 諸国に対するヴィザ廃止を拡大してきた（Tolay 2012 : 129-130；Aygül 2014）[10]。CIS 諸国としては 2005 年にジョージア，2007 年にアゼルバイジャン，2010 年にロシア，2012 年にウクライナに対するヴィザが廃止された。トルコへの外国人の入国で 1990 年代以降最も顕著な伸びを示したのは旧ソ連圏からの入国者で（Kirişci and Kaptanoğlu 2011 :

8）ロシアがプーチン大統領のもとで 2002 年以降，天然ガスと石油の開発で米国との協力に舵を切ったこともトルコにとって安心材料だった（Mazlum 2007 : 144）。

9）EU 加盟交渉を続けているトルコは国内法を EU 法に調和させなければならないが，国境間の人の移動を定めるシェンゲン協定も EU 法の一部である。シェンゲン協定国は共通のヴィザ制度に従わなければならないため，協定国間の人の移動は自由になるが第三国に対してはヴィザを要求することになる（Aygül 2014）。

10）その理由としては EU がトルコに対するヴィザを廃止しなかったことが考えられる（Aygül 2014 : 414）。

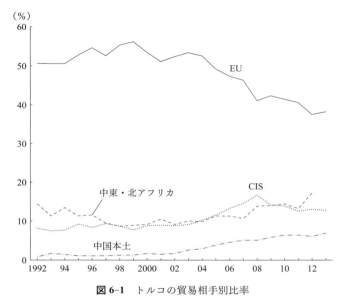

図 6-1 トルコの貿易相手別比率

出所) IMF, Direction of Trade Statistics より筆者作成。以下図 6-4 まで同様。
注) 全貿易額に占める比率。

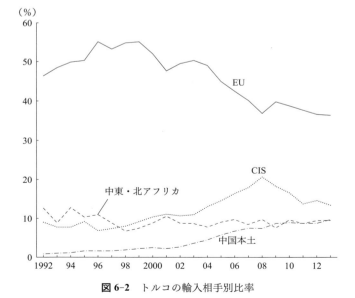

図 6-2 トルコの輸入相手別比率

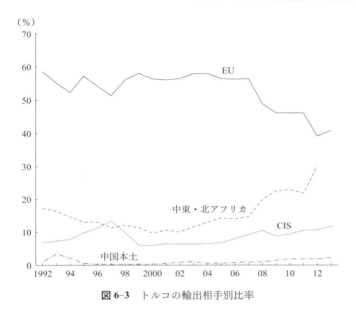

図 6-3　トルコの輸出相手別比率

709-710), 2000年代になっても全外国籍入国者に占める旧ソ連圏およびロシアの比率は増加している (図 6-6)。

　経済関係の深化は軍事協力をも促進した。トルコは2001年，ロシア，ルーマニア，ブルガリア，ウクライナ，ジョージアと共に黒海海軍協力タスク・グループ（BLACKSEAFOR）を編成した。トルコとロシアは黒海が欧米とロシアの勢力争いの場となることを好まないという点で利害が一致していた。トルコはロシアと2004年，両国関係を「強化された多面的パートナーシップ」に格上げするとの共同宣言に調印した（Winrow 2007: 122）。2008年のロシア＝ジョージア戦争ではトルコはロシアとの軍事衝突回避を最優先して，（ジョージア，ロシア，アゼルバイジャン，アルメニア，トルコを含む）コーカサス協力安定協定を提案してロシアの好意的反応を取り付ける一方，非黒海国である米国がジョージアに派遣した2艘の医療船に対して，重量超過で1936年のモントルー条約に反することを理由にそのボスフォラス海峡通過を拒否した（Hale 2013: 218-220）。

　トルコとロシアの第三国との関係のあり方は不一致の場合が多い。2000〜10年の国連総会投票行動の分析も，AKP 政権期におけるトルコとロシアの投票行

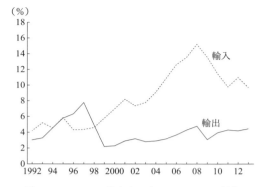

図 6-4　トルコの輸出入に占めるロシアの割合

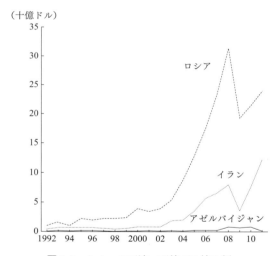

図 6-5　トルコの石油・天然ガス輸入額

出所）トルコ中央銀行データより筆者作成。

動の一致度は AKP 政権期以前よりも低かったことを示している（Yuvaci and Kaplan 2013）。しかし両国，特にトルコはもっぱら経済関係重視の観点からそれを看過してきた（Linden 2012：69-72）。それはロシア＝ジョージア戦争をめぐる対応で顕著だったが，それ以降でも，シリア内戦ではトルコは 2011 年 8 月以降，B・アサド政権退陣を強く求めるとともに反政府勢力を支持してきたのに対し，

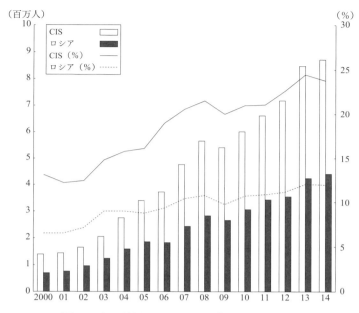

図 6-6 旧ソ連圏およびロシア国籍のトルコ入国者

出所）トルコ統計局データより筆者作成。
注）％は外国籍入国者に占める比率。

ロシアはイランと共に同政権の最も強い後ろ盾となっている。R・エルドアン首相はシリア内戦についてロシアの姿勢を批判する発言を国内向けに行ってはいるが，ロシアに対しては行っていない。ロシアの 2014 年のウクライナ侵攻，さらにトルコ系の少数民族タタール人を抱えるクリミアの併合についても，ウクライナへの経済支援を約束したりタタール人の権利擁護を訴えたりする一方で，ロシアを名指して批判することを避けた[11]。

しかし，2015 年 9 月にロシアがシリア内戦でアサド政権支援の軍事介入を本格化させるとロシア軍機によるトルコ国境侵犯が頻発，11 月にトルコ軍機によるロシア軍機撃墜が起きた[12]。プーチン大統領はトルコを激しく非難して謝罪を

---

11) http://www.reuters.com/article/2015/03/20/turkey-ukraine-idUSL6N0WM3XB20150320
12) NATO 加盟国によるロシア機撃墜は 1952 年以降ではこれが初めてだった。トルコ側は，国籍不明の領空侵犯機に対して 10 回警告したが応答がなかったため，（トルコ＝シリア間

要求した。エルドアン大統領やダウトール首相が，緊張激化は望まないとしながらも非はロシアにあるとして謝罪を拒否し，それに対してロシアはトルコ製品輸入規制，国内トルコ人の国外退去，（廃止されていた）ヴィザの再導入，トルコへのチャーター機禁止などの経済制裁に加え，シリアへの戦闘機配備やアルメニア駐留ロシア軍増強，シリア領内の（トルコ系）トルクメン人への攻撃などの軍事的威嚇を行った。その結果トルコ経済への大きな打撃が予想された一方で，ロシア経済に必要な物資や事業に関しては，対トルコ経済制裁緩和の動きも見られた。

　なおトルコは旧ソ連圏で善隣関係が築けていなかったアルメニアとの関係改善に 2008 年になって着手，2009 年 10 月に米国の仲介により国交樹立協定を締結した。ただしその後，両国で民族主義勢力から反発が高まったため，協定は両国の議会での批准を見ていない。2014 年にはトルコ国家指導者としては初めてエルドアン首相がオスマン帝国下でのアルメニア人虐殺について哀悼の意を表したが，その 100 周年に当たる 2015 年 4 月に欧州議会やローマ法王が同事件をジェノサイドと見なすとこれに強く反発した。

3）エネルギー──ハブと供給国の関係

　トルコは EU のエネルギー供給源の多様化に貢献すると目されてきた。というのも，3 つのルートを介して EU へのエネルギー・ハブの役割を果たすと考えられるからである。第一に，ブルーストリーム（前述），第二に，2006 年に開通したバクー – トビリシ – ジェイハン（BTC）石油パイプラインとバクー – トビリシ – エルズルム（BTE）天然ガスパイプライン，第三に，アゼルバイジャンのシャーデニズ天然ガス田をトルコを経由してギリシャに繋ぐ（ITG）パイプラインで（2007 年開通），カスピ海天然ガスをロシア領を通らずに欧州に繋ぐ最初のプロジェクトである（Eriş 2013 : 197-198）。さらにアゼルバイジャン（および将来的にトルクメニスタン）の天然ガスをトルコ，ブルガリア，ルーマニア，ハンガリーを経由して最終地オーストリアにまで供給するナブッコ（Nabucco）・プロ

で 1971 年に結ばれた国境規定を根拠に）トルコが設定した交戦規定に従いこれを撃墜したが，ロシア機と認識していればこのようなことは起きなかったと表明した［https://web. archive. org/web/20151124152949/http: //www. tsk. tr/3_basin_yayin_faaliyetleri/3_1_basin_acikla malari/2015/ba_97.html および http://odatv.com/rus-ucagi-oldugunu-bilseydik-dusurmezdik-2711 151200.html］。

第 6 章　トルコの政治変動と外交政策　　193

ジェクトも計画されていたが実現しなかった。ナブッコへの欧州諸国の世論と資金の支持が集まらなかった理由は，膨大な建設費に比べてアゼルバイジャンから見込まれる供給量が年間 100 億立方メートル（トルコへの供給量 60 億立方メートルを除く）と少なく（供給容量は 310 億立方メートル），商業的にあまり見合わないことだった[13]。

　そのかわりにナブッコの縮小版とも言えるトランス・アナトリア天然ガスパイプライン（TANAP）の建設が 2015 年に開始された。TANAP は既存の BTE パイプラインをトルコ経由でギリシャに繋げるものである。ギリシャからは既存のトランス・アドリア海パイプライン（TAP）を経由してイタリアに輸送される（O'Byrne 2013；Gorst 2015）。またロシアは，ウクライナ情勢をめぐり EU が対ロシア経済制裁を実施するなか 2014 年 12 月に，ブルガリア経由でロシア天然ガスを欧州に供給するサウスストリーム事業の中止を宣言，代わってウクライナを経ずにトルコを経由して欧州へ繋がるトルコストリームを 2015 年 1 月に提案した。ロシアはさらに 2 月，対トルコ輸出天然ガス価格の 10 ％ 値引きを決定した。

　トルコの黒海外交は，エネルギー・ハブとしての役割と深く関わっている（Linden 2012）。ただしそのエネルギー・ハブは，ロシア依存および非依存の 2 つのルートからなるため，トルコは対ロシアおよび対欧米関係の観点から微妙な舵取りを強いられてきた。たとえばナブッコの主要なハブであるトルコが，ナブッコに対抗するプロジェクトであるロシアのサウスストリームの建設への参加を表明したことは，米国とロシアの両国への配慮をうかがわせる（Aygül 2014：48）。トルコの外交政策（域内大国化）とエネルギー政策（安定供給確保）は必ずしも収斂していない。たとえばロシアとの関係強化はエネルギー面での過度の依存をもたらしている（Evin 2012：115）。また AKP 政権の多元善隣外交の試みは，エネルギー・プロジェクトの遅延をももたらした。2008 年にアルメニアとの関係改善を試みたトルコに対し，アゼルバイジャンの I・アリエフ大統領は 2009 年，トルコへの天然ガスの供給を止めると威嚇した。その後トルコがナゴルノ・カラバフ問題が解決しなければトルコはアルメニアとの関係を改善しないと宣言すると，アゼルバイジャンは天然ガス計画を再開し，TANAP プロジェクトが BP 社

13）エネルギー依存度の低い国もナブッコをあまり支持していなかった（Evin 2012）。

194　第Ⅱ部　域内国際関係

などのコンソーシアムにより 2013 年 12 月に調印された。

おわりに

　トルコの政治体制は，オスマン帝国におけるスルタン専制から青年トルコ立憲
制へ，トルコ共和国における一党独裁から複数政党制へと変遷し，複数政党制下
でも単独政権期と連立政権期を繰り返してきたが，いずれの時期にもトルコ外交
にとっての最大の要因は対ソ連・ロシア関係だった。対米関係も，対ソ連・ロシ
ア関係に強く規定されてきた。なぜならソ連・ロシアはトルコにとっての巨大な
隣国だからである。そして，同様に，トルコの対黒海地域関係も，ロシアとの関
係により決定づけられている。巨大な隣国の意味は，特に 21 世紀に入ってから
は，過去のような軍事的脅威ではなく，第一にはエネルギー供給元，そして第二
に対外市場としてのそれになった。シリア内戦が両国間関係に緊張をもたらし，
ロシア軍機撃墜によりそれが高まった後も，ロシアからの対トルコ天然ガス供給
は続いたし，経済制裁の部分緩和の動きも出たことは，両国の経済的相互依存の
証左である。

　ただし，両国関係が特に近年に緊密化したのは，プーチン大統領とエルドアン
大統領という独断的でカリスマ的な指導者間の信頼関係に依拠するところが大き
い。その両者が持つ面子を重んじる個性は，ロシア軍機撃墜以後の関係改善への
大きな障害にもなっていた[14]。そこで助けになったのは，黒海地域諸国との関係
だった。輸出や観光収入の減少で経済的打撃を受けたトルコ側は関係改善を模索，
トルコの元政治家の投資先であるロシア・ダゲスタン共和国の R・アブドゥラ
ティポフ大統領の仲介でロシアの V・プーチン大統領への接触を開始し，実質的
謝罪と見舞金支払いを明記した文書をカザフスタン大統領 N・ナザルバエフの仲
介で届け，2016 年 6 月の関係正常化につなげた[15]。トルコの対黒海関係における

---

14) Mehul Srivastava, Alex Barker, and Kathrin Hille, "Putin and Erdogan : so alike they can't stand it," November 26, 2015［http://www.ft.com/intl/cms/s/0/7d813cc8-9458-11e5-b190-291e94b77c8 f.html#axzz3uEMaqQCo］.

15) http://sosyal. hurriyet. com. tr/yazar/murat-yetkin_575/turk-rus-krizini-bitiren-gizli-diplomasinin-oy kusu_40185705.

多元外交は，ロシアの存在を相対化するのみならず，多国間的ネットワークを通じてロシアと関係を構築する道を開く。

参考文献
①外国語

Aktürk, Şener. 2006. "Turkish–Russian Relations after the Cold War (1992-2002)," *Turkish Studies* no. 7 (3), pp. 337-364. doi : 10.1080/ 14683840600891034.

Ayata, Sencer. 2004. "Changes in Domestic Politics and the Foreign Policy Orientation of the AK Party," in *The Future of Turkish Foreign Policy*, eds. Lenore G. Martin and Dimitris Keridis, Cambridge, Mass. : MIT Press.

Aygül, Cenk. 2014. "Locating Change in Turkish Foreign Policy : Visa Policies of the Justice and Development Party in the 2000s," *Turkish Studies* no. 15 (3), pp. 402-418. doi : 10.1080/ 1468 3849.2014.956424.

Centinsaya, Gokhan. 2007. "A Tale of Two Centuries : Continuities in Turkish Foreign and Security Policy," in *Contentious Issues of Security and the Future of Turkey*, ed. Nurşin Ateşoğlu Güney, Aldershot : Ashgate, pp. 5-18.

Eriş, Özgür Ünal. 2013. "Energy Security and Turkey in Europe's Neighborhood," in *Debating Security in Turkey*, ed. Ebru Canan-Sokullu, Lanham : Lexington Books, pp. 187-202.

Ersen, Emre. 2011. "Turkish-Russian Relations in the New Century," in *Turkey in the 21st Century*, ed. Özden Zeynep Oktav, Farnham : Ashgate, pp. 95-114.

Evin, Ahmet O. 2012. "Energy and Turkey's Neighborhood : Post-Soviet Transformation and Transatlantic Interests," in *Turkey and Its Neighbors*, ed. Ronald Haly Linden, Boulder, Colo. : L. Rienner.

Gorst, Isabel. 2015. "Construction of Tanap Pipeline Begins in Turkey as EU and Russia Spar for Upper Hand," *Financial Times*.

————. "Construction of Tanap Pipeline Begins in Turkey as EU and Russia Spar for Upper Hand" [http: //blogs. ft. com/beyond-brics/2015/03/18/construction-of-tanap-pipeline-begins-in-turkey-as-eu-and-russia-spar-for-upper-hand/].

Gültekin-Punsmann, Burcu. 2013. "Turkisy-Russian Rapprochment and the Security Dialogue in the Black Sea-South Caucasus Region," in *Debating security in Turkey*, ed. Ebru Canan-Sokullu, Lanham : Lexington Books, pp. 173-185.

Hale, William M. 2013. *Turkish Foreign Policy since 1774*. Vol. : pbk, Abingdon : Routledge.

Henze, Paul. 2003. "Turkey and teh Caucasus : Relations with the New Republics," in *Dangerous neighborhood*, ed. Michael Radu, New Brunswick, N. J. ; London : Transaction Publishers, pp. 77-90.

Kirişci, Kemal, and Neslİhan Kaptanoğlu. 2011. "The Politics of Trade and Turkish Foreign Policy," *Middle Eastern Studies* no. 47 (5), pp. 705-724. doi : 10.1080/ 00263206.2011.613226.

Linden, Ronald H. 2012. "Battles, Barrels, and Belonging : Turkey and Its Black Sea Neighbors," in *Turkey and Its Neighbors*, ed. Ronald Haly Linden, Boulder, Colo. : L. Rienner.

Mazlum, Ibrahim. 2007. "Twenty First Century Energy Security Debates : Opportunities and Constraints for Tureky," in *Contentious Issues of Security and the Future of Turkey*, ed. Nurşin Ateşoğlu Güney, Aldershot : Ashgate, pp. 137-150.

O'Byrne, David. 2013. "Tanap Tender : the Gas Pipeline to Europe, Eventually," *Financial Times*.

————. "Tanap Tender : the Gas Pipeline to Europe, Eventually" [http: //blogs. ft. com/beyond-brics/2013/08/06/tanap-tender-the-gas-pipeline-to-europe-eventually/#].

Tanrisever, Oktay F. 2004. "Turkey and Russia in Eurasia," in *The Future of Turkish Foreign Policy*, eds. Lenore G. Martin and Dimitris Keridis, Cambridge, Mass. : MIT Press, pp. 127-155.

Tolay, Juliette. 2012. "Coming and Going' Migration and Changes in Turkish Foreign Policy," in *Turkey and Its Neighbors*, ed. Ronald Haly Linden, Boulder, Colo. : L. Rienner, pp. 119-143.

Winrow, Gareth M. 2007. "Twenty First Century Energy Security Debates : Opportunities and Constraints for Tureky," in *Contentious Issues of Security and the Future of Turkey*, ed. Nurşin Ateşoğlu Güney, Aldershot : Ashgate, pp. 121-136.

Yuvaci, Abdullah, and Muhittin Kaplan. 2013. "Testing the Axis-Shift Claim : An Empirical Analysis of Turkey's Voting Alignment on Important Resolutions in the United Nations General Assembly during the Years 2000-10," *Turkish Studies* no. 14 (2), pp. 212-228. doi : 10.1080/ 14683849. 2013.802909.

Zinets, Natalia. 2015. "UPDATE 1——Turkey Offers $50 Mln Loan to Ukraine, Urges Protection of Crimian Taters" [http://www.reuters.com/article/2015/03/20/turkey-ukraine-idUSL6N0WM3XB20 150320].

②日本語

新井政美 2001『トルコ近現代史——イスラム国家から国民国家へ』みすず書房。

今井宏平 2015『中東秩序をめぐる現代トルコ外交——平和と安定の模索』ミネルヴァ書房。

第7章

ウクライナの政治変動と外交政策

末 澤 惠 美

はじめに

ウクライナは，他の旧ソ連諸国同様にソ連崩壊後，社会主義からの体制転換と国家建設を進めてきた。その過程は，市場経済化に伴う混乱やロシア系住民の存在，民主化，権力闘争など他の旧ソ連諸国と共通する問題を抱えていたものの，ウクライナに特徴的な点として，以下の諸点を挙げることができる。すなわち，核兵器や黒海艦隊といったロシアにとって最も重要な旧ソ連のインフラが残されたこと，帝国時代からの名残で東南部にロシア系住民が多い一方，西部は比較的寛容なオーストリア帝国下でウクライナ文化人の活動の拠点となったため，いわゆる「東西のメンタリティの違い」が存在すること，EU/NATO の領域とロシアの間に位置するという現代の地政学的要因がこの「東西ギャップ」と重なり，政治エリートの出身とも絡んで選挙で鮮明に表れたこと，東南部とりわけ黒海艦隊基地セヴァストポリを含むクリミアの分離主義運動がロシアによる同地奪還の試みと一体化し，さらにクリミア・タタール人の帰還問題というソ連の負の遺産が重なったことなどである。

こうした事情からウクライナでは内政と外交が直結し，2004 年の「オレンジ革命」も 2014 年の「危機」も，内政問題以上に「米露新冷戦」という側面がクローズアップされ，さらに「危機」はマレーシア航空機をも巻き込んで世界的な問題に発展した。とりわけ本書のテーマである黒海沿岸地域において，ロシアが

地図7 ウクライナ周辺の黒海地域

クリミアと黒海艦隊を完全に手にしたことの影響は大きい。本章では，なぜこのような結果になったのか，ウクライナの政治変動と外交の関係およびその中での黒海地域のもつ意味あいについて考察する。

1　ウクライナにおける政治変動と外交

　ソ連からの独立以降，ウクライナの外交政策は「西（欧米）か東（ロシア/CIS）か」の選択であったと言われる。長く東西の帝国に分断支配されていた歴史が，ソ連時代を経て，東方に拡大するEU/NATOとロシア/CISのバッファー・ゾーンという状態で引き継がれた。しかし，3年弱という短命に終わったウクライナ人民共和国時代を除けば，近代国家として初めて国際社会の一員となったウクライナの初代大統領L・クラフチュクは，諸外国との関係をゼロから構築し，あらゆる国際組織でウクライナの地位を確立する使命を負っていたため，むしろ全方位外交を展開していたと言える。1992年6月にBSECの原加盟国としてイスタンブル宣言に調印し，10月に中国を訪問していることからもそれがうかがえる。

しかし国内の問題とロシアの動きが直結していたため，内政・外交ともに東西問題の対応に追われることとなる。

　ロシアとの最大の懸案事項であった，ウクライナ領に残された旧ソ連の核兵器問題は，国際社会によるウクライナへの非核化圧力と米国の仲介とによって1994年に解決されたが，2014年の「危機」をもたらしたクリミアや黒海艦隊，ロシア語の扱い，連邦制などの問題は，すでに1990年代前半には新憲法の制定を遅らせる深刻な問題となっていた。クリミアの分離主義は，ゴルバチョフ時代に新連邦条約への参加運動という形で始まり，ソ連崩壊後はセヴァストポリと共にウクライナからの独立を宣言した（行政上セヴァストポリはソ連時代からクリミアと別扱いであった）。クリミアの運動はロシアによる領有権主張と一体となってエスカレートし，新憲法制定もロシアとの問題もクチマ政権に持ち越された。スターリンによって強制移住させられゴルバチョフ時代から帰還し始めていたクリミア・タタール人は，キエフと協力しロシアのクリミア統合に反対したが，帰還後の土地や生活基盤の確保等，深刻な社会・経済的な問題に直面していた。

　1990年代前半はいずれの旧社会主義国も市場経済化による混乱がピークに達した時期であるが，ウクライナはチェルノブイリ原発事故後の処理と被曝者への補償，インフラ老朽化によるドンバスでの相次ぐ炭鉱事故とストライキ，ロシアによる石油・天然ガスの価格つり上げにより，深刻なエネルギー危機に陥った。そのため1994年の議会選挙では共産党が第一党に，大統領選挙では東部ドニプロペトロフスク（現ドニプロ）のミサイル工場出身でロシアとの関係改善を公約にしていたL・クチマがクラフチュクに勝利した。なかでもクチマの支持率が高かったのはセヴァストポリ，クリミア，ルガンスク，ドネツクであった。

　クチマ大統領は，1997年にロシアとの黒海艦隊協定（「黒海艦隊分割のパラメータに関する協定」「ウクライナ領におけるロシア連邦黒海艦隊の地位と駐留条件に関する協定」「黒海艦隊の分割とロシア艦隊駐留に伴う相互決済に関する協定」）および国境不可侵・領土一体性の原則を盛り込んだ，友好・協力・パートナーシップ条約の締結にこぎつけるも，NATOへの接近を止めることなく同年NATOとの「特別のパートナーシップ関係に関する憲章」に調印した。GUAMを創設したのもこの年であった。前年にはクリミアの分離主義を抑えてウクライナ憲法の取りまとめにも成功，ロシア系住民の期待する連邦制導入やロシア語の公用語化は盛り

200 第 II 部 域内国際関係

込まれず，クリミアは単一国家ウクライナの中の自治共和国としてとどまること
を受け入れた。1997 年にはルーマニアとの善隣協力関係条約も締結され，ルー
マニアは，スターリン時代にソ連領となりソ連崩壊後はウクライナ政府と領有権
を争っていた北ブコヴィナ，南ベッサラビア，蛇島への主張を取り下げた。

新憲法は領内の外国軍駐留を禁じ，「過渡規定」においてロシア軍のみが認め
られたものの，それはあくまで一時的な移行措置にすぎなかった。黒海艦隊協定
によってウクライナはロシアと艦隊やインフラを折半し，ウクライナはさらに自
国分の約半数をロシアに売却[1]，セヴァストポリ基地をロシアにリースすること
でそれまでのロシアへのエネルギー債務を相殺した。こうして黒海艦隊とセヴァ
ストポリについては当面片づいたものの，根本的な問題が解決されたわけではな
く，ロシアはクリミア半島の東，ケルチ海峡で堤防の建設を始め，トゥズラ島の
領有権を主張した。2001 年の米国同時多発テロ事件後，一時的に米露関係が改
善されると，ウクライナはこの機会をとらえて NATO との関係を「特別のパー
トナーシップ」から明確に将来の加盟を前提とする関係へと切り替えた。

一方，国内では V・チョルノヴィルの事故死，「ゴンガゼ事件」，「コルチュガ
事件」，V・ユシチェンコ暗殺未遂事件や，政界と癒着したオリガルヒ（政商的企
業家）の汚職・対立を背景とする事件が頻発し[2]，国民の政治不信が高まる中で
2004 年の大統領選挙が行われた。クチマが後任に推すヤヌコヴィチ首相が決選
投票で野党「我々のウクライナ」のユシチェンコに勝利すると，ユシチェンコは
最高裁にヤヌコヴィチ側の選挙違反と選挙法改正およびやり直し選挙の実施を訴
え，逆転勝利した（「オレンジ革命」）。ユシチェンコ派の集会には，前年「バラ革

---

1) 黒海艦隊 525 隻をロシア 271 隻，ウクライナ 254 隻に分割し，さらにウクライナはその中
から 117 隻をロシアに売却したため，結果的にロシア 388 隻，ウクライナ 137 隻となった
（「黒海艦隊分割のパラメーターに関する協定」付属文書 No. 4, *Урядовий кур'єр*, 06.06.
1997.）。

2) チョルノヴィルは著名なソ連の反体制派知識人で「ウクライナ・ナロードヌィ・ルーフ
（人民運動）」の党首だったが，1999 年大統領選挙の半年前に事故死した。多量のダイオ
キシンによりユシチェンコが倒れたのも 2004 年大統領選挙の 1 ヵ月前，G・ゴンガゼは反
クチマ・ジャーナリストで 2000 年に首のない死体で発見，さらに対ステルス兵器との疑
いもあるコルチュガ・レーダーのイラク輸出が噂される中，製造した「ウクルスペツエク
スポルト社」の V・マレフ社長が事故死した。後者 2 件についてクチマによる指示が録音
されたとするテープが暴露されたが，真偽は明らかになっていない。

命」を成功させたジョージアの M・サアカシュヴィリ支持者も同国の国旗を掲げて参加し，どちらの「革命」も入念な準備のもと素早くシステマティックに行われたことから，ヤヌコヴィチやロシアは「民主主義を盾にした米国の介入」を批判した。しかし選挙は価値観以上に自己利益と生活の安定確保の場である。重工業中心の東部住民（特に炭鉱夫とオリガルヒ）にとってはドネツク出身のヤヌコヴィチとロシア/CIS 市場が安定の保証人であった。

　「オレンジ革命」の勝者として華々しく大統領に就任したユシチェンコは，NATO 加盟準備を進め，NATO 側も 2008 年のブカレスト・サミットで将来の受け入れ方針を示した。ユシチェンコは憲法の外国軍駐留禁止規定を根拠にロシアからの黒海艦隊協定延長要求を拒否し，エネルギー価格に対応した基地使用料の引き上げを示唆した。2006 年のキエフ・サミットで GUAM は「民主主義と経済発展のための機構」となり，2008 年の NATO サミット後に起きたロシア＝ジョージア戦争の際には艦隊の移動に 72 時間前の通告と許可申請を義務づけてロシアの動きを封じようとした。ロシアとの対立は「ガス紛争」となって，ヨーロッパへのエネルギー供給をもストップさせた。

　しかしユシチェンコもまた，内政上の失策によって失脚することになる。ユシチェンコはオレンジ革命の盟友 Y・ティモシェンコを含む閣僚間の対立や与党連合形成の混乱を収拾しきれず，地域党と妥協してヤヌコヴィチを首相にしたために支持者からの失望と不信を招き，2006 年の最高ラーダ（国会）選挙で「我々のウクライナ」は大幅に議席を失いヤヌコヴィチの地域党が第一党となった。さらに 2010 年の大統領選挙では，ユシチェンコの支持率は 5％台まで下落し，ヤヌコヴィチが当選した。

　ヤヌコヴィチは大統領就任のわずか 2ヵ月後にロシア艦隊の駐留延長に合意し[3]，それと引き換えにガス価格の割引をロシア側に約束させることで，国民に対して駐留延長の正当化を図った。そして，独立当初の外交理念であった「非同盟」方針をもち出して公的文書から「欧州大西洋安保空間への統合」や NATO 加盟に関する文言を削除するなど，NATO 加盟プロセスをゼロに戻した[4]。2013

3）Угода між Україною та РФ з питань перебування Чорноморського флоту РФ на території України, *Урядовий кур'єр*, 30.04.2010, № 80.

4）Закон Про засади внутрішньої і зовнішньої політики, *Відомості Верховної Ради України*,

202 第 II 部 域内国際関係

年には最高ラーダで「国家言語政策の基本に関する法」が採択され，住民の 10
％以上がウクライナ語以外の話者である地域においては，公共機関や教育機関
で国語であるウクライナ語と併せて当該言語を使用する権利が保障された。一方
ロシアは 2012 年，ケルチ海峡の自由通航とトゥズラ島の共同管理を条件に同島
のウクライナ領有を認め，国境画定に合意した。

　しかし，国民に対しロシア艦隊の駐留延長を正当化したガス価格については，
結局 IMF からの融資を受けるため 2010 年の一般家庭向け料金を 50 ％引き上げ
ざるをえなかったほか，ロシア，ベラルーシ，カザフスタンの関税同盟，プーチ
ンが提唱するユーラシア連合構想に対する態度を曖昧にしたまま，欧州統合路線
を継続しようとした。ヤヌコヴィチ外交の矛盾は，2013 年秋に EU との連合協
定調印をめぐる衝突となって表れる（後述）。

2　ウクライナ外交における黒海地域

　このような流れの中，黒海地域はウクライナの外交においてどのように位置づ
けられてきたのであろうか。
　独立後最初の政策文書「対外政策の基本方向」（1993 年）ではすでに黒海経済
協力について触れられており，クラフチュクは BSEC の創設メンバーとして，
1994 年の議会間総会（PABSEC）で経済協力に国境不可侵の原則など政治・安保
面の信頼醸成を取り込もうとした。1996 年にはヨーロッパ - コーカサス - アジ
ア輸送回廊「トラセカ（TRACECA）」，ヨーロッパ向け国家間石油ガス輸送（INO-
GATE）に加わるが，明確な対黒海政策が存在したわけではなく，ロシアへのエ
ネルギー依存がネックであったウクライナにとって，「西」の枠組みの中でのエ
ネルギー協力への参加は当然のことであった。
　早くから黒海地域に注目していたウクライナ外交の専門家は，政府の対外政策
が国益ではなく「支配エリートの地政学的志向」に左右された受動的なもので，
黒海沿岸諸国との貿易が上位に入っていないのは，長期的な視点も一貫性もない

2010, N 40 ; Закон Про основи національної безпеки України, *Відомості Верховної Ради У
країни*, 2003, № 39.

貿易政策ゆえであると批判した（Levchenko 1999；Glebov 2011）。A・レフチェンコによれば，「常にリベラル派・ナショナリストと左派との対立を招く東＝西関係と異なり，内政から比較的自立しうる対外政策の方向性」として「南方ベクトル」が最初に取り上げられたのは，1994年5月の中東問題学会主催会議であった（Levchenko 1999）。徐々に「第三のベクトル」という言葉も聞かれるようになるが，当時それらがさし示す範囲はまちまちで，中国をさす場合もあれば中央アジアまでを含むこともあった。

　1990年代末～2000年代前半になると，政府系のシンクタンクでも黒海に特化された議論が活発化してくる。BSECのヤルタ・サミットで「憲章」が調印され機構化されたのも1998年6月であった。黒海協力推進派が共通して注目していたのは，次の点である。

　まず，様々な文明の接点としての黒海地域のユニークさと将来性である。黒海はウクライナの地政学的利益にかかわる地域でありながら，CISと異なりロシアの排他的な勢力圏ではないため，バランス・オブ・パワーによってロシアの一国支配を封じ，ウクライナの独立と主権を守ることができると彼らは期待した。黒海地域ではウクライナもロシアと対等なパートナーであり，BSEC等の地域協力フォーラムでウクライナが積極的な役割を果たすことは，ウクライナの地位を向上させることにもつながると考えた。

　次に，資源開発への関心である。石油・天然ガスの7割以上をロシアに依存しているウクライナにとって，エネルギー供給源の多角化は政治的独立に不可欠であり，クリミアの油田インフラの再建，「プネヴマティカ社」を中心とする風力・太陽光発電開発や，海洋資源への期待も大きい。

　同時に，それらを輸送するルートとインフラの開発が挙げられる。輸送網の発達と近代化によって，トランジット国としてのウクライナの地位は強化される。黒海はヨーロッパ，コーカサス，カスピ海，アジアの結び目であり，4つの汎ヨーロッパ回廊とグダンスク–オデッサ回廊が通るウクライナの輸送力は[5]，ソ

5）汎ヨーロッパ回廊 III（ベルリン–ヴロツラウ–リヴィウ–キエフ），V（トリエステ–リュブリアナ／ブダペスト／ウジュホロド–リヴィウ），VII（ドナウ川ルート），IX（ヘルシンキ–サンクトペテルブルグ–ヴィテツク–キエフ–オデッサ–プロヴディフ–ブカレスト–アレクサンドルポリ）。

連時代の老朽化したインフラの近代化や新ターミナルの建設によって発揮される
はずである。願わくは 2012 年のサッカー欧州選手権（ユーロ）までに「黒海環
状高速道路」（特にレニ－オデッサ間）やシンフェロポリ空港を再建したいという
ねらいもあった。さらにバルト海から黒海，中東を結ぶ「縦」のルートに着手さ
れれば，ウクライナ内の南北間コミュニケーションも同時に強化される。
GUAM 結成の動機も，こうしたエネルギーと輸送ルートの確保と安定であった。

　その他，自由貿易圏創設，ウクライナ産品の市場拡大，査証免除制度導入，観
光業，投資誘致，また交通網の発達に伴う不法移民・国際犯罪集団の流入や開発
による環境汚染といった「共通の脅威」に対する地域協力等，「欧州の価値観」
や「ユーラシア主義」のような抽象的な概念ではなく経済合理性とプラグマティ
ズムに基づく利点に推進派は注目していた。

　とはいえ，ユシチェンコがそうであったように，「欧州統合路線を補完する役
割」としての期待が大きかったことも否定はできない。いずれの動機にせよ，
2000 年代は黒海地域協力フォーラムやプロジェクトが次々に発足し，ウクライ
ナもそのほとんどに参加した[6]。

　しかし，早くも 2000 年代後半から黒海地域協力推進派の間でも展望を疑問視
する声が出てくる。黒海の統合を阻害する要因と指摘された問題の多くは，この
地域が潜在的に有していた不安定性，すなわち伝統的な一体感や共通のアイデン
ティティの欠如，「凍結された紛争」の存在，沿岸諸国の経済力の低さ，資金や
民間企業の参入不足，各国の思惑のずれ，覇権争い（特にトルコ，ロシア，ルーマ
ニア），資源やルートをめぐる競合，汚職等の内政問題，そして取り決め履行メ
カニズムの不完全さなどであった。例えば黒海環状高速道路の建設は各国間の税
関業務やインフラの質の悪さ，査証制度の存在，「凍結された紛争」の地を通る
リスクによって遅れ（Shelest 2011；Glebov 2011；Razmukov Center 2011），BSEC の
会合でウクライナは幾度となく，採択された決定，協定，プロジェクトの実現を

6）黒海海軍協力タスク・グループ（BLACKSEAFOR），黒海 NGO ネットワーク，黒海沿岸
　協力フォーラム，ドナウ＝黒海タスク・フォース，黒海ハーモニー，バクー・イニシア
　ティヴ，地中海・黒海持続可能な発展・貧困撲滅国際連盟，黒海ナショナル・ニュース・
　エージェンシー連盟，対話とパートナーシップのための黒海フォーラム，黒海シナジー，
　黒海地域協力基金，黒海・カスピ海企業連盟，黒海ユーロ・リジョン，黒海 NGO フォー
　ラム，黒海の再生・保護のための戦略的アクション・プラン等。

呼びかけた。

　ウクライナ自身，黒海の大陸棚および排他的経済水域とドナウ川から黒海に通ずる水路をめぐって，善隣協力関係条約の締結後もルーマニアと対立していた。黒海の境界線問題については2004年にルーマニアが国際司法裁判所（ICJ）に提訴し，ウクライナが主張する線から後退する形での判決が下された（2009年）[7]。2004年は，ウクライナがレニ，イズマイル，キリヤから黒海に抜けるドナウ川支流における大型船舶航行を可能にする「ドナウ - 黒海水路」（ブストレ水路）事業を開始した年であり，ルーマニアは世界自然遺産になっているドナウ・デルタの環境と生態系を破壊することにつながると国連エスポー条約委員会とEUに訴えたが，ウクライナ側はルーマニアが商業的な理由から事業を阻止しようとしていると非難した。

　「凍結された紛争」地のうちトランスニストリアは直接ウクライナと国境を接しており，ウクライナ系住民が3割を占めるため，ウクライナは調停者としての役割を自称しているものの，際立って積極的な動きは見せていなかった。独自の解決案を提示したのは2005年のGUUAMキシナウ・サミットであり[8]，当時国家安保防衛会議書記だったP・ポロシェンコが策定した「ユシチェンコ・プラン」は，EU・欧州安全保障協力機構（OSCE）・欧州評議会・ルーマニア・米国・ウクライナの監視下でのトランスニストリア議会選挙実施や軍事企業の国際監視，OSCEによる平和維持活動・国境監視，トランスニストリアへの「特別の地位」付与等を内容としていたが，ロシア軍の撤退問題には触れず，「特別の地位」の内容も曖昧で，議会選挙の実施はトランスニストリア指導部そのものの正当性容認につながるとの批判もあった（Volten 2007）。同年，ウクライナはモルドヴァとの合意により，EU国境支援使節（EUBAM）と，トランスニストリアからの輸入品にモルドヴァ政府の登録を義務づける制度を導入した。これらの措置は密輸や

---

7) 両国は善隣協力関係条約の追加合意書において，2年経過しても交渉で解決できない場合は一方の当事国によるICJへの提訴を認めていた。ルーマニアは蛇島への領有権を放棄していたが，それが「島」か「岩礁」かで境界線が大きく変わるため「岩礁」と主張していた。ICJは「島」と認めたものの「境界画定には影響しない」との判決を下した［http://www.icj-cij.org/docket/files/132/14985.pdf］。

8) GUAMは1999年から2005年までウズベキスタンも加わっていたためGUUAMと表記された。

武器・麻薬取引，人身売買削減で一定の効果を上げたが，いずれもモルドヴァとの二国間あるいは欧州機構との協力に軸をおいた対策であった。

「凍結された紛争」，分離主義，民族間不和，越境犯罪等の「伝統的な」脅威に，テロや，ウクライナを迂回するパイプラインの建設など新たな脅威が加わる中，ロシア＝ジョージア戦争，ロシアとのガス紛争，そして黒海艦隊協定の延長は，黒海地域協力に対する悲観論を決定づけた。当時最高ラーダ欧州統合問題委員長だったB・タラシュク（元外相）は，「関係者の努力もむなしく，ロシア＝ジョージア戦争によって黒海地域は再び不安定地帯と化した。ロシアの侵略は，国際社会が一国による国連憲章違反を事前に阻止しえないことを露呈した。ロシア艦隊の出動はウクライナの安保を脅かすだけでなく，ウクライナをデリケートで複雑な状況に追い込んだ。ジョージアとの条約で，相手国への侵略を目的とする第三国の通過を許さないと約束したにもかかわらず，わが国はこれを果たせなかったからだ」と述べた。欧州統合推進派の象徴とも言えるタラシュクやユシチェンコの立場をさらにデリケートにしていたのは，ロシア＝ジョージア戦争の半年前の欧米によるコソヴォの独立承認であった。ユシチェンコは，「コソヴォが旧ソ連の凍結された紛争の前例になることはない」としつつ，クリミアへの波及を恐れて独立承認には踏み切らなかった。しかし，黒海艦隊協定が2042年まで延長された時点でクリミアはロシアの手に落ちると予見した専門家の危惧は，2014年に証明されることとなった。

3　ウクライナ危機

危機の発端は，ヤヌコヴィチ政権が，EU東方パートナーシップのヴィリニュス・サミットで予定していた「深化した包括的自由貿易圏（DCFTA）」を含むEUとの連合協定調印を直前になって延期したことであった。連合協定は2012年にすでに仮調印されていた。政府は「ロシア/CIS諸国との貿易・経済関係を回復させ，EU諸国と同レベルの国内市場を形成するための経済的理由による」と苦しい言い訳をしたが[9]，プーチンが参加を迫るロシア中心の経済連合への加盟に決定的なNOをつきつけることは，市場の喪失とエネルギー価格の上昇という経

済的なリスクのみならず，ジョージアの二の舞という政治的なリスクも冒すことを意味した。実際ロシアは延期の決定後 150 億ドルの債権買い戻しとガス価格の値下げに合意している。

　もうひとつの延期の理由は，内政上の問題であった。EU は，連合協定締結の条件として，ヤヌコヴィチにティモシェンコや Y・ルツェンコ元内相の釈放と2004 年憲法の復活等を要求していた[10]。2004 年憲法は「オレンジ革命」の際に，野党の主張する選挙法改正と抱き合わせで与党側が合意した改正憲法であり，ユシチェンコ当選を見越して首相を含む閣僚の任命権を大統領から最高ラーダに移していた（2006 年 1 月施行）。しかしヤヌコヴィチが 2010 年の大統領選挙に当選すると，憲法裁判所は 2004 年の採択手続きに違反があったとして改正憲法を無効とし 1996 年憲法が復活，ヤヌコヴィチはユシチェンコから取り上げていた大統領権限を手にしたのである。交渉はぎりぎりまで続けられたが，ヤヌコヴィチが要求されたこれらの措置に踏み切らなかったため，EU 側も調印を見送らざるをえなかった。

　政府の決定に対して EU 支持者がキエフの独立広場を中心にデモを起こすと（「広場」を意味するウクライナ語から「ユーロマイダン」と呼ばれるようになる），「ベールクト（内務省特殊部隊）」が出動して強制排除したために一気に反政府デモに発展し，最高ラーダがデモ制限法を採択するが，2 月には治安部隊も含め100 名以上の犠牲者を出す惨事となった。地域党の本部も放火され，クリミア自治共和国議会の V・コンスタンティノフ議長は，事態がさらに悪化した場合はウクライナから離脱すると警告した。ヤヌコヴィチは EU3 ヵ国代表（独・仏・ポーランド）同席の下，野党の指導者と共に挙国一致内閣の樹立や繰り上げ大統領選挙の実施，2004 年憲法への回帰等を含む合意文書に調印した。

　しかしその後ヤヌコヴィチの所在が不明となり，病気を理由に辞任した V・ルィバクに代えて最高ラーダは O・トゥルチノフを議長に選出し，ヤヌコヴィチ大統領を「職務放棄」により解任した（後に本人は会議のためハリコフにいたと言

　9）Розпорядження кабінета міністрів України від 21 листопада 2013 р. №905 [http://www.kmu.gov.ua/kmu/control/uk/cardnpd].

10）ティモシェンコは日本等から受けた温室効果ガス対策用の資金流用，ロシアとのガス契約における職権乱用の疑いがもたれ，審理妨害で逮捕された。なかなか釈放に応じないためEU 側は「受刑者の国外での治療許可に関する法」採択という形での救済を試みた。

明）。最高ラーダはまた，2004 年憲法への回帰，ティモシェンコ釈放，5 月の大統領選挙実施を決定，「国家言語政策の基本に関する法」を無効とする法を採択した[11]。復活した 2004 年憲法に従いトゥルチノフ議長が大統領代行となり，A・ヤツェニュク暫定内閣が発足したが，閣僚の半数がティモシェンコの祖国党と極右の自由党であり，地域党は一掃された。検察はヤヌコヴィチが国庫から 1000 億ドルを流用したとして，彼の豪奢な私邸を接収したが，ヤヌコヴィチとプーチンは解任を本来の大統領罷免手続きを経ていない「クーデタ」であると非難した[12]。

　そして，危機は第二段階目に突入する。クリミアでも衝突が起こり，自治共和国政府ビルや議会ビル，空港が武装集団に占拠された。ロシアからの派兵による軍事介入との批判に対し，プーチンは黒海艦隊協定の枠内での措置であるとしていたが，「ウクライナで異常事態が生じ同胞〔ロシア系住民〕に脅威が及んでいる」ことを理由にロシア連邦軍の使用権限を正式に上院に要請した。クリミアは 3 月 16 日にロシアとの「再合同」を問う住民投票を実施し，賛成が 90 ％を超えたとして「クリミア自治共和国」から「クリミア共和国」へ，立法府の名称も「自治共和国最高ソヴィエト」から「共和国国家ソヴィエト」に変更の上，V・コンスタンティノフ・ソヴィエト議長と C・アクショノフ「クリミア共和国首相」，A・チャルィ・セヴァストポリ市長がクレムリンでプーチン大統領と「ロシア連邦へのクリミア共和国の受け入れ（принятие）およびロシア連邦における新たな主体創設に関するロシア連邦とクリミア共和国の条約」に調印した。ウクライナ政府は，憲法によって領土の変更には国民投票の実施が義務づけられていることからクリミアの決定を無効としたが，ロシアは連邦構成主体に「クリミア共和国」と「連邦的意義を有するセヴァストポリ市」を組み入れ，新たに「クリミア連邦管区」を設置して黒海艦隊協定を廃棄し[13]，黒海の地図を一方的に塗り替えた。

11）「国家言語政策の基本に関する法」の無効についてはトゥルチノフが大統領代行となって署名を拒否した。

12）憲法では議員過半数の弾劾発議，特別臨時委員会による調査，ラーダ 3 分の 2 以上による弾劾決議，憲法裁および最高裁決定を経て 4 分の 3 以上の賛成で罷免となる。「オレンジ革命」は本来の議会や裁判所の手続き，選挙を経ており，プーチンはユシチェンコの勝利がほぼ確定した段階で認めていた。

13）クリミア連邦管区大統領全権代表にはプスコフ州生まれでセヴァストポリ高等海軍技術学校卒の O・ベラヴェンツェフを任命，また，ウクライナ海軍司令官 D・ベレゾフシキーが

ウクライナと欧米は国家主権・領土保全の侵害によるロシアの国際法違反を糾弾し制裁を発動したが，プーチンは民族自決権とクリミア住民自身によるロシアとの「再合同」要請を根拠に正当性を強調し，コソヴォの独立承認やユーゴ，イラクへの空爆を挙げて米国の二重基準を批判した。クリミアに続いてトランスニストリアがロシアへの編入を要請し，ウクライナの東部ルガンスク州とドネツク州もウクライナからの独立を宣言した。二州はそれぞれ「ドネツク人民共和国」「ルガンスク人民共和国」と改称し「ノヴォロシイスク連邦国家」創設を宣言，プーチンにロシアの受け入れを求めた。スロヴャンスクやクラマトルスク，マリウポリ他で銃撃戦が始まり，第三段階目の危機となった。政府は「反テロ作戦」を展開し，2013年に志願制に移行したばかりの徴兵制を復活させるが，オデッサでも州行政府庁舎占拠事件や40名以上が犠牲となる衝突が生じた。

東部戦闘地域やクリミアの参加は見込めないまま，5月25日に臨時大統領選挙が実施され，ティモシェンコや極右「急進党」のO・リャシュコ，「右派セクター」のD・ヤロシュらを抑えてポロシェンコが第1回投票で当選を決めた。ポロシェンコは製菓会社「ロシェン・グループ」の他，メディアや造船会社で富を築いた「チョコレート・キング」と呼ばれるオリガルヒで，地域党の結成にかかわりヤヌコヴィチ政権下で経済発展・貿易相を務める一方，「オレンジ革命」ではユシチェンコを支持し同政権下で国家安保防衛会議書記，外相になった経歴の持ち主である。1回目に過半数を獲得できたのは，世論調査で2位にあったV・クリチコがポロシェンコ支持にまわったこともあったが，有権者が極端な右傾化による事態の悪化を懸念し，ポロシェンコの経歴から，いずれの勢力とも渡り合える人物として期待されたものと思われる。

ポロシェンコは武器を放棄した者の罪を不問とし，地方分権化やドンバスの雇用創出を盛り込んだ「平和計画」を発表したが，7月にマレーシア航空機が誤って撃墜され，乗客298名全員が犠牲となると，ウクライナとロシアの対立は国際問題に発展した。9月にミンスクでウクライナ，ロシア，OSCEの三者コンタクト・グループ会合が開かれ，即時停戦，OSCEによる停戦監視，分権化（ドネツクとルガンスクの自治に関する法の採択を含む），国境地帯の安全監視・OSCEによ

ロシア黒海艦隊副司令官に任命された。

る検証，人質の解放，ドネツクとルガンスクでの諸事件に関与した者に対する起訴や処罰の防止，地方選挙実施，非合法武装組織の排除，二州の復興プログラム等を骨子とする「平和的解決のための議定書」が調印された[14]。2015年2月のノルマンディー・フォーマット会合（ウクライナ，ロシア，仏，独が参加）では，停戦期日や武器撤退ライン，緩衝地帯などミンスク合意を履行するための具体的な取り決めを行ったが，戦闘はおさまらなかった。

　クリミアの喪失がウクライナに与えた損失は計り知れない。領海の大幅な縮小，海軍の戦略的拠点・軍施設（国防省によれば総資産額約115億ドル）・ヤルタ等の観光地・商業施設の喪失のほか，クリミアとの鉄道・バスによる交通は制限ないし停止され，ロシアがケルチと本国を結べばアゾフ海はほぼロシアの内水状態となって閉ざされる。激戦地となったドネツク州のマリウポリは黒海環状高速道路の建設地であり，他国の「凍結された紛争」ではなく自国の紛争によって，最も期待する黒海プロジェクトのひとつが頓挫する結果となった。

　一方でロシアは黒海艦隊基地をすべて掌握しただけでなく，黒海艦隊協定のしばりから解放されて制限なく兵力を増強できる自由を手にした。ロシア以外の黒海沿岸諸国とりわけNATO加盟国も軍備を増強するものの，当事者たるウクライナは戦費の負担によりNATOからの支援なくして近代化や増強は困難な状況である。エネルギーについては欧州からの輸入増で一時的に補ったが，根本的な解決には至っていない。

　国連の発表によれば[15]，2014年4月から16年5月までの東部での戦闘による死傷者は3万903人にのぼり，2015年6月の時点での国内避難民は1300万人以上，国外への難民は89万人以上となった。また，クリミア・タタール人の指導者M・ジェミレフによれば，2014年末までに8000～1万人のタタール人がクリミアからヘルソン他ウクライナの主に西部に脱出しており[16]，ジェミレフのよう

---

14) クチマ元大統領，M・ズラボフ駐ウクライナ大使，H・タグリアヴィニOSCE特使が調印，ドネツク「人民共和国首相」A・ザハルチェンコとルガンスク同首相I・プロトニツキーも署名したが肩書きは付されなかった［http://naviny.by/rubrics/politic/2014/09/07/ic_news_112_442139/］。

15) OHCHR Report on the human rights situation in Ukraine, 3 June 2016.

16) トルコはクリミア・タタール人のためのシェルター建設でも協力している。*Daily Sabah*, 1 December 2014［http://www.dailysabah.com/politics/2014/12/01/current-situation-worse-than-soviet-era］。

な高齢者の中には2度の強制移住により家を失った者もいる。

「ウクライナ危機」は，EU/NATOとのパートナーシップ関係がウクライナの安保にとって十分ではないことを悟らせた。ポロシェンコは，全方位外交もヤヌコヴィチが法制化した非同盟政策も放棄してNATO加盟をめざす方針を表明し，米国との戦略的パートナーシップ関係とNATO関連の記述を大幅に増やした新しい「国家安全保障概念」を承認した（2015年5月26日大統領令）。ポロシェンコの外交方針は人事にも反映されており，国外から8名がウクライナ国籍を付与され要職に任命されたが，その多くが欧米での留学や勤務経験をもち，ジョージアから対露強硬派だったサアカシュヴィリ元大統領および同政権の閣僚が呼ばれているのも象徴的である[17]。サアカシュヴィリは黒海の最重要拠点オデッサ州の行政長官に就き，オデッサを「黒海の首都」にすると意気込みを見せた。オデッサにはセヴァストポリに代わる海軍基地も建設されつつある。

たしかにロシアの侵攻後，国民のNATO加盟賛成派が初めて反対派を上回り，ユシチェンコ人気が絶頂期だった2005年6月でさえ賛成15.3％，反対60.3％だったのに対し，2015年3月には賛成43.3％，反対31.6％となった[18]。しかしそれでも賛成は半数以下であり，ポロシェンコは国内に存在する本質的な考え方のギャップから国民投票が必要であるとしている。また，加盟国の多くが急激な変化を歓迎しておらずウクライナに対して門戸が100％開いているわけではないと述べ，加盟のタイミングには慎重な姿勢を見せた[19]。

他方EUに関しては，ロシア上院がクリミアをロシア連邦領とする法を採択した2014年3月21日，ウクライナは連合協定の政治部門に調印した（貿易部門は同年6月27日）。EUはウクライナの内政の不安定と改革の遅れを理由に連合協定締結を延ばしてきたため，紛争地域を抱えた国との調印はEUの方針の根本的な見直しを迫ることになる。連合協定の発効には全EU加盟国の批准が必要だ

---

17) リトアニア人のA・アブロマヴィチュス経済発展・貿易相，米国のウクライナ人ディアスポラであるN・ヤレシコ財務相，ジョージア人のA・クヴィタシュヴィリ保健相，E・ズグラゼ第一内務次官，G・ゲツァゼ法務次官，D・サクヴァレリゼ次長検事，Z・アデイシュヴィリ政府顧問など。ヤレシコ財務相はハーバード大卒で米国務省に勤務していた。

18) ラズムコフ・センター調査［http://www.uceps.org/ukr/poll.php?poll_id=46]。

19) 「国家安保概念」の中でも，草案にあった直接的な「加盟」という表現はロシアとの和平交渉に影響するおそれがあるため「NATOスタンダードに合致させる」等の間接的な表現に改めている。

が，これを最初に批准したのは黒海への水路や境界線等をめぐり対立していたルーマニアであり，K・ヨハニスはルーマニア大統領として7年ぶりにウクライナを訪問した。両国は既述の二国間関係における問題解決，黒海地域の安保強化，ルーマニアが高い水準を誇るサイバー攻撃対策，トランスニストリア問題における協力で合意するなど，ロシアの脅威は黒海沿岸諸国の関係改善に貢献した[20]。

　ロシア・東部二州との交渉の柱のひとつは，二州の法的地位と権限の問題である。ロシアはウクライナに連邦制の導入を要求することで，二州をロシア連邦に組み入れる可能性を間接的に否定した。連邦制における中央と連邦構成主体間での権限分割には国によって幅があるが，ロシアが想定しているのは二州が独自に外国との関係を結びうる国家連合に近い連邦制であり，他方のウクライナは「単一国家の中の特別の自治」にとどめようとしているが，それで破綻したのがクリミアの例であった。

　ウクライナは7ヵ国と国境を接しており，ルーマニアとの領土問題に見られるように西部はモザイク状の複雑な領土変遷の歴史を経ている。「国家言語政策の基本に関する法」はロシア語のみを対象としているわけではなく，タタール語，ポーランド語，スロヴァキア語，ベラルーシ語，ロマ語，カライム語等18言語を挙げて多言語主義を奨励しており，ザカルパッチャ州のベレゴヴェ市（マジャール語）やチェルニフツィ州のタラシフツィ村（モルドヴァ語）等でも適用されている。彼らは分離主義や連邦制を掲げているわけではないが，東部二州だけに特別な権限を与える非対称な分権化には反対しており，ポロシェンコ大統領はEU/ロシアとの取り決めと国内の反発との板挟みにあうこととなった。

　ポロシェンコ政権は，危機をもたらした根本的な原因が汚職やオリガルヒによる独占，警察の腐敗等による国家安保システムの機能不全にあり，ロシアの侵略を可能にした責任は一人一人の兵士ではなく政治エリートにあると痛烈に自己批判し，司法・立法・行政三権に例外なく及ぶ「上からの改革」に着手した。サアカシュヴィリを登用したのも，汚職対策の一環である。ロシア以上にオリガルヒが政治を支配しているウクライナでどこまで「脱オリガルヒ化」が可能かは，ポロシェンコ大統領が自分自身にどこまで切り込むことができるかにかかっている。

20）トランスニストリアに関しては，ウクライナは同地へのロシア軍通過に関する合意を破棄することをモルドヴァ政府に伝えた。

郵 便 は が き

464-8790

092

料金受取人払郵便

千 種 局
承 認

167

差出有効期間
平成30年 3 月
日まで

名古屋市千種区不老町名古屋大学構内

一般財団法人

名古屋大学出版会

行

ⅠⅰⅼⅰⅰⅠⅠⅰⅼⅠⅰⅰⅼⅠⅰⅰⅼⅰⅰ‖ⅰⅰ‖ⅰⅼⅰⅼⅰⅼⅰⅼⅰⅼⅰⅼⅰⅼⅰⅼⅰⅼⅰⅼⅼⅰ‖ⅰⅼ

ご注文書

書名	冊数

ご購入方法は下記の二つの方法からお選び下さい

A. 直 送	B. 書 店
「代金引換えの宅急便」でお届けいたします 代金＝定価（税込）＋手数料230円 ※手数料は何冊ご注文いただいても230円です	書店経由をご希望の場合は下記にご記入下さい ＿＿＿＿＿＿市区町村 ＿＿＿＿＿＿ 書店

読者カード

（本書をお買い上げいただきまして誠にありがとうございました。
このハガキをお返しいただいた方には図書目録をお送りします。）

本書のタイトル

ご住所　〒

　　　　　　　　　　　　　　　　TEL（　　）　　―

お名前（フリガナ）　　　　　　　　　　　　　　　　年齢

　　　　　　　　　　　　　　　　　　　　　　　　　　歳

勤務先または在学学校名

関心のある分野　　　　　　　　　所属学会など

Ｅメールアドレス　　　　　　　　　@

※Ｅメールアドレスをご記入いただいた方には、「新刊案内」をメールで配信いたします

本書ご購入の契機（いくつでも○印をおつけ下さい）

Ａ 店頭で　　Ｂ 新聞・雑誌広告（　　　　　　　　　）　　Ｃ 小会目録

Ｄ 書評（　　　　　　）　　Ｅ 人にすすめられた　　Ｆ テキスト・参考書

Ｇ 小会ホームページ　　Ｈ メール配信　　Ｉ その他（　　　　　　）

ご購入 書店名	都道 府県	市区 町村	書店

本書並びに小会の刊行物に関するご意見・ご感想

他方で，1年で数百人を摘発した「権力浄化法」が前政権や特定の勢力を一掃するための道具となったり，改革が欧米からの圧力など自国民以外の要素に頼るものとなれば，過去の繰り返しになる。

おわりに

　危機の発端となるデモが起こった2013年は，皮肉にもウクライナがBSECの議長国を務めた年であった。議長国として経済相会合を開催したヤルタは事実上ウクライナの行政権が及ばない町となり，ウクライナの内政問題やロシアとの二国間問題は，黒海全体の政治・経済・安保状況を根本から覆す結果となった。ロシアによるクリミア併合の2ヵ月後に開かれたBSEC議会間総会でウクライナ代表はロシアの演説をボイコットしたが，各国の対応は慎重であり，BSECは瓦解を避けるため「黒海地域で起こっている困難な状況の中での対話」を呼びかけるしかなかった。

　しかしウクライナを含めBSECを脱退した国はなく，黒海プロジェクトは粛々と続けられている。「黒海地域諸国の国際海洋政策の諸問題に関する国際会議」（2015年3月，ソフィア）の席で，ウクライナは黒海における自国の政策課題が上述した国内改革そのものであることを報告した。独立後最大の政治変動が，「オレンジ革命」の失敗をたどらず，危機の犠牲者を無駄にすることなくウクライナ全土をあげての根本的な改革につながって初めて，「ユーロマイダン」は「尊厳の革命」と呼ばれるようになり，オデッサは安定し繁栄した真の「黒海の首都」になろう。

参考文献

Bukkvoll, Tor. 2001. "Ukraine and the Black Sea Region," in *Politics of the Black Sea*, ed. Tunc Aybak, London : I. B. Tauris Publishers.

Glebov, Sergey. 2011. "Ukraine's Changing Foreign Policy : Implications on the Black Sea Security," *Insight Turkey*, vol. 13, no. 2.

Hamilton, Daniel and Gerhard Mangott (eds.). 2008. *The Wider Black Sea Region in the 21st Century :*

Strategic, Economic and Energy Perspectives, Washington, D. C. : Center for Transatlantic Relations.

Levchenko, Aleksandr. 1999. "Ukraine in the Black Sea and Caspian Regions," *Studies in Contemporary History and Security Policy*, vol. 2.

Moroney, Jenifer D. P., Taras Kuzio and Mikhail Molchanov. 2002. *Ukrainian Foreign and Security Policy : Theoretical and Comparative Perspectives*, London : Praeger.

Perepelytsia, Grigoriy. 2007. "The Policy of Ukraine Towards The BSEC And The Black Sea Region," *ICBSS Xenophon Paper*, no. 2.

Shelest, Hanna. 2011. "The Black Sea Region as a Security Challenge for Ukraine," *Turkish Policy Quarterly*, vol. 10, no. 3.

Volten, Peter M. E. and Blagovest Tashev (eds.). 2007. *Establishing Security and Stability in the Wider Black Sea Area : International Politics and the New Emerging Democracies*, Amsterdam : IOS Press.

Воротнюк, М. О. 2007. « Шляхи активізації діяльності України у Міжнародному Чорноморському Клубі », *Стратегічні пріоритети*, №2 (3).

Кулик, О. С. 2010. « Черноморский диалог : возможен ли он? », *Чорноморсь ка Безпека*, №2 (16).

Кулик, О. С., О. А. Заяць. 2010. *Зовнішня політика України*, Знання.

Макогон, Ю. В. 2008. « Стратегічні інтереси України в ОЧЕС », *Стратегічні пріоритети*, №4.

Регіональний філіал Національного Інституту Стратегічних Досліджень у м.Одесі. 2013. *Страт егічні пріоритети політики України в Чорноморському регіоні*, Аналітична доповідь, мате ріали круглого столу, Одеса, Фенікс.

Снігир, О., О. Микал., С. Савін., Ж. Журавльова., М. Плаксенко. 2009. *Зовнішньополітичні аспекти використання Чорного моря як стратегічного ресурсу України*, Аналітичний монітор, 2009, http://www.niss.gov.ua/monitor/ mart2009/22.htm

Стародуб, Т. С. 2009. « Теорія комплексу безпеки : можливості використання для формування спільної стратегії розвитку Чорноморського регіону », *Стратегічна Панорама*, №4.

―――――. 2010. « Розробка системи антикризового менеджменту для Чорномор'я в контексті регіональної безпеки », *Стратегічна панорама*, №1 (38).

Стародуб, Т. С., І. І. Сапицька. 2009. « Нові підходи до формування системи регіональної безпе киу Чорноморсько-Каспійському регіоні », Стра*тегічна панорама*, №2.

Тригуб, О. П., Сустова, Ю. В. 2011. « Україна в чорноморському регіоні : реалії та перспективи », *Історія* Наукові праці, випуск 134, том.147.

Центр Разумкова. 2011. « Крим, Україна в координатах Чорноморської безпеки », *Інформаційно- аналітичні матеріали до Фахової дискусії на тему 'Крим : безпека і розвиток'*, 6 квітня 2011, Kingdom of the Netherlands.

Штібликов, Д. 2011. « Главные укрозы и вызовы в Чеорноморском регионе «цивилизачионные, политические, экономические, военные », *Чорноморська Безпека*, №1 (19).

第8章

南コーカサスの政治変動と外交政策

廣 瀬 陽 子

はじめに

　本章では，南コーカサス三国，すなわち，ソヴィエト社会主義共和国連邦（ソ連）から独立して主権国家となったアゼルバイジャン，アルメニア，ジョージア（グルジア）[1]の政治変動と外交政策を明らかにする。欧州とアジアの間に位置する南コーカサス地域は民族の坩堝であり，多くの言語，文化，宗教が交錯する文明の十字路である。さらに，カスピ海からは石油，天然ガスが採掘されるため，その地政学的重要性は非常に高い。

　そのため，南コーカサス地域は，歴史的に多くの侵略を受けてきた。そして，この過程で多様な文化や言語，宗教が持ち込まれ，地域の様相はますます複雑かつモザイク的になった。それゆえ，狭い領域に異なる信仰や文化，言語を持つ多様な民族が存在し，テュルク語系の言葉でありながら，アラビア語，ペルシャ語，ロシア語の語彙を多く含むアゼルバイジャン語のように，複雑な言語も見られるのである。

---

1) 2015年4月に，日本における国名呼称が「グルジア」から「ジョージア」に変更された。これは「グルジア」が，ロシア語であるためであり，呼称変更はジョージアの長年の要望が結実したものである。ただし，ジョージア語での国名は「サカルトヴェロ」であり，また，それまでグルジアという呼称で書かれていた文献などとの不整合が生じることや米国のジョージア州と混同しやすくなることなどから，その呼称変更の意義について疑問視する声も少なくない。

216　第 II 部　域内国際関係

　南コーカサス三国の複雑な歴史は現在においても進行形で刻まれ続けている。三国はソ連末期からソ連解体後数年にかけて，それぞれ紛争に苦しめられた。紛争をなんとか停戦に持ち込んだ後，各国は国家建設を進めてきたが，その外交志向と内政の状況は，各国の所与の条件もあって三者三様である。

　だが確実に言えるのは，三国の外交・内政を考える上では，「狭間の政治学」の観点が不可欠だということだ。つまり，地理的には欧州とロシアの狭間に位置し，政治的にはさらに米国の要素も加わって，欧米とロシアの間でどちらに接近するかの選択を迫られ，またその選択によって様々な制約や試練を甘受せねばならなくなるのである。主権国家でありながら，政治的な自由が制限されている南コーカサス三国の独立後の政治動向はきわめて興味深いものである。そして，ロシア，トルコなどの歴史的な地域大国を除く黒海地域の多くの諸国もまた，「狭間の国」であるといえ，南コーカサス三国と利害関係を共有しているケースもある。それでも，南コーカサスの各国の外交志向，政治スタンスによって黒海諸国とのそれぞれの関係性には大きな違いが見られる。

1　南コーカサス三国の概要と外交志向

　南コーカサス地域が欧亜の間に位置することはすでに述べたが，地理的状況や経済・政治の概要をもう少し詳しく確認しておこう。地理は所与の条件であるにもかかわらず，内政・外交に大きな影響を与えているからである。

　南コーカサス地域はコーカサス山脈の南側の地域であり，その北側はロシア連邦の北コーカサス地域で，チェチェンやダゲスタンなどのロシア連邦構成共和国群が位置している。そして，この地域はソ連時代にザカフカスと呼ばれていたが，その言葉自体が，この地域がロシアに従属していた歴史を示している。ロシア語の「ザ」は，「〜の向こう側」という意味であり，「ザカフカス」は（モスクワから見て）「コーカサス山脈の向こう側」という意味となる。つまり，「ザカフカス」という名称からは，南コーカサスを常にモスクワが監視している，ないし，ロシアあっての南コーカサスという構図が浮かび上がってくるのである。しかし，ソ連解体後に南コーカサス三国が主権国家として独立を果たすと，当地の人々は，

地図 8　南コーカサス周辺の黒海地域

ロシアを基準に自らが位置づけられる呼称を嫌い，「ザカフカス」という地域名は一般的にはあまり用いられなくなった。

　ここで南コーカサス三国の概要をおさえておこう。

　アゼルバイジャンは，ロシア，ジョージア，アルメニア，イラン，トルコ（飛び地のナヒチェヴァンのみ）と国境を接し，カスピ海に面している。基幹民族であるアゼルバイジャン人の母語のアゼルバイジャン語はトルコ語と近く，民族的にもテュルク系であるため，トルコとは兄弟国の関係にある。イスラーム教が主に信仰され，そのうち約7割がシーア派，約3割がスンニ派である。アゼルバイジャンはカスピ海に豊富な石油・天然ガスを有し，特に19世紀には世界の約半分の石油を産出していた。ソ連解体後，アゼルバイジャンの天然資源が再び注目されるようになり，2000年代半ば頃からは顕著な経済発展を遂げることができた。ただ，石油依存経済であるがゆえに，2014年半ばから石油価格が下落すると，経済は大きなダメージを受けることになった。かねてより言われていたことではあるが，産業の多角化が急務となっており，農業などにも力を入れるようになっている。それでもこの天然資源の存在によって，アゼルバイジャンは外交における高い自由度を享受できたこともまた事実だ。実際，アゼルバイジャンもソ連解体後しばらくは，ロシアに歯向かえず，だからこそアルメニアとのナゴル

218 第Ⅱ部　域内国際関係

ノ・カラバフ紛争でもロシアがアルメニアを支援したがゆえに劣勢となり，ロシアに強いられたきわめて不利な停戦条件を甘受せざるをえなかったのである。だが，1997年にGUAM（後述）を，ジョージア，ウクライナ，モルドヴァとともに結成した頃から，少しずつロシアから距離をとるようになり，石油・天然ガスによる経済発展が進んでくると，アゼルバイジャンは欧州とロシアの間で絶妙な「バランス外交」を繰り広げるようになった。また，内政においてはアリエフ一家による堅固な権威主義により非民主的ながらも安定した政治体制が維持されている。ヘイダル・アリエフからその子息のイルハム・アリエフに権力が移譲され，現状では旧ソ連で初の権力世襲の事例となっている。

　ジョージアはロシア，アゼルバイジャン，アルメニア，トルコと国境を接し，黒海に面している。基幹民族であるジョージア人の母語のジョージア語はコーカサス諸語に分類されるが，その言語も文字も完全に独特のものである。信仰はジョージア正教（アルメニアに次いで，世界で2番目にキリスト教を国教化した）が圧倒的多数であるが，ジョージア人の一部はイスラーム教を信仰しているほか（アジャール人として，ジョージア人とは区別される），チェチェン系ジョージア人（キスティ人など）など一部の北部の民族もイスラーム教を信仰している。ジョージアは黒海に面していることにより，海洋貿易や漁業の恩恵をうけてきた。特に黒海沿岸地域はその温暖な気候により，農業や果物栽培の環境にも恵まれてきたし，豊かな観光資源も有している。だが，ソ連解体後のジョージアの歩みは困難の連続であった。ソ連末期から国内の分離主義勢力，すなわちアブハジアと南オセチアとの紛争に苦悩し，さらに，その紛争でロシアが分離主義勢力を支援したため，ジョージアもアゼルバイジャンと同様に，きわめて不利な条件での停戦をロシアに強いられ，甘受したのであった。だが，ジョージアはアゼルバイジャンなどとGUAMを結成した頃から，親欧米路線を次第に色濃くしていく。特に2003年のいわゆる「バラ革命」後は，とりわけウクライナと共に欧米への接近を顕著にしていった。それでも，ワインには定評がある一方，天然資源や巨大な産業をもたないジョージアは，外交の自由度が制限されており，欧米への接近を進めれば進めるほど，ロシアによる懲罰的行為に苦しむことになり，2008年のロシア＝ジョージア戦争（8日間戦争）[2]で，ロシアとの関係は決定的に悪化した。ロシアとの関係悪化はジョージアの政治経済に大きな悪影響を及ぼしたが，その

状況を幾分か救ったのは近隣諸国との関係であった。2012 年の議会選挙で政権交代が起きてから，ジョージアはロシアに対して若干融和的になったが，それでもジョージアの親欧米路線は揺るがず，また，黒海地域との国際関係もさらに大きな意味をもつようになってきている。

　他方，アルメニアはジョージア，アゼルバイジャン，トルコ，イランと国境を接しており，陸封されている。しかも，国境を接するトルコおよびアゼルバイジャンと厳しい関係にあり，いわば国境の 8 割が敵対している国と接している状況なのである。アゼルバイジャンとの関係は，いまだ停戦状況にあるナゴルノ・カラバフ紛争（第 10 章参照）によって悪化し，同紛争が解決しない限りは両国の関係が改善することはまずない。他方トルコとは，1915 年のオスマン帝国によるいわゆる「アルメニア人ジェノサイド」の歴史的事実と，トルコがその虐殺の事実を認めず，第一次世界大戦時の混乱によるものという姿勢を崩さないことから，やはり厳しい関係にある。アルメニア人は商才に長け，また海外に在住するアルメニア人の方が本土の人口よりずっと多いことから，ディアスポラの民と呼ばれ，ユダヤ人との類似性が指摘されてきた。また，独特なアルメニア使徒教会を信仰し（301 年に世界で初めてキリスト教を国教化した），また独特の文字をもち，印欧系ながら類似する言語のないアルメニア語を母語とするなど，きわめて特徴的な民族であることも，近隣所国との難しい関係の背景にあると言われる。他方，アルメニアが対外的に依存するのはロシアである。アルメニアはアゼルバイジャンとのナゴルノ・カラバフ紛争にロシアの支援を受けて軍事的に勝利し，アゼルバイジャン領の約 20 ％ に相当する領土を占拠し，事実上の独立を維持しているが，同紛争に勝利できたのも，それによって獲得した領土を維持できているのもロシアの支援あってのものである。他方，アルメニアは旧ソ連諸国の中で最も領土が狭く，天然資源に恵まれず，またブランデーや金細工程度の産業しかない国である。アルメニアは決してロシアに歯向かうことはできず，天然ガスなどを安

---

2) 2008 年 8 月に，ジョージアと南オセチアの武力衝突が激化する中，ジョージアが先制攻撃を仕掛けたところ，ロシアが南オセチア側として参戦し，結果，ジョージアとロシアの戦争となった。戦闘は 8 日間で終結を迎えたものの，その後，ロシアは南オセチアとアブハジアを国家承認し，以前から続いていた両地域に対する支配体制をさらに強めるようになった。なお，日本では「グルジア紛争」と称されることが多かったが，ロシアとのれっきとした「戦争」であり，「紛争」と称するのは正しくない。

価で供与してもらう一方，国内の様々な重要インフラストラクチャー（インフラ）が次々にロシアの支配下に置かれる現実を甘受してきた。また南コーカサスでは唯一となるロシア軍基地も存在している[3]。そして，アルメニアは CIS 集団（独立国家共同体），CIS 安全保障条約機構（CSTO），ユーラシア経済連合（EEU）など，ロシアが主導する地域共同体にはほとんど加盟してきた。だが，ロシアとアルメニアは陸続きではない。そこでジョージアとの関係が重要となる。ジョージアはロシアからの物資のみならず，黒海経由で欧州から輸送されてきた物資をアルメニアが受け取るための重要な経由地である。他方，イランも重要な地域のパートナーである。イランはイスラーム教シーア派であるが，重要な輸入元であり，特に天然ガスの供給源でもあり，アルメニアにとってイランの存在はきわめて重要である。なお，ナゴルノ・カラバフ紛争は内政にも大きく影響しており，直近の二人のアルメニアの大統領（第二代目以降の大統領），すなわちロベルト・コチャリアン（1998〜2008 年）とセルジュ・サルキシャン（2008 年〜）は，いずれもナゴルノ・カラバフ出身者で，法的には「アゼルバイジャン人」であり，「外国人」の大統領ということにもなる[4]。アルメニアは本心では欧米に接近したがっていると考えられているが，前述の通り，ロシアとの関係こそが生命線であるため，欧米とはきわめて慎重に接してきた。

---

3) かつてはジョージアにもロシア軍基地があった。アブハジア紛争，南オセチア紛争に関し，ロシアによる停戦を受け入れた後，ジョージア国内に 4 つのロシア軍基地が設置されたのだった。だが，1999 年の OSCE イスタンブル・サミットで，ジョージア国内のロシア軍基地の閉鎖が決定され，時間がかかったものの，最終的には 2008 年にすべてのロシア軍基地の閉鎖が終了した。また，アゼルバイジャン国内の「ガバラレーダー基地」は，ソ連解体後，ロシア軍が賃貸で利用していたが，賃貸料で合意ができなくなり，2012 年 12 月に撤退した。これにより，南コーカサスではアルメニアのみがロシア軍基地を有することとなった。

4) この二人は国際法的にはアゼルバイジャン人となるため，アルメニアの内政において，野党による批判の対象になってきた。なお，先代のレヴォン・テル＝ペトロシャン（1991〜98 年）は，ナゴルノ・カラバフ紛争の和平プロセスで譲歩的な姿勢をとったとして大きな批判を浴び，辞職を余儀なくされた。

2　黒海地域における南コーカサスの国際関係

　以上述べてきたことから，南コーカサス三国の外交志向は，アゼルバイジャンが欧米とロシアの間で中立的な立場を維持することを目指し，バランス外交を志向してきた一方，ジョージアは親欧米路線をとり（2012 年にビジナ・イヴァニシュヴィリ率いる政治連合「ジョージアの夢」が政権をとってからは，若干ロシアにも配慮するようになった），またアルメニアはロシアに追従する外交政策をとる以外の選択肢を持ちえなかった，とまとめられる。

　この構図は南コーカサス三国の黒海地域諸国との関係にも投影される。

　まず，南コーカサス三国がすべて加盟している BSEC を考えてみよう。BSEC においてアゼルバイジャンとアルメニアの協力関係は見られない。また，BSEC 関連の会議やイベントにおけるジョージアとロシアの関係も緊張に満ちている。そのような場で，ジョージアがロシアを批判すると，ロシア側が「BSEC は経済協力のための機構であり，政治問題を議論する場ではない」と切り返すような状況もあった[5]。

　次に，各国ごとに黒海地域における外交動向について述べていく。

1）アゼルバイジャンの黒海地域における国際関係

　アゼルバイジャンは黒海地域においても，アルメニアは例外となるが，外交バランスを重視した全方位外交を進めてきた。特に兄弟国トルコとの関係は深く，両国間のヒト，モノ，カネの往来は密であり，経済関係も深い。アゼルバイジャン軍の軍人がトルコで訓練を受けたり，NATO の PKO 活動に際してトルコ軍のメンバーとしてアゼルバイジャンとジョージアが参加したりするなど，軍事面の協力も緊密であった。また，トルコはナゴルノ・カラバフ紛争時に軍事的にはアゼルバイジャンを支援しないなど，アゼルバイジャン側はトルコの外交スタンスに不信を感じることも多々あったが，それでも両国は政治的にも良好なパート

5）第 2 回「日・黒海地域対話」（2007 年 11 月 20〜21 日）にて。なお，同じような構図は BSEC 内に多くあり，トルコとギリシャの間の関係，セルビアのコソヴォを国家承認している国々に対する姿勢などにも見られる。

222　第Ⅱ部　域内国際関係

ナーであり続けてきた。

　また，輸出額の9割以上を原油・石油製品・天然ガスが占めている資源依存経済のアゼルバイジャンにとって，特に重要なのは，石油・天然ガスをめぐる国際関係であり，その鍵を握るのが石油・天然ガスを輸送するパイプラインである。アゼルバイジャンは陸と湖（カスピ海）に囲まれており，資源の輸出にはパイプラインが不可欠だからである。そして，現状ではカスピ海にパイプラインを建設することが不可能であるため[6]，当面は地続きの隣国を経由するパイプラインに可能性が限定される。そこで特に重要となるのがジョージアである。なぜか。

　第一に，アルメニアとはナゴルノ・カラバフ問題が解決しない限り，協力関係を構築することができず，当然ながらアルメニアを経由するパイプラインを建設することもアゼルバイジャンは決して許容できない。

　第二に，アゼルバイジャンにとって，最も望ましい石油・天然ガスの輸出先はヨーロッパである。欧州諸国は代金を確実に支払ってくれるだけでなく，また需要もあるからである。ここで，ロシア，イランを経由するパイプラインは建設できない。なぜなら，欧米諸国，特に米国が，ロシアとイランを経由するパイプラインの建設を主に政治的な理由によって許さないからである[7]。パイプラインの建設においては，しばしば経済効率よりも政治の論理が優先される傾向がある。

　その結果，アゼルバイジャンが欧州への輸出に使うパイプラインは必然的にジョージア経由となるのである。特に，アゼルバイジャンからジョージア，トルコを経由して欧州に石油を輸送するバクー-トビリシ-ジェイハン（BTC）パイプラインおよび天然ガスを輸送するバクー-トビリシ-エルズルム（BTE）パイプラインは，ソ連解体後，激しい議論の末に1999年にやっとMEP[8]としてルートが決まったものであり，それらが大容量の石油や天然ガスをトルコ経由で欧州に運んだため，アゼルバイジャンは2000年代半ばから目覚ましい経済成長を遂

---

6) カスピ海が海であるか，湖であるかをめぐって沿岸国が論争を続けている，いわゆるカスピ海領海問題が未解決であるため。

7) ただし欧州の石油会社の中には，イラン経由のパイプラインを望ましいと考えるものも少なくない。なぜなら，イランは政情が安定しており，短距離でペルシャ湾まで石油・天然ガスを輸送し，そこからタンカー輸送などができるからである。

8) Main Export Pipeline（主要輸出パイプライン）の略。ソ連解体後，アゼルバイジャンの石油を安全に，かつ大容量輸送できるパイプラインを新規に建設することになったが，それはMEPと呼ばれていた。

第 8 章　南コーカサスの政治変動と外交政策　**223**

表 8-1　アゼルバイジャンの石油パイプライン

パイプライン	稼働	容量（千バレル/日）	全長（マイル）	出発地	到着地	詳細
バクー - トビリシ - ジェイハン（BTC）	○	1,200	1,100	アゼルバイジャン，バクー近郊のサンガチャル基地	トルコ，地中海沿岸のジェイハン基地	2006 年 6 月に最初のタンカーがジェイハン基地から出航。
バクー - ノヴォロシイスク（北ルート）	○	105	825	アゼルバイジャン，バクー近郊のサンガチャル基地	ロシア，黒海沿岸のノヴォロシイスク	1996 年に稼働開始。
バクー - スプサ（西ルート）	○	100	515	アゼルバイジャン，バクー近郊のサンガチャル基地	ジョージア，黒海沿岸のスプサ	1999 年 4 月に最初のタンカーがスプサ基地から出航。

出所）U. S. Energy Information Administration 2016 を参考に筆者作成。

げることができたのであった。ソ連時代にもアゼルバイジャンからのパイプラインはジョージア方面へも，ロシア方面へも伸びていたが，ソ連時代のパイプラインは輸送量が小さかったため，MEP を新設することが必要だったのである。また現在も，ジョージア，トルコ経由で欧州向けの新しいパイプライン（南コーカサス・パイプライン[9]）が建設中である。つまり，アゼルバイジャンの資源を黒海地域を含む欧州方面に輸出する際には，米国がロシアとイランとの緊張関係を維持している限り，またアルメニアとのナゴルノ・カラバフ問題が解決されない限り，すべてがジョージアを経由することになり，その後はほとんどがトルコ経由で，また一部は黒海経由で欧州に輸送されているのである。表 8-1，8-2 はアゼルバイジャンの石油および天然ガスの既存ないし建設中のパイプラインをまとめたものである。ロシアやイランとの取引も若干あるが（アゼルバイジャンが輸入しているものやスワップ取引を含む），多くはアゼルバイジャンがジョージア，トルコ経由で石油・天然ガスを輸出している状況がよくわかる。

　なお，表には掲載していないが，黒海地域の広範囲にまたがるプロジェクトと

---

9) 2019 年から稼働予定で，トルコを通過する TANAP（Trans-Anatolian Pipeline），TAP（Trans Adriatic Pipeline）という 2 本のパイプラインに接続することで，欧州に天然ガスを輸送する計画となっている。

224　第 II 部　域内国際関係

表 8-2　アゼルバイジャンの天然ガスパイプライン

パイプライン	稼働	容量 (BCF/日)	全長 (マイル)	出発地	到着地	詳細
バクー－トビリシ－エルズルム［別称：南コーカサス (SCP)］	○	310	430	アゼルバイジャン, シャフ・デニズガス田	ジョージアおよびトルコ	BTC パイプラインに平行して建設された。2007 年から稼働。
南コーカサス (SCP の延伸)	建設中	565	430	アゼルバイジャン, シャフ・デニズガス田 (ステージ 2)	ジョージア, トルコ, 南西ヨーロッパ	2019 年からの稼働が予定されている。TANAP および TAP (共に建設中) に接続し, 南西ヨーロッパやイタリアに輸送予定。
ハジガブル (ハジ・マホメド)－モズドク	○	分岐	460			1983 年から稼働。2000 年にアゼルバイジャンのハジ・マホメドという町がハジガブルに改称された。
		460 (メイン)		ロシア	アゼルバイジャン	1983 年から 2007 年に, ロシアガスをアゼルバイジャンの国内需要のために輸送。
		175		アゼルバイジャン	ロシア	2007 年から 2014 年にロシアに若干量の天然ガスが輸送された。
ハジガブル (ハジ・マホメド)－アスタラ	○	分岐	170			1972 年から稼働。2000 年にアゼルバイジャンのハジ・マホメドという町がハジガブルに改称された。
		350 (メイン)		イラン	アゼルバイジャン	当初, イランの天然ガスをアゼルバイジャンとロシアに輸送するために建設されたが, 1979 年のイラン革命後に取引停止。
		30〜65		アゼルバイジャン	イラン	2006 年から, アゼルバイジャンはイランに天然ガスを供与するかわりに, イランがアゼルバイジャン飛び地のナヒチェヴァンにガスを輸送。
イラン－ナヒチェヴァン (サルマス－ナヒチェヴァン)	○	15〜65	65	イラン	ナヒチェヴァン (アゼルバイジャンの飛び地)	2006 年から, ハジガブル (ハジ・マホメド)－アスタラ・パイプライン経由でアゼルバイジャンがイランに石油を提供するスワップ貿易。

出所) U. S. Energy Information Administration 2016 より筆者作成。
　注) BCF (Billion Cubic feet) = 10 億立方フィート (立方フィート = 1ft × 1ft × 1ft = 約 28320cc = 28.32 リッター)

して，アゼルバイジャン，ジョージア，ルーマニア，ハンガリーがアゼルバイジャンのガスを LNG（液化天然ガス）の形で欧州向けに輸出する計画も進めていた。4ヵ国は，2010年9月にプロジェクトの主体として AGRI（Azerbaijan – Georgia – Roumania Interconnector）を設立したが，その後の進展は見られない。

パイプラインで結ばれたアゼルバイジャン，ジョージア，トルコの関係は，さらなる展開を見せている。パイプライン計画に並行して，3ヵ国を鉄道および道路で結ぶ計画が進められているのである。

3ヵ国を結ぶ道路は，実は以前から存在するが，後述の通り，ジョージアの道路網を近代化することにより，その効率化が期待されている。

また，鉄道は，その発着地および通過地の地名から，「バクー－トビリシ－カルス（BTK）鉄道」ないし「バクー－トビリシ－アハルカラキ[10]－カルス（BTAK）鉄道」と呼ばれている。この鉄道は，全長826km で，アハルカラキ－カルス間の105km（うち，76km がトルコ領内，29km がジョージア領内）が新設されたが，その他の部分は元からある鉄道に近代化と連結のための調整工事が施されたものである。

この鉄道計画は1993年7月から議論されてきたが，その背景には，トルコ，アルメニア，ジョージアを結んでいたカルス－ギュムリ－トビリシ鉄道が，ナゴルノ・カラバフ紛争の余波で閉鎖されたことがある。そして，計画が具現化したのは2005年であり，BTC パイプラインがその促進材料となった。2007年には3ヵ国間で建設に関する合意文書が署名され，当初2010年に開通予定であったが，2008年のロシア＝ジョージア戦争と環境問題により，計画は大幅に遅れた。そのため，開通予定が2015年にまで延期されたが，さらに計画は遅れており，2016年11月現在，まだ開通できていないものの，開通されれば黒海地域を結ぶ重要なインフラストラクチャーになるだろう。

2）ジョージアの黒海地域における国際関係

前述のようにジョージアは，独立後，国内紛争で苦悩し，またロシアに苦しめられてきたが，ジョージアがロシアから決別し，親欧米路線を明確にとり始めた

10）ジョージア南部のアルメニア系住民が多く居住する地域。

第一歩は，1997 年の GUAM（後述）結成であったと言ってよい。だが，ジョージアが親欧米路線を具現化していった契機は 2003 年のいわゆる「バラ革命 (Rose Revolution)」である。

「バラ革命」は，いわゆる旧ソ連の「色革命（Colored Revolution)」や「民主化ドミノ」（「バラ革命」の後，2004 年にウクライナで「オレンジ革命」，2005 年にキルギスで「チューリップ革命[11]」）の先駆けとなった，民主化に向けた大きな政治変動である。それら「革命」によって，政治体制が根本的に変わったわけではないため，それらは政治学的には革命とは言えないが，それでも大きな政治的な動きであることは間違いない。

2003 年の「バラ革命」発生前の E・シェワルナゼ政権では，かなりの汚職・腐敗が蔓延していたが，それに反発して，米国政府やソロス財団をはじめとした欧米の NGO などの支援の下，M・サアカシュヴィリ（2004 年 1 月 25 日〜07 年 11 月 25 日および 2008 年 1 月 20 日〜13 年 11 月 17 日に大統領），ニノ・ブルジャナゼ (2001 年 11 月 9 日〜08 年 6 月 7 日に国会議長，2003 年 11 月 24 日〜04 年 1 月 25 日および 2007 年 11 月 25 日〜08 年 1 月 20 日の 2 度にわたる暫定大統領），ズラブ・ジュヴァニア（「革命」後に首相，2005 年に不審死）が中心となり，「革命」を曲がりなりにも成功させた。そして，この動きは，ウクライナの「オレンジ革命」に引き継がれ，「色革命」と呼ばれるようになる。

さらに，「色革命」は，同じ黒海地域に属するセルビアの政治運動とも関連が深い。実は，ジョージアやウクライナは，各々「バラ革命」と「オレンジ革命」を起こした際，セルビア起源の「オトポール！」から革命を成功させるための指南を受けていたのである。「オトポール」は，「抵抗」という意味であり，1998 年に旧ユーゴスラヴィアのベオグラード大学の青年活動家が同年初頭に導入された「大学とメディアへの弾圧法」に対抗して結成したものであるが，1999 年の NATO による空爆後はユーゴスラヴィア大統領スロボダン・ミロシェヴィッチに対する闘争を繰り広げた。そのため，オトポール！は，反ミロシェヴィッチ運

---

11) ジョージアとウクライナの「革命」の背後には，欧米の経済的・政治的関与があったとされている一方，キルギスの「チューリップ革命」は自発的なものだと考えられており，「色革命」にキルギスの事例を入れない場合も多く，筆者は，キルギスのケースは他の 2 つの「革命」と性格が若干異なると考えている。色革命とその旧ソ連諸国への影響については，Lane and White (2010) や Beacháin and Polese (2010) などが参考になる。

動とミロシェヴィッチ退陣の象徴としても知られるようになり，さらに一般的に「抵抗」のシンボルともみなされるようになった。だからこそ，アラブの春など，他の地域における反政府行動の際にオトポール！の拳のシンボルが用いられることが増えていったのである。また，2000年頃には，オトポール！の活動に米国政府や米国の政府系組織，財団などが多くの資金援助をしていたことが明らかとなっていた（Cohen 2000）。

　そして，オトポール！の動きは，旧ソ連諸国の政変にも影響を及ぼしていくことになり，革命の輸出者などとも言われるようになった。オトポール！のメンバーがそれら旧ソ連諸国に指導に行く費用，逆に旧ソ連諸国で革命を計画している青年活動家などが，セルビアに指導を受けに行くための費用はもとより，多くの財政支援や技術支援を行っていたのは，主に米国政府やジョージ・ソロスのルネサンス財団であったと言われている。なお，ジョージアでは「クマラ」（ジョージア語で「もうたくさんだ」の意味），ウクライナでは「ポラ！」（ウクライナ語で「今こそ！」の意味）という青年グループが「革命」を主導していたことからも，オトポール！の影響力の強さは明らかである。また，特にジョージアで「革命」成功の際に，「革命」によって変更されたジョージアの新国旗と共にオトポール！の旗が振られていたのも有名な逸話である。ここから，「色革命」は単なる旧ソ連の民主化運動ではなく，黒海地域の政治的ムーブメントであったと見ることもできるだろう。

　そして，この「色革命」の後，もともとGUAMのメンバーであったジョージアとウクライナの関係はきわめて緊密となり，共にEU，NATOへの加盟を目指していくこととなり，GUAMを強化する一方，民主的選択共同体（CDC）を結成していくのである（後述）。

　だが，「バラ革命」は後に，「枯れたバラ革命」と言われることとなる。「革命」後，大統領に権力が集中する体制が作られ，その結果，サアカシュヴィリの権威主義的性格が年々強まっていったのである。それでも，サアカシュヴィリが汚職廃絶については目覚ましい手腕を見せたこともあり，その権威主義的傾向は当初，国際的にはあまり注目を浴びてこなかったが，2007年に死傷者も伴う政治的混乱が起きると，世界もジョージアの現実から目を背けることができなくなった。そして2008年8月のロシア＝ジョージア戦争で，国内の南オセチアに対する残

虐行為や先制攻撃，国内の情報統制や市民生活の混乱などの事実により，サアカシュヴィリの強権政治などがあらためて白日のもとにさらされたのであった。なお，ロシア＝ジョージア戦争の勃発の理由は単純ではない。同年2月になされたコソヴォの独立宣言に対して多くの欧米諸国が国家承認したことに対するロシアの怒りや，2008年4月にNATOの加盟行動計画（MAP）をジョージア，ウクライナに付与する動きをロシアがギリギリで阻止していたことなど，ロシアの欧米やジョージアに対する懲罰的行為として考えられる一方，サアカシュヴィリが2007年に国内政治が混乱したのを受け，米国が支援をしてくれると信じつつ，ロシアとの戦争でナショナリズムを高揚させ，国を一つにまとめようと企んだこともその背景にあるのは間違いない（廣瀬 2009a, 2009b）。

だが，ロシア＝ジョージア戦争で敗北したジョージアは大きな痛手を負い，実は先制攻撃をしたのはジョージアだったことが明らかになってからは，サアカシュヴィリは国民からも欧米社会からも冷ややかに見られるようになった。そして，ロシアとの関係は決定的に悪化した。

そこでジョージアは新しい方向性を見出す必要に迫られ，サアカシュヴィリは近隣諸国との関係を重視していくことになる。特に関係強化を目指したのが，ウクライナ，アゼルバイジャン，アルメニア，トルコ，イランである。

なかでもアゼルバイジャンとの関係強化が強く感じられる。例えば，アブハジアの近くのアナクリアで，アゼルバイジャン，アルメニア，ジョージアの合同青年キャンプを開催し，サアカシュヴィリも参加した。また，アナクリア地区に国際地区を開発して，ウォーター・パーク，ヨットハーバー・レンタル，ディスコ，カジノ，ヤシの木の大量植林などをし，観光地として栄えさせようとした。さらに，アジャリアのバトゥミの再開発も行い，近隣諸国，特にトルコとアゼルバイジャンからの観光客を誘致している。加えてサアカシュヴィリは，アゼルバイジャンとの連合を再三呼びかけ，トビリシの大統領府の近くにヘイダル・アリエフ公園を開設するなど，アゼルバイジャンに対して阿るような政策をとったのである。

他方，アゼルバイジャンのI・アリエフ大統領も，「ロシアはアルメニアを持つ，われわれはジョージアを持つ」と発言するなど，ジョージアに対する影響力の拡大を明らかに意識している。実際，SOCAR（アゼルバイジャン国営石油会社）がジョージアのガス網をかなり支配するなど，アルメニアのインフラがロシアに支配

第8章　南コーカサスの政治変動と外交政策　　**229**

されているのと似た構図（後述）がアゼルバイジャンとジョージア間にも見られる。

　それでもサアカシュヴィリは，完全に国民の信頼を失い，2012 年の議会選挙で，富豪の B・イヴァニシュヴィリ率いる政治連合「ジョージアの夢」に大敗を喫してからは，サアカシュヴィリや側近たちが様々な形で訴追を受けることになった。そして，サアカシュヴィリはウクライナに亡命した[12]。

　最後に，近年のジョージアは地域の物流拠点になるべく積極的にアピールをしている。特に，ジョージアの幹線道路である東西ハイウェイの整備事業を国家プロジェクトとして進めている[13]（ジョージア外務省，ジョージア地域開発・経済基盤省道路局におけるインタビュー。2015 年 11 月，トビリシにて）。東西ハイウェイはアゼルバイジャンとトルコを結ぶとともに，ジョージア国内の運輸・移動の高速化に大いに貢献すると考えられている。さらに，黒海のポティ港からは，黒海経由の船による輸送も期待されている。アルメニアとアゼルバイジャン，トルコの関係が悪いことにより，ジョージアは地域のハブとして機能する可能性を独り占めしている状況だが，それに実際のインフラ整備が伴うことにより，ジョージアは黒海地域における真のハブ国家となりうるのである。

3）アルメニアの黒海地域における国際関係

　アルメニアの政治・外交を考えるキーワードは，ディアスポラ，ナゴルノ・カラバフ紛争，そしてロシアである。

　ディアスポラとは広辞苑によれば，「パレスチナから他の世界に離散したユダヤ人。またはその共同体」という意味であるが，ユダヤ人以外の民族でも本国を離れて暮らす人々の共同体という意味で，この言葉が適用されることがあり，歴

---

12) 2015 年 6 月からは，ジョージア国籍を剥奪されながらもウクライナ国籍を取り，ウクライナのオデッサ州知事に就任したが，ウクライナの政治家たちとうまくいかなかった。そして，2016 年 11 月 7 日には，官僚たちの汚職のひどさとウクライナの指導部に政治的意志が欠けていることを理由に，知事職を辞任した。その後，ウクライナで新しい政治運動を始めようとしている。

13) 日本は 2009 年に，東西ハイウェイ整備事業向けの総額 177 億 2200 万円を限度とする円借款貸付契約に調印し（第 1 期），2016 年に総額 44 億 1000 万円を限度とする円借款貸付契約に調印した（第 2 期）。本プロジェクトには，日本以外にも多くのドナーが参加しているが，日本はジョージアの政治的中心であるクタイシを含む領域を担当しており，クタイシと首都トビリシを短時間で結ぶという重要な目的に大きな貢献をした。

史的に世界に離散し，アルメニア本国よりも海外における人口の方がずっと多い
アルメニア人もまたしかりである。アルメニア人ディアスポラがアルメニアの政
治に与える影響は大きい。アルメニア人ディアスポラは非常に裕福な者が多く，
アルメニアやナゴルノ・カラバフに対して大規模な資金援助を行っているだけで
なく，米国やフランスなどではいわゆるオスマン帝国によるとされる「アルメニ
ア人ジェノサイド」やナゴルノ・カラバフ問題に有利になるよう，強力なロビー
活動を行うなど政治的にも貢献している。他方で，このディアスポラの活動が，
トルコやアゼルバイジャンとの関係をより悪化させ，ひいてはアルメニアの黒海
地域での立場を緊張したものにしているのもまた事実である。

　また，前述の通り，アルメニアの第二代目以降の大統領は二人ともナゴルノ・
カラバフ出身者だが，ナゴルノ・カラバフ出身者がアルメニア本国の政治で重要
ポストに就く例は大統領にとどまらない。たとえばナゴルノ・カラバフで長期に
「大統領」ポストにあったアルカジー・グカシャンも「大統領」ポストから退い
たあとは，アルメニア本国において外交部門で重責を担った。このようにアルメ
ニアの政治においてナゴルノ・カラバフ出身者の活躍が目立つことから，アルメ
ニアの政治がナゴルノ・カラバフ紛争の影響を色濃く受けていることが見て取れ
る。

　他方，アルメニアの黒海地域における国際関係は，トルコおよびアゼルバイ
ジャンとの関係で，またロシアとの関係を重視するがゆえに，あまり深くなかっ
たと言ってよい。

　だが，2008年のロシア＝ジョージア戦争は，アルメニアに黒海地域外交の重
要性を再認識させたといえる。まず，同紛争でアルメニアは大きな打撃を受けた。
前述の通り，敵対国に国境の8割が接しているアルメニアにとって，ジョージア
との北部の短い国境線とイランとの南部の短い国境線がきわめて重要な生命線と
なっている。特に，ロシアときわめて良好な関係を維持してきたアルメニアに
とって，ロシアとの関係は何より重要であり，ロシアへのエネルギーや物資依存
度は非常に高い。そして，陸路でロシアからエネルギーや物資を輸入する際には，
ジョージア本土を経由することになる。そのため，ジョージアとの関係が断絶す
れば，ロシアからのエネルギーや物資の供給を得ることが非常に困難となるので
ある。

他方，もしジョージアを支援すれば，ロシアとの関係が悪化する。ロシアとの関係悪化は，いまだにソ連時代のくびきが消散しきっていない旧ソ連諸国にとって致命的である。そのため，アルメニアは他の旧ソ連諸国と同様に，ロシア＝ジョージア戦争では中立的な立場を維持することに終始した。

その一方で，ロシア＝ジョージア戦争により，アルメニアはトルコ，アゼルバイジャンと関係を改善する可能性を一時高めた。そもそも，アルメニアとの関係においては，トルコとアゼルバイジャンは運命共同体的だともいえる。基本的にアルメニア人は，トルコ人とアゼルバイジャン人を「テュルク」として同一視していると言ってよく，そのため，「アルメニア人ジェノサイド」の復讐をアゼルバイジャン人に対して行うような歴史の側面もあった（Hirose 2006）。

そのこともあり，トルコとアルメニアの関係を考える場合，ナゴルノ・カラバフ問題とアゼルバイジャンのファクターを外すことはできないのである。「アルメニア人ジェノサイド」をトルコが公認せず，謝罪もしない問題により，アルメニアとトルコは国交を結んでいないが，トルコは「兄国」として，ナゴルノ・カラバフ問題でアゼルバイジャンを支援する必要があり，武力介入は一切しなかったものの，アルメニアに対して自国の国境を封鎖するなど，政治的な支援を行ってきたことが，両国間の関係改善をさらに難しくしてきた。しかし，トルコが「アルメニア人ジェノサイド」を公認せず，謝罪をしていないことは，トルコのEU加盟の障害の一つとなっており，アルメニア人ディアスポラがアメリカやフランスなどでロビー活動を繰り広げ，それら諸国での公認を得ようとしていることも，トルコにとっては深刻な問題であり続けてきた。そのため，トルコとしてはアルメニアとの和平を推進したい気持ちがあるのだが，トルコがアルメニアとの関係改善を図ろうとすれば，アゼルバイジャンはそれを裏切り行為ととらえ，トルコに対して厳しい姿勢をとるようになり，トルコは窮地に立たされるのである。

それでも，ロシア＝ジョージア戦争後にロシアに依頼されてトルコが試みたコーカサス安定・協力プラットフォーム（CSCP）には一定の評価ができるだろう。ロシアがトルコにコーカサスの安定化促進の旗振り役を依頼した背景には，ロシア＝ジョージア戦争後に，「黒海はロシアとトルコの海」という伝統的な地域秩序の回復をロシアが目指したからだと考えられる。それは，明らかにロシア＝ジョージア戦争時に，ジョージアへの人道支援を名目に，米国やドイツ，スペ

インの艦艇やポーランドのフリゲート艦が黒海に入ってきたことへの対抗措置と考えられる。このように，ロシアがトルコとの連帯を求めた一方，トルコはEUへの加盟が現実的にならない焦燥感の中で，欧米のみならず，ロシアとも良好な関係を維持する外交を目指していたため，両者の思惑が一致した。そして，ロシアはトルコに地域の安全保障の牽引を依頼し，トルコが快諾したという経緯がある。こうしてCSCPが着手されたのである。

CSCPは，ロシア＝ジョージア戦争の平和的解決を含むコーカサス全体の包括的な平和と安定を目指すものであり，トルコはアルメニアとの和解とそれを前提としたナゴルノ・カラバフ和平も射程に入れていた。CSCPに対する南コーカサス諸国の反応は概して冷ややかだったが，トルコはアルメニアとの関係改善からCSCPを実行に移した。

最初に行われたのが，トルコのA・ギュル大統領（当時）のアルメニアへの訪問に伴う「歴史的和解」の第一歩であった。ギュルは2008年9月6日に，トルコとアルメニアのサッカー・ワールドカップ予選の試合観戦への招待を受け，アルメニアを訪問し，サルキシャン大統領と握手をかわした（Yinanc 2008）。トルコ首脳がアルメニアの本土を踏み，両国間の首脳が会談をしたということは，過去の事件により関係が断絶していた両国の関係改善の重要な第一歩だと考えられ，かつての米国と中国の「ピンポン外交」になぞらえて，「サッカー外交」と呼ばれた。

さらにトルコはナゴルノ・カラバフ紛争の和平の仲介にも着手し，アルメニア，アゼルバイジャン，トルコの三外相が9月27日に同席して和平について議論をした。これも歴史的事件と位置づけることができる。こうして，トルコは2010年4月頃まで欧米諸国やロシアなどの後押しを受け，和平プロセスを進展させていったが，結果的にはトルコの試みは頓挫した。

和平の期待が最も高まった瞬間は，2008年10月10日にスイスのチューリヒで，「トルコ共和国とアルメニア共和国間の国交樹立に関する協定」がトルコのA・ダウトール外相（当時）とアルメニアのエドゥアルド・ナルバンジャン外相（当時）によって調印された時であった。同協定はトルコとアルメニアが，両国間関係においても国際関係においても「平等，主権，他国の内政への不干渉，領土の保全と国境の不可侵」の原則を尊重することを謳っている。さらに両国は，

懸案となってきた国境問題についても，現行の国境を互いに認め，国境を開放することで合意した。さらにテロ対策での協力も約束するとともに，両国間の最大の懸案である歴史問題についても，小委員会が設立されることとなった。

とはいえ，この協定は容易に和平に結びつくことはなかった。

まず，この協定の調印そのものが困難で，諸外国の根回しや説得によってなんとか調印にこぎつけたという事情があった。さらに，調印後も両国内で強い反発が起きた。前述のように，両国が和解すれば，アルメニアは経済的な，トルコは国際政治的なメリットがある一方，歴史認識の問題はきわめて大きな障害となったのだった。

そのような状況を受け，2008年12月にはトルコの4人の知識人がトルコ政府に「アルメニア人ジェノサイド」問題についての謝罪を行うことを求める請願書を作成し，200人の有力者の署名を集めたが，その動きへの反発は非常に大きかった。その一方で，請願書を支援する2万人の匿名の署名も集まるなど，「アルメニア人ジェノサイド」をめぐっては，トルコの中でも意見が分かれているのが実情であり，歴史認識問題の解決は容易ではない。

加えて，トルコはアゼルバイジャンとの関係悪化を覚悟してアルメニアとの和解に臨んだわけだが，アゼルバイジャンの反発は大きかった。2009年に入ってから，トルコにおける首脳会談を欠席したのに続き，トルコが推進してきた欧州につながる「ナブッコ・パイプライン」への天然ガスの供給に難色を示し始めたのである。ナブッコ・パイプラインは，最終的には計画が頓挫し，小規模な3つのパイプライン（ナブッコ西，TAP，TANAP）を結合させて，当初計画されたナブッコ・パイプラインの機能をほぼ賄うということで決着を見たが，長年，欧州で難問となってきたものである。加えて，アゼルバイジャンは，トルコに当てつけるかのように，ナブッコ・パイプライン計画を妨害してきたロシアへの天然ガス供給に合意したり，トルコに対してガス供給価格の見直しを要求したりするなど[14]，様々な形でトルコに対する抗議を示すようになった。このようなアゼルバイジャンの背信行為はトルコにとって大きな打撃だった。

しかし，結局，トルコとアルメニアの和平プロセスはアルメニアにより一方的

---

14) それまでトルコには一般価格の約30％の低価格で天然ガスを供給していた。他方，ロシアはアゼルバイジャンに対し，欧州価格でのガス購入を約束した。

234 第II部 域内国際関係

に停止された。2010年4月22日に，サルキシャン大統領が両国の和平プロセスの一方的停止を宣言したのだ。国内向けには，トルコが国境開放の問題とナゴルノ・カラバフからの撤退問題を結びつけたことが原因であると説明し，トルコを激しく批判した。アルメニアは無条件の国境開放を求めていたのである。この和平プロセスの停止宣言の日取りは，アルメニアが「ジェノサイド」問題を国際社会に対してより深く印象づけることを計算して選ばれたと見られている。なぜなら，その直後の「アルメニア人ジェノサイド」の記念日である4月24日に，サルキシャンは追加の声明を出して，関係正常化はトルコに対するジェノサイドが国際的に公認されることと並行して行われるべきだと発言したからである。サルキシャンは国内向けには，虐殺を公認させる闘争は不可避のプロセスであると説明した（Socor 2010；Melkmyan 2010；Grigoryan 2010）。

このように，トルコとアルメニアの和平は頓挫したものの，以前に比べれば明らかな前進が見られる。それでも，アルメニアにとって決定的に重要なのはロシアとの関係である。前述の通り，アルメニアは欧米との接近の夢を諦め，ロシアの重要な友好国であり続けてきた。

そもそも，ロシアはソ連解体後も旧ソ連諸国，すなわち「近い外国」を勢力圏と位置づけ，影響下に置くことを外交の最優先課題としてきた。その中でロシアにとって歴史的に「柔らかい下腹」であるコーカサスを手中に収めることは，内政・外交両面の安定に重要な意味をもつわけだが，アゼルバイジャンとジョージアがロシアの友好国にならない状況の中，アルメニアがもつ意味はさらに重要となっている。ロシアは，アルメニアがロシア以外の近隣諸国に頼れない状況，さらに，使用電力の43％を自国のメツァモール原子力発電所[15]での発電に依存している状況につけこみ，安くエネルギーを提供する一方，アルメニアの重要インフラを次々に支配下に置いてきた。ロシアは，コーカサスの最後の砦ともいえるアルメニアのロシアへの依存を集中的に高めるため，エネルギー関係のアルメニアの施設やシステムの獲得を進め，それらのインフラのほとんどはロシア企業の支配下にある状況である。このような状況に世界銀行など国際社会はもとより，

15）その発電所は大事故を起こしたチェルノブイリ発電所と同型であるため，欧米諸国がその閉鎖を強く求めている。これだけ老朽化した原発1基に国の発電の約半分を依存する例は他にない。

第 8 章　南コーカサスの政治変動と外交政策　235

アルメニア国内からも懸念が表明され，対露依存度を下げるために，資源供給源の多角化を国家の重要課題として，実質的には，イランとのエネルギー協力を推進しようとした。しかし，ロシアは天然ガスの価格引き上げを楯に，イランとアルメニアが構築しつつあった協力体制を崩し，アルメニアへの支配を強化したのであった（廣瀬 2008a）。

　アルメニアがロシアに配慮して欧州との関係強化を自粛してきたことはすでに述べたが，それを特に象徴しているのが，アルメニアが EU 連合協定への調印を突然取りやめた事件だろう。連合協定は，旧ソ連諸国が欧米とロシアのどちらを向いているのかを測るメルクマールといえ，現在，それに署名しているのはウクライナ[16]，ジョージア，モルドヴァだが，本来は旧ソ連の 6 ヵ国の署名が想定されていた。2013 年 11 月 28〜29 日に，アルメニア，アゼルバイジャン，ベラルーシ，ジョージア，モルドヴァ，ウクライナの 6 ヵ国と EU との経済，政治，外交面で両者の関係を強化する方策を協議する，東方パートナーシップ首脳会合がリトアニアの首都ヴィリニュスで開催されたが，その会議の主目的は，EU 加盟の前段となる連合協定の締結だった。だが，旧ソ連諸国に対する影響力の維持を図るため，ロシアはそれらの諸国が連合協定を締結しないよう，かなり前から政治的圧力や禁輸措置などの経済制裁，エネルギー価格問題などを利用し，必死の妨害を試みてきた。そして，ロシアと密接な関係を維持してきたベラルーシ，石油・天然ガスからの収入で経済的に潤いロシアと欧米の間でバランス外交をとりながら独立独行的な政策を維持してきたアゼルバイジャンは，かなり早い時点で連合協定に署名しないことを表明していたが，アルメニアは少なくとも 9 月までは署名が濃厚だと考えられていた。

　だが，アルメニアはロシアから厳しい圧力を受け，EU への接近の道を諦めざるをえなかった。ロシアはアルメニアの説得に約 1 年の時間をかけたといわれる。2012 年 8 月に行われた両国の首脳会談では，アルメニアが，ロシアが主導する関税同盟の加盟国に地続きでないがゆえに加盟に及び腰だったところを突き，陸続きでなくとも協力可能性があることを強調しつつ，アルメニアと関税同盟の協

16）2013 年 11 月には，ヤヌコヴィチ大統領（当時）が調印を取りやめ，それが「ユーロマイダン革命」の直接の原因となったが，ヤヌコヴィチ失脚後，ウクライナは EU 連合協定に署名し，EU とともに歩む決心をした。

力を目指す合同委員会が創設された。以後，ロシアおよびロシアに近い国々と経済協力を行うことの意義が強調されたが，アルメニアとロシアの間の貿易の経済規模の大きさから，アルメニアはロシアの主張に異を唱えることはできなかった。他方，ロシアはアルメニアに近代的なミグ 29 戦闘機を配備するなどアルメニアのロシア軍基地を拡充していった。そして，アルメニアの有事には，CSTO 軍がアルメニアを保護することも強調していた。アゼルバイジャンと紛争を抱えるアルメニアにとって，ロシアの軍事的なサポートはきわめて大きな意味を持った。他方，アルメニアは，自国が EU との関係を選べば，ロシアの軍備は自分たちに向く可能性があるとすら考えざるをえなかったのである。このように，ロシアの事実上の脅迫の下，アルメニアはロシアとの経済関係やロシアによる軍事的保護を捨てる勇気を持てなかっただけでなく，さらに懲罰的行為を受ける可能性が高い事実を受け止めることもできなかったのである。

　同年 9 月 3 日には，サルキシャン大統領がロシアを訪問し，連合協定への署名を見送り，ロシアが主導する関税同盟に参加するという意思を表明した。この決断をロシアは「外交的勝利」として歓迎したが，アルメニア指導部にとってはとても厳しいものであった。実際，ウクライナほどではないが，アルメニア国内でも抗議行動が少なからず発生していたからである。しかし，アルメニアの対露依存度は，ウクライナのそれより高く，かりに連合協定に署名する決断をしていたら，アルメニアもロシアから懲罰的行為を受けたことは想像に難くなく，実際にロシア側はウクライナやモルドヴァの事例を示しつつ，アルメニアに多重的な脅迫を行っていたという (Delcour 2014 ; Grigoryan 2014)。

　アルメニアはただでさえ資源のない陸封された小国であるため，国境のかなりの部分を封鎖され，また「凍結された紛争」を抱え続けている中では，ロシアの支配を受けることを甘受せざるをえないのが実情だ。だが，最近ではロシアが関与していると信じられている電気料金の値上げ問題やロシア軍人によるアルメニア人家族の惨殺などを受け，ロシアに対する反発が高まっているのも事実である。

4）GUAM・民主的選択共同体

　最後に，ジョージアなどが中心となって進めてきた，黒海地域のプロジェクトといってもよい GUAM と民主的選択共同体（CDC）について触れておこう。結

果から述べると，これらはジョージアとウクライナが「色革命」で反ロシア・親欧米路線を強めたとき，一時的に大いに盛り上がったが，ロシア＝ジョージア戦争後の GUAM の活動はきわめて限定されるようになり，CDC にいたっては，実働期間が 1 年半しかなく，もはや有名無実だといえるが，黒海地域の試みとして特筆に値すると考える。

　GUAM は 1997 年 10 月 10 日にジョージア，ウクライナ，アゼルバイジャン，モルドヴァによって，ストラスブールにおける欧州評議会にて正式に発足した。名称は，その参加国の頭文字をとったものである。なお GUAM 結成の背景には，ロシアの国内事情もあったと考えられる。1997 年は，ロシアがチェチェンとハサブユルト和約を締結し，事実上，チェチェンに敗北した 1996 年の翌年であり，ロシアが弱っている隙をついての結成であったといえる。

　GUAM は，自らを欧州 - アジアの間の輸送回廊と位置づけ，EU との統合を目指し，民主化，安定，国際的・地域的安全保障に尽力することを目指して発足した。創設当初の最たる課題は，旧ソ連領への影響力を維持しようとするロシアに対抗するための石油プロジェクトの推進と，それを補完するユーラシア輸送計画や通商を促進する計画との連携を進めることであり，国際組織への発展が企図されていた。後者についてはルーマニア，ブルガリアを経由して欧州と連結する計画が具体的に練られた。その共同宣言には，上記の課題のほか，欧州の機構との協力に加え，過激なナショナリズム，分離主義，国際テロリズムに反対しながら，主権尊重，領土保全，国境不可侵という立場を尊重して地域紛争を解決することも掲げられている。

　GUAM はあくまでも政治経済を中心とした地域協力体であり，何に対しても敵対していないと名言しつつも，ロシアとの間にエネルギー問題や非承認国家問題など様々な問題を抱え，またロシアが主導する CSTO から脱退した，もしくは未加盟である諸国によって構成されており，反露的かつ軍事的性格を帯びたものとみなされてきた。米国から強い支持を受けており，解散の危機を米国が何度か救った経緯がある。

　1999 年 4 月 24 日には，米・ワシントン D・C での NATO 50 周年記念祝典の際に，ウズベキスタンが GUAM に加盟し，GUUAM へと拡大，共同宣言（ワシントン宣言）が署名された。その内容は次の通りである。

238 第 II 部 域内国際関係

(1)諸々の国際組織やフォーラム内のインタラクションと多面的な協力の強化

(2)欧州・大西洋パートナーシップ理事会（EAPC）や NATO の平和のための
パートナーシップ（PfP）内のインタラクションの発展

(3)主権尊重，領土保全，国境不可侵，諸国の独立にかかわる紛争や危機の平
和的解決のためのインタラクションの強化

(4)関係する法的基盤の平和維持力を強化することを目的とした実質的な協力
の強化

(5)民族問題，分離主義，宗教的過激主義，テロリズムと戦うための共同の努
力

(6)紛争地帯への武器輸送の防止と同様に，核やその他の大量破壊兵器の不拡
散を強化するレジームを維持していくための効果的な協同行動

(7)トラセカ（TRACECA）発展のための相互利益となる協力

(8)相互利益となる問題に関する適当なレベルの定例会議の開催

このように，GUAM は欧米と強く連携していたのである。

GUAM の活動を簡単にまとめると，GUAM 諸国大統領の年次会談が活動の主
軸とされており，その行政機能は各国外相委員会に委ねられているほか，各加盟
国から一人ずつ出されたコーディネーターによって構成される国家調整人委員会
(Committee of National Coordinators) が実働的役割を担っている。そして，(1)電力工
学，(2)輸送，(3)通商と経済，(4)情報科学とテレコミュニケーションズ，(5)文化，
(6)科学と教育，(7)対テロ・組織犯罪，麻薬撲滅の戦い，(8)観光という 8 つのワー
キング・グループを動かしてきた。

だが，各国の内政問題，対露関係などから GUUAM はたびたび危機に陥り，
2000 年頃には，GUA（ジョージア，ウクライナ，アゼルバイジャン）となったとま
で囁かれた。加えて，ウズベキスタンは一貫して積極的な参加の姿勢を見せず，
2002 年には脱退表明をしたが，米国に引き止められ，結局，2005 年に脱退する
までは活動休止でお茶を濁した。2004 年のヤルタ会談には 2 ヵ国しか参加がなく，
ますますその存続が危ぶまれたが，2003 年の「バラ革命」，2004 年の「オレンジ
革命」を経て，ジョージア，ウクライナの反露・親欧米の性格が強まり GUAM
はまた盛り返しを見せていくことになる。2005 年 4 月のキシナウ・サミットで

は，ウズベキスタンやオブザーバーとして招待されていたポーランドの両大統領が欠席する一方，ルーマニア，リトアニア両大統領，米国国務省や OSCE などからのオブザーバー参加があり，この会議では，GUAM の黒海地域への拡大が高らかに謳われた。

そして，2006 年 5 月 23 日にキエフで GUAM 首脳会談が開かれ，新たな地域協力の枠組みである「民主主義と経済発展のための機構 – GUAM（ODED-GUAM）」の創設宣言が調印され，事務局もキエフに設置されることが決まった。GUAM を拡大・改組することで，さらなるロシアの影響力排除と親欧米化，トルコおよび東欧との接近路線を追求することになったのである。加盟国は，加盟国は，民主主義の拡大，自由貿易圏の創設，EU，NATO と安全保障面などで協力することなどを謳い，欧州への統合を目標に掲げた。

ただ，GUAM が再び盛り上がる中，アゼルバイジャンのみが他の三国と異なる姿勢をとるようになっていった。ロシアを刺激することを避けるべく，GUAM 諸国に（ロシアを介さない形で）エネルギー供給を行っていくことを約束しつつも，「ロシアとの関係改善に〔アゼルバイジャンは〕協力する」とも公言し，双方の「仲介役」という立場を確立しようとしていったのである。

一方，2006 年 5 月には，ウクライナ国防相が GUAM 平和維持軍創設の計画も打ち立てた。またこの頃には，それまであまり関係が深くなかったジョージアとモルドヴァの関係も深まっていった。

このような動きに対し，ロシアはもちろん反発した。中立的姿勢を取ろうとするアゼルバイジャンを完全にロシア側にひきつけようと躍起になり，また GUAM について，「〔東西冷戦の象徴である〕ベルリンの壁がロシアの西の国境に出来た」として，自国の影響圏が縮小しつつあることに明らかな苛立ちを見せたのだ。

そのような中，ロシアは 2006 年 10 月からジョージアに対して厳しい制裁を課し始めた。GUAM 諸国は協力して支持することを決定したが，実際には実質的な支持はなかった。まず，国内レベルでは，ウクライナもモルドヴァもジョージア支援の同意を取りつけられず，また，アゼルバイジャンはむしろ GUAM は政治問題より経済や通商に力を注ぐべきだと主張し，ジョージアの困窮に目を背けようとした。この頃から GUAM の活動も弱体化していき，2008 年のロシア＝

ジョージア戦争後は，きわめて形式的な組織となってしまった。

　他方，「色革命」の後に，ジョージアとウクライナが親欧米路線で盛り上がっていた頃，両国が主導し，CDC が結成された。CDC の源流は GUAM にあるが，様々な限界により新たな方向性を見出す必要が生まれたために創設されたことから，それらは完全なる別組織だとされている。

　CDC 創設の契機は，2005 年 8 月に，ジョージアのサアカシュヴィリ大統領（当時）とウクライナの V・ユシチェンコ大統領（当時）が署名した共同声明「ボルジョミ宣言」にある。「ボルジョミ宣言」の趣旨は，「バルト・黒海地域に残存する分裂，人権侵害，あらゆる対立や凍結された紛争を除去するための強力な機関」となるような共同体を創設するというものだった。そして実際の創設は 2005 年 12 月 1〜2 日のキエフでの会議で行われ，バルト・黒海・カスピ海地域およびその周辺を対象とする諸国が，正式メンバーもしくはオブザーバーとして参加した。創設時の参加国は，エストニア，ジョージア，リトアニア，ラトヴィア，マケドニア，モルドヴァ，ルーマニア，スロヴェニア，ウクライナ，そしてオブザーバーは，アゼルバイジャン，ブルガリア，チェコ，ハンガリー，ポーランド，米国，EU，OSCE であった。CDC では，ジョージア，ウクライナ，モルドヴァがとりわけ熱心な姿勢を示し，特に EU への接近と統合を強調した一方，GUAM メンバーでありながら，ロシアに配慮するアゼルバイジャンが CDC ではオブザーバーにとどまったことも注目された。

　CDC の趣旨は明確ではなかったが，あらゆる主体に敵対するものではないことを明言しつつ，諸国間の友好的対話に基づき，民主化，法の尊重，安定，繁栄を目指すプロジェクトだと位置づけていた。その一方で，「ロシアの支配下に残ることを望まない民主的諸国の枢軸」という位置づけを主張していたのも事実である。

　そして，2006 年 3 月 9〜10 日にトビリシで行われた会議を経て，2006 年 5 月 4 日のヴィリニュス会議では，共同コミュニケが出された。その要点は以下の通りである。

　(1)政治，経済，社会の各部門の発展と自由と平和の促進，欧州への統合の推進

(2)EU，NATO，欧州評議会，OSCE，国連などの国際組織を巻き込んだ形での民主化の強化

(3)EU が欧州近隣諸国政策（ENP）などを梃子としての，近隣諸国の支援

(4)CDC のような非公式な形での，議会，NGO，若者，個人など様々なレベルの接触促進，地域協力の強化

(5)民主化促進のための，欧州民主主義基金（European Democracy Fund）などを含む様々な支援

(6)共通の隣人としての共通の目標や共通の行動を追求するための，全欧州を見据えてのヴィリニュス会議の議論の継続

　だが，残念ながら，このヴィリニュス会議を最後に，CDC の会合は開催されていない。その後の，ロシア＝ジョージア戦争やウクライナにおける親露派ヤヌコヴィチ大統領就任などがその主要因と考えられるが，「色革命」の高揚感の中で生まれた時代を象徴するものと考えることもできるだろう。

　このように，CDC は事実上消滅し，GUAM の活動も活発ではないが，それでも，それらが黒海地域の国際関係の強化を訴えた貴重な試みであったことは事実である。

おわりに

　以上，見てきたように，南コーカサス諸国の黒海地域への関わり方には，地域大国であるロシアとトルコの影響が色濃く反映されており，ロシアおよびトルコとの関係性が，南コーカサス三国の外交方針，そして黒海地域における立ち位置をかなり決定づけていると言ってよい。

　資源を持ち，バランス外交を展開するアゼルバイジャンは，アルメニアとの関係が悪いとはいえ，黒海地域との外交において最も高い自由度を享受してきたが，2014 年に石油価格が下落してからは資源依存経済からの脱却を余儀なくされており，今後の展開が期待される。他方，資源がなく，親欧米路線をとるジョージア，そしてロシアとの関係を強化してきたアルメニアの両国は，黒海地域におけ

る外交でも様々な制約を受けている。それでも，ジョージアは地政学的位置を活かし，黒海地域におけるハブ国家としてのポジションを確立しようとしている。また，陸封されているアルメニアは，IT立国となり，国際的な影響力を強めていくべく努力を続けている。

南コーカサス三国は，三者三様であるが，それぞれに置かれた環境の中で，黒海地域において国際政治を繰り広げてきた。また各国が抱える課題は容易ではないが，黒海地域における国際関係が，南コーカサス三国の今後の発展に不可欠であることは，誰もが認めているところである。南コーカサス諸国と黒海地域諸国の今後のさらなる関係深化とそれが当地の平和と発展に与することを期待する。

参考文献
①外国語

Altstadt, Audrey L. 1992. *The Azerbaijani Turks : Power and Identity under Russian Rule*, Stanford : Hoover Institution Press Publication.

Beacháin, Donnacha Ó and Abel Polese (eds.). 2010. *The Colour Revolutions in the Former Soviet Republics : Successes and Failures*, London : Routledge.

Cohen, Roger. 2000. "Who Really Brought Down Milosevic?," *The New York Times Magazine*, 26 November.

Cornell, Svante E. 2007. *Georgia after the Rose Revolution : Geopolitical Predicament and Implications for U. S. Policy*, Ann Arbor : University of Michigan Library.

————. 2010. *Azerbaijan Since Independence*, London : Routledge.

Delcour, Laure. 2014. *Faithful but constrained? Armenia's half-hearted support to Russia's region integration policies in the post-Soviet space, Geopolitics of Eurasian Integration*, London: London School of Economics.

De Waal, Thomas. 2010. *The Caucasus : An Introduction*, Oxford : Oxford University Press.

————. 2015. *Great Catastrophe : Armenians and Turks in the Shadow of Genocide*, Oxford : Oxford University Press.

Grigoryan, Armen. 2014. "Armenia : Joining under the Gun," S. Frederick Starr and Svante E. Cornell eds., *Putin's Grand Strategy : The Eurasian Union and Its Discontents*, Washington, D. C. : Central Asia-Caucasus Institute & Silk Road Studies Program.

Grigoryan, Marianna. 2010. "Yerevan Suspends Reconciliation Process with Turkey," *Eurasia Net*, 22 April.

Hirose, Yoko. 2006. "Aspects of Genocide in Azerbaijan," *Comparative Genocide Studies*, vol. 2.

————. 2014. "The Need for Standard Policies on State Recognition : The Case of the Russia-Georgia War, Georgia, and Azerbaijan From 2008 to Early 2012," *International Relations and Diplomacy*, vol. 2, no. 1, pp. 1-15.

Kapidze, Aleksandro I. (ed.). 2007. *Caucasus Region : Geopolitical Nexus?*, Hauppauge : Nova Science Publisher, Inc.

Lane, David, and Stephen White (eds.). 2010. *Rethinking the 'Coloured Revolutions'*, London : Routledge.

Melkmyan, Naira. 2010. "Armenia Freezes Peace Process with Turkey," *IWPR'S Caucasus Reporting Service*, no. 540.

Mitchell, Lincoln. 2008. *Uncertain Democracy : U. S. Foreign Policy and Georgia's Rose Revolution*, Philadelphia : University of Pennsylvania Press.

Simonyan, Karine and Satenik Vantsian. 2010. "Cross Controversy Mars Historic Church Service In Turkey," *RFE/RL*, 19 September.

Socor, Vladimir. 2010. "Armenia Suspends US-Backed Normalization of Relations with Armenia," *Eurasia Daily Monitor*, vol. 7, Issue 81.

Stefes, Christoph H. 2006. *Understanding Post-Soviet Transitions : Corruption, Collusion and Clientelism*, London : Palgrave Macmillan.

Suny, Ronald Grigor. 1988. *The Making of the Georgian Nation*, Bloomington : Indiana University Press.

―――. 1993. *Looking Toward Ararat : Armenia in Modern History*, Bloomington : Indiana University Press.

U. S. Energy Information Administration. 2016. Country Analysis Brief : Azerbaijan〔https://www.eia. gov/beta/international/analysis_includes/countries_long/Azerbaijan/azerbaijan.pdf（2016 年 11 月 11 日最終アクセス）〕.

Yinanc, Barcin. 2008. "Armenia's Soccer Defeat Opens Door to Breakthrough in Turkey Relations," *RFE RL*, 8 September.

Под редакцией Ивлиана Хаиндравы и Александра Искандаряна. 2005. *Диаспора, нефть и розы : чем живут страны Южного Кавказа*, Ереван : Фонд Генриха Бёлля и Кавказский институт СМИ.

②日本語

田畑伸一郎・末澤恵美編 2004『CIS：旧ソ連空間の再構成』国際書院。

廣瀬陽子 2000「GUUAM の結成とその展望――構成各国の諸問題とロシア・ファクター」国際問題研究所『ロシア研究』31，130-149 頁。

―――― 2004a「GUUAM――ひとつの「時代」の終焉」アジア経済研究所『アジ研ワールド・トレンド：CIS を読み解く――旧ソ連諸国の現在』5 月号，23-25 頁。

―――― 2004b「アゼルバイジャンの権威主義の成立と変容」日本国際政治学会編『国際政治』138，117-141 頁。

―――― 2006「BTC パイプラインがもたらす南コーカサス地域への政治・経済的影響」名古屋大学国際協力研究科『国際開発研究フォーラム』31，1-21 頁。

―――― 2008a「南コーカサス三国とロシア」田畑伸一郎編『石油・ガスとロシア経済』北海道大学出版会，219-250 頁。

―――― 2008b『コーカサス　国際関係の十字路』集英社。

―――― 2009a「「新冷戦」議論と米ロ関係改善の展望――グルジア紛争にみる両国の対立と国内要因」『国際問題』3 月号（焦点：オバマ政権の危機対応戦略），26-40 頁。

244　第 II 部　域内国際関係

──── 2009b「コーカサス地域の視点から捉えるグルジア紛争とその影響」『ロシア・ユー
ラシア経済』3 月号（特集：ロシア・グルジア紛争の検証），2-19 頁。

──── 2011「グルジア紛争後のトルコと南コーカサス諸国の関係──アルメニアとトルコ
の和解プロセスを中心に」『中東研究』510, 94-111 頁。

──── 2012a「旧ソ連諸国が危惧する第二の「色革命」」『地域研究』12-1, 88-112 頁。

──── 2012b「南コーカサスの地域紛争」帯谷知可・北川誠一・相馬秀廣編『朝倉世界地理
講座──大地と人間の物語 5　「中央アジア」』朝倉書店。

──── 2014『未承認国家と覇権なき世界』NHK 出版。

第 9 章

バルカンの政治変動と外交政策

月 村 太 郎

はじめに

　本章で取り扱うのはバルカンである。バルカンの領域は黒海の西岸からエーゲ海，アドリア海にわたる。現在のどの国家がバルカンに属するかについては，議論があるところだが，柴編（1998）に含まれている国家は，現在では東から西にかけて，モルドヴァ，ルーマニア，ブルガリア，ギリシャ，セルビア，マケドニア，アルバニア，モンテネグロ，ボスニア・ヘルツェゴヴィナ（以下，ボスニア），クロアチア，スロヴェニアである。これに，トルコのヨーロッパ部分である東トラキアが加わる。

　バルカンの東に位置する黒海は，近代に入ると，バルカンと共に大国間の角逐の場となっていく。「東方問題」である[1]。「東方問題」の根本的な要因は，大国による東地中海および黒海を含むその近隣領域における安全保障の確保であると理解することができる。この場合の大国とは，中世末にヨーロッパに大きく進出したが近代に入って段階的に衰退していくオスマン帝国，オスマン帝国撤退後のバルカンに「権力の空白」を見出したハプスブルクとそれを後押しするドイツ，そして黒海から地中海への出口の獲得を目的にしてバルカン進出を企てるロシア

　1）山内（1984）にあるように，「東方」という見方がヨーロッパ中心史観であるという指摘がしばしばなされるが，それについて論ずることが本章の考察の主題ではないので，ここでは馴染み深い「東方問題」という呼称を用いておくことにする。

地図 9　バルカン周辺の黒海地域

である。また，地中海に歴史的に利害を有してきたフランスと，インドへのシー・レーンの確保を重視するイギリスがそれに絡んできていた。さらに，オスマン帝国が後退した後の領域において，ナショナリズムに影響された多くの民族が建国を夢見る。その結果生まれた独立国は，ギリシャ，セルビア，モンテネグロ，ルーマニア，ブルガリア，アルバニアである。彼らは自国の生き残りのために，大国に翻弄されつつ，大国を利用しようとする。このように，「東方問題」はヨーロッパの国際政治における最大の問題であり，そして，「東方問題」を構造的原因として勃発した第一次世界大戦の結果，オスマン帝国は消滅し，ヨーロッパは凋落の途をたどるのである。

　東地中海・黒海およびその近隣領域に接している大国は，かつてのハプスブルク（およびドイツ）・ロシア帝国・オスマン帝国から，EU・ロシア・トルコへと変わり，そして東地中海に隣接していないとはいえ，地理的により広範な戦略から関係する「大国」も英仏からアメリカ（およびNATO[2]）へと交代した。しかし，大国の戦略と小国のそれとが相関しながら，東地中海・黒海およびその近隣領域

---

2) NATO の加盟国には東地中海に面している諸国もあるが，NATO の意思決定プロセスや実際の作戦行動においては，アメリカの意図が重視されるということから，アメリカと並べてある。

の安全保障に影響していくという「東方問題」の構図は，現在でも存続している。それゆえに，そこに着目することによって，東地中海・黒海およびその近隣領域における安全保障問題の構造の一貫性が明らかになるのである。

　本題に入る前に，まずはバルカンそのものについて考えよう。

1　バルカンはどう理解すべきか

　バルカンは，そもそも単一の地域として理解可能であろうか。もちろん，近接するいくつかの国家をひとくくりにして地域と呼ぶことは可能であろうが，それでは分析のツールとしてあまり意味がない。国際政治学において地域とみなしうるには，一種の域内凝集性，あるいは少なくともそれを形成する域内共通要因が存在していなくてはならない。その要因とは，例えば，地域全体を覆うアイデンティティ（regional identity）であり，例えば，政治，経済，社会などの次元で存在している地域内の密接な関係の存在やその構築の動き，すなわち地域化（regionalization）である（フォーセット 1999）。

　バルカンの多くの領域は，かつてオスマン帝国の領土であった。したがって，帝国内の一地方としてバルカンが存在していたという理解も可能かもしれない。柴（1998）や『東欧を知る事典』によれば，バルカン半島という名称の起源は，オスマン帝国時代にトルコ語を理解しない人々が，スタラ・プラニナ山脈（現在のバルカン山脈）がトルコ語（オスマン語）で「バルカン」（「森林に覆われた山脈」などを意味する）と呼ばれているのを勘違いして，この山脈そのものを「バルカン」と呼び，それを 19 世紀のドイツ人地理学者のツォイネが，バルカン半島全体を示す用語として使い始めたという。それ以前にバルカン全体を示す単語はなかったのであり，バルカンには，地域的アイデンティティを歴史的に支えてきた地域的文化は想定しにくい（Todorova 2004）。また，地域化についても，オスマン帝国時代のバルカンには行政区間の境界が走っており，単一の地域として一体化するのは難しかった。そして，近代以降のバルカンは，外部の大国からの影響力を受けることで一体的な発展をますます望めなくなった。

　こうしたバルカンを理解するには，外部の大国を中心，バルカンを周辺とする

「中心－周辺」関係の枠組みを適用することが有効である。その場合に，バルカンは複数の中心に挟まれていたと理解することができる。ノルウェーの政治社会学者ロッカンは，西欧における周辺を地政的にパターン分けしており，それらは西から東に順に，seaward peripheries, coastal plains, central plains/Alps, Germanic marchland, landward peripheries であり，バルカン地域は landward peripheries に分類されている（Rokkan and Urwin 1983：62）。しかし，バルカンにとっての中心は西欧のみではない。そこでは，ロシア（およびソ連）やオスマン帝国（およびトルコ）という西欧外の中心の存在を考慮せざるを得ない。バルカンは複数の中心による影響圏の境界に存在する「境界型周辺（interface peripheries）」として理解できるのである。「境界型周辺」においては，複数の中心からの影響が強いために，全体としての自己規定や自己完結的な域内関係が存在することは難しい。ここからも，バルカンが一つの地域たりえないことがわかるのである。

2 「東方問題」の過去

1)「長い 19 世紀」におけるバルカン

　①19 世紀中葉まで

　イギリスの歴史家ホブズボームは，フランス革命から第一次世界大戦までの期間を「長い 19 世紀」と呼んだ。「長い 19 世紀」において，バルカンにとっての中心はオスマン帝国，ロシア，ハプスブルクであった。オスマン帝国は，1699年のカルロヴィッツ条約締結以来，ヨーロッパからの後退という基本的なベクトルを方向転換することができなかった。南下を念願するロシアにとって，黒海西岸のバルカン，特にその東部は是非とも確保したい領域であった。他方，ハプスブルクにとって，アドリア海の安全保障確保のためには，バルカン西部は譲れなかった。

　しかし，オスマン帝国の後退によって「権力の真空」領域となったバルカンで繰り広げられたのは，ロシアとハプスブルクとによる「陣取り合戦」だけではなかった。19 世紀に入ると，アメリカ独立戦争とフランス革命の後に流行するナショナリズムに刺激された独立運動が芽生えるのである。

第9章 バルカンの政治変動と外交政策 **249**

　バルカンにおいて最初に独立国となるのはギリシャである（第1章参照）。しか
し，ギリシャよりも早く独立の動きを見せたのは，セルビアであった。ギリシャ
は1830年に独立し，セルビアは，1815年に自治公国となった後，1878年のベル
リン条約でルーマニア，モンテネグロと共に独立を認められる。

　ギリシャもセルビアも内政の充実以上に領土の拡大を熱望していた。バルカン
の民族の多くには，中世の一時期に広大な領土をもつ国家を有していたという
「歴史」があった。オスマン帝国の支配を経て，広範な自治や独立を獲得した彼
らは，かつての広大な領土の奪還を目指すのである。「大民族主義」である。

　彼らにとっての中世の歴史的国家とは，セルビア人の場合にはドゥシャン大帝
時代を頂点とするセルビア王国であり，ギリシャ人の場合にはビザンツ帝国（東
ローマ帝国）であった。そして，「大民族主義」実現のイデオロギー，外交の基
本方針となったのが，セルビアの「ナチェルターニェ（覚書）」であり，ギリ
シャの「メガリ・イデア（偉大なる思想）」であった。「ナチェルターニェ」はセ
ルビアの政治家であるガラシャニンによって1844年に纏められたものである。
それは，セルビアはオスマン帝国後退後のハプスブルクとロシアに挟まれた領域
に一大国家を作るというものであり，セルビア本土へのボスニア，コソヴォの併
合，モンテネグロとの連合，アドリア海への出口の確保といった内容を含んでい
た（Jelavich 1983 : 331）。これに対して，1844年にギリシャの政治家であるコレ
ティスが明らかにしたところによると，「メガリ・イデア」の名の下に回復され
るべきギリシャ人の土地は，現在のギリシャ領に加えて，イスタンブルを含む東
トラキア，トルコの地中海東岸や黒海南岸などに至るのである（同前 : 262）。

　大国の強い影響力から逃れる方策として，国家間の協力関係を作ろうという試
みもあった。そうした事例の嚆矢が，セルビア公ミハイロ・オブレノヴィッチに
よって提唱されたバルカン同盟構想であった。ミハイロは，1866年から68年に
かけて，モンテネグロ自治公国，ギリシャ王国，ルーマニア自治公国と条約を締
結し，さらにオスマン帝国内のブルガリア人活動家にも働きかけを行っていた。
しかし，この試みは1868年6月のミハイロ暗殺によって途絶してしまった。

　「ナチェルターニェ」「メガリ・イデア」やバルカン同盟構想に見られるように，
バルカンの自立的な動きにおいても，黒海沿岸が重要な領域として考えられてい
た。

250　第II部　域内国際関係

②第一次世界大戦まで

　19世紀が終わりに近づき，バルカンをめぐる大国間の競合が激化する一方で，「大民族主義」が各地で主張されるようになるバルカン現地においては，「バルカン化」が見られていく[3]。

　その例としてまず挙げられるのが，1885〜86年のブルガリア＝セルビア戦争である。当時のセルビア政府はハプスブルク寄りの外交路線のために国内での人気が低落していた。セルビア国王ミラン・オブレノヴィッチは人気回復を目論み，隣接するブルガリア自治公国と東ルメリアとの合併に伴う混乱に乗じて11月に進撃したが失敗した。同盟国ハプスブルクの介入により敗戦こそ免れたが，人気がさらに低下したミランは1889年に息子のアレクサンダル・オブレノヴィッチに譲位する。しかし，外交政策は転換されず，アレクサンダルが1903年6月に暗殺され，後任の国王には，第1次セルビア農民蜂起のリーダーを始祖とするカラジョルジェヴィッチ家のペタルが就いた。そしてセルビアは外交方針を親ロシアへと大転換するのである。こうしてバルカンにおけるプレスティージの低下に直面したハプスブルクが行った方策は，1908年10月のボスニア併合であった。

　ロシアは対抗策として，バルカン諸国間での同盟設立工作に乗り出した。その結果1912年9月に，セルビア，ギリシャ，ブルガリア，モンテネグロの四国間でバルカン同盟が成立した。しかし，バルカン同盟諸国はロシアの想定を超えて，翌10月にオスマン帝国に宣戦する。第1次バルカン戦争である。戦争はバルカン同盟側の勝利に終わったが，今度はブルガリアを相手にセルビア，ギリシャ，モンテネグロが戦い，オスマン帝国，ルーマニアもブルガリアに宣戦し，第2次バルカン戦争が起きる。まさにバルカン化である。

　そして，1914年6月28日にサライェヴォ事件が発生する。バルカン諸国の第一次世界大戦に対する立場は，まず，セルビア，そしてセルビア国王妃の出身国モンテネグロが英仏露側，ブルガリアが反セルビアから独墺側で戦争に参加する。ルーマニアはハプスブルクとの間に秘密同盟条約がありながら，当初は中立，そして1916年8月に英仏露側で参戦する。さらにギリシャでは，ドイツ皇帝ヴィ

3）バルカン化（Balkanization）とは，オスマン帝国から独立したバルカン諸国が相互に対立していき，武力紛争（戦争）に至るという歴史的経緯から派生したものであり，「競争し相互に敵対的な断片への果てしなき分裂」（Goldsworthy 2002：32）を意味する。

ルヘルム 2 世の義弟に当たる国王コンスダンディノス 1 世派と英仏露側での参戦を主張する首相ヴェニゼロス派との間で対立が生まれ，武力衝突が起きるのである。こうした第一次世界大戦の参戦過程こそ，複数の中心から影響力を受けるバルカン諸国の「境界型周辺」としての特徴をよく表していると言えるであろう。

2）「短い 20 世紀」におけるバルカン[4]

①両大戦間期

再びホブズボームである。彼は，第一次世界大戦から冷戦終了までの時期を「短い 20 世紀」としている。その前半である両大戦間期においては，バルカンをめぐる中心間の競合はあまり表面化していない。

その理由としてまず挙げておきたいのは，ソ連（ソヴィエト）の姿勢である。まず，成立当初のソ連が，一方で国境の画定，他方で第一次世界大戦の被害とその後の革命による混乱からの復興，そして経済システムの転換を優先せざるを得なかった。また，国際社会における孤立の時期も長かった。独ソ不可侵条約の付属秘密議定書によって，もともとロシア領であったモルドヴァをルーマニアから奪還するくらいの領土拡張はしたが，国境を越えて影響力を行使しようという試みは限定的であった。

また，オスマン帝国は第一次世界大戦に敗れ，その後に国土が分割される。第2 章で論じられているように，一時期のアナトリア半島では，二重権力状態に加えて，ギリシャ軍の侵攻を受けるなど，戦後のトルコ共和国もまずは国境画定と国家再統合に専心せざるを得なかった。

こうして，両大戦間期においては西側が単一の中心でありえた。この時期にアドリア海から黒海に至る領域に影響力を行使しようとしたのは，ドイツ人の「生存圏」を掲げるナチス・ドイツであった。ドイツは自らの広域経済圏にバルカン諸国を抱え込む。経済的規模がはるかに小さいバルカン諸国との間で，ドイツは強い経済的影響力を行使し，最後には，ドイツの需要に応じてバルカン諸国の生

4）第一次世界大戦前までに独立を果たしていたギリシャ（1830 年独立），ルーマニア（1878年），ブルガリア（1908 年），アルバニア（1912 年）の他に，両大戦間期には，セルビアやモンテネグロ，旧ハプスブルク領などから生まれたユーゴスラヴィアがバルカン諸国に加わることになる。

産構造を変えるように要求するのである。

　相変わらず大国の事情に翻弄されるバルカン諸国であったが，彼らの間での連帯，協力の動きもないわけではなかった。まず，各国の共産主義者や農民党関係者によるバルカン連邦構想があった。しかし，各国政府の弾圧，内部対立，コミンテルンからの指令の問題などが原因となって，大きな流れとはなりえなかった。次に，1930年10月には第1回バルカン会議が開催され，ユーゴスラヴィア，ルーマニア，ブルガリア，アルバニア，ギリシャ，トルコの6ヵ国の代表が参加した。この会議の目的は，政界，財界，学界などの非政府代表間の相互交流にあった。しかし，次第に国家間交渉の色彩を濃くし，1934年2月に締結されたバルカン協商条約は，国家間対立のためにユーゴスラヴィア，ルーマニア，ギリシャ，トルコの4ヵ国のみで締結されることとなり，全バルカンを包括する試みは失敗に終わったのである（植田1989）。

　第二次世界大戦が始まると，バルカン諸国は1940年9月成立の日独伊三国同盟への加盟を迫られ，11月にはルーマニア，1941年3月にはブルガリアが加盟した。ユーゴスラヴィアでは，3月末の加盟調印式で政府首脳が首都を留守にした間にクーデタが起き，ソ連との友好不可侵条約が締結される。これに対して，ヒトラーが下した決断はユーゴスラヴィア，ギリシャへの軍事侵攻であった。ドイツと同盟関係にあるイタリア，ハンガリー，ブルガリアも攻撃に参加し，ユーゴスラヴィアとギリシャは相次いで降伏する。

②冷戦時代

　冷戦構造の特徴のひとつとして，東西の分断が挙げられることが多い。バルカンにも分断が持ち込まれた。まず，ギリシャとトルコはマーシャル・プランを受け入れ，共に1952年にNATOに加盟した。

　他方で，ソ連ブロックに組み込まれたユーゴスラヴィア，ルーマニア，ブルガリア，アルバニアのうち，ルーマニアは「三台のピアノを同時に弾く」と表現され，ソ連ブロックの一員でありながらも，西側に加えて中国とも良好な関係を発展させていった（木戸1982：120-121）。ブルガリアはソ連に常に忠実であり，ルーマニアと対照的な立場にあった。

　第二次世界大戦中に国土が四分五裂にされていたユーゴスラヴィアでは，共産

党の武装組織が内戦に勝利し国土解放を自力で行った結果，ソ連の指導を受けずに共産化を進めていた。さらに，アルバニアの国土解放をも支援し，ブルガリアとの間でバルカン連邦をも構想していた。ユーゴスラヴィアは，その後に起きたソ連との論争の結果，ブロックから追放され，独自の非同盟外交路線を歩むことになる。また，アルバニアはブロックを離脱した後に，一時は中国に接近するが，最終的にほぼ鎖国状態となる。

　こうして，黒海に面するルーマニアとブルガリアはソ連ブロックに属し，アドリア海に面するユーゴスラヴィアとアルバニアは東西両陣営から距離を置き，南部のギリシャとトルコは西側の一員となっていく。冷戦時代のバルカンについては，東西分断ではなく，地理的に明確な3領域への分断が見られるのである。

3　「東方問題」の現在

1）1989年の意味

　1989年は「東欧激動」の1年であったとされる。たしかに中東欧諸国にとっての1989年は激動の1年であった。「ベルリンの壁」が壊れて，東西ドイツ統一への道が開かれた。チェコスロヴァキアでは「ビロード革命」が起き，ポーランド，ハンガリーでも人民共和国から共和国へと国名が変更された。

　しかし，中東欧諸国と異なりバルカン諸国にとっての1989年の意味は簡単に纏めることができない。冷戦終了の意味すら，ソ連ブロックに属していたルーマニア，ブルガリア，東西両陣営のどちらにも属していなかったユーゴスラヴィアとアルバニア，西側の一員であったギリシャ，トルコ，それまでソ連の構成単位であったモルドヴァ，それぞれで大きく異なるのである。本節では，冷戦以後のバルカン諸国を概述するが，黒海やロシア（ソ連）との関わりに焦点を合わせるため，ルーマニア，ブルガリア，セルビア，モルドヴァ，ギリシャについて考察する。

2）ルーマニア

　ルーマニアでは，1965年以来，ルーマニア共産党の実権を掌握したニコラエ・

254 第II部 域内国際関係

チェウシェスクによる独裁体制が続いていた。しかし，1989 年の「東欧激動」
はルーマニアにも及び，武力衝突を伴うクーデタの結果，12 月にチェウシェス
クは妻と共に軍事裁判を経て銃殺刑に処せられた。クーデタの際に暫定的に結成
されていた救国戦線は政治的実権を掌握し，大統領にはイオン・イリエスクが就
任した。イリエスクは 4 年間の中断期間を挟んで，2004 年 12 月まで大統領で
あった。

　救国戦線は旧共産党系の政治家も参加する寄せ集めの政治勢力である。そのた
め，1990 年 5 月の議会選挙で圧勝したものの，すぐに内紛が生じた。その主た
る争点は改革のスピードであり，イリエスクを含む穏健派は救国戦線を離れて，
民主救国戦線を結成した。1992 年 9 月の議会選挙に勝利した民主救国戦線は，
他党との合併のたびにルーマニア民主社会党，社会民主党と党名変更を繰り返し
ながら，徐々に中道左派化しつつ（藤島 2014：533），常にルーマニアの有力政党
のひとつであり続けている。

　他方，救国戦線は民主党（現在は民主自由党）に改称し，保守政党となってい
る。2004 年 11 月の議会選挙において，民主党は，淵源が 19 世紀に遡る保守派
の「名門政党」である国民自由党と選挙連合を組んだ。議会選挙の議席数では社
会民主党中心の選挙連合に敗れたが，同時期に実施された大統領選挙では決選投
票を経て民主党の T・バセスク（元ブカレスト市長）が当選した。バセスクは民
主党，国民自由党に他の 2 党を加えた 4 党連立政権の樹立に成功した。こうして
ルーマニアは，バセスク主導で EU 加盟を実現する。その後，政党の組み合わせ
は変遷するが連立政権が続き，バセスクは政権内の内紛を切り抜けながら，2014
年 12 月までの 10 年間，大統領職にあったのである。

　この間，極右政党も時に大きく得票を伸ばしたが，継続的な影響力はない。特
に大ルーマニア党は 2000 年選挙では第 2 党に躍進したが，現在は議席を持って
いない。また，民族的少数派であるマジャール人を代表する政党であるルーマニ
ア・ハンガリー人民主同盟がしばしば政権に参加しており，前述の 4 党連立政権
も支えた。

　ルーマニアでは既成政党の内紛もあって多数の政党が生まれているが，ほとん
どの政党が EU と NATO への加盟を希望するという点で一致していた。そして
1995 年 6 月，EU に加盟申請を行う。しかし，1997 年 7 月にはブルガリアと共

に中東欧諸国との同時加盟が不可能であることが明らかとなった。EU 加盟は 2007 年 1 月のことであり，加盟後のモニタリングも義務づけられた。EU からは司法改革や政治腐敗への対処などを厳しく求められ，首相経験者のヴィクトル・ポンタを含めた多くの政府高官が逮捕・起訴された。

NATO については，2004 年 3 月の加盟後も，アメリカ軍への協力には非常に積極的である。現在のところ EU/NATO 圏の東端に位置するルーマニアは，そもそもロシアに対する安全保障上の配慮から NATO にコミットせざるを得ない（六鹿 2006：239）。その上に，モルドヴァの情勢がある。言語・文化的に非常に近い隣国モルドヴァにおいては，1990 年以降，ドニエストル川東岸地域が独立を宣言しており（沿ドニエストル共和国），ロシアがそれを実質的に支えているのである。

3) ブルガリア

ルーマニアと対照的に，ブルガリアの 1989 年の政治変動は「宮廷クーデタ」によるものであった。1954 年のブルガリア共産党書記長就任以来一貫してブルガリアを指導し続けてきたトドル・ジフコフは，1989 年 11 月に解任され，外相のペトゥル・ムラデノフが後任の書記長となった。東ドイツのホーネッカーの場合と同じく，ゴルバチョフ登場後のソ連の動きを見誤った結果，「宮廷クーデタ」で失脚したのであった。

ブルガリア共産党が実施を約束した 1990 年 6 月の議会選挙で勝利したのは，後継政党であるブルガリア社会党であった。その次の 1991 年 10 月の議会選挙では，反共産党系勢力が結集した民主勢力同盟が勝利した。以後，ブルガリア社会党中心の連合と民主勢力同盟（またはその連合）とが二大陣営となり，第三の勢力として，民族的少数派トルコ人などを主たる選挙基盤とする「権利と自由のための運動」が位置するという構図が 10 年弱続くのである。この間，総じて，民主勢力同盟率いる政権による改革疲れから，政権はブルガリア社会党主導に移り，また政権奪還した民主勢力同盟中心の政権下で改革のペースが速まるというパターンであった。

こうした構図を崩したのが，元国王による「シメオン 2 世国民運動」であった。急遽結成された「シメオン 2 世国民運動」は野心的な選挙公約を掲げて 2001 年

6月の議会選挙で第一党になり，「権利と自由のための運動」と連立政権を組織するのである。しかし，選挙公約を実現できなかった「シメオン2世国民運動」の人気は急落し，現在では泡沫政党のひとつとなっている。「シメオン2世国民運動」の凋落と歩調を合わせるように，民主勢力同盟も内紛などから急速に人気が低下している。保守政党として台頭が著しいのが，当時のソフィア市長B・ボリソフによって2006年に結成された「ブルガリアのヨーロッパ発展のための市民」である。同党はその後の3回の議会選挙（2009年7月，2013年5月，2014年2月）においていずれも第一党となり，ボリソフは，2009年7月から2013年2月，そして2014年11月以後，首相を務めている。この間，ポピュリステックな内容を主張する政党も一定の人気を集めている。

EU加盟は，ルーマニアと同じくブルガリアにおいても既定路線であり，加盟プロセスもほぼ同じであった。加盟交渉はルーマニアよりも半年早い2004年6月に終了していた。2007年1月に加盟したブルガリアにもモニタリングが義務づけられ，EUからは司法改革や政治腐敗への対処などが求められた。そして，それらが不十分であることに加えて，EU基金の流用が明らかになり，ブルガリアは2008年7月にEU基金の利用が停止されたのである。後に次第に解除されるとはいえ，このことは，EUが加盟国に効かせるレバレッジの存在を強く印象づけることとなった。

ロシアとの密接な関係が長いブルガリアにおいて，NATO加盟はEU加盟と異なって軍事的安全保障にかかわるだけに，それぞれの政党の姿勢は当初は違っていた。ブルガリア社会党はそれまでのソ連との友好関係の歴史を反映して，当初はNATO加盟に慎重であった。しかし，2000年5月のブルガリア社会党年次党大会において，強硬派が幹部からほぼ一掃されて，いくつかの留保条件付きながら，ブルガリアのNATO加盟を明確に支持する決議を圧倒的多数で可決したのである。民主勢力同盟は，ブルガリア社会党と対照的に，むしろNATO側がロシアとの関係悪化を憂慮するほどに前のめりであった。強いNATO志向は「シメオン2世国民運動」連立政権下でも同じであり，ブルガリアは2004年3月にルーマニアと同時に加盟を果たしたのである。

4）セルビア

　冷戦時代のユーゴスラヴィアとアルバニアは，前者は非同盟外交，後者は鎖国というように異なった外交路線を採っていたが，東西両陣営のどちらにも属していないという点では同じであった。したがって，「東欧激動」を経験することはなかった。しかし，両国はその後により激しい混乱を経験することになる。特にユーゴスラヴィアは4度の内戦を経験した結果，7ヵ国に解体することになった。現在，7ヵ国のうち，スロヴェニアとクロアチアはすでに EU に加盟し，他の5ヵ国もそろって EU 加盟を希望している。しかし，そのうちのセルビアは一方でロシアとの密接な関係も維持しようとしている。ユーゴスラヴィア後継諸国のうちで，最も「境界型周辺」としての特徴を残しているのがセルビアなのである。

　セルビアは，1992年4月にモンテネグロと共にユーゴスラヴィアの承継国家としてユーゴスラヴィア連邦共和国（以下，新ユーゴ）を建国した[5]。セルビアにとって，1992年から続くボスニア内戦の早期終了がまずは重要であった。内戦中，欧米はセルビア大統領 S・ミロシェヴィッチを，ボスニアのセルビア人に指令できる内戦終了のキーパーソンとみなし，新ユーゴに経済制裁など様々な圧力をかけていたからである。1995年12月の内戦終了後に経済制裁は解除され，ミロシェヴィッチはボスニア和平の立役者となった。

　しかし，ミロシェヴィッチはコソヴォ問題の扱いに失敗し，セルビアは1999年3月から NATO の空爆を受ける。NATO の圧倒的軍事力の前に敗れたミロシェヴィッチは，新ユーゴ大統領選にも敗れて2000年10月に辞任し，彼が率いるセルビア社会党も12月のセルビア議会選挙の結果下野した。そしてミロシェヴィッチは旧ユーゴ国際刑事法廷へ引き渡された。

　その後のセルビアの主たる政党には，セルビア社会党の他には，セルビア民族主義急進派のセルビア急進党，穏健派のセルビア民主党，西欧改革派の民主党があった。どの政党も単独では過半数を獲得できず，連立政権が長らく続いていた。当初はセルビア民主党のヴォイスラヴ・コシュトニツァと民主党のゾラン・ジンジッチがセルビア政治を主導していたが，ジンジッチは2003年3月に暗殺されてしまった。その後，セルビア大統領は民主党のボリス・タディッチとセルビア

　5）新ユーゴは2003年2月に国家連合「セルビア・モンテネグロ」に改編され，さらにそこからモンテネグロが2006年6月に独立した。

急進党（その後にセルビア進歩党）のトミスラヴ・ニコリッチが務め，西欧改革派とセルビア民族主義派との主導権争いが続いてきた。

セルビア急進党は2003年12月，2007年1月の議会選挙で連続して第一党になりながらも，政権与党として政治過程に参画できなかった。そのために，コソヴォに拘りセルビア民族主義のみを掲げていてはEU加盟は難しくセルビアの将来の発展も難しいという現実的な意見が強くなり，セルビア急進党は分裂，セルビア進歩党が2008年10月に結成された。セルビア進歩党は保守派として躍進し，2012年5月の大統領選挙で勝利，2014年3月，2016年4月の議会選挙でも自党中心の選挙リストにより単独過半数を獲得して政権与党の立場にあり，党首のアレクサンダル・ヴチッチが首相を務めている。

セルビア進歩党指導下のセルビアは，EU加盟を最優先課題にしており，2014年1月から加盟交渉を開始している。NATOについては，PfPにとどまり，加盟は求めていない。ロシアとは与党同士が友好関係にあり，両国間の経済関係は緊密である。中国とも良好な関係を維持している。

現在の最大の課題はコソヴォ問題への対応である。セルビアはコソヴォを国家承認していない。コソヴォには，NATO空爆後に設置された国連コソヴォ暫定統治ミッションが残っている上に，新たに「EU法の支配ミッション」が設けられている。コソヴォにとっての誤算は，ロシアと中国から国家承認を得られていないために，未だに国連に加盟できていないことである。特にセルビアとロシアの間では，ロシアのコソヴォ非承認とセルビアのNATO非加盟とが共通の了解事項となっている。しかし，セルビアがEU加盟を希望する限り，コソヴォ問題の根本的な解決がいずれ求められるのであり，そのときに，セルビアは東か西かの選択をあらためて迫られることになる。

5）モルドヴァ

モルドヴァでは，EUとロシアとの「綱引き」が長らく続いている。プーチンは在外ロシア人の保護を訴えており（佐藤2012），ドニエストル川東岸（沿ドニエストル）に居住する数多くのロシア人を放置することは許されないとしている。沿ドニエストルはウクライナの西隣に位置しており，戦略的重要性も高まっている。

第9章　バルカンの政治変動と外交政策　259

モルダヴィア・ソヴィエト社会主義共和国と呼ばれていたソ連時代のモルドヴァにおいては，民族として，モルドヴァ人とルーマニア人との差別化が図られていた。ゴルバチョフの登場後，モルドヴァ民族主義が高まり，モルドヴァは1991年8月に独立した。この間の「モルドヴァ化」に危機感を抱いたのは，モルドヴァ人，ロシア人，ウクライナ人の混住地域の沿ドニエストルである。そして，モルドヴァ政府と沿ドニエストルとの対立に，駐留ロシア軍第14軍も加わって1992年3月より内戦が発生するのである。内戦終了後，同地域は「沿ドニエストル・モルドヴァ共和国」（以下，沿ドニエストル共和国）としてロシアの支援を受け，現在に至るまでモルドヴァ内の「非承認国家」のままである。

独立後のモルドヴァの対外関係における選択肢は，三つの路線に集約できる。まず，独立以後，常に有力であったのは「親ロシア」路線である。代表的な政党はソ連時代の共産党が衣替えしたモルドヴァ共和国共産党である。モルドヴァ共和国共産党は，1994年2月に実施された独立後最初の議会選挙においてこそ議席を取れなかったが，それ以後2010年11月選挙に至る7回の議会選挙では常に第一党であった。長らく党首を務めるV・ヴォローニンは2001年4月から2009年9月までモルドヴァ大統領であった。その出自からしてモルドヴァ共和国共産党は「親ロシア」であったが，次第にEU寄りに変化していく。モルドヴァ共和国共産党に対するヴォローニンの指導が長期にわたるにしたがって，彼への不満も次第に高まり，それを吸い上げる形で2014年11月の議会選挙では，モルドヴァ共和国社会党が第一党となった。「親ロシア」の人気は根強い。その原因としては，ソ連時代への懐古に加えて，ロシアとの密接な経済関係を挙げることができる。ロシアは，経済関係に基づいてエネルギー資源の供給，モルドヴァ製品の輸入，モルドヴァ人労働者のヴィザなどをレヴァレッジに影響力を行使しているのである。

次に，「親ルーマニア」路線を代表する政党は，キリスト教民主人民党である。キリスト教民主人民党はソ連時代末期に結成されたモルドヴァ人民戦線の後継者である。しかし，ルーマニアとの合同を掲げる「親ルーマニア」路線の人気は低下している。モルドヴァを訪問するルーマニア首脳は，両民族が同一であるということを強調するが，それが逆にモルドヴァ側の反発を呼んでいるのである。

最後は「親EU」路線である。この路線を掲げる政党としては，モルドヴァ自

由民主党，これらのモルドヴァ民主党，自由党などがある。モルドヴァでは，2009年9月以降，政党による連立政権が続いている。連立政権内では政党リーダー間の個人的対立が続いており，政治腐敗に対する大規模なデモも起きている。

モルドヴァは，2014年6月にEUの間で連合協定と包括的自由貿易協定を締結した。EU加盟プロセスが進んだわけではないが，関係の一層の緊密化につながることになる。

モルドヴァ憲法では「中立国家」が宣言されている。しかし，モルドヴァは1994年3月にNATOとPfPを結んだ。クリミア併合以後のEUとロシアの関係が悪化する中，モルドヴァ議会は，2016年3月に「永世中立」をあらためて決議している。

沿ドニエストル共和国には内戦終了後もロシア軍が駐留し続けてきた。断続的な和平交渉の中で，ロシア側からは2003年11月に「コザック・メモランダム」という「非対称的」連邦制に基づく提案がなされた。当時のヴォローニン大統領は当初同意したが，その後に西側からの圧力に屈して拒否した。以後のロシアの提案はコザック・メモランダムを出発点としたものであり，交渉は進まない。2014年3月にロシアがクリミア併合を行ったとき，沿ドニエストル共和国はクリミアに続くロシアへの併合を即座に希望した。

モルドヴァはガガウズ人居住地域の問題も抱えている。ガガウズ人はモルドヴァの南部に居住し，言語はテュルク系，宗教は東方正教である。ガガウズ人も「モルドヴァ化」に不満を持ち，1990年8月にガガウズ・ソヴィエト社会主義共和国を宣言していたが，その後にモルドヴァとの間で妥協が成立し，3言語（モルドヴァ語，ガガウズ語，ロシア語）の公用語化，独自の政府と議会をもつ領域的自治が認められていた。しかしガガウズ議会は，住民投票の結果を踏まえ，EU加盟を希望するモルドヴァ政府との関係見直しを示唆する決議を2014年2月に可決した。

6）ギリシャ

西側の一員であるギリシャの現在は，他のバルカン諸国と違って冷戦時代からの内政・外交的継続性が明らかであるので，ここでは冷戦時代初めに遡って概観することにしよう。

第 9 章　バルカンの政治変動と外交政策　**261**

　ギリシャ内戦が終了した 1949 年，すでに冷戦は開始されていた。内戦は左右両派によるものであり，ブルガリア，ユーゴスラヴィア，アルバニアという共産圏諸国が隣接しているギリシャは，冷戦の最前線に位置していた。安全保障上の重要性からアメリカはギリシャに内政干渉し，軍隊と王室も政治に介入する（佐原 2005：342）。その軍隊の政治介入は 1967 年 4 月の軍事クーデタにより頂点に達する。国王は軍隊と対立して亡命，アメリカは軍事政権を支持し続けた。

　その後，軍事政権は，1974 年 7 月にキプロスでのクーデタを企てて失敗し，崩壊した。次いで 1977 年 11 月から 2009 年 10 月まで実施された 12 回の議会選挙では，中道右派の新民主主義と左派の全ギリシャ社会運動のどちらかが議席の単独過半数を獲得し，しかも両者をあわせると常に議席の 80 ％ を超えていた。両党の得票率の合計もほぼ毎回 80 ％ 以上となり，高い投票率と相まって，安定した二大政党制が展開されていた。新民主主義のカラマンリス家や全ギリシャ社会運動のパパンドレウ家のように，一族から複数の首相を出すという「政治的名門」も存在した。

　この間，ギリシャにとってトルコとの関係は常に深刻な懸案であった。古くは，第一次世界大戦直後のギリシャによるアナトリア半島侵攻・占領があった。そして，キプロス問題である。キプロスでのクーデタ失敗の際に 2 度にわたってトルコ軍が侵攻した結果，北部を中心にキプロス島の面積の 4 割弱にトルコ人地域が設けられ，ギリシャ系中心のキプロス共和国による実効支配が及ばなくなった。トルコ人地域は，トルコ本国の支援によって，1975 年 2 月にキプロスの連邦化とキプロス連邦トルコ人共和国の樹立，さらに 1983 年 11 月に北キプロス・トルコ人共和国の独立を宣言した。したがって，2004 年 5 月のキプロスの EU 加盟は北部には及んでいない。キプロス問題に加えて，両国間には未解決のエーゲ海の領海問題も存在する。エーゲ海上空での両国戦闘機の空中衝突（2006 年 5 月），ギリシャが領有を主張する大陸棚でのトルコによる海底資源調査（2008 年 11 月）など，最近でも事件が起きている。ギリシャとトルコの関係は，共に NATO 加盟国であるにもかかわらず，NATO 首脳が両国に対して信頼醸成を呼びかけるほどに悪化していた。

　さて，1981 年に EC 加盟したギリシャに対して，トルコは 1964 年 12 月に EEC と連合協定締結後，1999 年 12 月に EU 加盟候補国となり，2005 年 10 月に

交渉が開始されたが，加盟の目処は立っていない。EU 加盟には加盟国すべての同意が必要であるために，加盟国が，自国との問題を抱えている未加盟国の加盟交渉に過度に介入することは決して珍しくない[6]。ギリシャはトルコの加盟に表向きは反対していないが，ギリシャが EU 加盟交渉をトルコとの問題解決に利用する余地は十分にある。

　ギリシャでは，2009 年 10 月に発覚した財政赤字の「粉飾決算」が招いたソブリン危機以来，政党システムも大きく変動している。新民主主義と全ギリシャ社会運動との大連立内閣でも事態は打開できず，「急進左派連合」が勢力を伸張させ，極右政党も一定の支持を集めている。EU からは緊縮財政を求められ，内政は混乱している。逆説的だが，こうした混乱がギリシャ＝トルコ関係の好転につながる可能性もこの間にあった。トルコは 2010 年 3 月に両国の軍拡の（一時的）停止を呼びかけているし，2010 年 5 月，2013 年 3 月にはそれぞれ 21 本，25 本の協定や覚書が両国間で交わされたのである。また，ギリシャが EU や首脳国，IMF からの財政支援に頼るならば，ギリシャ一国だけの事情で対トルコ関係において強硬姿勢を示しにくくなることも考えられる。しかし，政治スタイルやクルド人問題などで，EU がトルコに対する態度を硬化させていくならば，こうした可能性を想定すること自体が無意味になるかもしれない。

7）「中心 – 周辺」関係における経済と文化の現在

　ここまで政治という視点から，バルカン諸国の内政や外交の動きを，「中心 – 周辺」関係を念頭に置きながら論じてきた。そこで明らかになったことは，EU の東方拡大に伴い，EU，すなわち西からの影響が圧倒的となっている実態であった。それでは，東や南からの影響力はもはや看過しうるものなのだろうか。

　前述のロッカンは，「中心 – 周辺」関係の構築について，軍事・行政（本章では政治に当たる），経済，文化に分けて論じている（Rokkan and Urwin 1983：15）。本章でも，経済，文化的な分野において，東のロシアや南のトルコが対抗できるのかどうか概観しておきたい。

6）かつてスロヴェニアが，クロアチアの EU 加盟に際して領海問題などを絡めてきたことがあった。現在，ギリシャはマケドニアの EU 加盟について，マケドニアの国名変更を強く望んでいる。

①経済

貿易関係，エネルギー資源，BSEC について取り上げる。

まず貿易関係である。表 9-1 は，2015 年（コソヴォおよびモンテネグロは 2012 年）におけるバルカン諸国の輸出入相手国の上位を表したものである。EU 加盟国のギリシャ，スロヴェニア，クロアチア，ルーマニア，ブルガリアの貿易相手国に関して，EU 加盟国がほぼ上位を占めていることは当然としても，それ以外の国家についても，EU 加盟国との貿易関係の結びつきが密接であることがわかる。例外はモルドヴァである。モルドヴァは輸出入ともにロシアを有為な相手国としており，特に輸入の 22.7％ がロシアからである。輸出についても，8.1％ がロシア向けである。セルビアでも，輸出の 5.4％ がロシア向け，輸入の 9.6％ がロシアからであるが，対ロシア貿易関係のレベルはモルドヴァに遠く及ばない。貿易関係から見ても，モルドヴァに対するロシアの影響力は明らかである。

次に，ロシアは，エネルギー資源のパイプラインによる供給を通じてエネルギー外交を行ってきた。例えば，天然ガスのパイプライン，ブルーストリームであり，ノルドストリームである。バルカン諸国にとってのパイプラインはサウスストリームであった。パイプラインの通過には，エネルギーの安定供給に加えて，パイプラインの建設に伴う投資，雇用，稼働後のトランジット料など多くの利益が伴う。これは，経済的に苦しいバルカン諸国にとって非常に魅力的である。サウスストリーム計画は 2007 年 6 月に公表された。それによれば，サウスストリームは，黒海の海底をロシア側からブルガリア側まで走り，そこから分岐した後，ひとつはセルビア，ハンガリー，スロヴェニア，オーストリア，イタリア北部に至り，もうひとつはギリシャ経由でイタリア南部に至るというものであった。しかしこの計画は，ブルガリアで 2013 年 11 月に着工されたものの，EU に指摘された契約上の不備を理由に工事が中断され，2014 年 12 月には計画そのものがキャンセルされてしまった[7]。

最後に，黒海経済協力機構（BSEC）は 1992 年 6 月にトルコの主導によって形成された。当初はソ連，トルコ，ルーマニア，ブルガリアの参加が予定されてい

7）2012 年 3 月に，ロシア企業がブルガリアで建設を予定していた原発の計画がブルガリア政府によってキャンセルされた。このときには，ロシア政府はサウスストリーム計画の実現を優先するとして問題にすることはしなかった。

表 9-1　バルカン諸国の貿易関係

輸出相手国（％）

アルバニア	イタリア	42.8	コソヴォ	9.7	アメリカ合衆国	7.6	中国	6.1	ギリシャ	5.3
ギリシャ	イタリア	11.2	ドイツ	7.3	トルコ	6.6	キプロス	5.9	ブルガリア	5.2
クロアチア	イタリア	13.4	スロヴェニア	12.5	ドイツ	11.4	ボスニア	9.9	オーストリア	6.6
スロヴェニア	ドイツ	19.1	イタリア	10.6	オーストリア	8.0	クロアチア	6.8	スロヴァキア	4.7
コソヴォ	イタリア	25.3	アルバニア	14.9	インド	9.9	マケドニア	8.9	モンテネグロ	5.9
セルビア	イタリア	16.2	クロアチア	12.6	ボスニア	8.7	ルーマニア	5.6	ロシア	5.4
ブルガリア	ドイツ	12.5	イタリア	9.2	トルコ	8.5	ルーマニア	8.2	ギリシャ	6.5
ボスニア	スロヴェニア	16.5	イタリア	15.9	ギリシャ	12.1	クロアチア	11.5	オーストリア	11.1
マケドニア	ドイツ	33.2	コソヴォ	11.5	ブルガリア	5.1	ギリシャ	4.5		
モルドヴァ	ルーマニア	23.1	イタリア	10.2	トルコ	9.4	ロシア	8.1	ギリシャ	6.6
モンテネグロ	クロアチア	22.7	セルビア	22.7	スロヴェニア	7.8				
ルーマニア	ドイツ	19.8	イタリア	12.5	フランス	6.8	ハンガリー	5.4	イギリス	4.4

輸入相手国（％）

アルバニア	イタリア	33.4	中国	10.0	ギリシャ	9.0	トルコ	6.7	ドイツ	5.2
ギリシャ	ドイツ	10.7	イタリア	8.4	ロシア	7.9	イラク	7.0	中国	5.9
クロアチア	ドイツ	15.5	イタリア	13.1	スロヴェニア	10.7	オーストリア	9.2	ハンガリー	7.8
スロヴェニア	ドイツ	16.5	イタリア	13.6	オーストリア	10.2	中国	5.5	クロアチア	5.1
コソヴォ	セルビア	11.7	ドイツ	10.3	イタリア	9.3	トルコ	8.4	マケドニア	7.6
セルビア	クロアチア	12.4	イタリア	10.6	ロシア	9.6	中国	8.5	ハンガリー	4.8
ブルガリア	ドイツ	12.9	ロシア	12.0	イタリア	7.6	ルーマニア	6.8	トルコ	5.7
ボスニア	クロアチア	19.2	ギリシャ	13.8	スロヴェニア	13.8	イタリア	10.9	オーストリア	5.7
マケドニア	ドイツ	15.9	イギリス	13.6	ギリシャ	10.9	セルビア	8.7	ブルガリア	6.7
モルドヴァ	ロシア	22.7	ルーマニア	18.1	ウクライナ	11.5	ギリシャ	7.0	イタリア	4.8
モンテネグロ	セルビア	29.3	ギリシャ	8.7	中国	7.1				
ルーマニア	ドイツ	19.8	イタリア	10.9	ハンガリー	8.0	フランス	5.6	ポーランド	4.9

出所）*The Wolrd Factbook* より筆者作成（閲覧日は 2016 年 8 月 15 日）。

たが，トルコ以外の 3 ヵ国が加盟国を黒海沿岸諸国に限ることに反対していた上，ソ連の崩壊もあり，バルカン諸国のルーマニア，ブルガリア，モルドヴァ，ギリシャ，セルビア[8]，アルバニア[9]，それにロシア，トルコ，ウクライナ，アルメニア，アゼルバイジャン，ジョージアの 12 ヵ国が参加することとなった。トルコ

による影響力行使のチャネルとなる可能性もあるが，ロシアやギリシャがBSECに戦略的有効性を見出している上に，他の加盟諸国は経済的利益を期待して参加しており，BSECに一体性はあまり期待できない（上垣 2010：28-29）。ただし，黒海貿易開発銀行（BSTDB）は一定の役割を果たしている。

②文化

バルカン諸国の住民の多くはスラヴ系であり，またほとんどが東方正教徒である。このことから，パン・スラヴ主義運動や東方正教会のリーダーとしてのロシアのソフト・パワーを指摘できるかもしれない。現在の「中心 - 周辺」関係においても，こうした文化的一体性，近縁性はしばしば強調される。例えば，ロシアとセルビアとの関係においてスラヴ性がしばしば持ち出され，また，ボスニアのセルビア人共和国も文化的一体性を主張してセルビアへの接近を強めている。しかし，EU加盟プロセスを歩んでいるセルビアにとって，最も重要なのはEU加盟とコソヴォ問題との兼ね合いである。したがって，セルビアの動きには，少しでも自国に有利にコソヴォ問題を処理しながら，EU加盟プロセスを進めるために，スラヴ性をアピールするという側面が強いであろう。セルビアとセルビア人共和国の行動についても，ボスニアを牽制するという戦略の一環であるという視点に注目しておかなくてはならない。

トルコのソフト・パワーはイスラーム教であるが，その影響力が及ぶ範囲は多数のイスラーム教徒が居住しているボスニア，マケドニア，コソヴォ，アルバニアの西バルカン諸国に限られているという（Hoxha 2015）。トルコがブルガリアに居住するイスラーム教徒への影響力を行使する可能性も考えられる。しかし，ブルガリアのイスラーム教徒にはブルガリア系のポマク人がおり，彼らにトルコの影響力が及ぶとは考えにくい。

---

8) 新ユーゴは解体過程にあったためにオブザーバー参加し，国家連合「セルビア・モンテネグロ」時代の2004年4月に正式加盟，モンテネグロの独立後にはセルビアのみが加盟国となった。セルビアの加盟は，経済的支援への期待に加えて，国際河川ドナウ川の流域国であることも理由のひとつであるという（セルビアの国際政治経済研究所研究員に対する筆者のインタビューによる）。

9) アルバニアは，黒海沿岸諸国に隣接することもなく，BSEC加盟にかなり躊躇したが，最後はトルコの呼びかけに応じた（Manoli 2012：58）。現在でも，加盟に関する違和感は残っているようである（筆者によるアルバニア外務省関係者へのインタビューによる）。

266 　第 II 部　域内国際関係

8)「境界型周辺」としてのバルカンの現在

　歴史的に長らく「境界型周辺」であったバルカンは，EU の東方拡大にした
がって，複数の中心を有するという「境界型」としての特徴を失し，EU のみの
周辺になりつつある。EU 加盟のためにはコペンハーゲン基準をクリアしなくて
はならず，そのため，バルカン諸国には EU 加盟までに抜本的改革が求められる。
さらに，ルーマニアやブルガリアの事例からも明らかなように，改革が不十分で
あれば，事後のモニタリングが義務づけられ，場合によっては，制裁も課せられ
るのである。

　これまで EU 加盟に向けて支払ってきたコストを考慮するならば，バルカン諸
国が，離脱とまでは行かずとも EU 離れをするとは考えにくい。EU 離れが起こ
りうるとするならば，ロシアによる支援が EU によるそれを明確に上回るか，イ
ギリス離脱後の EU にもはやバルカン諸国を支援する余裕がないか，どちらかの
事態が前提となろう。現時点では，ギリシャですら，ロシアやトルコに接近する
素振りこそ見せるものの，EU 離れの気配はない[10]。

　ロシアやトルコによって EU に抗する影響力を行使できる組織があるとすれば
BSEC であるが，バルカン諸国が参加する主たる理由は経済支援である。そのう
ち黒海貿易開発銀行による支援は，1999 年 6 月の創立以来 2015 年までに 11 加
盟国で 322 件，累計 42 億ユーロに上る[11]。しかしこれに対して，EU による支出
は，2014 年だけでギリシャ向け 70.95 億ユーロ（GNI の 3.98 ％）[12]，ルーマニア向
け 59.44 億ユーロ（GNI の 4.06 ％）[13]，ブルガリア向け 22.55 億ユーロ（GNI の 5.50
％）[14]である。この数字からも明らかなように，BSEC による経済支援は EU から

---

10) 国民生活の切り詰めを強いる財政緊縮を伴う EU に対する不満が国民に高まる一方で，ギ
　　リシャ政府が EU 離脱を真剣に考慮している兆しはない。せいぜい，リーダーがロシアや
　　トルコを訪問するなどして，国民向けのポーズを見せる程度である。

11) http://www.bstdb.org/publications/BSTDB_Annual_Report_2015.pdf（最終閲覧日 2016 年 8 月
　　27 日）

12) http://europa.eu/european-union/about-eu/countries/member-countries/greece_en#budgets-and-funding
　　（最終閲覧日 2016 年 8 月 27 日）

13) http: //europa. eu/european-union/about-eu/countries/member-countries/romania_en#budgets-and-funding
　　（最終閲覧日 2016 年 8 月 27 日）

14) http://europa.eu/european-union/about-eu/countries/member-countries/bulgaria_en#budgets-and-funding
　　（最終閲覧日 2016 年 8 月 27 日）

の支援に対する補完的役割ということになり，BSEC の影響力は限定的なものにとどまる。

　バルカン諸国において，ロシアが強い影響力を行使できる可能性がある唯一の例外はモルドヴァであろう。ロシアのモルドヴァに対する「隣国政策」には他のバルカン諸国に対する政策よりもはるかに多様な手段があり，それらの方策が成果を上げたならば，民主化に疲れたモルドヴァが，EU が掲げる「リベラル民主主義」に替わる政治的選択肢として，ロシアによる「主権民主主義」を選ぶ可能性もある（Wilson and Popescu 2009）。その場合には，バルカン諸国，というよりも，黒海をめぐる東西の「綱引き」が新たな段階に入ることになり，そのことはウクライナ問題に関して新たな不安定要因が生まれることも意味するのである[15]。

おわりに

　「境界型周辺」としての特徴を失ったとしても，バルカンは地理的に隣接・重複している黒海から切り離して論ずることができるわけではない。本章でも見てきたように，かつての「東方問題」の根底には，ボスフォラス，ダーダネルス両海峡の自由通航を実現するというロシアの意図があった。したがって，黒海西岸から西に連なるバルカンの確保は，ロシアにとっての当然のコロラリーであった。東西の「綱引き」，すなわちバルカン，さらに東地中海および近隣領域の安全保障をめぐる国際政治は，黒海にかかわる動きと密接に関連してきた。

　1936 年のモントルー条約によって，ロシアが両海峡の自由通航権をひとまず確保した以後も，東地中海および近隣領域の安全保障という観点から見る限り，バルカンと黒海が密接な関係にあることは言うまでもない。さらに，21 世紀に

---

15) 本章の脱稿後，2016 年 11 月 13 日に二つの大統領選決選投票が実施された。ブルガリアでは，与党「ブルガリアのヨーロッパ発展のための市民」所属の候補者が敗れ，同党党首のボリソフ首相が辞任した。モルドヴァでは，モルドヴァ共和国社会党の党首が当選した。両国共に大統領に実権はないとはいえ，イギリスの脱退騒ぎ以降，EU の影響力が衰退していることを象徴している。このことは，黒海をめぐる東西の力関係の構造における大きな変化の前兆かもしれないが，それについて論ずるにはもう少し待たなくてはならないであろう。

入り，EU と NATO の東方拡大の結果，ロシア・ソ連の影響力が歴史的に長らく及んできたルーマニア，ブルガリアが「西欧」に属することとなった。ルーマニアはアメリカ軍への協力に積極的姿勢を示し，ブルガリアはロシア主導のサウスストリーム計画の中止を決断した。ルーマニアと西欧志向のウクライナとに挟まれたモルドヴァも，現政権は「西欧」寄りである。東西の「綱引き」はバルカンからバルカン東部と黒海へと，東に移動してきた。

　しかしながら，バルカン西部も黒海をめぐる国際政治から無関係になったわけではない。その理由として，第一に，第3章でも論じられているように，NATOを通じてアメリカが EU と並ぶ西の当事者として位置づけられることが挙げられる。冷戦時代以来，アメリカの国際政治上の重大な関心事のひとつが中東の動向であり，冷戦終了後，アメリカは南コーカサスの動向にも注目している。したがって，NATO 加盟国であるがゆえにアメリカのグローバル戦略に関与するバルカン西部諸国も，黒海をめぐる安全保障の動向を見据えるアメリカの戦略を媒介項として，黒海に関わらざるを得ない。

　第二に，バルカン西部が黒海周辺の動向に，より直接的に巻き込まれる問題がある。パイプラインの建設についてはすでに指摘したが，さらに，シリアやイラクからの移民・難民の問題がある。中東からの移民・難民のほとんどはトルコ経由で，バルカンを北上してドイツなどに向かうルートを移動している。トルコとシリア，イラクとの国境は長大であり，トルコが両国からの移民・難民を水際で止めることは，人道的にも物理的にも難しい。現在の移民・難民問題対応のスキームは暫定的であり，シリアとイラクの問題の根本的解決がなされない限り，トルコに大量の移民・難民が流入し続け，彼らに北上を認めるか，トルコ国内に滞留させるかは，少なくとも短期的にはトルコの意思次第なのである。

　バルカンにおける内政・外交は，冷戦時代まで長らく黒海西岸・北岸の動向に大きく影響されてきた。21世紀に入り，西岸・北岸の動向は形を変えながらもバルカンに影響し続け，さらに東岸・南岸の動向もバルカンに密接にリンクするようになってきた。東地中海および近隣領域の安全保障問題という「東方問題」の現在は，黒海をめぐってかつてより広範でダイナミックな構図を持つようになってきたのである。

第 9 章　バルカンの政治変動と外交政策　**269**

参考文献・インタビュー
①外国語
Bideluex, Robert, and Ian Jeffries. 2007. *The Balkans : A Post-Communist History*, London : Routledge.

Glenny, Misha. 2014. *The Balkans 1804-2012 : Nationalism, War and the Great Powers*, London : Granta.

Goldsworthy, Vesna. 2002. "Invention and In (ter) vention : The Rhetoric of Balkanization," in *Balkan as Metaphor : Between Globalization and Fragmentation*, eds. Dusan I. Bjelić and Obrad Savić, Cambridge, Mass : The MIT Press, pp. 25-38.

Hoxha, Fatos, "The Retrun of the Caravanserais : Economic Relations between Turkey and the Western Balkans," *WIIW Monthly Report* 2015/09, pp. 12-16.

Jelavich, Barbara. 1983. *History of the Balkans : Eighteenth and Nineteenth Centuries*, London : Cambridge University Press.

Manoli, Panagiota. 2012. *The Dynamics of Black Sea Subregionalism*, Farnham : Ashgate Publishing Limited.

Rokkan, Stein, and Derek W. Urwin. 1983. *Economy, Territory, Identity : Politics of West European Peripheries*, London : Sage Publications.

Todorova, Maria. 1997. *Imagining the Balkans*, New York : Oxford University Press.

Todorova, Maria. 2004. "What Is or Is There a Balkan Culture, and Do or Should the Balkan Have a Regional Identity? : Keynote Address to the Balkan Political Culb, Istanbul, 30 May - 1 June 2003," *Southeastern European and Black Sea Studies*, 4 : 1, pp. 175-185.

Wilson, Andrew, and Nicu Popescu. 2009. "Russian and European Neighbourhood Policies Compared," *Southeastern European and Black Sea Studies*, 9 : 3, pp. 317-331.

②日本語
上垣彰 2010「黒海経済協力機構（BSEC）を通じてみた黒海地域の経済」『ユーラシア研究』42，28-33 頁。

植田隆子 1989『地域的安全保障の史的研究――国際連盟時代における地域的安全保障制度の発達』山川出版社。

木戸蓊 1982『東欧の政治と国際関係』有斐閣。

佐藤親賢 2012『プーチンの思考――「強いロシア」への選択』岩波書店。

佐原徹哉 2005「現代のギリシア」桜井万里子編『ギリシア史』山川出版社。

柴宜弘 1998「バルカン史の前提」柴宜弘編『バルカン史』山川出版社。

―――編 1998『バルカン史』山川出版社。

―――監修 2015『東欧を知る事典』平凡社。

東野篤子 2007「西バルカン・トルコへの拡大と欧州近隣諸国政策」植田隆子編『EU スタディーズ 1　対外関係』勁草書房。

フォーセット，L, A・ハレル編（菅英輝・栗栖薫子訳）1999『地域主義と国際関係』九州大学出版会。

藤嶋亮 2014「ルーマニア・ブルガリア」網谷龍介・伊藤武・成廣孝編『ヨーロッパのデモクラシー（改訂第 2 版）』ナカニシヤ出版。

六鹿茂夫 2006「ルーマニアの東方外交――新しい欧州と新近隣諸国関係」羽場久美子・小森

田秋夫・田中素香編『ヨーロッパの東方拡大』岩波書店。

―――― 2011「広域黒海地域の国際政治」羽場久美子・溝端佐登史編『ロシア・拡大 EU』ミネルヴァ書房。

本村眞澄 2014「ロシア――サウス・ストリーム計画の撤回とロシアの天然ガスパイプライン網の再編」『石油・天然ガス資源情報』（JOGMOG）［https://oilgas-info.jogmec.go.jp/report_pdf.pl?pdf=1412_out_j_south_stream%2epdf&id=5420］（最終閲覧日 2016 年 12 月 19 日）。

山内昌之 1984『オスマン帝国とエジプト――1866-67 年クレタ出兵の政治史的研究』東京大学出版会。

③インタビュー

アルバニア外務省関係者（匿名）。2016 年 6 月 14 日，ティラナ（アルバニア）。

国際政治経済研究所研究員。2016 年 6 月 13 日，ベオグラード（セルビア）。

以上の他，本章におけるカレントな情報は，EIU による Country Report に依っている。

＊本章は，科学研究費助成事業「基盤研究（B）（一般）」（課題番号 24330057）による研究成果の一部である。

第 III 部

黒海地域の主要課題<ruby>課題<rt>イシュー</rt></ruby>

第 10 章

長期化する紛争と非承認国家問題

廣 瀬 陽 子

はじめに

　本書の冒頭でも述べられているように黒海地域が日本にあまり馴染みのない地域だということは残念なことだが，さらに残念なのは，黒海地域に関する日本における報道で一番多い内容が，当地の「紛争」だということである。逆に言えば，紛争でも起こらなければ，日本で当地に関する報道がなされることはなかなかないとも言えるわけだが，実際に当地では紛争が多く，さらにそれらが長期化し，ひいては非承認国家化（後述）するケースも少なくないことから，結果として，黒海地域は紛争多発地域だという印象が浸透しているように思われる。黒海地域は，歴史的に「火薬庫」と呼ばれてきたバルカン半島やコーカサスを含んでおり，紛争や戦争が絶えなかっただけでなく，最近でも多くの紛争が発生した。

　なぜ黒海地域では多くの紛争が起き，解決が困難なのだろうか。本章では，冷戦終結後に発生した黒海地域の紛争，非承認国家について整理し，黒海地域諸国の国際関係，政治・経済をはじめあらゆる面に大きな影響を持つ黒海地域の紛争について理解を深めていく。

1 黒海地域におけるポスト冷戦時代の戦争・紛争

　後述するような理由で，黒海地域では歴史的に多くの戦争・紛争が発生してきたが，ポスト冷戦時代の紛争はソ連とユーゴスラヴィアという連邦解体，そして共産主義政治の終焉という同様の経験を共有する中で勃発し，それらの多くが「凍結された紛争（Frozen Conflict）」あるいは「長期に及ぶ紛争（Prolonged Conflict ないし Protract Conflict）」となり，「非承認国家（Unrecognized States）」[1]を生み出してきた。黒海地域には，旧ソ連のアブハジア，南オセチア，ナゴルノ・カラバフ，沿ドニエストル，そして旧ユーゴスラヴィアのコソヴォ，地中海の北キプロスという 6 つの非承認国家があり，黒海地域に非承認国家が多く存在していることは間違いない。

　「凍結された紛争」は，文字通り凍結されていると思われがちだが，実際には異なり，1991 年代前半から多くの小競り合いが頻発しており，一般住民を含む死傷者が現在でも出ている。また，「凍結された紛争」という概念を大きく揺るがしたのが 2008 年 8 月の「ロシア＝ジョージア戦争（8 日間戦争）」[2]であった。ロシア＝ジョージア戦争は「凍結された紛争」が簡単に「熱戦」と化すことを証明したわけである。それ以後，国際機関などでも「凍結された紛争」という言葉はあまり使われなくなり，「長期に及ぶ紛争」という用語が用いられるようになった。

　そして，そのような長期化した紛争の所産が「非承認国家」である。非承認国家を簡単に一言で説明すると，「ある主権国家からの独立を宣言し，国家の体裁

1）「未承認国家」とする研究者も多く，筆者も大抵「未承認国家」を用いている。ほかに，「事実上の国家（De Facto States）」などという呼称も広く使われている。

2）ジョージア国内の非承認国家（後述）であった南オセチアとジョージアの小競り合いが大きな戦闘に発展し，8 月 8 日にロシア，およびジョージア内のもう一つの非承認国家であるアブハジアがジョージアに対して参戦したことで，事実上，ジョージアとロシアの戦争になったが，短期間のうちにジョージアが敗北する形で停戦が合意された。その後，ロシアは南オセチア，アブハジアを国家承認したが，ほとんどの国から国家承認は得られていないため，未だ非承認国家だと認識されているとはいえ，ロシアが着々と属国化を進めていると見られる動きもある。日本では一般的に「グルジア紛争」と呼ばれてきたが（日本では 2014 年までグルジアという呼称を使っていたため，戦争勃発時はグルジアであった），国家間の戦闘であるので本来であれば「戦争」と称されるのが適当である。

を整え，国家を自称しているが，国際的に国家承認を受けていない」主体だと言える。ある主体が主権国家としての地位を確立するためには，モンテヴィデオ議定書が定めるところのいわゆる「国家の要件」を備え，外交能力を認められる必要がある。

モンテヴィデオ議定書（国家の権利および義務に関する条約：Convention on Rights and Duties of States）とは，1933年に署名された16条からなる主権国家の資格要件を規定したものである。同議定書に署名したのはアメリカ合衆国（米国）と南米諸国のみであるが，そこに示された主権国家の資格要件が国際的に共有されてきたと言ってよい。同議定書に基づけば，以下の四点が主権国家の要件となる。

第一に，明確な領域である。一定に区画されている領土，領水，領空を所有していることが求められる。

第二に，恒久的住民の存在である。国民，人民が，その領内に恒久的に属していることが求められる。

第三に，政府ないし，主権の存在である。国内の自治を実効性あるものとする，正当な物理的実力が求められる。また，この実力は，対外的・対内的に排他的に，つまり主権的に行使できなければならない。

これらに加え第四に，外交能力を有し，諸外国から国家として承認を得ていることが求められる。

前三点の要件の有無を判断するのは，自国ではなく，外国である。逆に言えば，外国にこれら三点の要件の存在を認めさせることができ，外国と外交できる能力があるということが，必要となる。そこで，四点目として，外交能力と国家承認が必要となるのである。

つまり，広く国家承認を得られていない主体は，いくら「国家」を自称し，国家の要件を充足させても，主権国家として国際社会で生きていくことはできないのである。また，非承認国家の場合は，それが元来属していた主権国家，すなわち法的親国がその独立を認めることがきわめて稀であり，その法的親国の「領土保全」「主権尊重」の観点から，実際に広く国家承認を得ることは難しいのが実情と言える。

問題が長期化する中で，非承認国家に関する研究も厚みを増してきている。かつては，非承認国家を「外側」からの視点だけで考える傾向があったが，最近で

はその「国内」条件も重視されるようになってきている。現在，最も説得力を持つ非承認国家の定義は，カスパーセンによる以下 5 項目からなるものだと言えよう。

(1) 非承認国家は，権利を主張する少なくとも 3 分の 2 の領土・主要な都市と鍵となる地域を含む領域を維持しつつ，事実上の独立を達成している。

(2) 指導部はさらなる国家制度の樹立と自らの正統性の立証を目指そうとしている。

(3) そのエンティティ〔政治的な構成体〕は公式に独立を宣言している，ないし，たとえば独立を問う住民投票，独自通貨の採用，明らかに分離した国家であることを示すような同様の行為を通じて，独立に対する明確な熱望を表明している。

(4) そのエンティティは国際的な承認を得ていないか，せいぜいその保護国・その他のあまり重要でない数ヵ国の承認を受けているにすぎない。

(5) 少なくとも 2 年間存続している。

(Caspersen 2012：11)

　そして，黒海地域にはこのような非承認国家が多く生まれ，その問題が地域の平和と安定にとって大きな障害となってきたのである。

　非承認国家に関する本書第 5 章から第 9 章での記述をまとめたのが，以下の表 10-1 である[3]。

3）なお，冷戦期に発生した問題でありながら，係争地が現在も「非承認国家」となっている北キプロス・トルコ共和国の理解も重要である。地中海に浮かぶキプロス島は古くから交易都市として栄え，ギリシャ人が多く住んでいたが，1571 年のオスマン帝国による占領を機に，トルコ人が多く流入した。その後，1878 年のギリシャ＝オスマン戦争後のイスタンブル協定により，キプロスは英国統治下に入り，1925 年には英国の直轄植民地となった。英国はギリシャ系住民とキプロス系住民の分割統治を行い，それが両民族分裂を決定づけた。1950 年の住民投票で 95.7％ がギリシャとの統一に賛成し，キプロスはギリシャ政府に対して国連への提訴を要請するも，ギリシャは英国への配慮から，それを拒否した。一方，英国は 1955 年 4 月からのキプロスにおける不服従運動を受け，トルコに働きかけを行ってキプロスに利害関係があるように主張をさせる一方，英希土三国会議も開催されたが，会議は決裂した。結局，英国は第二次中東戦争の敗北によりキプロスの部分的放棄を余儀なくされ，またキプロス側も憲法に大きな問題を抱えたまま独立に踏み切ったが，二つの民族間では激しい武力抗争が展開され，キプロスは内戦状態に陥った。だが，それは事実上，ギリシャとトルコの代理戦争であった。1974 年，米英の仲介もあり，なんとか停戦を迎えたものの，キプロス島の南北分断とトルコをパトロンとする北キプロス

表10-1 黒海地域の非承認国家概観

	アブハジア共和国	南オセチア共和国	ナゴルノ・カラバフ共和国	沿ドニエストル・モルドヴァ共和国	コソヴォ共和国	北キプロス・トルコ共和国
位置	旧ソ連・コーカサス	旧ソ連・コーカサス	旧ソ連・コーカサス	旧ソ連・欧州地域	旧ユーゴスラヴィア	地中海
法的親国	ジョージア	ジョージア	アゼルバイジャン	モルドヴァ	セルビア	キプロス
民族	アブハジア人	オセチア人	アルメニア人	ロシア人，ウクライナ人，モルドヴァ人，その他	アルバニア人，セルビア人，その他	トルコ人
独立宣言	①1992年；②2008年	①1991年；②2008年	1990年	1990年	①1991年；②2008年2月	1983年
国家承認	①なし；②露，ニカラグア，ベネズエラ，ナウル，バヌアツ	①なし；②露，ニカラグア，ベネズエラ，ナウル	なし	なし	①アルバニア；②110ヵ国[http://www.kosovothanksyou.com/]	トルコ
紛争の調停	露	露	露→OSCEミンスクグループ(共同議長国は露，米，仏)	5+2(沿ドニエストル，モルドヴァ，ウクライナ，ロシア，OSCEという正規の交渉メンバーに，外部オブザーバーとして米国とEUが参加)	国連，EU→EU	米，英
平和維持	国連（かつて）→EU（名目的）	露，ジョージア，南北オセチア四者→EU（名目的）	平和維持軍は一貫して不在	露，モルドヴァ，沿ドニエストル	NATO，KFOR	国連

出所）筆者作成。
注1）国名はすべて「自称」。
　2）独立宣言，国家承認の部分の①，②は「1回目」「2回目」の意。

の事実上の独立状態，つまり非承認国家状態が現在も続いている。南北間の往来は比較的自由であり，状勢は安定しているものの，予断を許さない状態であり，また，ギリシャとトルコの緊張関係も続いている。

　キプロス問題は，他の非承認国家と同様に，ギリシャとトルコの不和，ひいては黒海地域協力における歪みを生み出している。それは BSEC の事例を考えるとよくわかる。BSEC の会員資格は黒海沿岸国に限定されておらず，非沿岸国メンバーも少なくない。現在キプロスが参加を希望しているが，トルコはキプロス加盟を認めていない。他方，その意趣返しかのように，ギリシャはその後，モンテネグロの参加要求を拒否している。加えて，BSEC には，アゼルバイジャンとアルメニア，ジョージアとロシアというような紛争当事国同士の共存も複数ある。

2　黒海地域でなぜ多くの紛争が発生するのか

　なぜ黒海地域は，多くの紛争の火種を抱え込むに至ったのだろうか。一つには，その地政学的戦略性の高さゆえに外部からの干渉や侵略を受けやすく，民族や宗教，言語・文化の多様性から，民族間の緊張が常に多く存在してきたことがある。そのため，歴史的に紛争や戦争が数多く発生し，それらによる相手国への不信や恨みの蓄積，そして復讐の連鎖もあり，流血は絶えなかったと言ってよい。

　加えてもう一つ，当地の多くが，共産主義統治の過去を持ち，そしてそこからの民主化・資本主義化・自由化という大転換を図ることを余儀なくされ，その混乱の余波が未だにそれら諸国の内政・外交を揺るがしているケースも少なくない。具体的には，親欧米路線をとる国は，自国の勢力圏を維持したいロシアから睨まれ，ロシアとの間に敵対的関係が生まれてしまう一方，その国の分離主義勢力がロシアの支援を得る傾向があり，逆に自国の紛争でロシアの支援を受けた国，たとえばアルメニアなどはロシアに頭が上がらなくなるのである。

　そもそも黒海地域の歴史を考えれば，同地域の地政学的戦略性が高いことから，各時代に世界や地域で大きな力を持ってきた異民族の「大国」（近年ではソ連ないしロシア）に翻弄され，それゆえに，民族や宗教，言語が複雑に入り組み，紛争が起こりやすい状況が定着してしまったとも言える。そしてこのような背景の相乗効果により，紛争はさらに起こりやすくなってきた。各時代の異民族の大国がかわるがわる当地を侵略した結果，民族，宗教，文化，言語が混在するようになったとも言えるからだ。だからこそ，黒海地域は狭い領域で，多くの民族が共存し，多様な言葉が話され，複数の宗派の教会やモスクが一つの街で見られるというような文化・宗教の複雑さがあるのである。黒海地域のかつての戦争と紛争が主に第一の理由で発生してきた一方，近年，特にポスト冷戦時代の戦争・紛争は第二の理由で発生してきたと言える。

　また，黒海地域に旧ソ連および旧ユーゴスラヴィアが位置していたことも，共産主義の問題とは別に，ポスト冷戦時代に黒海地域で多くの紛争が勃発したこと，そしてその多くが「凍結された紛争」ないし「長期化した紛争」となり，非承認国家を生んだことの重要な背景となっている。

278　第 III 部　黒海地域の主要課題

　冷戦終結後にいくつかの非承認国家を生み出すことになったソ連（1922～91年）とユーゴスラヴィア（1929～2003 年），黒海地域や非承認国家問題とは無関係であるがチェコスロヴァキア（1918～92 年）などのいわゆる旧共産圏の連邦国家は，独特の国家形態をとっていた。すなわち，民族と領域を結合させた民族連邦制（Ethno-federalism）[4]である。

　民族連邦制という構造は非承認国家を生む大きな基盤となった。この制度下においては，通例，連邦を構成する各共和国に基幹民族（Titular Nation）の民族名が付けられた。たとえば，ソ連の中に，ロシア人が基幹民族であるロシア・ソヴィエト連邦社会主義共和国やウクライナ人が基幹民族であるウクライナ・ソヴィエト社会主義共和国などが含まれる，という具合である。また，旧ユーゴスラヴィアの象徴的な「数え歌」は有名であろう。

　　7 つの国境（イタリア，オーストリア，ハンガリー，ルーマニア，ブルガリア，ギリシャ，アルバニアと接していた），**6 つの共和国**（スロヴェニア，クロアチア，ボスニア・ヘルツェゴヴィナ，セルビア，モンテネグロ，マケドニア），**5 つの民族**（セルビア人，クロアチア人，スロヴェニア人，モンテネグロ人，マケドニア人），**4 つの言語**（セルビア語，クロアチア語，マケドニア語，スロヴェニア語），**3 つの宗教**（ローマ・カトリック，セルビア正教，イスラーム教），**2 つの文字**（キリル文字，ラテン文字），**1 つの国家**（その独立を守ろうという国民の堅い意志）

この歌からも，民族連邦制の多様さと複雑さが見て取れるだろう。

　ソ連の民族連邦制が基幹民族を軸に成立していたことからもわかるように，共産主義体制が本来目指していた平等を達成することは困難であった。また，各民族の文化や歴史，信仰，言論の自由などは基本的に抑圧され，ソ連時代にはナショナリズムはかなりのレベルにまで縮小したかに見えたが，人々はひっそりと文化や慣習を温存し続け，ペレストロイカやソ連解体を契機に，各民族のナショナリズムが高揚するとともに，信仰心が高まり，また民族的な文化や慣習，伝統が各地で復活したのである。そして，このナショナリズムの高揚が紛争の発生や

　4）民族連邦制については，松里・中溝（2013）を参照されたい。

第 10 章　長期化する紛争と非承認国家問題　　279

長期化の一因となったことも事実である[5]。

　これに加えて状況をより複雑にするのが，少数民族問題である。民族連邦制においては，多くの場合，基幹民族は共和国の多数派を形成するが，ほぼ必ず，領内に少数民族が存在することとなる。この状況を理解するためには，ロシアの民芸品や土産物として有名な「マトリョーシカ」という木製人形を想像するとよいと言われる。腹部で接続されている人形を上下に分けると，中から次々と一回り小さい人形が出てくるものである。

　例として，マトリョーシカ構造をソ連で考えてみよう。ソ連を一番外側の人形と考えると，中から連邦を構成する 15 の社会主義構成共和国が出てくる。つまりロシア，ウクライナ，ベラルーシ（ソ連時代は「ベロルシア（白ロシア）」），モルドヴァ（ソ連時代は「モルダヴィア」），エストニア，ラトヴィア，リトアニア，アゼルバイジャン，アルメニア，ジョージア，カザフスタン（ソ連時代は「カザフ」），キルギス，ウズベキスタン（ソ連時代は「ウズベク」），トルクメニスタン（ソ連時代は「トルクメン」），タジキスタン（ソ連時代は「タジク」）である。そして，次にロシアなど，連邦構成共和国レベルの人形を開けると，そこから自治共和国，自治州，自治管区など主として民族を単位とした行政単位がさらに出てくるのである。

　つまり，ソ連時代の行政単位に照らせば，ソ連解体に伴って独立した 15 共和国とそれらの中で自治を得ていた構成体では，独立性のレベルが異なり，後者は独立を得られなかった。もちろん，ソ連解体の際に，すべての共和国が明確な独立論を持ったわけではなく，さらにその下位のレベルの構成体についても同様だった。しかしその一方で，連邦の解体に際して，自治共和国，自治州などの行政単位までもが独立を求めるケースも出てきた。そのような場合，独立を目指す行政単位は，それが所属する主権国家との独立闘争を繰り広げることになる。たとえば，ロシアとチェチェン，ジョージアとアブハジアおよび南オセチア，アゼルバイジャンとナゴルノ・カラバフ，モルドヴァと沿ドニエストルといった具合である。そして，現在でも，ソ連から独立した主権国家の中に依然として自治共和国，自治州，自治管区などが存在しているケースは少なくないのである。

5）ソ連時代の民族政策については塩川（2004）を参照されたい。

280 第 III 部　黒海地域の主要課題

表 10-2　黒海地域の連邦の遺産と非承認国家の関係

① 連邦時代の自治地域	② 自治の歴史などの根拠がない
アブハジア（旧ソ連のジョージア） 南オセチア（旧ソ連のジョージア） ナゴルノ・カラバフ（旧ソ連のアゼルバイジャン） コソヴォ（旧ユーゴスラヴィアのセルビア） チェチェン共和国（旧ソ連のロシア）＊ スルプスカ共和国（旧ユーゴスラヴィアのボスニア・ヘルツェゴヴィナ）＊	沿ドニエストル（旧ソ連のモルドヴァ） クライナ・セルビア人共和国（旧ユーゴスラヴィアのクロアチア）＊

出所）筆者作成。
　注）法的親国とその冷戦時代の所属を各非承認国家の名称の後の括弧内に示した。＊印は，一時的に非承認国家であったと言えるが，現在は非承認国家だとは言えない。

　旧ソ連でも旧ユーゴスラヴィアでも，連邦解体の過程において各民族のナショナリズムないしエスノナショナリズムが爆発する形で民族紛争が発生し，それが非承認国家化を招いたという図式が見て取れる。表 10-2 は，旧ソ連および旧ユーゴスラヴィアの非承認国家（一時的なものも含む）を，① 連邦時代に自治が認められていた地域だったという基盤があるもの，② かつて自治権などを有していたわけではなく，歴史的な地域的根拠がないにもかかわらず，住民が意図的に境界線を引いて「地域」を新たに創造した上で国家としての独立を主張するもの，の二つに分類して提示したものである。

　こうして見ると，過去に自治権を有していた地域のほうが，非承認国家になりやすいと言えそうだ。だが，かりにそのような歴史がなくとも，② のケースのように国家性を主張する例もあり，かつ沿ドニエストルについて第 1 節で論じたように，根拠がなくても内的・外的な条件を満たすことができれば，非承認国家として存続できることがわかる。いずれにせよ，連邦制，特に民族連邦制が非承認国家を生みやすくしたことはまず間違いない。

3　黒海地域の紛争はなぜ長期化するのか

　前節で述べたように，黒海地域には地政学的・歴史的背景から，紛争が起こりやすい素地があり，実際に多くの紛争が起きてきたわけだが，当地では一度起きた紛争がなかなか解決しないという特徴があり，またその背景も複雑である。

第一に，現在の大国の影響があることは間違いない。特に，旧ソ連の４つの非承認国家問題を考えれば，ロシアが「勢力圏（Sphere of Interest）」維持のために，非承認国家問題を，政治，経済，エネルギーのカードと絡めながら，外交カードとして利用していることは間違いないし，欧米のコソヴォ問題に対する対応（後述）が「悪しき前例」となり，ロシアがその後のジョージアやウクライナにおける暴挙を正当化したことも重要である。加えて，欧米，ロシアは黒海地域の紛争の仲裁をしているが，その仲裁はほとんどうまくいっておらず，そのプロセス自体も欧米とロシアの対立によって明確に妨害されてきたし，紛争当事国が仲裁者を「不公平だ」と断じ，仲裁者に不満を述べることも多々あった。

それと関係するが，第二に，旧ソ連諸国に実質的に迫られていた「東西選択」の問題は，2013 年 11 月に発生したユーロマイダン運動に端を発するウクライナ危機で決定的に表面化した。そもそも黒海地域の国々が創設した BSEC やGUAM を構成する国の多くは，欧州への統合を最終目的としてきたし[6]，実際に黒海地域から旧共産主義国のルーマニアとブルガリアが NATO と EU に加盟したことは，他の黒海地域諸国に欧州への統合という夢を現実的に感じさせるとともに，欧州サイドにも黒海地域に対する包括的な政策を考える決定的契機をもたらした。その結果，EU は「黒海シナジー」や「欧州近隣諸国政策（ENP）」，「東方パートナーシップ」，「連合協定」などの政策を打ち立ててきた（ただし，黒海地域諸国に一律に適用されているわけではなく，その適用や提案の対象はケースバイケースである）。そして，欧州ならびにユーロピアニティ（ヨーロッパ性）が何であるかを考える上でも黒海地域の理解が肝要となってきた（King 2004）。同時に，このような EU の拡大ないし EU との協力関係の深化が旧共産圏，さらに旧ソ連圏に及んでくることは，ロシアにとって「勢力圏」を脅かすものとして大きな脅威に感じられたのである。それゆえに，ロシアは「許容範囲を超えて」欧米に接近する旧ソ連諸国に対して容赦なく「懲罰的」な政策を科してきた。特に顕著な形で「懲罰的」な政策が科されたのは，言うまでもなくジョージアおよびウクライナ，そして少し弱いレベルでモルドヴァであり，それら三国は 2015 年現在，EU と連合協定などを礎に関係を強化している途上にある。だが，ウクライナ危

6）ただし例外も存在する。たとえば，アゼルバイジャンは堅固なバランス外交を展開しながら，常に中立的立場を目指し，欧州への統合路線にはむしろ反発してきた（第 8 章参照）。

機が深刻化したとき，EU がウクライナとロシアとの歴史的・地政学的絆を無視して，ウクライナに「東西選択」を迫ったことが，危機を引き起こしてしまったと考える EU 当局者も少なくなかったという[7]。

そして第三に，紛争当事者たちのナショナリズムの強さである。黒海地域の諸国は，歴史的な荒波の中で，主権国家としての歴史がきわめて浅いケースが多く，国家建設にあたってはナショナリズムを国内で高揚させることが重要となる。特に，旧共産圏での紛争は，紛争あっての国家建設という側面も強く，きわめて厄介なことに紛争当時国の施政者が，国内の不満を紛争相手国に振り向けるために，紛争を内政に利用することすらある。その場合は，紛争解決への姿勢はあくまでもポーズで，本心は紛争解決を望んでいないとすら言えるのである（廣瀬 2005b）。

第四に，紛争のコストを回収したい紛争当事者たちの強い思いがある。紛争における戦闘が激しければ激しいほど，人的・領土的な犠牲や喪失が多ければ多いほど，紛争の痛手を取り戻そうとして紛争解決が難しくなる。まだ第三点目とも絡み，紛争のプロセスでナショナリズムがさらに高揚していくという相乗効果もある。黒海地域での，特にポスト冷戦期の紛争は，多くのケースで民族浄化も行われており，そう簡単には和平を受け入れられない，言い換えればお互いに譲歩ができない状況があり，それが紛争を長期化させている側面も強い。

黒海地域の紛争がなかなか解決されない理由は，このように重層的である。各紛争には，国内的要因と国際的要因が絡み合い，多くの利害が絡み合っているのである。

4 非承認国家問題の難しさ

次に，非承認国家問題がなぜ解決されないのかについて考えていこう。

まず，非承認国家に絡む国際法，すなわち「主権尊重・領土保全」の原則と「民族自決」の原則の矛盾である。どちらも国際法の重要原則であるが，相互に矛盾しており，非承認国家問題で言えば，法的親国からの独立を目指す主体が

---

7) 筆者によるエストニア外務省（2015 年 1 月）およびフィンランド国際問題研究所（2015 年 8 月）におけるインタビューによる。

「民族自決」を掲げる一方，法的親国は「主権尊重・領土保全」を主張し，その独立を認めないという現実がある。また，主権尊重の観点から，法的親国が分離独立勢力の意向を認めない限りは，諸外国もその非承認国家を承認するにはかなりの決断が必要となる。なぜなら，その承認は，その法的親国の主権を侵害することとなるからである。

　第二に，武力による国境変更を禁止するという原則がある。とりわけ，非承認国家が成立した背景には，民族浄化を含む激しい紛争や虐殺があることがほとんどである。このような中で非承認国家を承認すれば，「武力による国境変更」を認めたことになるだけでなく，「虐殺の結果を追認」したことになるため，それが悪しき前例となることは間違いない。それゆえ，国際社会は独立承認に否定的とならざるを得ない。

　第三に，非承認国家一般ではなく，黒海地域の非承認国家にのみ該当する原則であるが，「国際社会」が旧ソ連・ユーゴスラヴィアの連邦解体に際し，共和国レベルの既存の境界線を尊重する（境界線の引き直し・変更は認めない）原則＝Uti possidetis を採用していたということがある。つまり，両連邦から独立したソ連の 15 共和国，ユーゴスラヴィアの 6 共和国[8]の連邦時の境界線のみが独立後の国境とみなされ，その下部の自治共和国などが国家となることは認めないという原則が共有されていたのである。このことは，同原則が守られる限り，非承認国家が国家に昇格することは不可能であるということを意味した。

　このような事情から，非承認国家は未解決のまま，存続する傾向が強くなるのである。しかも黒海地域の非承認国家の場合は，なおさらその傾向が強くなる。

　しかし，上記の原則が破られた事例がある。それがコソヴォに対する広範な国家承認である。1990〜98 年頃には，国際社会も「コソヴォ問題はセルビアの国内問題」という姿勢を貫き，コソヴォの独立を求める声を一貫して無視していた。だが，1998 年頃から，コソヴォだけではなく，他の旧ユーゴスラヴィア内の紛争で多くの敵を抱えていたセルビアは，米国などの戦争宣伝請負会社などのネガ

---

8) 6 つの共和国になったのは，2006 年にモンテネグロがセルビアとの「共同国家」を解消して独立してからである。モンテネグロは，ユーゴスラヴィアでも構成共和国であったが，連邦解体後，しばらくはセルビアと連合国家をなし，2006 年の独立を問う住民投票の結果，独立に踏み切った。

ティヴ・キャンペーンもあり，世界から完全な悪玉として見られるようになっていく。S・ミロシェヴィッチをナチスになぞらえ，セルビアを諸悪の根元とする言論が欧米社会に浸透し，次第にアルバニア系住民に対する同情論が高まってきた。1998年初頭には米国首脳も「コソヴォ解放軍（KLA）はテロリスト」という認識を持っていたにもかかわらず，徐々にKLA代表は米国特使と面会するなど，確たるアクターとして昇格したかに見えた。そして，1999年にはNATOによるセルビアに対する空爆も行われ，コソヴォは圧倒的に優位な立場を獲得していったのである。その頃からコソヴォは国際社会の管理下に置かれるようになり，当面は治安改善，インフラ整備，政治制度構築，選挙実施等の平和構築の課題に集中して取り組むとされる一方，コソヴォの将来の地位の問題，すなわち独立に向けてのプロセスも考慮された。2003年には「コソヴォのための基準」が合意され，(1)効率的に機能する諸機構，(2)法の支配，(3)移動の自由，(4)全コソヴォ市民の残留・帰還権の尊重，(5)市場経済のための健全な基礎，(6)財産権の明確化，(7)セルビア政府との対話の正常化，(8)コソヴォ防衛隊の文民救急組織としての発足，という内容が盛り込まれ，それらの基準を達成するための計画も設定された。これは「地位より先に基準（Standards before Status）」ということで，地位問題のさらなる先送りの口実だとも見られたが，2005年には国連安保理の勧告により，コソヴォの地位交渉が着手された。だが，当然ながら，セルビアとコソヴォ自治政府の間の合意は成立せず，それにもかかわらず，国連特使は国際社会による監視継続を条件としたコソヴォの独立承認を提案する報告書を出した。同提案は，ロシアの猛反対により安保理での採択は不可能となったが，事実上，そのプロセスは進められていった。

　そして，2008年2月17日にはコソヴォ議会が一方的な独立宣言を行ったのである。ロシア，中国を筆頭に国内に民族問題を抱える国が激しく反発した一方，欧米主要国を含む多くの国々がコソヴォの独立を承認し（2015年3月現在，110ヵ国），コソヴォの独立宣言への対応で国際社会が二分された。この独立宣言をめぐる議論においては，法的親国であるセルビアの領土保全と主権の侵害の有無が特に問題となった。

　そこで，2008年8月に国連総会が「コソヴォ暫定自治政府による一方的独立宣言は国際法上合法か」に関する勧告的意見を国際司法裁判所（ICJ）に求める

決議を採択し，その合法性を ICJ に委ねることになった。その結果，ICJ は 2010年 7 月に「独立宣言は国際法違反ではない」という判断を下した。その根拠は，コソヴォの独立宣言自体は事実行為であり，これを規律する国際法はないと解されること，また，コソヴォの分離独立については，国連を中心とする国際社会の深い継続的関与に特徴づけられた特殊性にかんがみ正当化されうるものであり，関連の国連安保理決議を含め，国際法に照らしても問題はないと考えられるとの ICJ の立場である[9]。この判断を受けコソヴォの住民は独立に国際法的お墨付きを得たと湧いた。だが，この ICJ の判断は，独立宣言の持つ法的効果，また，コソヴォ独立を承認する諸外国の行動，すなわちセルビアの権利侵害の合法性には言及しておらず，セルビアなどには大きな禍根が残った。

　それでも，EU はセルビアとコソヴォ双方の EU 加盟への希望を巧みに利用し，2013 年 4 月には，EU の仲介でセルビアとコソヴォの両首脳が関係正常化に向けた合意に調印するに至った。そのため，実質的にはコソヴォ問題は，非承認国家の中では一番解決可能性の高い事例となっている。

　しかし，このコソヴォ独立問題は欧米のご都合主義と対応の一貫性の欠如を示す，悪しき前例となった。この件は法的親国，この場合はセルビアの同意なく行われた分離独立を多くの国々が承認した先例になったとともに，欧米が非承認国家を直接支援した唯一のケースとなっている。また領土保全・主権尊重や暴力による国境変更の禁止などの国際原則を無視しただけでなく，ソ連・ユーゴスラヴィア解体に際して欧米が自ら定めた原則とも矛盾するものであった。これらのことから，ロシアや中国などは欧米によるコソヴォの国家承認を危険な先例だとして批判したが，欧米は「コソヴォ承認はあくまでも特別事例（sui generis）で，先例にはならない」として，その批判を突っぱねてきた。そして，この欧米の矛盾した姿勢を巧みに利用するようになったのがロシアである。

　ロシアは，2008 年のロシア＝ジョージア戦争後の南オセチアおよびアブハジアの国家承認，2014 年のクリミア併合，東部ウクライナの煽動と「ノヴォロシア」支援などの際に，欧米が批判すると，必ずやコソヴォ独立問題を引き合いに

---

9) Accordance with international law of the unilateral declaration of independence in respect of Kosovo (Request for Advisory Opinion) [http://www.icj-cij.org/docket/index.php? p1=3&p2=4&case=141&p3=4].

出し，ロシアがしていることは欧米と同じであると言い放ってきた。実際，これらのロシアの動きの中で国際法的観点から特に深刻なのはクリミア併合であるといえ，その行動は特にロシアの近隣諸国に，確立した「国境」ですら侵害されうるという危機感を強くもたらすことになった。それでも，ロシアはコソヴォ問題でも，セルビアの確立した国境が侵害されたという立場をとるとともに，コソヴォを国家として承認しながらも，南オセチアやアブハジアの国家承認を拒む欧米諸国の姿勢を「ダブル・スタンダード」だとして批判しているのである。

このように非承認国家問題は黒海地域の平和を脅かす大きな不安定要素となっているわけだが，その解決は可能なのだろうか。非承認国家の解決策としては7つのシナリオが考えられる。

第一に，現状維持，つまり非承認国家状態の継続である。残念ながら，この可能性が現状では最も高い。

第二に，共同国家（Common State）である。これは，かつてのセルビア・モンテネグロが実例となるが，国際機構が積極的に提案する和平案である一方，実際には当事者，特に法的親国に受け入れられないのが実情である。

第三に，法的親国が武力行使に出て，強制的に吸収・再統合するシナリオである。現実に，ロシア，中国などの強い法的親国がこれまで多々使い，実現してきた方法だが，現在の非承認国家の法的親国の多くは，むしろ弱い国家であり，このシナリオも考えにくい。

第四に，平和的・政治的に非承認国家が法的親国の主権内に戻り，再統合が実現するというシナリオだが，これもきわめて難しいのが実情と言える。しかし，ウクライナ東部の混乱が凍結されることなく，このような形で解決することが，現在強く望まれている。

第五に，法的親国の合意なしに，非承認国家が国際的に承認されるケースであり，現在のコソヴォがその実例として挙げられる。セルビアが譲歩すればこのシナリオが実現される可能性は決して低くないが，その鍵を握っているのはEUだと言えるだろう。

第六に，国家承認の問題はひとまず置いておいて，国際社会と公的関係が築かれるというシナリオもある。実際に台湾，パレスチナはこの実例だと言えるが，コソヴォもかなりこれに近いと言える。しかしコソヴォ以外の黒海地域の非承認

国家には国際社会と渡り合えるほどの器があるとは思えず，今後，このシナリオが実現するケースは現状では想定できない。

　第七に，法的親国の同意と国際的な国家承認を得て，主権国家として独立するシナリオであり，東ティモール，南スーダンなどの実例があるが，セルビアが今後，コソヴォの独立を認める方向に動けば，コソヴォがこのシナリオで独立する可能性はあるだろう。

　このように，非承認国家の解決はきわめて難しく，黒海地域の特性もまた，その解決を困難にしていると言える。

5　人の移動

　最後に，紛争とは切っても切り離せない人の移動について考えておきたい。

　紛争や戦争，そしてそれに伴う民族浄化などにより，安全に暮らしていけないと考えた人々が自ら難民や国内避難民（IDP）となる選択をし，国内外に避難していく動きは，ポスト冷戦期に内戦や民族間対立が増える中，特に深刻な問題となっていると言ってよい。

　黒海地域の主たる紛争・戦争によって生じた難民・IDP の概要は表 10-3 のようになる。

　黒海地域の難民問題については，各種 NGO や国連難民高等弁務官事務所（UNHCR）などが対応をしているものの，なかなか解決を見ず，難民として移住した先で迫害を受けて，転々とする難民も少なくない。そして，難民・IDP の生活も人によってかなり多様であり，移住先で新しいビジネスなどを始めて成功する人もいれば，未だに難民キャンプできわめて劣悪な生活を送っている人々もいる。しかし，冷戦体制解体後の難民・IDP の問題は今なお深刻であるにもかかわらず，あまり注目を浴びなくなっている。そもそも，黒海地域で紛争が起きた国は，民主化途上であったり，権威主義体制を堅持したりしており，国民に対する配慮が十分ではない。特に権威主義体制の国家では，人権侵害が日常的に行われており，難民や IDP への配慮は全くなされないか，なされているとしても対外的に繕うための上辺だけの対策にすぎないのが実情なのである。

288　第 III 部　黒海地域の主要課題

表 10-3　黒海地域の主たる紛争・戦争によって生じた難民・IDP の概要

紛争・戦争名	概　要
ナゴルノ・カラバフ紛争	アルメニア人が，アゼルバイジャンからアルメニアに難民として避難。他方，アゼルバイジャン人が，アルメニアおよびナゴルノ・カラバフから難民・IDP として避難。その他，アゼルバイジャンには，ウズベキスタンから難民化したメスヘティアトルコ人や北コーカサスから流入した難民も多い。
アブハジア紛争	ジョージア人が，アブハジアからジョージア本土に IDP として避難。
南オセチア紛争	オセチア人が南オセチア内で IDP として避難したほか，ジョージアから南オセチアにも IDP として避難した。またオセチア人は，南オセチアやジョージア本土からロシア領の北オセチアにも難民として多く避難した。他方，ジョージア人も南オセチアからジョージア本土に IDP として多数避難した。
ロシア＝ジョージア戦争	ジョージア人が IDP として，ジョージア本土内で避難，もしくは南オセチアからジョージア本土へ避難した。
第一次チェチェン紛争	チェチェン人やその他の民族が，IDP として主にロシア連邦内の近隣の三共和国に避難したほか，難民として欧州にも逃れた。
第二次チェチェン紛争	チェチェン人およびその他の北コーカサス系民族，ロシア人，アルメニア人，イングーシ人，ジョージア人，ウクライナ人が難民・IDP 化した。難民の行き先はオーストリア，ドイツ，チェコ，デンマーク，フランス，ベルギー，ポーランド，スペイン，英国，カナダ，米国，アラブ首長国連邦，トルコ，イラク，イラン，アゼルバイジャン，ジョージア，ウクライナだが，欧州に避難するケースが多かった。難民の流れはカディロフによる強権政治の下，現在でも止まらず，たとえばドイツには毎年かなりの数のチェチェン難民が避難している。
沿ドニエストル紛争	モルドヴァ人，ウクライナ人，ロシア人などが難民として沿ドニエストルからウクライナ（地理的に近いオデッサが中心）に避難したほか，IDP として沿ドニエストルからキシナウを中心とするモルドヴァ他地域に避難した。
ユーゴスラヴィア紛争	ユーゴスラヴィア紛争には，スロヴェニア紛争（十日間戦争），クロアチア戦争，ボスニア・ヘルツェゴビナ紛争，コソヴォ紛争，マケドニア紛争が含まれる。主に，セルビア人，クロアチア人，ボシュニャック人，アルバニア人などの大多数が欧州（最も多く受け入れたのはドイツ）に逃れ，トルコ，米国と豪州へも多くの難民が避難した。
キプロス紛争	ギリシャ系キプロス人がキプロス共和国部分へ，トルコ系キプロス人が北キプロス部分へ避難した。

出所）筆者作成。
注）難民・避難民の実数については把握がきわめて難しい。ただでさえ紛争で混乱している中，流出および流出後の帰還などの複雑な動きを当局が把握しきれないだけでなく，プロパガンダのために誇張された人数が発表されることも多いからである。

しかし，2016 年 1 月 27 日に，国際刑事裁判所（ICC）は 2008 年のロシア＝ジョージア戦争の際に，戦争犯罪や人道に対する罪科が犯されたと信じるに足る十分な根拠があるとして，ファトゥ・ベンスダ主任検察官が正式に捜査を開始することを認めた。この件は，2015 年 10 月にベンスダ氏が，南オセチアから 1 万数千人のジョージア人が強制移住を強いられたことは，人道に対する罪に数えられる住民追放にあたる疑いがあるとして，捜査着手の許可を求めていたものである。この事例は，ICC がアフリカ諸国以外で正式な捜査を行う初のケースとなり，ロシアの関与も捜査されることになる。今後，この事例の捜査を機に，黒海地域の難民・IDP 問題が国際的にクローズアップされてくる可能性もあるだろう。

また黒海地域における人の移動は，難民・避難民だけではない。黒海地域の多くの国が発展途上であり，破綻国家の汚名を着せられる国すらある状況で，それが人の移動にも悪影響を生み出している事実がある。

第一に，多くの国，特に旧ソ連諸国において失業問題が深刻であるため，家族を養うための出稼ぎ労働がかなり日常的に行われているということがある。旧ソ連諸国の場合，ロシアに出稼ぎに出かけるケースが多い。

第二に，優秀な人物が，自分の国の将来を悲観し，外国に流出するケースも少なくない。特にこの傾向が強いのは，歴史的に離散民として知られるアルメニア人であるが，他の国でも近年になって目立つようになってきた。このような「頭脳流出」は，彼・彼女らの出身国の発展をより難しくするものであり，深刻に受け止められるべきであろう。

第三に，人身売買である。特に子供や女性が欧州や中東諸国に違法に売られていくという。黒海地域は，それら人身売買の源となっているだけでなく，輸送ルートにもなっているのである。人身売買の背景には，貧しいがゆえに子供や女性が売られてしまうという現実も多々ある一方，誘拐などで本人はもちろん家族の意思に反して海外に連れて行かれてしまうケースも少なくない。このような人身売買は，麻薬の密輸と並んでもちろん違法であるため，正規の国際輸送ルート上で実行するには様々な工作が必要となる。そのため，非承認国家がそれらの輸送ルートとして都合よく利用されているという現実もある。

最後に，上述の出稼ぎ労働問題にも絡むが，シリア，イラクを拠点に暗躍しているイスラーム過激派組織の「イスラーム国（ISIL）」が黒海地域の人の移動に

影響していることにふれておきたい。

第一に，ISIL に集結する海外からの戦闘員のほとんどがトルコを経由してシリアに入っているということがある。つまり，トルコこそが ISIL の重要な人材や資金の補給路となっているのである。加えて，トルコは ISIL の最も重要なリクルート・センターになっているともいう。

第二に，ISIL のリクルーターは他の黒海地域，特にロシア，ジョージア，アゼルバイジャンでも，積極的なリクルート活動を行っている。そして，それが「成果」を上げている背景にあるのが，ロシア経済の停滞である。2014 年から続いているウクライナ問題に端を発する欧米諸国による対露制裁，加えて，最近の石油価格の下落（資源依存経済であるため，ロシア経済への痛手は大きい）およびロシアのルーブル暴落により，ロシアの経済状況はきわめて悪化したが，その影響は出稼ぎ労働者にもはなはだ大きかった。ロシアへの出稼ぎ労働者の収入が以前より半減してしまったことから（ルーブルで支払われる額は変わらなくとも，出稼ぎ労働者は外貨に両替して自国の家族に送金するため），多くの出稼ぎ労働者がロシアを去り，自国に帰国する傾向が強まっているのである。そして，そのような出稼ぎ労働者に ISIL のリクルーターが接触し，少なくない人々が賃金目当てで ISIL に向かっているという報道もある。出稼ぎ労働者から ISIL 戦闘員になる者のほとんどは中央アジア出身者だとされるが，そのほとんどはロシア滞在中にリクルートされているという。また，ジョージアとチェチェンの境界付近のパンキシ渓谷周辺も ISIL のリクルート拠点となっており，主に北コーカサスやジョージア北部のムスリムがターゲットにされているという。さらにロシアはパンキシ渓谷が戦闘員の訓練場になっているとジョージアを批判しているが，ジョージア政府はそれを否定している[10]。また，アゼルバイジャンでも小規模ながら ISIL のリクルーターが活動しているようだが，アゼルバイジャン政府はそれら潜在的な戦闘員の流出を積極的に防止してきた。そのため，ISIL 戦闘員志願者の渡航をアゼルバイジャン政府が水際で止めたということやリクルーターの逮捕などがしばしば大きく報じられている。

---

10) ただし，第二次チェチェン紛争時に，パンキシ渓谷がチェチェン人テロリストの訓練場になっていた時期があるのは事実である。その後，米軍がジョージア軍の訓練を施すなどし，パンキシ渓谷はテロリストの拠点ではなくなっていた。

しかし，ISIL の黒海地域における活動の実態の全体像はまだつかめていないと言ってよい。

その他，ISIL の問題がきっかけで，トルコとロシアの関係がきわめて悪くなるなど[11]，ISIL は黒海地域の安定を乱す大きな要因になっていると言える。

おわりに——黒海地域の平和を阻む複雑な地政学

以上述べてきたように，黒海地域には多くの未解決の紛争があり，そして非承認国家が存在しているほか，紛争や当該地域のガバナンスの未成熟さにより移動

---

11) 2015 年 11 月には，シリア空爆のためにトルコ国境付近を飛んでいたロシア軍機をトルコ軍が撃墜する事件が起きた。トルコ側は，ロシア側による領空侵犯と注意喚起の無視を主張する一方，ロシアはそれらを否定し，事件後に対トルコ経済制裁を発動した。そもそも，撃墜の背景には，ロシアがシリア＝トルコ国境付近のテュルク系少数民族のトルクメン人居住地域を空爆していたことがあるとされる。同地域のトルクメン人は反アサド派であり，トルコとは利害を共有している一方，B・アサドによるシリア統治を支持するロシアにとっては都合の悪い存在であったわけである。ロシアはトルコに対し，謝罪と補償を要求したが，トルコはそれに応じず，両国関係はきわめて悪化し，経済制裁は長期化し，トルコストリーム・ガスパイプライン計画も棚上げとなった。だが 2016 年 6 月 27 日にトルコの R・エルドアン大統領はロシアのプーチン大統領に書簡を送り，謝罪の意を表明した。これが契機となり，7 月 9 日には両大統領が電話会談を行い，8 月 9 日にはロシアのサンクトペテルブルクで首脳会談が行われ，両国は関係正常化で一致した。この関係修復は両国にとってきわめて重要な意味を持つ。トルコにとってロシアとの貿易やロシア人観光客は重要な収入源である一方，ロシアにとってもトルコとの貿易は重要であり，その重要性はウクライナ危機後に欧米から経済制裁を受けるようになってから特に高まっていたからである。また，トルコはロシア人の人気の旅行先であったが，制裁によりロシア人の旅行先がかなり限定されるようになり，トルコへの旅行はますます人気になっていた。そしてそれ以上に，ロシアとトルコの関係は黒海地域の安定に大きな影響を及ぼすことを忘れるべきではない。ロシア国内には 2014 年に併合したクリミアに居住するクリミア・タタール人をはじめとした多くのテュルク系民族がいる。また，ロシアに「近い外国」である，アゼルバイジャン，カザフスタン，トルクメニスタン，ウズベキスタン，キルギスの主幹民族もテュルク系である。最近，「汎テュルク主義」の目立った動きはないが，ロシアがシリア攻撃でトルクメン人，すなわちテュルク系民族を標的にしたという事実が，再び汎テュルク主義を刺激するのではないかという危機感を表明しているテュルク系の専門家も少なくなかった。そうなれば，クリミアを含むロシア国内や近隣諸国から，再びロシアにとって都合の悪い動きが出てくる可能性もあり，黒海地域全体の不安定要因になりかねなかったのである。

を強いられている人々も少なくない。特に，第4節で述べたように，黒海地域の紛争が長期化している背景の複雑さを考えれば，当地の紛争解決の展望は決して明るくない。

とはいえ，関係国間の真摯な話し合いと相互理解，そして相互に譲歩し合ってAgreement with disagreement，すなわち，若干の不満は残っても合意する姿勢をとり合えば，政治的かつ平和的な紛争解決，ひいては黒海地域内の相互依存の深化と地域発展が可能となるはずである。たとえば，今後の可能性として，セルビアとコソヴォの双方に対し，EU加盟のような大きな利益と引き換えに和平で譲歩を導くというシナリオは全く想定不可能ではない。だが，それすら実現は未知数であり，ほかにそのような事例もないのが現実である。実際，旧ソ連の多くの紛争当事国がEUやNATOへの加盟を切望しているが，それらの加盟可能性は現状ではほぼゼロに近い。

それでも，政治的な手段で当地の平和と安定を確立していくことを紛争当事国や地域のアクター，そして国際社会が目指していかねばならない。そのためには，黒海地域諸国の自助努力はもちろんであるが，日本を含む第三国の仲介も含め，世界が黒海地域の平和を支えていくことが必要となるだろう。

参考文献
①外国語

Berg, Eiki and Raul Toomla. 2009. "Form of Normalization in the Quest for De Facto Statehood," *The International Spectator*, 44 : 4, pp. 27–45.

Caspersen, Nina. 2012. *Unrecognized States : the Struggle for Sovereignty in the Modern International System*, Cambridge : Polity Press.

Cornell, Svante and Michael Jonsson (eds.). 2014. *Conflict, Crime, and the State in Postcommunist Eurasia*, Philadelphia : University of Pennsylvania Press.

Герасимов, Валерий Герасимов. "Ценность науки в предвидении : Новые вызовы требуют переосмыслить формы и способы ведения боевых действий," *Военно-промышленный курьер* [http://www.vpk-news.ru/articles/14632 (2015年3月25日最終アクセス)].

Hirose, Yoko and Jasutis Grazvydas. 2014. "Analyzing the Upsurge of Violence and Mediation in the Nagorno-Karabakh Conflict," *Stability : International Journal of Security and Development*, 3 (1) : 23, pp. 1–18.

Hirose, Yoko. 2014. "The Need for Standard Policies on State Recognition : The Case of the Russia-Georgia War, Georgia, and Azerbaijan From 2008 to Early 2012," *International Relations and*

Diplomacy, 2 : 1, pp. 1-15.

King, Charles. 2001. "The Benefits of Ethnic War : Understanding Eurasia's Unrecognized States," *World Politics*, 53 : 4, pp. 524-552.

―――. 2004. *The Black Sea : A History*, Oxford : Oxford University Press.

Lynch, Dov. 2002. "Separatist States and Post-Soviet Conflict," *International Affairs*, 78 : 4, pp. 831-848.

―――. 2007. "De Facto 'States' around the Black Sea," *European and Black Sea Studies*, 7 : 3, pp. 483-496.

Mahapatra, Debidatta Aurobinda (ed.). 2012. *Conflict and Peace in Eurasia*, London : Routledge.

Volten. Peter M. E. and Blagovest Tashev (eds.). 2007. *Establishing Security and Stability in the Wider Black Sea Area*, Amsterdam : IOS press.

Weaver, Carol. 2013. *The Politics of the Black Sea Region : EU Neighbourhood, Conflict Zone or Future Security Community?*, Farnham : Ashgate Pub Co.

②日本語

塩川伸明 2004 『民族と言語』岩波書店。

廣瀬陽子 2005a 「未承認国家と地域の安定化の課題――ナゴルノ・カラバフ紛争を事例に」『国際法外交雑誌』104-2, 13-41 頁。

―――― 2005b 『旧ソ連地域と紛争――石油・民族・テロをめぐる地政学』慶應義塾大学出版会。

―――― 2008 『コーカサス　国際関係の十字路』集英社。

―――― 2012 「南コーカサスの地域紛争」帯谷知可・北川誠一・相馬秀廣編『朝倉世界地理講座――大地と人間の物語 5 「中央アジア」』朝倉書店。

―――― 2014a 「ロシアによるクリミア編入――ロシアの論理と国際法」『法学教室』408, 44-54 頁。

―――― 2014b 『未承認国家と覇権なき世界』NHK 出版。

松里公孝・中溝和弥 2013 「民族領域連邦制の盛衰」唐亮・松里公孝編『ユーラシア地域大国の統治モデル』ミネルヴァ書房，260-283 頁。

第 11 章

宗教とトランスナショナリズム
――レニンゴル，沿ドニエストル，クリミアに共通するもの

松 里 公 孝

はじめに

　主権国家という政治の単位が疑われていなかった時代においては，政治は国内政治と国際政治に峻別されていた。国内政治は政党，労働組合など国内的な政治アクターに担われるものであり，国際政治とは国家によって担われるものであった。1970 年ごろからこのような世界政治理解が疑われるようになり，トランスナショナル政治（跨境政治）という第三の政治領域が存在すると考えられるようになった。跨境政治とは，多国籍企業，国際 NGO，宗教組織，跨境民族などの非国家的なアクターが国境を越えて展開する活動であり，従来の国際政治，国内政治の二元論では理解できない新しいアジェンダであるということで，トランスナショナリズムという学術用語が生まれた（Keohane 1970）。

　本章で論じるのは，黒海地域が，このトランスナショナリズムが非常に強く，主権国家システムが脆弱な地域だということである。主権国家システムが安定的な北米，西欧，東アジアなどでは国内政治と国際政治は峻別される傾向があるが，黒海地域では，跨境アクターが国境を越えて合従連衡し，国内政治，国際政治，トランスナショナル政治を分けようとする試み自体があまり意味を持たない。現在（2016 年 1 月）進行中のドンバス（ドネツク州，ルガンスク州）での戦争が，ウクライナの内戦なのか，露ウ間の国際戦争なのかについて関与者・専門家の意見は分かれている。キエフ政権は，自らの戦争責任を回避するために，また国際援

助をより多く獲得するために，この戦争を「ロシアのウクライナへの侵略」と描きたがるだろう。このように，ある戦争が内戦なのか国際戦争なのかの定義そのものが言説操作の対象となること自体が，環黒海政治の特徴なのである。

　なぜ黒海地域は，主権国家システムに挑戦し続けるのか。ソ連の崩壊から体制移行期にかけて，旧ソ連地域にはおそらく 20 を超える分離主義運動があった。しかし分離主義運動が内戦を経て 4 つの非承認国家として結晶化しえたのは黒海地域のみだった（アゼルバイジャン共和国から独立したナゴルノ・カラバフ，ジョージア共和国から独立したアブハジアと南オセチア，モルドヴァ共和国から独立した沿ドニエストル）。その他の旧ソ連地域の分離主義運動（リトアニアのポーランド人運動，エストニアのロシア人の運動，タタルスタンの民族主義運動，ロシア諸州の「共和国宣言」等）は，親国家に潰されたか丸め込まれてしまった[1]。タジキスタンは内戦を経験したが，ジョージア，アゼルバイジャン，モルドヴァと違って，社会主義共和国時代の行政領域を独立国家の領土として回復した。2008 年に一連の国々がコソヴォを承認したことがきっかけとなって「凍結された紛争」が融解し始めたが，そこで焦点となったのも黒海地域であった。2008 年 8 月には第二次オセチア戦争が勃発し，その後，ロシアは南オセチアとアブハジアを承認した。2014年には，ユーロマイダン革命に反対するクリミアが住民投票を行ってロシアに帰属替えし，ドンバスはキエフ政権との内戦に突入した。これらはすべて黒海沿岸で起こっている。

　黒海地域は，後発的ながら国民国家建設をなんとか成功させた東欧と，言語上・宗教上の特質から，「アラブの春」や「イスラーム国 (ISIL)」に見られたように跨境アクターが既存国家を容易に破壊することができる中東との中間にある。現代史を紐解けば，中東の跨境アクターとしてクルド人，マロン派[2]など枚挙に暇がない。これとは対照的に，東欧では，モラヴィア人[3]，カシューブ人[4]，低地

---

1) モルドヴァのガガウズ人の運動のように，黒海地域でも失敗する分離主義はあった。

2) いったんはカルケドン信条（後述）に反対する立場をとりながら，十字軍時代にローマ・カトリックに「帰一」した宗派。レバノン内戦（1975〜90 年）時に勇猛残虐な行為で有名になった。キプロス，シリアなどにも分布。

3) チェコ東部に分布。歴史的にはチェコ西部（ボヘミア）とは異なる発展経路をたどったが，今日ではチェコ人の下位集団であると考えられている。

4) ポーランドのポメラニアに分布するマイノリティ言語集団。ギュンター・グラスが『ブリキの太鼓』（1959 年）で描写。

リトアニア（ジャマイティ）人[5]の自己主張が，チェコやポーランドやリトアニアの国家建設を脅かすなどということはない。黒海地域はこの両極の中間にあり，跨境アクターが武装しているわけではないが，主権国家システムに容易に揺さぶりをかけるのである。たとえばモルドヴァ人問題はモルドヴァと沿ドニエストルの国家建設に，メグレル人問題はジョージア，アブハジアの国家建設に直接に影響する。モルドヴァでは，モルドヴァ民族（語）とはルーマニア民族（語）に他ならないとする汎ルーマニア主義と，ルーマニア民族（語）から独立したモルドヴァ民族（語）が存在するとするモルドヴァ主義の間の対抗が，ソ連解体期から2009年くらいまでは国内政治の主軸であった。沿ドニエストルの正式の国名は沿ドニエストル・モルドヴァ共和国である。これは，モルドヴァで汎ルーマニア主義が強かったソ連末期から1990年代初頭にかけて，沿ドニエストルがモルドヴァ主義を自分たちの独立の正当化根拠としようとしたことを物語っている。しかし，2000年代に入って，モルドヴァ主義の立場に立つ共産党がモルドヴァの政権を取ると，国家構成三民族（モルドヴァ人，ロシア人，ウクライナ人）を超えた沿ドニエストル愛国主義を国家イデオロギーにすべきという考えが沿ドニエストルで強くなった（Matsuzato 2009a）。メグレル人については，ジョージア沿海部とアブハジア南部に分布する彼らがジョージア人の支族でないとすれば，非承認のアブハジア国家が彼らを取り込むことも容易になるであろう。

　2008年に米国とEUがコソヴォ承認の号令をかけたとき，旧東欧の親米政権はすぐにそれに応じた。しかし，ルーマニア，モルドヴァ，ジョージアは，現在（2016年）に至るもコソヴォを承認していない。ルーマニアはトランシルヴァニアのハンガリー人問題を，モルドヴァは沿ドニエストル問題を抱えており，ジョージアは南オセチアとアブハジアを奪回することを諦めていないからである。「ガラスの家に住む者は，他人の家には石を投げられない」のである。東欧諸国で内戦が起こらず，中東では起こりやすいのに対し，環黒海に多い非承認国家は，制度化された内戦なのである。

　なぜ黒海地域でトランスナショナリズムが優勢になり，主権国家の手を縛るのか。私は次の理由を挙げたい。(1) 自立できないほど規模が小さい多民族国家が

5）リトアニアのバルト海沿岸地域に分布。自らの言語とリトアニア語との差異を強調。

多く，それら多民族国家を形成する諸民族がそれぞれ国外同胞を持つ。(2) 正教，イスラーム，非カルケドン派キリスト教など宗教勢力が跨境的な活動を展開する。(3) 多くの民族が国境を跨いで分布し往来する。(4) 非承認国家が政治，経済，宗教，民族関係上の跨境活動を促進する。つまり，ここでは原因が結果になる。トランスナショナリズムが強いからこそ，黒海地域では非承認国家が生き残る。そしてその非承認国家がトランスナショナリズムに有利な環境を提供するのである。(1)(2)(3) については松里 (2012)，Matsuzato (2011) で論じた。本章では，黒海地域における宗教のトランスナショナルな活動をまず概観し，次に，非承認国家がなぜトランスナショナリズムの触媒になりうるかを考察した上で，具体的な事例を見ていく。事例としては，南オセチアのレニンゴルのジョージア人，沿ドニエストル北部のカトリック，ムスリムとしてのクリミア・タタールを検討する。この 3 つのマイノリティは，(1) 正教，ローマ・カトリック，イスラームというトランスナショナルな宗教の影響下にある，(2) 2008 年第二次オセチア戦争，2005 年以降の EU による沿ドニエストルの経済封鎖[6]，2014 年のクリミアのロシアへの編入という歴史的大事件に翻弄された，(3)(2) の結果，ジョージア本土，ポーランド，トルコといった域外同胞との関係が微妙になってしまったという共通した条件下にあり，比較が有益であろう。

1　黒海地域における宗教とトランスナショナリズム

　黒海地域においては，正教，イスラーム，非カルケドン派キリスト教という 3 つの宗教が優勢である。正教が広がったのは旧ビザンツ帝国領とスラヴ民族の分布地域だったので，黒海が「正教の内海」になったのは当然である。黒海地域には，信者数で世界最大・第二の正教会（ロシア正教会とルーマニア正教会）があり，イスタンブルには正教会の「同輩中の第一人者」とされるコンスタンティノープ

---

　6) 表向きの理由は，「沿ドニエストルが麻薬・武器貿易，人身売買の拠点となっているので，沿ドニエストル・ウクライナ間の国境管理を EU とウクライナの共同で行わなければならない」ということであったが，実際には規制の対象は鉄鋼など「合法的な」輸出品目にも及んでおり，2005 年以降，沿ドニエストルのいくつかの産業分野は国際競争力を失った。

ル世界総主教座がある。

　正教がトランスナショナリズムを促進するのは，教皇に権力が集中されたローマ・カトリックとは異なって，世界を分割する 15 の正教会の合意で運営されるからであり，またそれら 15 教会の管轄領域が国境と一致しないからである。正教会の管轄領域は「教会法上の領域（canonical territory）」と呼ばれる。国家が分裂した場合に自動的に教会も分裂するわけではなく，教会の株分けには親教会の承認が必要である。しかし，親教会はなかなか子教会の自立を認めないのである。コンスタンティノープル世界総主教座のパトロンであったオスマン帝国の弱体化と縮小に伴って東欧の正教会は自立したが，それは長期にわたる苦痛に満ちた闘争の過程であった。ソ連が崩壊して 25 年経つが，ロシア正教会は，他者からの様々な挑戦にもかかわらず，ソ連時代の管轄領域を維持している。

　なお，正教会がなんらかの政策的目的から，国境と一致しない管轄領域を意識的に定める場合がある。ロードス島はギリシャ領だが，教会法上はコンスタンティノープル世界総主教座に属している。トルコの東北部（ラズ地方）の正教徒は，今世紀に入ってからジョージア正教会に移管された。ジョージア正教会にとっては，ソ連時代の行政境界線を越える，歴史的な管轄領域を持っていることは正統性の観点から重要であり，他方の世界総主教座やトルコ政府にとっては，イスラーム化が進んでほとんど正教徒がいない地域のごくまれな正教徒の管轄をジョージアに返還しても害はない。

　「教会法上の領域」の解釈が異なる場合，正教のトランスナショナルな性格は一層顕著となる。たとえば，ソ連崩壊後，モルドヴァがロシア正教会に属するのか，ルーマニア正教会に属するのかをめぐって，両教会は鋭く対立してきた。1992 年，ウクライナの正教コミュニティは，モスクワ総主教座に属する多数派と自前のキエフ総主教座を設立した少数派に分裂した。キエフ総主教座は，教会法に反する存在として 15 正教会には認められていないが，ヴィクトル・ユシチェンコ，ペトロ・ポロシェンコのような親欧米を掲げるウクライナ大統領からは支援される傾向がある。ユシチェンコ，ポロシェンコ共に，コンスタンティノープル世界総主教の仲介で，モスクワ派正教会と民族派正教会を合同させようとしてきた。これは，世界総主教座が黒海地域で展開するトランスナショナル政治の資源になる。

黒海地域においては，トルコの宗務局がイスラームのトランスナショナリズムの第一の推進者である。アラブ諸国では，ムスリム宗務は「宗務・ワクフ省」という形で政府に取り込まれ内向きになる傾向があるが，トルコはセルジューク朝以来の歴史的発展の特殊性から，宗務局という，国家機構ではあるが政府からは浮いた機関が活発に宗務外交を展開する（Korkut 2010）。トルコはスンナ派が多数派だが，大学の神学部ではシーア派の研究教育も盛んなので，神学においてシーア派であるアゼルバイジャンを助けることさえできる（ギョルメズ 2007）。コーカサスでもクリミアでもトルコからの資金援助で建てられたモスクをしばしば見かける。

　黒海地域において優勢を誇る第三の宗教である非カルケドン派キリスト教とは，451 年カルケドン公会議が採択した三位一体を認めない潮流である。もともとはカルケドン派キリスト教（後の正教とカトリック）との間で東ローマ帝国を二分するほどの勢力を有していたが，信者分布地のイスラーム化とカルケドン派キリスト教による激しい弾圧のため信者数を減らし，こんにち 5 教会に分かれている。アルメニア使徒教会，シリア正教会，コプト正教会，エチオピア正教会，インド正教会である。エチオピア正教会はコプト正教会から，インド正教会はシリア正教会から 20 世紀に株別れした比較的新しい教会である。黒海地域で影響力を持つのはアルメニア使徒教会とシリア正教会である。正確には，シリア正教会は黒海地域と環地中海地域とに，国名でいえばトルコとシリアに跨って分布する。非カルケドン派は，アルメニア使徒教会を除けば，自分のパトロンになってくれる国家を持たない。むしろ，「アラブの春」や「イスラーム国」の勃興によりコプト正教会やシリア正教会が迫害されたことは記憶に新しい。

　アルメニア人は，もともと歴史的な分布領域が広いうえに，1915 年の大虐殺などで流浪・移住を繰り返したので，大きなディアスポラを抱えている。たとえばアルメニア使徒教会の主教座数で見ると，アルメニアとカラバフ内には 11 しかないが，両国の外には世界に散らばって 28 ある。このように大きなディアスポラを抱えていることは，アルメニア使徒教会の活動をトランスナショナルなものにせざるを得ない。たとえばアブハジアのアルメニア人コミュニティをアルメニア使徒教会が援助すると，アブハジアに対する領土主権を主張するジョージア政府を怒らせる（松里 2012）。

300　第 III 部　黒海地域の主要課題

　教会またはムスリム宗務局がトランスナショナルな活動を展開することにより，世俗政府の外務省と矛盾する方針を取る第二外務省のようなものになってしまう場合がある。トルコ宗務局が，またアルメニア使徒教会が自国の外務省の警告を無視してアブハジアに住む国外同胞（それぞれムスリムとアルメニア人）を助けていることはその例である。ロシア正教会は，ロシア世俗政府がアブハジアと南オセチアを承認した後も，「両地は教会法上はジョージア正教会の管轄に属する」という姿勢を崩していない。ロシアはクリミアを併合したが，ロシア正教会の組織構造としては，クリミアは，他のロシアの主教座のようにモスクワ総主教座に直属するのではなく，キエフ府主教座に従属し続けている。つまり，ロシア正教会の組織構造上は，クリミアはまだウクライナなのである。キリール総主教は，2014 年 3 月 18 日，クレムリンで行われたクリミア編入協定の締結とプーチンの記念演説を欠席した，ロシアで唯一の有力指導者であった。こんにちロシア正教会の 3 万 3489 教区のうち 1 万 1393 はウクライナにあるのだから，総主教がウクライナ人の顔を潰せるわけがない。ロシア正教会は，15 正教会の中で 5 番目の「名誉」を有しているが[7]，これは別にキリールがプーチンと仲がいいからではない。ロシア正教会がソ連の崩壊後もウクライナやモルドヴァや中央アジアをおさえ続けているからである。この条件がなくなれば，ロシア正教会はルーマニア正教会やジョージア正教会のような民族教会の地位に転落する。これはロシア正教会が断じて肯ぜないところである。ロシア世俗国家が国民国家の論理で動くとすれば，ロシア正教会は帝国の論理で動く。これが，ロシア正教会がトランスナショナリズムの活発な担い手になる理由である。

2　トランスナショナリズムの触媒としての非承認国家

　一般には，非承認国家問題は，国家と国家が衝突する古典的地政学のトピック

　7）ロシア正教会の上には，コンスタンティノープル，エルサレム，アンティオキア，アレクサンドリアという，当該地のイスラーム化で勢力を失っているが教義上尊いとされる四つの教会（「五大教会」と称されるが，ローマの正教からの離脱のため四教会である）しかないので，事実上ロシア正教会が世界第一の正教会である。

であると考えられているので，それをトランスナショナリズムの触媒とする私見
は意外かもしれない。確かに，非承認国家は内戦の中から生まれるので，アルメ
ニア人，アブハジア人，オセチア人のナショナリズムや（沿ドニエストルやドン
バスのような多民族地域の場合）強烈な地域主義に支えられており，規模は小さく
とも主権国家となりうる凝集力を帯びている。また，2000 年代の中葉に NATO
や EU の影響力が黒海地域に届くと，それまで旧ソ連圏の内部問題と考えられて
いた非承認国家がロシア・対・欧米の代理戦争の文脈で語られるようになった。
つまり，アルメニア，カラバフ，アブハジア，南オセチア，沿ドニエストルは親
露陣営を，（あまりに権威主義的なために欧米接近に限界があるアゼルバイジャンを除
き）ジョージア，モルドヴァは親欧米陣営を形成すると考えられるようになった
のである。こうした見地からは，2014 年に親露陣営にドンバスが，親欧米陣営
に残部ウクライナが加わったように見える。こうして，非承認国家問題は，古典
的地政学や新冷戦の文脈で論じられるようになるのである[8]。

　実際には非承認国家は，国家間関係の枠を超えて，トランスナショナルな活動
を展開する。その理由は，第一に，1990 年代前半の内戦が膨大な数の傷痍者，
寡婦，孤児を産み，他方で 1990 年代を通じてこれら国家の財政は貧しかったた
め，国際 NGO の援助活動が活発になったことである[9]。ロシアには NGO を使っ
た国外でのソフト・パワーの行使という発想が 2000 年代半ばまでなかったため，
これら非承認国家の NGO はもっぱら欧米の基金に援助を求めることになった。

　非承認国家がトランスナショナリズムの触媒となる第二の理由は，非承認国家
を構成する諸民族・宗教組織は，しばしば「国外の祖国」を持っているというこ
とである。カラバフ・アルメニア人にとってのアルメニア，南オセチア人にとっ

8）ロシアと非承認国家の関係が，実は相克と矛盾を孕んだものであることについては別稿で
　論じた（松里 2016）。なお，新冷戦的な立場に立たないアプローチとしては，非承認国家
　を比較政治に組み込もうとするものがある（Hale 2014；Zabarah 2011）。これは，1990 年
　代とは違い，非承認国家を「克服すべき問題」と見るのではなく，好むと好まざるとにか
　かわらずこれら国家は長期存続するということを前提とした議論である。こうした比較政
　治的なアプローチはすでに相当の水準に達しているが，たとえば非承認国家の国家建設，
　国民イデオロギーの創設に注目するなど，非承認国家の自己完結性を過大評価してしまう
　傾向があるように危惧する。
9）カラバフでは，内戦で夫を失った寡婦とアルメニア・ディアスポラの篤志家との間でしば
　しばロマンスが生まれた。

ての北オセチア，アブハジアのメグレル人にとっての西ジョージアなどである。沿ドニエストルに至っては，それを構成する大部分の民族・宗教集団（モルドヴァ人，ロシア人，ウクライナ人，ガガウズ，ブルガリア人，北部に分布するカトリック）が「国外の祖国」（他は記すまでもないが，ガガウズにとってのトルコ，カトリックにとってのポーランド）を持っている。極端に親米的なポーランドを例外として，これら「国外の祖国」は，在外同胞の苦境に無関心ではいられない。

　第三に，非承認国家の政治が多元主義的・競争的であったことがあげられる。CIS の承認国家，たとえばベラルーシやウズベキスタンでは，対外的な孤立が国内で多元主義や人権を抑圧する口実となっている。ところが非承認国家においては，対外的な緊張にもかかわらず，野党に対する露骨な抑圧は見られず，激しい政争，競争的選挙，政権交代が常態となっている。沿ドニエストルは，独立運動時の指導者がその後 20 年間権力を握り続けた点で例外であったが，この沿ドニエストルでも 2011 年には政権が替わった。同時に，周辺国は，非承認国家に対して統一した政策を持っていない。たとえば，2008 年南オセチア戦争以前のロシアでは，エヴゲーニー・プリマコフ（1996〜98 年ロシア外相，1998〜99 年同首相），イーゴリ・イワノフ（1998〜2004 年ロシア外相，2004〜07 年同国家安全保障会議書記）のような親ジョージア勢力と，セルゲイ・バブーリン，コンスタンチン・ザトゥーリンのような，アブハジア・南オセチアを応援すべきと考える在野グループとが対立していた。なお，ロシア外務省は，アブハジアや南オセチアの承認に最後まで反対だった。

　クリミア編入の場合のように，ロシアのエリートが統一して行動するのが例外なのであって，たとえばドンバスをめぐる統一見解はロシア政府内に存在しない。クリミア編入がロシアの領土拡張の上限であって，ドンバスをロシア領に編入するなどありえないという一点でロシアのエリートのコンセンサスはあるようである。それは，ロシアの意向を受けた 2 回のミンスク合意が，ドンバス二州がウクライナに復帰することを強硬に要求していることに示されている。もちろん，ドンバス二州はこれに合意していない。しかし，これと同時に，「ドンバスの非承認国家を足場に今日のキエフ政権を追い詰めてやれ」と考える勢力があることも明白であり，プーチン大統領はあえて統一見解を形成しようとしていないように見える。こうした政策決定過程における意図的に生み出されたカオス状況下では，

国家対国家の同盟・対立・戦争は生じにくく，国境を越えた連合政治が展開されることになる。

3　南オセチア・レニンゴル郡のジョージア人

　レニンゴル郡は，南オセチア最東端の郡であり，トビリシとの直線距離は20キロメートル余にすぎない。この地域は帝政期にはチフリズ県ドゥシェト郡に属していたが，1922年に南オセチア自治州が導入された時点で，同州に編入された。人口的には一貫してジョージア人が優勢な郡で，2008年戦争後の同年12月1日のデータでも，総人口7731人，内訳はオセチア人2388人，ジョージア人5343人であった（チギエフ2013）。2012年7月1日時点で，郡人口は8896人にまで回復している。

　1992年のダゴミィス協定（第一次オセチア戦争停戦協定）は，ジョージア人居住地域をジョージア政府の管轄下に，オセチア人居住地域を南オセチア政府管轄下に置いた。これによってレニンゴル郡も分断され，ジョージア人が多数派である郡庁所在地レニンゴルおよびクサン渓谷はジョージアの支配領域に，主にオセチア人が住むレフル渓谷（ツィナガル）は南オセチア政府の管轄下に入った。ジョージア支配地では，レニンゴル（レーニンの山）という共産主義的な名称は嫌われ，アハルゴル（新しい山）という革命前の名称に戻された。2006年，サアカシュヴィリ大統領が南オセチアにドミトリー・サナコエフ首班の第二南オセチア政権（ツヒンヴァルにあった南オセチア政府に対抗する，ジョージアに従属する政権）を立てると（Matsuzato 2009b），レニンゴルのジョージア支配地は，それまで帰属していたムツヘタ県庁からサナコエフ政府に移管された。郡のこのような運命には，民族分布だけではなく交通条件も作用していた。首都ツヒンヴァルとレニンゴルを結ぶ道路はなく，両地の間を行き来するには，いったんジョージア内地に出て，ゴリ市などを通って迂回するしかなかったのである。両地を直結する道路は，2008年戦争後にようやく開通した。

　このように，レニンゴル（アハルゴル）郡は，南オセチアに打ち込まれた楔として，ジョージア国家にとって重要な意味を持っていた。通常，このような場合，

ジョージアはアハルゴルを南オセチアに向けたショーウィンドウと位置づけて，経済発展や社会福祉のために投資し，オセチア人マイノリティを優遇して民族協和がジョージアで実現されているとプロパガンダするはずである。しかし，1990年代～2000年代のジョージアは，そのような政策を展開するにはあまりに貧しく，こんにちのオセチア系レニンゴル指導者に言わせれば，ジョージアは同郡をリザヴェーション（先住民特別居留地）のように扱った。地方自治も認められず，郡議会もなかった（ジグカエフ 2013）[10]。郡内のロシア語学校（主にオセチア人児童が通う。オセチア語は学習の対象ではあったが講義言語とされていなかった）は，学校閉鎖や教員への給料不払いと絶えず闘争しなければならなかった。

旧南オセチア自治州のジョージア支配領域は，主にツヒンヴァルを囲む三渓谷（「ジョージアの飛び地」）と，アハルゴル郡から構成された。このうち前者の住民は，ジョージアの南オセチアへの攻撃に協力し，ツヒンヴァル砲撃のための迫撃砲を庭に設置させ，人質を監禁する場所を提供した。こうした事情で，「ジョージアの飛び地」は，2008年戦争の直後，南オセチア民兵が徹底的に破壊した。他方でアハルゴル（レニンゴル）のジョージア人は，三渓谷のジョージア人と違って，1991～92年，2008年のいずれの戦争にも中立的だったとされ，オセチア政府は，安心して郡に住み続けるよう呼びかけた。軍事的・政治的に害をなさないジョージア人を域内に抱え続けることによって，南オセチア政府は，民族浄化を行ったという国際社会の非難を避けることができるのである。

反対に南オセチアが民族浄化を行っていると演出したいジョージア政府は，2008年戦争後，住家が破壊された三渓谷の住民のみではなく，いまや自らの支配を離れたアハルゴル郡の住民もジョージア内地に移住させようとした。この目的のため，2008年戦争への諸外国の人道援助を使って，トビリシにほど近いツェロヴァニ（Tserovani）に巨大な難民住居区を建設した。1993年アブハジア戦争終結時のガリ住民と違い，アハルゴルの住民は2008年8月戦争直後にジョージア内地に逃げることはしなかったのだが，住宅が首都の近くに無償で提供されることを知ると，「移住」し始めた。しかし，風光明媚で水も料理もおいしい山里を捨てられるものではない。やがてレニンゴル（アハルゴル）住民は，ツェロ

10）ただし，南オセチア支配下に移って後も，2013年時点で郡議会はなかった。

ヴァニの「難民住宅」をセカンドハウスとして利用するようになった。たとえば，夏はレニンゴルに住み，冬はツェロヴァニに住むなどである。村および共和国選挙の際は，レニンゴルに戻ってきてお気に入りの候補に投票する。こんにち，南オセチアとジョージアの間の国境管理は，2008年の戦争直後に南オセチアとロシアの間で結ばれた「友好・協力・相互援助条約」に基づいてロシアに委託されているが，2008年以前からのレニンゴル郡住民には住民証が発行されており，それを見せれば何の問題もなく，ロシアが管理している国境を通り，南オセチアとジョージアの間を往復することができる。

　こうしてレニンゴル郡ではジョージア人が約3分の2を占める多数派であり続けており，南オセチアの統治システムはそれを支えるように構築されている。第一に，大統領任命下の郡行政府長官は絶対にオセチア人であるが，ジョージア語に熟達していることが要求される（これはアブハジアのガリ郡に同じである）。第二に，郡行政府の幹部・職員の相当部分はジョージア人である。この人々は，郡の住民の過半数がジョージア人である以上，その人々に奉仕しなければならないという使命感から奉職しているのであるが，ジョージアに行けば，「ロシアの」占領体制への協力者としてすぐに逮捕され，重罰をくらう人々である。しかし，彼らの配偶者はジョージアに問題なく住み，レニンゴルの住民票を掲げることで国境を越えて夫と会うことができる。2013年3月22日に私が集団面談を行ったレニンゴルのロシア語学校の教員たちは，レニンゴルでは雇用もジョージア人が優先してもらえる，年金も，他の南オセチア市民と同様，ロシアにおけると同じ額が貰える，セカンドハウスもあるし，ジョージア人はジョージア支配下にあった2008年戦争以前よりもはるかに恵まれた暮らしをしていると述べていた。

　宗教面の特権はより著しい。前述の通り，2008年戦争以前には，南オセチアはほぼ民族別に分割されていたが，これは宗教分布も反映していた。つまり，ジョージア支配領域ではジョージア正教会が，南オセチア支配領域では，ギリシャの旧暦派の一派である「抵抗シノド」に属する「アラニア主教座」が正教徒の面倒を見ていたのである。ジョージア正教会は正統な世界15正教会のひとつなので解説は不要であろうが，教会法の枠外にある旧暦派については補足が必要である。1920年代初頭，コンスタンティノープル世界総主教座は，イスタンブル（旧コンスタンティノープル）が連合国の占領下にあることを利用して，この古

代都市をキリスト教国（ギリシャ）に併合させようとした。この野望に連合国の支持を得る意図から，正教世界に対して，「ローマ・カトリックとの合同（エキュメニズム）を促進せよ，そのためユリウス暦を放棄してグレゴリウス暦に移れ」と号令をかけた。ルーマニア正教会，ブルガリア正教会，ギリシャ正教会がこれに従った（これに対し，ロシア正教会，セルビア正教会などはユリウス暦にとどまった）。グレゴリウス暦に移行した上記三国においては，エキュメニズムに抗議し，ユリウス暦を使い続ける反対派が生まれた。これらを旧暦派と呼ぶ。

　南オセチアの正教徒は，1991〜92年の内戦中に露骨にジョージア民族主義者を応援したジョージア正教会に服属し続ける気はさらさらなかったので，最初はロシア正教会への帰属換えを求めた。しかし，ロシア正教会は，「南オセチアの正教徒は教会法上ジョージア正教会に属する。ジョージア正教会と話し合いなさい」と答えて，これを突っぱねた。南オセチアの正教徒はやむを得ず，当時ロシア正教会とライバル関係にあった在外ロシア正教会（白系亡命ロシア人を中核とし，共産主義に協力するモスクワ総主教座と袂を分かった教会）の指導を受けることにした。在外ロシア正教会は分派教会として非公認であったため，この時点で南オセチアの正教徒は教会法の外に出てしまった。ところが在外ロシア正教会は，2007年にモスクワ総主教座と和解した。これを批判する原則派が内部から生まれ，在外ロシア正教会は分裂してしまった。保護者を失った南オセチアの正教徒は，今度はギリシャの旧暦派に指導を求め，その指導下で「アラニア教会」（中世においてはキエフ・ルーシ主教座＝後のロシア正教会とほぼ同格の教会であった）などという誇大妄想的な名前を得たのである（Matsuzato 2010；松里 2012）。

　2008年戦争の結果，世俗国家の領域としては，旧南オセチアは完全に南オセチア政府の支配下に入った。しかし，教会の境界線は移動せず，レニンゴルの教会はジョージア正教会に属し続けている。司祭は，上記の住民証を掲げれば何ら問題なくトビリシとレニンゴルの間を行き来できる。「抵抗シノド」教会は，レニンゴル郡の正教徒に手を出すことはできない。だからといって，レニンゴルのジョージア教会が順風満帆というわけではない。2008年戦争以前は，南オセチアのジョージア正教徒は，南オセチアに隣接するニコル府主教座の指導の下，日曜学校の開設など宗教復興を享受していた。2008年戦争後，ジョージア正教会は，いまや外国となったレニンゴル郡に対する活発な工作を止め，教会に集う信

者の数は以前の「十分の一」になった。それでもなお，オセチア人であろうと，ロシア人であろうと，「教会法に従おうとする正教徒」は自分のところに来るとレニンゴルのジョージア教会の司祭は誇らしげに言う（アントン神父 2013）。これは，教会法上正統ではないギリシャ旧暦派教会＝南オセチア正教会を揶揄しているのである。

4　沿ドニエストル北部のカトリック

　モルドヴァおよび沿ドニエストル住民の大多数は正教を信仰しているが，モルドヴァと沿ドニエストルの北部はかつてポーランド士族共和国に属していたので，マイノリティとはいえ，ローマ・カトリックの伝統を有している。共産主義時代の宗教弾圧の結果，1970 年代末には公式のカトリック教会はモルドヴァ共和国にひとつもなくなってしまった。カトリック信者は全共和国で 2 千人強であっただろうと言われる。教会を持たない教区がキシナウにひとつだけあり，不定期にモルドヴァ共和国を訪問する司祭たちが，多くの場合非合法にモルドヴァのあちこちで秘跡を行っていた。ペレストロイカ期に宗教政策が自由化されると，1987 年，ソ連政府はヤン・ルドニツキーをキシナウ教区の副司教として承認した。この結果，ルドニツキーは，モルドヴァ全土で自由に宗教活動ができるようになった（Saganova 2005）。

　ソ連崩壊後の 1993 年，キシナウに司教座が再建された。この司教座は右岸（モルドヴァ）と左岸（沿ドニエストル）の両方を管轄している。「世俗国家は分裂したが，教会はひとつ」という事情はモルドヴァ・沿ドニエストルにおけるマジョリティ宗教であるロシア正教でも同じであり，世俗国家と共に教会も分裂してしまったジョージアなどでは考えられない平和維持要因となっている。実際，2009 年，私が沿ドニエストル最北のスロボダ－ラシュコヴォ村でローマ・カトリックの調査をしていたときも，対岸（モルドヴァ）のソロキ市のローマ・カトリック教会の司祭が渡河・訪問して面談に加わった。この司祭は，「私の仕事は〔左岸も含めて〕スポンサーを見つけること」と言って笑っていた。ドニエストル川は，両岸の宗教者の協力を阻んでいないのである。

308 第 III 部 黒海地域の主要課題

　ローマ・カトリック教会のキシナウ司教座は教皇庁に直属しているが，実態においてはポーランドのカトリック教会の手厚い援助を受けている。2009 年時点で，沿ドニエストルでは 11 人の司祭と 2 人の修道士が勤務しており，彼らは「キリスト聖心協会」という社会団体に組織されているが，そのうち地元出身者は 3 名しかおらず，その他はポーランド人である。またこれら地元出身者もクラコフ近郊の神学校で教育を受けて司祭となった者たちである。このような事情は，上述の歴史的由来以外に，ポーランド語話者とロシア語話者とは相互に言語を習得するのに手間がかからないということによる。

　沿ドニエストル北部のカトリック復興の事例として，モルドヴァ最古のカトリック教会である聖カエタン教会の教区を見てみよう。この教会は，沿ドニエストルの最北の郡であるカーメンスキー郡のラシュコヴォ村に位置しているが，教区活動が盛んなのは，むしろ衛星村であるスロボダ－ラシュコヴォ村である。聖カエタン教会は，18 世紀中葉，当時ブラツラウ県に属していた当地の領主であったヨシフ・リュボミールスキーがアルメニア・カトリック教会として建設し，リヴィウのアルメニア・カトリック司教座に従属していた[11]。そもそもアルメニア・カトリックは，ローマ・カトリック教会が，非カルケドン派であるアルメニア使徒教会を切り崩すために作った教会であるから，ローマ・カトリックの同盟軍のようなものであり，この教会もアルメニア・カトリックとローマ・カトリックが共同して使用していたと考えられる（Pogrebnaia 2007）。革命後，左岸（沿ドニエストル）はソ連の支配下に入り，聖カエタン教会は 1933 年に閉鎖された。ソ連の他の地域でもそうだったように，こうした場合，俗人の熱心な信者が地域の宗教生活を支えることになる。第二次世界大戦中は，沿ドニエストルがファシズムと同盟したルーマニアの支配下に入ったため聖カエタン教会も活動を再開したが，1947 年にはまた閉鎖された。

　スロボダ－ラシュコヴォ村は，教会のあるラシュコヴォ村から 7 キロも離れた衛星村落であり，ソヴィエト権力による宗教弾圧まではクセンゾフカ（カトリック司祭の村）と呼ばれていたことに示されるように，領主がラシュコヴォの神父を養わせるために，一定数の農奴を移住させて村落を作ったのであろう。こんに

――――――――――
　11）近世のリヴィウは，アルメニア人の対欧貿易の拠点であった。

ち住民の姓の分析の結果，スロボダ－ラシュコヴォ村の住民の基幹をなしたのはウクライナからの逃亡農民で（ルーマニア姓は少ない），それがポーランド化したものとされる。村の人口は約 800 人，カトリックが約 8 割を占め，ロシア正教は約 2 割である。実際，村では正教の教会よりもカトリックの教会の方がずっと立派である。

　革命後，スロボダ－ラシュコヴォ村の教区学校は国有化され，1924 年に，当時の土着化政策の一環としてポーランド語学校となった。1930 年代にこの学校はウクライナ語学校とされ，戦後にロシア語学校となった。この事情にも見るように，村は言語上はロシア化されてしまったが，子供に「アグネサ」，「ヤン」などのポーランド系の名前を付けるところに伝統が垣間見える。共産主義の崩壊後は，住民のアイデンティティを回復するためにポーランド語を学校で教えるようになった（ロシュカ 2009）。

　スロボダ－ラシュコヴォ村がラジオ自由ヨーロッパやバチカンのメディアを通じて世界的に有名になったのは，1976 年から翌年にかけて，住民が無許可でカトリック教会を建設したからである。この作業は村民の自己負担で，弾圧を避けるために深夜行われたが，結局は，ほぼ竣工した建物は破壊された（Pogrebnaia 2007）。この試みは 1981 年にも繰り返された。当時はモスクワ・オリンピックの失敗の直後で当局がピリピリしていた時期だったので，約 20 人の活動家を車に乗せて郡の境界線まで連れていき徒歩で帰らせ，その他の住民には外出を禁止するという厳戒の中で，建設中の教会は礎に至るまで破壊された。その後，当該用地には幼稚園が建てられたが，親たちがボイコットして子供を通わせなかったので，結局孤児院にされた。1987 年に教会再建の 3 度目の試みが始まった。ある篤志家の老婦人が寄贈した土地に民家を増築するという見え透いた口実の下に教会が建てられたが，すでにペレストロイカ期で宗教政策が緩和されていたので，破壊されることはなかった。また，副司教のルドニツキーの指導も教会再建に有益だったようである（ドミトリー神父 2009）。

　経済封鎖の中で苦しい状況にある沿ドニエストルの中でも，北部は特に貧しい。靴が買えない子供もいるとのことである。若者は教育を受けるために首都チラスポリやウクライナに流出する。貧困と戦うために，ラシュコヴォ村の聖カエタン教会は，2002 年に社会医療センターを創設した。このセンターは薬を無料で提

供し，訪問医療も行い，患者が重病の場合はキシナウや郡庁所在地の病院に送るのである。また，教会は学童を中心に毎日 100〜120 食の給食を供給している。この資金を獲得するのも大変で，以前は 100 ％モルドヴァ内の慈善活動でまかなうことができたが，2009 年時点で資金の半分はポーランドに頼るようになっていた。教会は，2008 年のドニエストル川の洪水で井戸が汚染された際，（おそらくポーランドから動員した重機を用いて）井戸の浄化に協力した。

　私が面談したポーランドから派遣された修道士は，以前フィリピンで 7 年間勤務した人であったが，伝道しなければならないのはフィリピンと同様であると語っていた。ポーランドでは国民の 98 ％はカトリックであるが，沿ドニエストルにおいては住民の 1〜2 ％にすぎない。しかもその 30 ％は近年正教から改宗した人々である。ポーランドと違い，学校で教理（カテキズム）は教えられない。聖カエタン教会では 3 人の修道女が活動しているが，その重要な役割は，教会付属の幼稚園・学校で，子供と遊びながら教理を教えることである。そのほか，地元出身の若い司祭を育成することも重要な課題である（ヴェスラン 2009）。

　この修道士は，沿ドニエストル当局との関係について，「我々の活動が社会にとって有益だということはわかってくれる。だから，びた一文出さないかわりに邪魔はしてこない。それで十分だ」と述べた。私は，この修道士に，「沿ドニエストル経済がここまで悪くなったのは，2005 年に始まった EU による経済封鎖のせいであるし，その中でポーランド系住民も苦しんでいるのだから，カトリック教会はポーランド政府に何か言うべきではないか」と尋ねた。修道士は，「そんなことをしたら本国召還されるだけだよ」と答えた。このあたりは，教会やムスリム宗務局が世俗政府の外務省と対立しても域外同胞を助けるトルコ，アルメニアなどとの違いであり，黒海地域を西へ行くほど主権国家が強くなるのを感じる。

5　クリミア・タタール

　クリミア・タタールは 1944 年，ナチズムへの協力を疑われて中央アジアに強制移住させられ，人口も激減した。同じ苦しみを味わった他の少数民族は，フル

シチョフ時代に名誉回復されて帰還を許されたが，クリミア・タタールはソ連が最後を迎えるまで帰還することは許されなかった。1980年代末から，ソ連体制が弱まったことを看取したクリミア・タタールは，許可なしで帰還し始めた。彼らは斧1本で家を作ることから始め，わずか25年間で民族語学校，モスク，民族図書館，民族劇場等を建設した。人口増加率もスラヴ人よりも高いため，こんにちではクリミア人口240万のうち約30万人はクリミア・タタールではないかと言われる。

　そもそもトルコ人とクリミア・タタールは，スンナのハナフィー法学を共有しているだけではなく，神学上の潮流としてもマトゥリディ主義を共有している（イスマイロフ 2013）。言語的には，両者の間では通訳無しに会話が成立する。1992年には，クリミアのムスリム指導者たちはカディヤト（カーディは裁判官）を作り，1995年にムスリム大会を開催して本格的な宗務局（ムフティヤト）を再建したが，この1995年からトルコ宗務局のクリミア・タタール援助が本格化した。当初はアラブ諸国も援助合戦においてトルコと競争したが，トルコ人の方が宗教的・言語的にクリミア・タタールに近く，若い宗教活動家の留学先としても安心できるので，トルコとの協力の方が緊密になった。今日クリミアでは，約340のムスリム共同体が機能している。

　トルコ宗務局は，モスク建設はもとより，貧しいコミュニティに対しては犠牲祭に生贄の羊を提供するような物質的な援助もしているが，一番重要だったのは，モスクの初等宗教学校に「教師」を派遣したことだった。これは，教師であると同時に，クリミア・タタール人が務めるイマームの助手でもあった。つまり，イマームは地元のタタール，その助手はトルコ宗務局から派遣されてきた若い活動家というタンデムが成立したのである。2010年時点でトルコ宗務局はクリミアに22名の教師を派遣していた。ちなみに，同年のその他の地域への派遣数を見ると，ウクライナ大陸部に3名（ドネック，ハリコフ，マリウポリに1人ずつ。これらはヴォルガ・タタールも援助対象としたものである），ロシアに3名（ペテルブルク2名，北コーカサスのカラチャエヴォ－チェルケシヤに1名），ベラルーシに1名（これはリトアニア・タタールを援助対象としたもの）である（サヴラン 2010）。トルコ宗務局がここまで旧ソ連の奥深く入り込んでいることに驚かされるが，その一方では，やはりクリミア・タタールへの援助が群を抜いているのも確かであ

る。

　トルコ宗務局からのクリミアへの教師の派遣期間は当初は 2 年だったが，5 年へと延期された。エリートコースでもあるし，希望者が多く，厳しい試験をパスしなければならない。たしかに，アンカラの陰鬱な郊外にある宗務局で勤務するよりも，クリミアで勤めた方が楽しいだろう。私がアンカラで面談した宗務局の職員も，自分はほとんどトルコ語で説教したが，若いタタールはロシア語しか知らない場合も多いので，そのような場合はロシア語で説教したと語っていた。この職員はロシア語が好きで，それが志願した理由でもあると語っていた。

　しかし，クリミア・ムスリム宗務局が再建されて 20 年経ち，すでにトルコの大学の神学部で博士号を取った若い宗教指導者が戻ってきてクリミア宗務局に勤めているような状況では，トルコ宗務局からの教師派遣はさほど不可欠なものではなくなっていた。2013 年に私が面談したシンフェロポリ郊外のモスクのイマームは，トルコ宗務局とクリミアとの関係はすでに相互的なものだ，私たちが派遣された教師から学ぶように，彼らも私たちから学ぶのである，「あと 8〜10 年くらい経てば」教師派遣の制度はなくなるだろうと言った（ザイトフ 2013）。

　しかし，その日は予想外に早く来た。2014 年 3 月のクリミアのロシアへの編入の結果，トルコ人教師はヴィザ延長を拒否され，トルコに帰還することを強いられたからである。これは，1999 年の第二次チェチェン戦争後のロシアが，外国人教師にはムスリムの子供や若者を教育させないという方針を採っているためである。ただし，教師問題以外のクリミアとトルコの宗務局間の協力関係には，ロシアの当局は介入してこないそうである。

　世俗領域においては，クリミア・タタールは，メジリスという「民族自治団体」を 1991 年に結成した。メジリスを長らく指導してきたムスタファ・ジェミレフ，レファト・チュバロフは，2010 年大統領選挙ではユリヤ・ティモシェンコ候補を応援し，2014 年にはユーロマイダン革命をクリミアに輸入しようとした「親欧米派」であった（松里 2014）。このメジリスとクリミア・ムスリム宗務局とは唇歯輔車の関係にあった。いずれもタタールの民族復興を目指し，精神面に責任を負うのが宗務局，政治社会経済面に責任を負うのがメジリスという関係にあったのである。2014 年 3 月，プーチンも，タタルスタン大統領のルスタム・ミンニハーノフも，ジェミレフやチュバロフをロシア側に引き込むために好条件

を提示した。プーチンは，「独立後25年間ウクライナがクリミア・タタールに与えた以上の福利をロシアは数ヵ月で与えよう」とまでジェミレフに言ったそうである（ジェミレフ 2015）。2人の指導者のうち，チュバロフは，メジリスをロシア支配という新しい現実に適応させるため2～3ヵ月間は努力したが，結局，ジェミレフの原則主義に従ってクリミアを捨てた[12]。両名は，キエフのマイダン広場のすぐ隣にオフィスを構え，クリミアをウクライナに奪還すべく世界中を飛び回っているが，その足場となるのはトルコやルーマニアにあるクリミア・タタールのディアスポラである。

　2014年夏に訪問した際，クリミア宗務局の副ムフティーのアイデル・イスマイロフは沈痛な面持ちであった。宗務局がメジリスの同盟者とみなされて弾圧されるかもしれないと考えていたようだ。「いまは自分の意見を言っても曲解されるだけだ」と断った上で，クリミア政府がこれまで通り，宗務局を掣肘する「第二組合」にするため，アバシー派（エチオピアに生まれたスーフィ教団）が運営する「宗務センター」に秋波を送っていること，ロシアの法制に合わせてマドラサ（イスラーム中等学校）を再登録しなければならず，新学期に開講できるかどうかわからないこと，トルコとの伝統的な紐帯が断ち切られたので，北コーカサスのようにテロリズムがクリミアにも浸透してくるであろうことなどについて不安を述べた（イスマイロフ 2014）。1年後に再会すると，イスマイロフはこれまで私が見たことがないほど上機嫌だった。まず，クリミアには「ひとつの主教座（つまりウクライナ正教会モスクワ総主教座に属する主教座），ひとつの宗務局（つまりクリミア・ムスリム宗務局）」があるべきで，宗務組織を分割統治するようなことは止めるよう，モスクワがクリミア政府を説得した。マドラサの新規登録には1年以上かかったが，未登録の状態でも授業は正常に行われた。ムスリム共同体の法人登録が進んだ。メッカ巡礼のクリミアへの割当数が顕著に増やされた。これら

---

12) 表面的には，すでに2ヵ月前にクリミアを追放されていたジェミレフが出席できるようにメジリスの会議をヘルソン州（ウクライナ領）で開催したチュバロフの再入国をクリミアの検察が認めなかったことになっている。しかし，チュバロフは，結果を知った上で，検察に自分を国外追放する口実を与え，検察は返礼として，チュバロフが抵抗者としての面目を失わないよう国境で陳腐なショウ（Tシャツ姿のナタリア・ポクロンスカヤ検察長が処分の文書を長々と朗読し，その横でチュバロフは「自分はロシア語がわからない。ウクライナ語かクリミア・タタール語で話せ」と絡んだ）を組織したと考えるのが自然だろう。

は，イスマイロフの予想を裏切る展開であった。

　こうした中で，クリミア・ムスリム宗務局は，亡命したメジリス指導者と縁を切ることを決めたのである。「彼らは，いつまで経っても，ディシデント〔ソ連時代の異論派〕的アプローチから逃れられないのだ。……この25年間は集会に継ぐ集会，ありとあらゆる欧米機関への訴えだけで，停滞の時代だった。……権力への対抗から，権力との相互作用へと民族運動の方法論が変わる必要がある。……ディアスポラは言いたいことを言う。しかし，自分の歴史的祖国に住んでいる30万人のクリミア・タタールの声は，数百万のディアスポラの声よりも重いのだ。われわれは根であり，彼らは枝である。根が枯れるとき，枝も枯れるのだ」（イスマイロフ 2015）。

おわりに

　本章は，歴史上の大変動によって「外なる祖国」から分断されたかに見える3つの跨境マイノリティの生存戦略を観察した。すなわち，第二次オセチア戦争（2008年）によってジョージアから分断されたかに見える南オセチア・レニンゴル郡のジョージア人，EUの沿ドニエストル経済封鎖（2005年）によってポーランドから分断されたかに見える沿ドニエストル北部のカトリック，ロシアのクリミア編入（2014年）によってトルコから分断されたかに見えるクリミア・タタールである。その結果，これらマイノリティは，「外なる祖国」と緊密な協力を続けているだけではなく，それを（レニンゴル，クリミアについては新参の）現地当局者からの新たな援助の引き出しと結びつけていることがわかった。言い換えれば，国境と領土を固定化し，住民を領土に緊縛することで国民化しようとする主権国家の論理よりも，跨境マイノリティに国境を越える往来の権利を保障することによって内戦や封鎖の痛手を手っ取り早く治癒しようとするトランスナショナリズムの論理の方が勝っているのである。

　変動後も世俗国家の国境と宗教上の境界線は一致していない。モルドヴァと沿ドニエストル間の国境は，両岸のカトリックの（そして正教徒の）自由な往来と協力を妨げていない。2008年戦争は，レニンゴル郡すべてを南オセチアに与え

たが，ジョージア正教会と南オセチア正教会（旧暦派）の間の境界線は変えず，レニンゴルはジョージア正教会に属し続けている。

　しかし，三つの事例の間には差異もある。私に一番沈痛な印象を与えたのは沿ドニエストル北部である。ヨーロッパに近いこの地域では，国境線が確定され，ローマ・カトリック教会の非政治化が徹底している。カトリック教会は，宗教的啓蒙と慈善活動に専念し，政治を忌避している。そのため宗教コミュニティは主権国家の鳥籠にとらえられ，レニンゴルのジョージア人のように，ロシア，ジョージア，南オセチア政府が懐柔のために与えてくれるものの美味しいところだけ摘み食いすることも，クリミア・タタールのように，領土拡張したロシアの寵児の地位を享受しながら，同時にトルコ宗務局からも貰えるものは貰い続けるという方針をとることもできない。これは，西に行くほど（ヨーロッパに近づくほど）主権国家体系が強くなるという本章の主張を傍証するものとも言える。しかし，モルドヴァ・沿ドニエストルにおいても正教が政治的な役割を果たし続けていることを考慮すると，地域特性よりはローマ・カトリック教会のこの地に対する政策に注目すべきかもしれない。

　本章の考察は，非承認国家（地域）に対する分析視覚に一石を投ずるものである。非承認国家は，本質的に不完全なものである。であるとすれば，「非承認国家における国民建設」などという人為的な問題設定をするよりも，非承認国家がトランスナショナルな関係を巧妙に利用している実態に注目した方がいいのではないだろうか。南オセチア政府にとっては，「南オセチアにおける国民建設」を目指すより，レニンゴルのジョージア人の自由な国境往来を認めた方が政治的安定にとっても経済発展にとっても望ましいのではないだろうか。ロシアにとっては，クリミア・タタールをロシアの宗務機構の中に組み込むよりも，彼らのトルコとの伝統的な紐帯を認めた方が，クリミアのロシアへの統合のためにより有益なのではないか。こうして，非承認国家（地域）は，環黒海におけるトランスナショナリズムを促進する触媒となるのである。

　総じて，本章の分析は，「主権国家という枠組みにとらわれていては黒海地域の政治はわからない」という主張を裏づけている。非国家アクターの国境を超える活動に注目しなければならないのである。

316 第 III 部 黒海地域の主要課題

参考文献・インタビュー

①外国語

Hale, Henry E. 2014. *Patronal Politics : Eurasian Regime Dynamics in Comparative Perspective*, Cambridge : Cambridge University Press.

Keohane, Robert O. and Joseph S. Nye, Jr. (eds.). 1970. *Transnational Relations and World Politics*, Cambridge : Harvard University Press.

Korkut, Şenol. 2010. "The Diyanet of Turkey and Its Activities in Eurasia after the Cold War," *Acta Slavica Iaponica*, 28, pp. 117-139.

Matsuzato, Kimitaka. 2009a. "Inter-Orthodox Relations and Transborder Nationalities in and around Unrecognised Abkhazia and Transnistria," *Religion, State and Society* 37, 3, pp. 239-262.

————. 2009b. "The Five Day War and Transnational Politics : A Semiospace Spanning the Borders between Georgia, Russia and Ossetia," *Demokratizatsiya : The Journal of Post-Soviet Democratization* 17, 3, pp. 228-250.

————. 2010. "South Ossetia and the Orthodox World : Official Churches, the Greek Old Calendarist Movement, and the So-called Alan Diocese," *Journal of Church and State* 52, 2, pp. 271-297.

————. 2011. "Transnational Minorities Challenging the Interstate System : Mingrelians, Armenians, and Muslims in and around Abkhazia," *Nationalities Papers* 39, 5, pp. 811-831.

Pogrebnaia, Iuliia. 2007. "Religioznaia zhizn' sela Sloboziia-Rashkov Kamenskogo raiona. 1917-1979 gg.," *ANALECTA catholica. III* (Chisinau), pp. 253-296.

Saganova, Nelia. 2005. "Letopis' rimsko-katolicheskoi tserkvi v Respublike Moldova. 1987-2002," *ANALECTA catholica. I* (Chisinau) [http://www.bessarabia.ru/biserica7.htm].

Zabarah, Dareg A. 2011. *Nation and Statehood in Moldova : Ideological and Political Dynamics since the 1980s*, Wiesbaden : Harrassowitz Verlag.

②日本語

松里公孝 2012「黒海地域における跨境政治——非承認国家の宗教と跨境マイノリティ」塩川伸明・小松久男・沼野充義編『ユーラシア世界　第5巻——国家と国際関係』東京大学出版会，161-181 頁。

————2014「クリミアの内政と政変（2009-14 年）」『現代思想』42-7，87-109 頁。

————2016「クリミア後の世界——旧ソ連圏の再編とロシアの政策」杉田敦編『岩波講座現代　第4巻——グローバル化のなかの政治』。

③インタビュー

アントン神父，チャクヴェタッゼ。聖母庇護教会司祭，2013 年 3 月 21 日，レニンゴル町。

イスマイロフ，アイデル。クリミア宗務局副ムフティー，2013 年 8 月 30 日，2014 年 8 月 18 日，2015 年 8 月 18 日，シンフェロポリ。

ヴェスラン，ブィシエク。沿ドニエストル・カーメンスキー郡聖カエタン教会修道士，2009 年 12 月 30 日，ラシュコヴォ村。

ギョルメズ，メフメト。トルコ宗務局副局長，2007 年 3 月 29 日，アンカラ。

ザイトフ，サイラン。シンフェロポリ市カメンカ町モスクのイマーム，2013 年 8 月 30 日。

サヴラン，オメール。トルコ宗務局職員，2010 年 3 月 16 日，アンカラ。

ジェミレフ，ムスタファ。元クリミア・タタール・メジリス議長，2015 年 8 月 28 日，キエフ。

ジグカエフ，ジェマル。南オセチア共和国レニンゴル郡行政府長官，2013 年 3 月 22 日，レニンゴル町。

チギエフ，イーゴリ。南オセチア共和国レニンゴル郡行政府，町および村行政府の監督・相互協力部部長，2013 年 3 月 22 日，レニンゴル町。

ドミトリー神父，ゼリンスキ。モルドヴァ・ソロキ郡ソロキ市のローマ・カトリック教会司祭，2009 年 12 月 30 日，スロボダ – ラシュコヴォ村。

ロシュカ，アナトーリー。沿ドニエストル・カーメンスキー郡スロボダ – ラシュコヴォ村自治体学校校長，2009 年 12 月 30 日，スロボダ – ラシュコヴォ村。

第 12 章

輸送・商品・エネルギーの経済関係
―― ロシアとウクライナの角逐を中心に

服 部 倫 卓

はじめに

　本章では，黒海という海を舞台に，地域諸国がどのような経済関係を織り成し
ているかを論じる。したがって，実際に黒海に接している国々，具体的には北か
ら時計回りに，ウクライナ，ロシア，ジョージア，トルコ，ブルガリア，ルーマ
ニアが，本章の主たる分析対象となる。なお，黒海の北部に位置する内海のアゾ
フ海も，黒海の一部と見なす。

　その際に，黒海沿岸諸国の中でも，ロシアは地理的に広大な国であり，黒海に
隣接しているのは国土のごく一部にすぎない。あくまでも黒海という場に着目す
る本章では，ロシアに関し，可能な限り，黒海という地域性にフォーカスする形
で議論を試みる[1]。

　黒海地域においては，2014 年以降ウクライナ危機が深刻化し，その前と後とで
で状況が大きく変化している。以下，第 1 節と第 2 節においては，基本的に，ウ
クライナ危機が発生する以前，黒海経済空間がどうあったかを論じることにする。
両節においては，用いる統計数値は 2012 年のそれで統一する。その理由は，こ

1）筆者は，黒海経済圏の実像を描くためには，黒海沿岸諸国につき，国民国家単位よりも，
　　実際に黒海に面した地域・自治体に焦点をあてるようなアプローチが有効なのではないか
　　と考え，試論を披露したことがある（グローバル・フォーラム 2013：42；服部 2013）。
　　ロシア・ウクライナの研究者による共著でも，同様の視点が提示されている（Гриневец-
　　кий 2009：12-14）。

第 12 章　輸送・商品・エネルギーの経済関係　　319

こでの目的が，ウクライナ危機が起きる前のもともとの状況を把握しておくこと
にあるからである。ウクライナでユーロマイダン革命が起きるのが 2014 年だが，
2013 年からすでにロシアはウクライナに様々な通商上の圧迫を加え，それによ
り両国の貿易は歪曲されていたと考えられるので，2012 年の数値を使うのが適
切であると判断した。それを踏まえ，第 3 節において，ウクライナ危機およびそ
の他の国際環境の変化によって，黒海経済空間にどのような異変が生じているか
を示すことにする。

1　黒海経済圏の実像

1)　本章の分析視角

　黒海という海においては，沿岸諸国によって，様々な海洋経済活動が行われて
いる。ただし，活動分野によって，その規模・重要性には大きな開きがある。
　たとえば，黒海における石油・ガス開発は，従来は大陸棚で小規模に行われて
きただけであり，掘削技術の発達で大水深部のこれからの開発が期待されている
段階にとどまっている（本村 2010）。黒海経済協力機構（BSEC）では，同機構の
カバーする領域はペルシャ湾に次ぐ世界で 2 番目の石油・ガス産出地域であると
して，自らの存在意義を誇示しているが[2]，これは明らかにロシアのシベリア・
極東等を勘定に入れたものであり，狭義の黒海という地域性にはかかわりがない。
産油地域としての重要性では，黒海の東隣に位置するカスピ海の方が，はるかに
上である。
　また，一般に海と言えば漁業が連想されるが，2012 年現在，黒海・アゾフ海
の漁獲高は世界全体の 0.4 ％を占めているにすぎず[3]，ごく一部の地元民にとっ
てのローカルな意義しか有していない。黒海・アゾフ海の漁獲高は 1980 年代が
ピークで，ソ連の崩壊に伴いロシア・ウクライナの漁獲高が激減したことを受け，

---

2) http://www.bsec-organization.org/Information/Pages/bsec.aspx（以下，本章に示した URL はす
　べて 2016 年 11 月 18 日現在有効）.

3) 国連食糧農業機関（FAO）のデータベース［http://www.gfcmonline.org/data/productionstatis
　tics/］をもとに筆者算出。

図 12-1　黒海の港湾

出所）筆者作成。
注）ウクライナのイリチウスク港は 2016 年に正式名称がチョルノモルスク港へと改名されたが，ここではより定着している旧名で示した。図 12-2 でも同様。

近年ではピーク時の半分以下の水準となっている。環境汚染による水産資源の減少も背景にある。ちなみに，国別に見ると，1980 年代以降，トルコが一貫して黒海における最大の漁業国となっている（Вершинин 2007：165-175）。

　黒海が経済面で果たしている役割で，圧倒的に重要であり，グローバルな意義を帯びているのは，運輸部門，すなわち海運・港湾およびパイプラインと，それによって輸送される商品である。黒海の運輸部門と商品供給に着目すれば，そこには確かに経済の脈動がある。それに目を向けることによって，沿岸諸国が域内で，また世界市場との間で織り成している関係が見えてくると期待できる。

　そこで，手始めに，図 12-1 には黒海海域の港湾地図を示した。また，図 12-2 では，2012 年の国別および主要港湾別の取扱貨物量を整理した。これに見るように，黒海港湾の取扱貨物量のかなりの部分が，ロシアとウクライナの二国に集中している。ただ，図 12-2 ではトルコは劣勢のように見えるものの，実際には黒海海運に果たしている役割は小さくない。実はトルコの港湾キャパシティのか

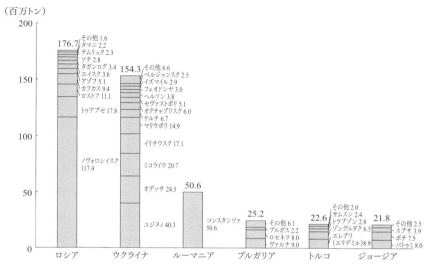

図 12-2 2012 年の黒海港湾の取扱貨物量

出所）Ильницкий（2013）にもとづいて筆者作成。

なりの部分が、マルマラ海（黒海の出口に当たるボスフォラス海峡と、ダーダネルス海峡に挟まれた海域）に集中しているからである。マルマラ海のイズミット港、ボタシュ LNG ターミナル、アムバルリ港等で、年間 1 億 5000 万トン程度の取扱貨物量があるので、かりにマルマラ海まで範囲を広げれば、図 12-2 でもトルコはロシアやウクライナに比肩する存在になる。また、後述のとおり、イスタンブル（ハイダルパシャ）港は黒海のコンテナ輸送のハブの役割を果たしている。

ただし、網羅的なデータの欠如により検証は困難ながら、港湾の取扱貨物量で見ると、黒海の世界的なプレゼンスは必ずしも大きくない。米国港湾管理局が発表した 2013 年の世界の港湾の取扱貨物量ベスト 250 という統計資料によれば、250 大港湾の取扱貨物量の合計は 162 億 2785 万トンとなっている。その中に、黒海港湾が 8 港含まれており、その取扱貨物量の合計は 2 億 3950 万トンで、全体の 1.5 ％ にすぎない[4]。筆者の見るところ、その原因は、第一に、同資料では

---

4) 米国港湾管理局発表の統計資料［http://www.aapa-ports.org/Industry/content.cfm?ItemNumber=900&navItemNumber=551］をもとに筆者算出。なお、黒海港湾にトルコのマルマラ海港湾も加えれば、合計で 11 港、3 億 9189 万トン、2.4 ％ となる。

ロシア・ノヴォロシイスク港の取扱貨物量に，石油ターミナルからの石油の積出分が含まれていないと推察されることである。黒海最大の港湾であるノヴォロシイスク港の特質は，まさに石油の積出の比率が高い点にあり（服部 2009：21-26），これを算入するかどうかで，状況がまったく異なってしまう。第二に，黒海沿岸諸国の消費市場およびサプライチェーンの未発達により，黒海の港湾では輸入貨物が非常に少ないことである。

黒海にはドナウ川（運河によってライン川，マイン川とも連絡），ドニエプル川，ドン川（運河によってヴォルガ川とも連絡）という大河が流入しており，河川交通による内陸との連絡が，黒海海運の重要性を高めている。こうした条件から，黒海海域では，河海両用船も広く利用されている（GIWA 2005）。

なお，運輸部門では，BSEC の主導で「黒海環状高速道路」を整備するという計画があり，2007 年に関係国間で基本合意書が結ばれている[5]。これは，BSEC としては数少ない具体性のあるプロジェクトであり，2013 年の第 4 回「日・黒海地域対話」の席でもその実現に期待する声が相次いだ（グローバル・フォーラム 2013）。

2）黒海後背諸国とトランジットという要因

黒海は沿岸諸国だけでなく，外洋への出口を持たない内陸諸国にとっても，貿易の輸送路として機能しうる。旧ソ連諸国の中では，中央アジア諸国，アゼルバイジャン，アルメニア，ベラルーシ，モルドヴァなどがそれに該当する。

代表例として挙げられるのは，内陸の中央アジアおよびコーカサス諸国を，主にジョージアの黒海港湾を経由して，EU をはじめとする諸外国の市場と結び付けることを明確に目標に据えた国際プログラム「トラセカ（TRACECA）」であろう（詳しくは後述する）。

また，中央アジア諸国の中でも，カザフスタンが，カスピ海と黒海（正確にはアゾフ海）を結ぶ新たな運河の建設を提唱していることが注目される。従来も，カスピ海 - ヴォルガ川 - ロシア領のヴォルガ・ドン運河 - ドン川 - アゾフ海というルートでの船舶航行は可能だった。それに対し，2007 年にカザフスタン大統

5）http://www.blacksearing.org

領ヌルスルタン・ナザルバエフが提唱し始めた「ユーラシア運河」案は，輸送距離が短縮され，大型船の航行が可能で，冬場の氷結も短期間だという[6]。

　ベラルーシに関して言えば，同国の位置からすると，北のバルト海（バルト三国またはロシアの港）か，南の黒海（ウクライナの港）が，輸出ルートとして考えられる。同国の二大輸出品目と位置付けられるカリ肥料と，石油製品とで，現状がどうなっているかを具体的に見てみよう。まず，カリ肥料はほぼ全面的に，バルト海に面するリトアニアのクライペーダ港から輸出されている（Argus 2014）。また，石油製品も，現在までのところバルト海からの輸出が主流であり，黒海からのそれは一部にとどまっている[7]。全体として，ベラルーシの場合は黒海よりもバルト海への依存度の方が高いと言える。ただし，コンテナを黒海－バルト海間でベラルーシ領を経由して中継輸送する「ヴァイキング」，「ズブル」という輸送ルートが稼動していることは見逃せない（Hattori 2010）。

　黒海後背諸国の中でも，モルドヴァは特有の状況にある。海への出口を持たなかったモルドヴァは，ウクライナとの小規模な領土交換を行い，ドナウ川左岸にわずかながら領土を得た。そして，その地に河川港であるジュルジュレシティ港を建設し，これによりドナウ川経由で独自に黒海にアクセスすることが可能になったのである。ジュルジュレシティ港の貨物量は 2013 年現在で 41 万トンあまりと，国際的に見ればまったく取るに足らない規模ではあるが，小国モルドヴァの国民経済にとっては小さからぬ意義があると言えよう[8]。こうしたことから，モルドヴァを黒海沿岸国に準ずる存在として位置付ける向きもある（Гриневецкий 2009：351）。

　翻って，黒海沿岸諸国の輸送部門にとっては，内陸諸国の貿易貨物を中継処理することが，有望な事業となる。2012 年にロシアの黒海・アゾフ海港湾が処理した取扱貨物量 1 億 7673 万トンのうち，19.5 ％ に当たる 3447 万トンが，自国貨物ではない第三国貨物のトランジットだった（Морцентр-ТЭК 2013：18）。また，

　6）詳しくは，「カスピ海と黒海を結ぶユーラシア運河」[http://hattorimichitaka.blog.jp/archives/43839835.html]。

　7）詳しくは，「ベラルーシの石油製品輸出ルート」[http://hattorimichitaka.blog.jp/archives/45542932.html]。

　8）詳しくは，「ウクライナとの領土交換で黒海への出口を得たモルドヴァ」[http://hattorimichitaka.blog.jp/archives/45544333.html]。

324　第Ⅲ部　黒海地域の主要課題

2012年にウクライナの港湾が処理した取扱貨物量1億5387万トンのうち，25.2％に当たる3876万トンがトランジットだった。ただし，その大部分（2504万トン）は，自らも黒海に面するロシアの貨物であった（Укрстат 2013：10, 54. なお，出所が異なるので図12-2の数字と微妙に齟齬がある）。この問題に関しては後述する。

　EU圏に目を転じると，ルーマニアのコンスタンツァ港が，ブルガリア，セルビア，ハンガリー，オーストリア，スロヴァキア，ドイツといった他の欧州諸国の貿易貨物を中継輸送する役割を担っている。コンスタンツァ港は，ドナウ・黒海運河によってルーマニア内陸の河川港であるチェルナヴォダ港と連結されており，国際河川のドナウ川を通じて，バルカン半島および中・東欧の内陸部と世界市場とを結び付ける役割を果たしているのである。2003年にコンスタンツァ港が自由港に指定されるとともに，コンテナターミナルが開設されたことで，トランジット機能が強化された。2014年のコンスタンツァ港の取扱貨物量5058万トンのうち，29.7％に当たる1504万トンがトランジット貨物であった（Port of Constantza 2014；Гриневецкий 2006：198, 288）。

3）求心力よりも遠心力の強い黒海経済圏

　東アジアでは，冷戦終結後に，「環日本海経済圏」の形成が盛んに提唱された。このように，複数の国が一つの海を取り巻いている場合に，沿岸諸国の密接な経済関係の構築を通じて，繁栄的な経済圏を築こうという発想が出てくるのは，自然なことであろう。黒海地域においても，1992年にBSECが成立しており，地域協力の機運の高まりがあったことを物語っている。

　それでは，現時点で「環黒海経済圏」と呼べるような，一体性のある経済空間は，この地域に成立していると言えるだろうか。答えは否であろう。黒海は，外洋とは細長いボスフォラス海峡を通じてかろうじて繋がっているにすぎず，地理的には閉ざされたイメージのある空間である。しかし，黒海を行き来するモノの流れを見ると，現実は決してそうではない。この海こそが，地域諸国と世界市場とを結び付けている。逆に言えば，黒海地域は，域内貿易比率の高い自己完結的な経済圏を形成しているとは言いがたい。

　一例として，2012年のウクライナの港湾における輸出入貨物の取扱貨物量の

第 12 章 輸送・商品・エネルギーの経済関係 325

表 12-1 ウクライナの港湾における輸出入貨物の輸送相手国 (2012 年)

輸出貨物			輸入貨物		
輸出先	1,000t	構成比 (%)	輸入元	1,000t	構成比 (%)
合　計	96,835.2	100.0	合　計	16,431.8	100.0
黒海域内	15,423.1	15.9	黒海域内	2,088.1	12.7
ロシア	615.4	0.6	ロシア	187.5	1.1
トルコ	10,757.7	11.1	トルコ	1,308.0	8.0
ルーマニア	1,098.1	1.1	ルーマニア	99.3	0.6
ブルガリア	2,391.4	2.5	ブルガリア	286.1	1.7
ジョージア	560.5	0.6	ジョージア	207.2	1.3
黒海域外	81,412.1	84.1	黒海域外	14,343.7	87.3

出所) ウクライナ国家統計局。

内訳を吟味する。表 12-1 に見るように，ウクライナの港から発送される輸出貨物のうち，84.1 ％が黒海域外向けの貨物である。輸入においては，ウクライナの港で受け入れられる輸入貨物のうち，87.3 ％が黒海域外からの貨物となっている。やはり，黒海の港間で密にモノが行き交っているというよりは，域外市場との間で盛んにモノが行き来しており，黒海港湾はそのゲートウェイの役割を果たしているという図式が浮かび上がる。

　黒海諸港は，域内の相互間のモノの行き来がまばらであるだけでなく，ゼロサム的なライバル関係にもある。第一に，ロシアは自国の黒海港湾を拡充し，従来ウクライナの港で中継処理されていたロシアの輸出貨物を奪還しようとしている。第二に，黒海諸港間のコンテナ輸送をめぐる争奪戦がある。

　第一の点に関して言えば，実は 1991 年暮れにソ連が崩壊した結果，新生ロシアでは当初，貿易貨物の半分以上がウクライナ，バルト三国，フィンランドといった外国の港で積み替えられていた。このことはロシアの経済的利益だけでなく，国家安全保障の観点からも脅威と受け止められ，ロシアの政策担当者は外国の港で取り扱われている自国貨物を奪還することをめざしてきた。しかし，ロシアで専用ターミナルがしかるべく整備されていない関係で，石炭や肥料のように，外国の港で処理される比率が引き続き高い品目もあり，とりわけロシア南部においてはそうであった。黒海港湾を拡充してウクライナの港への依存から脱却することが，ロシア当局の優先課題となっており，ノヴォロシイスク港の拡張，タマニ港の新規建設などが推進されてきた（服部 2009a）。

326 第 III 部 黒海地域の主要課題

　第二の点に関して言うと，今日の世界の海運ではコンテナ輸送がますますその重要性を増しているが，黒海はその後発地域である。その背景には，貨物量の多いロシアとウクライナの港で，コンテナでの輸送を要さないエネルギー，資源，素材，化学品などの品目の輸出向け船積みが主流となっているという事情がある。2000 年代に入ってロシア・ウクライナ両国の消費需要が活気づき，輸入が拡大したことによって，黒海のコンテナ輸送も本格化した。後発である分，近年の伸びは目覚ましく，その際にルーマニアのコンスタンツァ港が躍進を果たした。ルーマニアの内需自体はそれほど大きなものではないが，コンスタンツァ港は外資を導入して設備を近代化し，黒海のコンテナ輸送のハブ港湾となることで，収益性を高めたのである。2000 年代の前半には大型コンテナ船を受け入れられる黒海の港はコンスタンツァだけで，大型コンテナ船はイスタンブルかコンスタンツァに泊まり，コンテナはそこで小型のフィーダー船に積み替えられ，ウクライナやロシアの黒海諸港に運ばれた。往時には，コンスタンツァのコンテナ取扱量の 70〜80 ％ が，ウクライナやロシアの貨物であった。ウクライナやロシアとしても，この状況を甘受するわけにはいかない。他国のハブ港湾に依存していては，コンテナ積み替えの収入が得られないばかりか，フィーダー船による追加輸送を要する分，物流のリードタイムが長くなり，輸入物価も高くなるといったデメリットがあるからだ。実際，ウクライナではイリチウスク港とオデッサ港で，ロシアではノヴォロシイスク港で，コンテナターミナルの整備が進められてきた（服部 2010：37–39）。

4)「迂回路」としての黒海

　もう一点，輸送という観点で黒海を見た場合に顕著なのが，この海を迂回輸送路として活用しようとする試みが多く見られることである。つまり，黒海の海上輸送や海底パイプラインを利用することで，政治的に対立する隣国の領土を通過することを回避しようとするプロジェクトが，数多く浮上してきた。むろん海にも領海というものがあるが，陸上に比べれば輸送ルート選定の自由度ははるかに高い。その際に，黒海沿岸諸国の役割はトランジットで，その後背に控える EU 市場やユーラシア市場に主眼が置かれている場合もある。

　図 12-3 では，そうした迂回路の代表的な事例を示している。(1) は，前出のト

第 12 章　輸送・商品・エネルギーの経済関係　　327

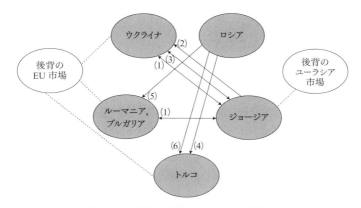

図 12-3　黒海を通過する主な迂回輸送路

出所）筆者作成。

ラセカである。中央アジア・コーカサス諸国を，ジョージアの黒海港湾を経由して，EU をはじめとする諸外国の市場と結び付けようとするもので，ロシアを迂回することを主目的としている。ジョージアと EU 圏のルーマニア・ブルガリアを結ぶルートと，ウクライナ経由で EU 圏に至るルートの，両方が想定されている。

(2) は，2000 年代にウクライナ政府が自国領のオデッサ – ブロディ石油パイプライン向けに，黒海を経由するタンカー輸送でカスピ海産等の石油を確保し，それによって原油の供給・輸送両面での対ロシア依存から脱却しようとしたことを示している（詳しくは後述）。

(3) は，2014 年のユーロマイダン革命後，ロシアとの関係を決定的に悪化させたウクライナが，ロシアを迂回して欧州と中国を結ぶ新たな輸送ルートとして提唱しているものである（詳しくは後述）。

(4) は，ロシアのガスプロム社が建設したブルーストリーム天然ガスパイプラインを表している。黒海海底を通るパイプラインを建設し，ウクライナおよびジョージアを迂回してトルコに直接ガスを輸出することを目的としており，2002 年に稼動した。

(5) は，サウスストリーム天然ガスパイプラインを表している。ウクライナ領およびトルコ領を迂回して，最大の市場である EU に直接天然ガスを輸送するた

めに，ロシアのガスプロム社が黒海海底のパイプライン建設を計画したものだった。しかし，2014 年 12 月に中止が発表された。

(6) は，トルコストリーム天然ガスパイプラインを表している。上記のサウスストリームを断念したロシアが，その代替案として発表したものである（(5) と (6) について詳しくは後述）。

旧ソ連諸国は社会主義時代に整備された鉄道およびパイプライン網を引き継いでおり，近隣諸国への輸送は本来，陸上輸送の方が条件的に有利なはずである。それを利用せずに，あえて回り道をすれば，特に新規に海底パイプラインを敷設すれば，コスト高は免れない。にもかかわらず，黒海を利用した様々な迂回輸送の構想が浮上している事実は，この地域の経済関係が純粋な経済合理性よりも，国際政治の駆け引きに翻弄されがちであることを示唆している。

そもそも，(1) から (6) の迂回輸送路のうち，2016 年秋現在で稼働しているのは (1) と (4) だけである。ただし，(1) は 1993 年に EU の肝いりで発足したものの，近年は貨物量が伸びず，輸送の大動脈となるには程遠い状況である[9]。(4) にしても，販売先がトルコ一国に限られるため，ロシア側の価格交渉力の低下や，稼働率の低さなどが問題視されてきた。それ以外のものは，すでに頓挫したか，まだ構想段階にあるプロジェクトである。隣の国を通過することを政治的な理由であえて回避しようとする輸送路は，最初から経済的合理性を犠牲としているわけで，迂回プロジェクトの進捗度が全般に低いのも，当然と言えば当然である。

図 12-3 からもう一つ読み取れるのは，黒海を利用した迂回路には，すべてロシアが絡んでいるという事実である。(1) 〜 (3) はロシアを迂回する輸送路であり，(4) 〜 (6) はロシアが迂回する輸送路である。それだけ，この地域の国際政治経済関係においては，ロシアが主軸になっているということであろう。

---

9) トラセカの要の位置を占めるアゼルバイジャンからの報告によれば，同国の鉄道を利用したトラセカのトランジット貨物輸送は，2010 年の 830 万トンから 2014 年の 450 万トンへと，45 ％低下した。低迷の原因は，参加国間の不十分な調整，手続き面での障害，運賃の競争力の欠如であるという。EU 側の熱意も低下しており，アゼルバイジャンとしては他の関係国と共同で，トラセカの再活性化に向けた支援を EU に求めていく構えである。[http://www.azernews.az/business/90846.html]。

第 12 章　輸送・商品・エネルギーの経済関係　　329

2　世界の商品市場と黒海地域

1）黒海地域のプレゼンス

　上述のとおり，黒海が経済面で果たしている機能で，圧倒的に重要なのは，地域諸国が世界市場に向けて輸出を行う輸送路としてのそれである。黒海諸国はいずれも新興国であり，輸出は機械などの高付加価値製品よりも，付加価値の低いコモディティに偏重する傾向がある。具体的には，エネルギー，肥料等の化学品，鉱石，金属，穀物等の農産物などである。そして，こうした低付加価値商品を大量輸送する上では，海上輸送が威力を発揮する。とりわけウクライナにとっては，黒海を経由した商品輸出こそが，国民経済の生命線である。ロシアは，バルト海や太平洋にも面している分，黒海への依存は絶対的ではないが，商品によっては黒海が最重要な輸出ルートになっている。そして，一部の商品では，ロシア・ウクライナによる黒海経由の供給が，世界全体の市場に影響を及ぼす要因にもなっている。

　そこで，主な商品について，ロシア・ウクライナを中心とする黒海諸国が，世界全体の輸出（数量ベース）の中でどれだけのシェアを占めているかをまとめたのが，表 12-2 である[10]。表 12-2 の中で，A はロシアの輸出が世界全体の輸出の中でどれだけの比率を占めているかを単純に見ている。しかし，ロシアの輸出のうち，黒海から発送されるものは一部であり，その他の海域から発送されるものもあれば，また鉄道などで外国に輸送される場合もある。そこで，ロシアの輸出のうち，黒海の港から発送されたものだけを抽出して，その世界シェアを示したのが，B である。その際に，ロシアの輸出貨物の一部は，隣国のウクライナの港からも発送されているので，B にはその分も含まれている。なお，天然ガスに関しては，黒海の海底を通るパイプラインを通じた輸出のみを黒海発送分とカウントすることにした。ウクライナに関しても同様に，同国の輸出全体を C，そのう

10）表 12-2 をはじめ，本節で挙げている統計・経済指標を算出するに当たっては，多くの資料を用いているが，本章では紙幅の関係でその出典と算出根拠を逐一示すことが困難なので，別のところで「世界の商品市場における黒海のプレゼンス」として詳しくまとめた（服部 2016b）。

330　第 III 部　黒海地域の主要課題

表 12-2　黒海諸国が主要商品の世界全体の輸出に占めるシェア（2012 年，数量ベース）

(％)

	石油	石油製品	天然ガス	石炭	窒素肥料（尿素）	鉄鉱石	鉄鋼	穀物	ひまわり油
ロシア（A）	11.4	8.6	19.9	10.7	12.7	2.1	6.5	5.9	16.2
ロシアのうち，黒海発（B）	1.9	2.0	1.4	1.0	3.4	0.6	2.9	5.7	16.1
ウクライナ（C）	0.0	0.1	0.0	0.6	9.1	2.9	5.8	7.1	39.9
ウクライナのうち，黒海発（D）	0.0	0.1	0.0	0.4	8.8	1.7	4.5	6.6	36.5
その他の黒海諸国（E）	0.0	0.9	0.0	0.0	2.3	0.0	5.4	3.2	6.0
広義の黒海合計（A＋C＋E）	11.4	9.6	19.9	11.3	24.1	5.0	17.7	16.2	62.1
狭義の黒海合計（B＋D＋E）	1.9	3.0	1.4	1.3	14.5	2.3	12.8	15.5	58.6

出所）各種資料をもとに筆者作成。一部筆者による推計値も含まれる。

ち黒海発送分を D とした（ウクライナの場合は，ロシアと異なり，大部分が黒海経由ではあるが）。さらに，その他の黒海諸国，すなわちトルコ，ブルガリア，ルーマニア，ジョージアの輸出を合計し，E とした。厳密に言えば，これらの国々に関しても黒海発送分を抽出すべきであるが，技術的に困難なので断念した。そして，A，C，E を合計した広義の黒海合計値と，B，D，E を合計した狭義の黒海合計値を算出した。

　全体として，石油，石油製品，天然ガス，石炭といったエネルギー商品では，ロシアが世界的な輸出国となっている事実が確認できる。ただし，ロシアのエネルギー輸出に占める黒海発の割合は，必ずしも大きいわけではない。ウクライナや，その他の黒海諸国は，エネルギーに関しては見るべきプレゼンスがない。その一方，窒素肥料，鉄鉱石，鉄鋼，穀物，ひまわり油に関しては，ウクライナがロシアに比肩する輸出国となっており，黒海発に限定すればロシアよりも大きな世界シェアを占めている。また，窒素肥料，鉄鋼，穀物，ひまわり油では，その他の黒海諸国も一定の存在感を発揮している。狭義の黒海地域が世界の輸出に占めるシェアが特に大きいのは，ひまわり油，穀物，窒素肥料，鉄鋼である。

　以下では，主な商品ごとに分析を試みる。

2）品目ごとの状況

　①石油

　表 12-2 に見るように，黒海の港から発送されるロシアの石油は，世界全体の

第 12 章　輸送・商品・エネルギーの経済関係　331

輸出の 1.9 ％にすぎない。しかし，カザフスタン産の石油がカスピ海パイプライン・コンソーシアム（CPC）のパイプラインを通じてロシアの黒海沿岸のターミナルまで運ばれて，そこから輸出向けに発送されており，筆者の試算によればそれが 2012 年の世界全体の輸出の 1.6 ％程度を占めていた。カザフスタンの原油は，それ以外にも一部がロシアおよびウクライナの黒海港湾からタンカーに積み出されている。したがって，ロシア産の原油にカザフスタン産の原油を加えれば，世界の輸出に占める黒海発の比率は，4 ％程度まで高まると見られる。

　ただ，世界の石油産業に黒海という要因が及ぼしているインパクトは，こうした数字以上に大きい印象もある。それは，ソ連崩壊後，この地域の石油の輸送路をめぐる国際的な駆け引きが，熾烈を極めてきたからである。

　第一の例が，バクー–トビリシ–ジェイハン（BTC）石油パイプラインである。BTC は，カスピ海に位置するアゼルバイジャンのアゼリ・チラグ・グネシュリ油田から，ジョージアを経由して，トルコの地中海沿岸南東部に位置する港ジェイハンへ抜ける石油パイプラインである。1992 年にアゼルバイジャンとトルコが建設に関する文書に調印し，1998 年にはその他の関係国も参加して「アンカラ宣言」を採択，2002 年に建設が開始され，2006 年に稼動した（塩原 2007：127-133；廣瀬 2008：221-231）。筆者の試算によれば，BTC を経由した石油輸出は，2012 年現在で世界全体の輸出の 1.6 ％程度を占めていた。BTC パイプラインは，ロシアへの依存から脱却することに眼目を置いた輸送ルートであり，なおかつ地中海の港を出口とすることで，ボスフォラス海峡での石油タンカーの通航量を減らして海峡の安全に資するというねらいも込められている。前節で黒海を利用した一連の迂回路を取り上げたが，BTC はむしろその黒海を迂回することを主眼としている。

　第二の例が，ウクライナのオデッサ–ブロディ石油パイプラインである。カスピ海およびカザフスタンで産出された石油をウクライナ・オデッサ近郊のユジヌィ港まで運び，それを内陸のブロディまでパイプライン輸送して，そこからさらに中・東欧や北欧方面に出荷することを目的に，1996〜2002 年に建設された。しかし，ウクライナが当初予定していたポーランドまでのパイプライン延伸は実現せず，また同パイプラインの利用を希望する石油会社も現れなかったため，完成したパイプラインが 2004 年まで使われないという事態となった。そこでロシ

アがウクライナに対し，同パイプラインを逆方向に流し，ドルージバ・パイプラインで運ばれてきたロシアの石油をユジヌィ港まで輸送するという提案を持ちかけ，2004 年 8 月にリバース輸送が始まった。ところが，同年終盤の「オレンジ革命」で誕生したウクライナの V・ユシチェンコ大統領は，オデッサ‐ブロディ・パイプラインを本来の目的であるカスピ原油を中・東欧方面に輸出する用途に戻す立場を打ち出し，パイプラインの延伸につきポーランドとも基本合意した。こうして，2000 年代にオデッサ‐ブロディ・パイプラインは，ウクライナをめぐる東西地政学の象徴的な争点となっていったのである（藤森 2006；藤森 2008：261-263；南野 2004）。もっとも，筆者の試算によれば，かりに同パイプラインがフル稼働したとしても，世界の石油輸出に占めるシェアは 0.1 ％にも満たず，実際の経済的意義は微々たるものである。にもかかわらず，「パイプラインをどちらの方向に流すか」という問題が，地政学的な綱引きの争点として一般受けしやすく，大きな注目を集めたのである。

　その後オデッサ‐ブロディ・パイプラインでは，2010 年半ばにリバース輸送が停止された。2010 年からベネズエラおよびアゼルバイジャン産原油をベラルーシに順方向で輸送する試みが始まったが，諸事情から 2011 年末に停止された。2011 年にウクライナはアゼルバイジャン原油をチェコの製油所向けに供給する試験的な輸送を試みたものの，スロヴァキアの反対などで頓挫した。かくして，ウクライナの原油の供給源および輸送ルートの多角化を図る目的で建設されたオデッサ‐ブロディ・パイプラインは，その目的に資さないばかりか，まったく稼働しない状態が続いていくことになる。

　②天然ガス
　現時点では，黒海沿岸に液化天然ガス（LNG）関連のインフラは存在していないので（正確に言えば，黒海から程近いトルコのマルマラ海沿岸にボタシュ LNG ターミナルがある），この地域の天然ガス輸送は全面的にパイプラインに依拠していると言える。表 12-2 では，全世界の天然ガス輸出に占める B のシェアを，「黒海の海底を通るパイプラインを通じた輸出」と狭く定義したため，該当するものがブルーストリーム・パイプラインを通じた対トルコ輸出に限定される形となり，結果的に世界シェアは 1.4 ％という低いものとなった。

第 12 章　輸送・商品・エネルギーの経済関係　　333

　しかし，ロシアの欧州向けの天然ガス輸送は，往時には 8 割前後がウクライナ
領を経由して実施され，2014 年のユーロマイダン革命の前まではウクライナ経
由が半分以上を占めていた（藤森 2008：256-258）。黒海沿岸国のウクライナが輸
送路としてこれだけ重要な役割を果たしてきたのだから，より大きな視点で見れ
ば，黒海地域の重要性はさらに高かったという解釈もできるかもしれない。

　しかも，ロシアは天然ガス輸送路としての黒海の利用を大幅に拡大しようとし
た。ロシア・ガスプロム社が，ウクライナ領を通過するトランジットへの依存度
を引き下げる政策の一環として，黒海海底を通る前述のサウスストリーム・パイ
プラインの建設計画を推進したものである。2002 年から EU および米国の政治
的な主導で推進されてきたナブッコ（Nabucco）天然ガスパイプラインの建設構
想があり（カスピ海地域のガスをトルコ経由で欧州へ輸送する計画），サウススト
リームにはそれへの対抗策という意味合いも込められていた（本村 2014）。サウ
スストリーム建設プロジェクトは，2007 年のロシア＝イタリア合意を契機にス
タートし，2011 年 10 月には設計・建設・操業に当たる国際コンソーシアムが設
立された。計画によれば，黒海部分では，ロシアのクラスノダル地方沿岸から，
ブルガリアのヴァルナまで，全長 900 キロメートルの海底パイプラインを敷設し，
年間の輸送能力は 630 億立方メートルとされていた。ガスはブルガリアに上陸し
たのち，陸上のパイプラインでセルビア，ハンガリー，スロヴェニア，イタリア
などに運ばれることになっていた（服部 2015d：66-67）。筆者の試算によれば，
もしもサウスストリームがロシアの計画通りに完成しフル稼働したら，B の世界
シェアは 7～8 ％ まで一気に高まる可能性があった。

　このように，表 12-2 から受ける印象とは異なり，世界の，特に欧州の天然ガ
ス市場に果たす黒海地域の役割は潜在的に大きい。特に近年は，黒海のパイプラ
イン地政学が，欧州天然ガス市場の攪乱要因となってきたと言える。

　③窒素肥料
　表 12-2 では，窒素肥料の代表的な品目として，尿素のデータを示している。
ロシアおよびウクライナ産を中心に，黒海の港から発送される尿素は，かなり大
きな世界シェアを占めている。黒海は，ペルシャ湾と並んで，尿素の世界的な二
大輸出ハブであると指摘されており，そのうち黒海からは主に欧州および中南米

334　第 III 部　黒海地域の主要課題

方面に輸出されている（Yara 2014：36）。こうしたことから，FOB 黒海価格は，世界の窒素肥料価格の重要なベンチマークとなっている（Simonova 2014）。

　ただし，窒素肥料の生産原価の 70〜80％程度は天然ガスによって占められる。したがって，ウクライナの窒素肥料産業は，天然ガスをめぐるロシアとウクライナの国家間対立に翻弄されるリスクを内包していた（服部 2015c）。

　④鉄鋼

　ロシアとウクライナは鉄鋼の世界的な供給国であり，2012 年の時点でロシアは世界 4 位の，ウクライナは 6 位の輸出国だった。また，トルコもこの時点で世界 7 位であり，表 12-2 に見るように，世界の鉄鋼輸出において黒海地域には一定のプレゼンスがあった。

　ただし，ロシアおよびウクライナの鉄鋼業，とりわけ後者のそれは，かなり特殊で後進的な産業である。ウクライナ鉄鋼業は，技術水準は世界最低でありながら，国内に鉄鉱石および石炭の資源が賦存すること，また黒海の港湾に近接し海上輸送での輸出に有利であることで，命脈を保ってきた。ソ連から引き継いだ生産設備を，ほとんど近代化することもなく動かし，安い原料と輸送の利便性を武器に，付加価値の低い半製品を輸出向けにひたすら大量生産するというのが，ウクライナ鉄鋼業の実態であった。実際，ウクライナの鉄鋼輸出相手国を見ると，黒海，地中海，インド洋沿岸諸国にほぼ限られており，これは同国の鉄鋼業が黒海港湾からの輸出を大前提とした産業であることを物語っている（服部 2008；服部 2015a；服部 2015b）。

　⑤穀物

　穀物は近年，ロシアとウクライナが世界市場における供給国としての地位を顕著に高めている分野である。しかも，注目すべきことに，ウクライナは当然のこと，ロシアの穀物輸出の大部分が，黒海発となっている。これは，ロシア最大の穀倉地帯が，黒海に隣接した南部一帯であり，ロシアは伝統的に黒海からのアクセスが容易な地中海沿岸諸国，中近東諸国の穀物販売市場を開拓してきたからである。

　2012 年の時点で，ウクライナは世界 5 位（シェア 7.1％），ロシアは 7 位（同

5.9％）の穀物輸出国であった。ロシアは主に小麦，大麦，ライ麦で，ウクライナは主に小麦，とうもろこし，大麦で，国際的な存在感を発揮している[11]。また，ルーマニアは世界15位（シェア1.4％），ブルガリアは18位（同1.0％），トルコは19位（同0.8％）の穀物輸出国であり，表12-2に見るとおり，黒海全体の穀物輸出はかなり大きなものとなっている。なお，カザフスタンも世界11位（シェア2.9％）と重要な穀物輸出国であるが，石油の場合と異なり，カザフスタンの穀物が黒海経由で本格的に輸出されている事実は確認できない。

⑥ひまわり油

ロシアとウクライナのひまわりの栽培と，ひまわりから抽出する植物油の生産は，まさに世界に冠たる一大産業である。2012年の時点で，ウクライナは世界1位（シェア39.9％），ロシアは2位（同16.2％）のひまわり油輸出国である。そして，穀物の場合と同様に，ロシアにおけるひまわり栽培の中心地も南部一帯であり，ゆえに同国のひまわり油輸出の大部分が黒海発となっている。それに加え，トルコは世界7位（同3.0％），ルーマニアは9位（同1.6％），ブルガリアは10位（同1.5％）のひまわり油輸出国となっており，黒海トータルで世界の輸出の6割前後を占めている。黒海地域の動きが世界の需給に与えるインパクトが最も大きいのは，まさにこの分野だと考えて間違いないだろう。

3　ウクライナ危機後の黒海経済圏

前節までで見てきた黒海経済圏の姿は，2014年以降，深甚な変容を迫られることになった。2014年2月にウクライナでV・ヤヌコヴィチ大統領率いる地域党政権が崩壊し，それを受けロシアによるクリミアの併合，東ウクライナ・ドンバス地方の内戦と続いて，ロシアとウクライナは抜き差しならない対立関係に陥った。他方，2011年から続くシリア騒乱，2014年に建国宣言がなされたいわゆる「イスラーム国（ISIL）」の問題に派生して，2015年11月にトルコ軍がロシ

---

11) 詳しくは，「ロシアとウクライナの穀物輸出」[http://www.hattorimichitaka.com/noteru2015b.html#No.1045]。

336　第 III 部　黒海地域の主要課題

ア軍機を撃墜する事件が発生し，ロシア＝トルコ関係も一時期悪化した。以下
では，本章のテーマである諸分野に，どのような影響が生じているかを整理す
る。

1）港湾・海運

　2014 年 3 月にロシアがウクライナ領クリミアを併合したことで（むろん国際的
な承認は得られていないが），前掲の図 12-2 に見るような黒海の港湾勢力図にも，
一定の力関係の変化が生じた。もともとウクライナ全体の港湾貨物量に占めるク
リミア諸港（セヴァストポリ，ケルチ，フェオドシア等）の比率は 1 割程度であっ
たとはいえ，無視できない情勢変化であることは間違いない。

　また，狭いケルチ海峡によって黒海と繋がっている内海のアゾフ海は，いまや
完全に「ロシアの湖」と化した観がある。ロシアは，ロシア本土とクリミア半島
を結ぶケルチ海峡大橋の建設に乗り出し，両者を道路・鉄道で連結しようとして
いる。他方，アゾフ海の北岸にあり，これまでウクライナ・ドンバス産の鉄鋼・
石炭等の積出港として機能してきたのが，マリウポリ港である。ロシアのクリミ
ア併合後，今後ウクライナ船舶がケルチ海峡を通過できなくなり，実質的にマリ
ウポリ港等のアゾフ海港湾を失うのではないかという不安感がウクライナ側で高
まったのも[12]，無理からぬことである。その後，実際にケルチ海峡が封鎖される
ような事態にはなっていないものの，ドンバス紛争による産業の壊滅で，マリウ
ポリ港の貨物量は 2013 年 1550 万トン，2014 年 1300 万トン，2015 年 898 万トン
と低下している[13]。

　南のクリミアを失い，東のドンバスの経済が麻痺する中で，ウクライナの港湾
部門は従来にも増してオデッサ州，ミコライウ州という同国南西部の港に重心を
移しており，これは重化学工業から農業・食品産業へという同国の産業構造シフ
トとも軌を一にしている。また，主要顧客だったロシアとの関係悪化で，ウクラ
イナの港湾で処理されるトランジット貨物の量は，2012 年 3532 万トン，2013 年
2722 万トン，2014 年 2072 万トン，2015 年 1590 万トンと，じり貧の状態にあ

12）http://www.ukrrudprom.com/news/Ukraina_moget_poteryat_porti_Azovskogo_morya.html
13）詳しくは，「2015 年のウクライナの港湾貨物量」［http://hattorimichitaka.blog.jp/archives/
　　46686901.html］。

第 12 章　輸送・商品・エネルギーの経済関係　　337

る[14]。

　ウクライナ港湾のトランジット・サーヴィスにとっては，トラセカ貨物の取扱を増やすことが有望だが，その貨物量は大きなものではなく，ロシア貨物の減少を埋め合わせるには程遠いと指摘されている[15]。そうした中，前述のとおり，2014 年のユーロマイダン革命後にウクライナは，自国領を経由して欧州と中国を結ぶ新たな輸送ルートを開設することを提唱し始めた。欧州 – ウクライナ（主な利用港湾はイリチウスク港）– 黒海 – ジョージア – アゼルバイジャン – カスピ海 – カザフスタン – 中国というルートの一貫した鉄道・船舶輸送路を設け，欧州と中国の間を最短 9 日間で結べるようになるというのが，ウクライナの描く青写真である[16]。ロシア側の決定により，2016 年 1 月からウクライナがカザフスタンに輸出を行う際にロシア領を通過することができなくなったので[17]，ウクライナにとってこの輸送路がより喫緊となり，同月に試験輸送をスタートさせた。

　そして，最近になって黒海の輸送分野には，中国という新たな主体も加わりつつある。ウクライナは，自国を経由して欧州と中国を結ぶという上述の東西輸送回廊を，中国の「一帯一路（新シルクロード）」政策の一環として位置付けるよう，中国側に働きかけている[18]。2013〜14 年に中国が一帯一路を提唱し始めた頃には，黒海は必ずしもルートとして想定されていなかったが，その後，新シルクロード政策は融通無碍になりつつあり，黒海も無関係ではなくなっている。現に，中国はシベリア鉄道等の既存の輸送路を引き続き重視しつつも，表向きはウクライナの提案を歓迎する姿勢を示している[19]。

　他方，2015 年 11 月のトルコ軍によるロシア軍機撃墜事件を受け，同月末には，

14）詳しくは本章注 13 に同じ。

15）詳しくは，「ウクライナのトランジット減は戦争のせいではない」[http://hattorimichitaka.blog.jp/archives/43323234.html]。

16）詳しくは，「サアカシヴィリ版シルクロード構想」[http://hattorimichitaka.blog.jp/archives/45168980.html]，「ウクライナが推す代替シルクロード」[http://hattorimichitaka.blog.jp/archives/46660465.html]。

17）詳しくは，「ロシアによるウクライナ貨物トランジットの制限」[http://hattorimichitaka.blog.jp/archives/46612262.html]。

18）http://apostrophe.com.ua/article/business/transport/2016-01-22/ukraina-hochet-pomoch-kitayu-stroit-shelkovyiy-put-v-obhod-rossii-kartyi-i-podrobnosti/3047

19）http://rian.com.ua/economy/20160125/1004112079.html

トルコがロシアの軍用船に対してボスフォラス海峡およびダーダネルス海峡の通行を遮断したのではないかとの観測報道が米国発で伝えられ[20]，緊張が走ったことがあった。実際にはそのようなことは起きなかったし，今後もよほどのことがない限り，海峡の封鎖といった事態は考えにくい。ただ，万が一，今後ロシアとトルコの対立が再び激化し，ボスフォラス・ダーダネルス海峡で商船の自由な航行ができなくなるような異常事態となれば，本章で見てきたような黒海経済空間の大前提が崩れてしまうことになる。

2）産業・商品

　ウクライナの石炭産業および鉄鋼業は，大部分がドネツク州，ルガンスク（ウクライナ語読みではルハンスク）州というドンバス地方に集中しており，2014年以降のドンバス紛争で生産・輸送インフラの破壊や社会・経済活動の麻痺が生じ，生産は壊滅状態に陥っている。ただ，もともとこれらの産業は生産性が低く，炭鉱が国の補助金で支えられたり，鉄鋼業が天然ガスを浪費したりといった問題が指摘されていた。したがって，ドンバスの石炭・鉄鋼産業を再興するのが経済的に合理的なのかは微妙で，ウクライナ現政権にその意思があるのかも不明である。このままドンバスの石炭・鉄鋼産業が衰退すれば，黒海地域の世界シェアも低下するだろう。ただし，ウクライナ国内の鉄鉱石消費が低下し，鉄鉱石の輸出が拡大する可能性がある（服部2015a）。

　ウクライナの窒素肥料産業を取り巻く状況も，ユーロマイダン革命後に一変した。ロシア＝ウクライナ間の不明朗な天然ガス取引で巨万の富を築いてきたオリガルヒのドミトロ・フィルタシ（事業会社はオストヘム社）は，国内に6ヵ所ある窒素肥料工場のうち4ヵ所を支配下に置き，この産業を牛耳ってきた。しかし，同氏は2014年3月に米連邦捜査局（FBI）の要請にもとづきオーストリアで逮捕され，その事業条件は一気に悪化した。ドンバス紛争が発生し，同社の4工場のうちドンバス地方の2工場は，2014年に操業を停止した。ロシアから安価にガスを調達できなくなったオストヘムは，国営のナフトガス社に対するガス代金未払いを累積させた。もともとがロシアの「安いガス」を前提とした産業であった

20）一例として，http://www.infowars.com/turkey-blockades-russian-shipping-black-sea-fleet-completely-cut-off/

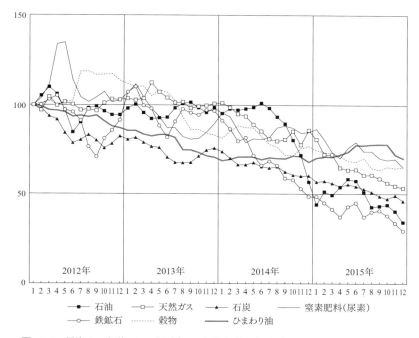

図 12-4 黒海から発送される主要商品の国際価格の推移（2012 年 1 月の水準 = 100）

出所）世銀データベース（ひまわり油のみ米農務省データベース）にもとづき筆者算出・作成。

注）石油は原油スポット平均価格。天然ガスは欧州価格。石炭はオーストラリア，コロンビア，南アフリカ価格の平均。窒素肥料（尿素）は東欧価格。鉄鉱石はスポット価格。穀物は穀物総合価格。ひまわり油は米ミネソタ価格と欧州ロッテルダム価格の平均。

だけに，ロシアとの関係悪化で，窒素肥料産業もまた存続の危機に立たされていると言える（服部 2015c）。

　一般論として言えば，1973 年の第四次中東戦争が第一次オイルショックを引き起こしたように，ある商品の世界的な供給地域で戦争や政変が起きれば，当該品目の供給に不安が生じ，国際価格が高騰するというシナリオが考えられる。そこで，主な商品の国際価格がウクライナ危機の前後にどのように変動したのかを示したものが，図 12-4 である。これを見ると，ウクライナ危機が起きた 2014〜15 年に，国際商品価格はむしろ下落基調だったことがわかる。そうした中，黒海地域からの輸出が世界市場の半分以上を占めるひまわり油だけは，2014〜15 年の価格がほぼ堅調に推移しており，推測の域は出ないものの，ウク

ライナ危機が価格を高める方向に作用した可能性がありそうだ。

2013 年頃からの世界経済の基調を決定付けているのは，米国の量的緩和政策からの転換，ギリシャ／ユーロ危機，中国経済の減速などであろう。そうした逆風の中で，商品市場も軒並み低迷を余儀なくされている。肥料等の化学品，鉄鋼などの分野では，中国の設備と生産の過剰が深刻化し，これが国際価格を押し下げる要因となっている。一方，穀物，ひまわり油など，黒海地域がかなり大きな世界シェアを握っている分野では，天候および収穫量に左右される度合いが大きく，他の商品による代替が可能な場合もある。こうしたことから，黒海地域は，一連の商品で世界的に重要な供給地域にはなっているが，総じて石油におけるOPEC のような価格への影響力は有していないと見ることができる。

3）天然ガス部門

ウクライナ危機後に，最も劇的な状況変化が生じているのが，天然ガス分野である。ソ連解体後のロシアとウクライナの間には，ロシアがウクライナにガスを供給し（最盛期にはウクライナの国内消費の 70％ 以上がロシアからの輸入だった），ウクライナがロシアによる欧州向け輸出の通過国となるという相互依存関係が成立していた。しかし，すでに 2000 年代から，ロシアは輸送路として信頼の置けないウクライナを迂回して欧州にガスを輸出するパイプラインの建設を推進し，またウクライナ向けの供給価格で強硬な姿勢をとった。ウクライナの側も，ロシア産ガスへの依存度を引き下げることを国家安全保障上の優先課題と位置付け，代替の供給源を模索した（藤森 2008）。

このように，互いに相互依存を脱却しようとする動きが，ウクライナ危機によって決定的かつ不可逆なものとなっている。2015 年には，ウクライナのロシアからの天然ガス輸入は，ウクライナの国内消費量の 18.0％ の規模にまで縮小した（同年には，ロシアからよりも欧州から輸入したガスの方が多かった）。一方，近年低下の一途を辿っていた，ロシアの欧州向けガス輸出に占めるウクライナ領経由の割合は，2015 年には 40.3％ にまで落ち込んだ[21]。

また，ウクライナ危機の余波で，上述のサウスストリーム天然ガスパイプライ

21）詳しくは，「数字で見る 2015 年のウクライナの天然ガス部門」［http://hattorimichitaka.blog. jp/archives/46696401.html］。

ンの建設プロジェクトが中止に追い込まれたことは，黒海地域の国際関係に巨大なインパクトを与えた。ウクライナ問題をめぐってロシアと EU の関係が険悪化し，矢面に立ったブルガリアが 2014 年 6 月と 8 月にサウスストリーム建設関連作業を中止する事態となった。業を煮やしたロシアの V・プーチン大統領はついに，12 月 1 日に訪問先のトルコで開いた記者会見において，サウスストリーム・プロジェクトを放棄することを発表した。プーチン大統領は，欧州委員会の立場は非建設的だ，ブルガリアが建設許可を出さない以上プロジェクト中止はやむをえないなどと述べ，欧州側を批判した（服部 2015d：66）。

　そして，先にもふれたように，ロシアはサウスストリームに代わるプロジェクトとしてトルコストリーム天然ガスパイプライン建設計画を打ち出し，2014 年 12 月 1 日にトルコのボタシュ社とメモランダムに調印した。建設案によれば，もともとサウスストリームの基点になるはずだったロシア・クラスノダル地方のコンプレッサステーション「ルースカヤ」から，黒海海底にパイプラインを敷設し，トルコ領のヨーロッパ部分で陸上に出る。海底部分は 910 キロメートルだが，うち 660 キロメートルは旧サウスストリームで予定されていたルートをそのまま利用し，残り 250 キロメートルが新規ルートとなる。トルコの陸上部分は 180 キロメートルであり，黒海に面したクユキョイから，対ギリシャ国境のイプサラまで延びる。年間輸送能力は，各 157.5 億立方メートルのラインが 4 本敷設されるので，計 630 億立方メートルとなる。630 億立方メートルのキャパシティのうち，140 億立方メートルはトルコ国内市場への供給に充てられる（従来トランス・バルカン・パイプラインで供給されていた分を代替）。残り 500 億立方メートル程度が，ギリシャ経由で南東ヨーロッパ各国に輸送される（同前：67）。

　しかし，その後トルコストリームは，トルコ内政や，クリミア問題，アルメニア問題，シリア問題などをめぐるロシア＝トルコ間の対立で，思うように進捗しなかった。すでに 2015 年 6 月の時点で，ロシアはトルコストリームを推進する傍らで，一連の外資とバルト海のノルドストリームを拡張することで合意しており（ノルドストリーム 2），いわば保険をかけていた。それによれば，既存のノルドストリームに追加して，新たに 2 本のラインを建設し，新規の輸送能力は年間 550 億立方メートルとなるとされた。そして，露ガスプロム社のアレクセイ・ミレル社長は 10 月 6 日，ノルドストリーム 2 の建設により欧州市場需要の相当部

分が満たせるとして，トルコストリームのキャパシティを半減し，320 億立方メートルとするという方針を公に表明した（同前：67-71）。

　もともとトルコストリームは，地政学的な要因に左右されやすいプロジェクトであった。そうした不安が的中するかのように，2015 年 11 月 24 日にロシア軍機がトルコ軍に撃墜されるという事件が発生した。これを受け，プーチン大統領は 11 月 28 日付の大統領令で対トルコ制裁措置を発表，制裁リストには含まれていなかったものの，トルコストリームや，地中海沿岸のアックユ原発の建設といった両国間の大プロジェクトの実現も危ぶまれる事態となった。ロシアのエネルギー相アレクサンドル・ノヴァクは 12 月 5 日，トルコストリームに関連する作業が停止されたと発表し，一方のトルコ大統領 R・エルドアンも同日，トルコストリームは，ロシア側の義務不履行ゆえに停止されることになり，トルコは別のエネルギー供給源を模索することになったと発言した（服部 2016a）。半年以上にわたる非難の応酬を経て，ロシアとトルコは 2016 年 6 月に関係を修復し，トルコストリーム建設プロジェクトも復活する形となった。しかし，トルコストリームは依然として地政学的リスクの大きいプロジェクトであるように思われる。

おわりに

　以上見てきたように，黒海が経済面で果たしている機能で最も重要なのは，ロシア・ウクライナをはじめとする沿岸諸国が世界市場に向けて商品を輸出する窓口としてのそれである。EU 市場に統合されたルーマニアやブルガリアにとっては黒海の役割は必ずしも絶対的なものではないが，ロシア南部やウクライナの経済が機能する上では，黒海の重要性は計り知れない。また，内陸諸国・地域も，黒海港湾によるトランジットを利用しており，黒海の恩恵に浴している。

　翻って，ロシアおよびウクライナを中心に，黒海地域から世界市場に向けて供給される商品は，一連の品目で小さからぬ世界シェアを誇っている。本章の分析から，ひまわり油の分野で黒海地域は世界の中で圧倒的な存在であり，また穀物，窒素肥料，鉄鋼の供給源としても比較的プレゼンスが大きいことが明らかになった。また，定量的に把握することは困難であるものの，石油および天然ガス分野

においても，黒海および周辺地域の輸送路をめぐる駆け引きが国際問題として脚光を浴びることが多く，やはり世界市場に与えるインパクトは大きいと言える。しかし，そのことがロシアまたはウクライナ単独での，あるいは黒海地域全体での，世界市場における支配力につながっているわけではなく，石油におけるペルシャ湾岸地域ほどの存在感はない。

　ウクライナ危機後に，黒海経済空間で顕著になっている潮流を一言で言えば，経済合理性のより一層の低下ではないだろうか。本来であれば天然ガスの供給と輸送で相互補完的な関係にあるロシアとウクライナが，現実にはまさにこの争点をめぐって国家間対立をエスカレートさせていることは，その最たるものであろう。そして，ロシアがウクライナを迂回するために黒海で建設を計画したサウスストリームは頓挫し，トルコストリームの行方もまた予断を許さない。ノルドストリーム 2 をめぐる状況も決して楽観できず，こうしたことから，ロシアは今後もウクライナ・ルートを部分的にでも利用せざるをえないのではないかという議論も出ている[22]。

　黒海ほど，多くの迂回路が複雑に入り乱れているような海域は，世界的にも稀であろう。こうした状況は，この地域においては，政治主導で，経済合理性よりも地政学的な利益が優先されがちであることの証左である。天然ガス輸送の分野では，EU および米国政府が脱ロシアを狙ってナブッコ・パイプラインを推進したものの，民間企業の十分な賛同が得られず頓挫したという経緯がある（本村 2014）。現在ウクライナが提唱している新たなロシア迂回輸送回廊にしても，その複雑なルートや通過国の多さからして，ユーラシアに出現した巨大迷路の様相があり，民間の荷主が率先して利用を希望するとは想像しがたい。それでも，黒海地域における輸送路をめぐる政治的な駆け引きは，今後ますます激しくなることが予想され，また中国という新たな要因が加わることで，さらに錯綜する可能性も否定できない。

　もっとも，関係諸国の対立が，輸送ルートをめぐる角逐というレベルにとどまるならば，まだしも大過はないとも言える。2015 年 11 月以降のロシアとトルコの対立で，ボスフォラス海峡封鎖の危険性が一部で取り沙汰されたように，もし

---

22) 詳しくは，「ロシアはガス輸送のウクライナ依存解消できない？」［http://hattorimichitaka.blog.jp/archives/46331157.html］。

344 第 III 部　黒海地域の主要課題

も黒海における船舶航行の自由・安全が保障されないような事態となれば，地域
の経済への打撃は計り知れない。

　かくして，「環黒海経済圏」と呼びうるような，共存共栄を旨とする網羅的な
地域秩序の形成は，今後しばらくは期待できそうもない。2007 年に調印された
黒海環状高速道路のような，汎地域的な枠組みやイニシアティヴは，少なくとも
当面は後背に退くのではないだろうか。

引用文献

①外国語

Argus. 2014. *Argus FMB Sea Terminals Overview. Russia and Neighbouring Countries. Mineral Fertilizers.*

GIWA. 2005. *Eutrophication in the Black Sea Region ; Impact Assessment and Causal Chain Analysis* [http://www.unep.org/dewa/giwa/areas/reports/r22/giwa_eutrophication_in_blacksea.pdf].

Hattori, Michitaka. 2010. International Political Economy of Black Sea Port Sector : Rivalry between Russia and Ukraine (The Paper presented to the 2nd East Asian Conference of Slavic-Eurasian Studies 2010) [http://www.hattorimichitaka.com/20100304seoul.pdf].

Port of Constantza. 2014. *Annual Report 2014* [http://www.portofconstantza.com/apmc/portal/static.do?package_id=st_rap_anual&x=get&resource=AR2014.pdf].

Simonova, M. 2014. Fertilizer Situation in the Former Soviet Union [http://firt.org/sites/default/files/TFI%20FIRT%20Outlook%20-%20Fertilizer%20Situaiton%20in%20FSU%20-%20Fertecon.pdf].

Yara. 2014. *Yara Fertilizer Industry Handbook* [http://yara.com/doc/124128_Fertilizer%20Industry%20Handbook%20with%20notes.pdf].

Администрация морских портов Украины. 2014. Итоговая грузопереработка за 2013 год [http://uspa.gov.ua/ru/pokazateli-raboty/pokazateli-raboty-2013].

Вершинин, А. 2007. *Жизнь Черного моря.* Краснодар : Когорта ; Издание 2-е, доп.

Гриневецкий С., Зонн И. С., Жильцов С. С. 2006. *Черноморская энциклопедия.* Москва : Международные отношения.

Гриневецкий С., Зонн И. С., Жильцов С. С. 2009. *Геополитическое казино Причерноморья.* Москва : Восток-Запад.

Ильницкий К. 2013. Все порты и терминалы Черноморско-Азовского бассейна. *Порты Украины.* №3.

Морцентр-ТЭК. 2013. *Обзор перевозок грузов через порты России, Балтии, Украины за 2012 год.*

②日本語

グローバル・フォーラム 2013『第 4 回「日・黒海地域対話──日・黒海地域協力の発展に向けて」〈報告書〉』[http://www.gfj.jp/j/dialogue/20130220.pdf]。

塩原俊彦 2007『パイプラインの政治経済学――ネットワーク型インフラとエネルギー外交』
　　法政大学出版局。
服部倫卓 2008「ウクライナ鉄鋼産業の鳥瞰図」『ロシア NIS 調査月報』53-4, 39-52 頁。
―――― 2009a「黒海港湾の覇を競うロシアとウクライナ（上）」『ロシア NIS 調査月報』54-
　　4, 19-29 頁。
―――― 2009b「黒海港湾の覇を競うロシアとウクライナ（下）」『ロシア NIS 調査月報』54-
　　6, 40-53 頁。
―――― 2010「経済危機後の黒海港湾セクター」『ユーラシア研究』42, May, 34-39 頁。
―――― 2013「黒海経済空間についての一視点」[http://www.hattorimichitaka.com/20130221bla
　　cksea.pdf]。
―――― 2015a「ドンバス紛争とウクライナ鉄鋼業の行く末」『ロシア NIS 調査月報』60-1,
　　54-64 頁。
―――― 2015b「ロシア・ウクライナの鉄鋼業の比較」『比較経済研究』52-2, 21-32 頁。
―――― 2015c「ウクライナ肥料産業は生き残れるか」『ロシア NIS 調査月報』60-8, 120-121
　　頁。
―――― 2015d「トルコストリームを取り巻く政治経済力学」『ロシア NIS 調査月報』60-12,
　　66-71 頁。
―――― 2016a「険悪化するロシア・トルコ関係」『ロシア NIS 調査月報』61-1, 98-100 頁。
―――― 2016b「世界の商品市場における黒海のプレゼンス」[http://www.hattorimichitaka.com/
　　20160131table.pdf]。
廣瀬陽子 2008「南コーカサス 3 国とロシア」田畑伸一郎編『石油・ガスとロシア経済』北海
　　道大学出版会，219-250 頁。
藤森信吉 2006「ウクライナとロシア原油――供給源・ルート多元化をめぐる戦い」『比較経済
　　研究』43-2, 51-92 頁。
―――― 2008「ウクライナとロシア」田畑伸一郎編『石油・ガスとロシア経済』北海道大学
　　出版会，251-270 頁。
南野大介 2004「エネルギー・トランジット国としてのウクライナ――オデッサ・ブロディ石
　　油パイプラインとその展望」佐藤千景・島敏夫・中津孝司編『エネルギー国際経済』晃洋
　　書房，67-83 頁。
本村眞澄 2010「ロシア・ウクライナ他――大水深掘削技術で注目される黒海の石油開発」『石
　　油・天然ガスレビュー』44-6, 69-78 頁。
―――― 2014「TANAP-TAP パイプラインがカスピ海のガスを欧州に運ぶ――アンバンドリ
　　ング政策に翻弄された「Nabucco」パイプライン計画」『石油・天然ガスレビュー』48-2,
　　19-38 頁。

第 13 章

企業のトランスナショナリズム
── ロシアの天然ガスとウクライナ

安 達 祐 子

はじめに

ウクライナの国営ガス企業ナフトガスの社長が，かつて記者の質問に次のように答えた。

> 問　ウクライナではなぜロシアのガスを取引することによって資産家が多く生まれ，国の政治プロセスに大きな影響を与えるようになったのか？ ウクライナではガス管の支配をめぐって闘争が起きているのは周知の事実だ。
>
> 答　そのとおり，ガスの取引は，権力に立つ者や目指す者の政治的・経済的利害を衝突させる。現在のウクライナにおいて金持ちで影響力がある人々は皆，ロシアのガスによって資産を蓄えた……。(Timoshenko 1998)

このインタビューが示すように，ソ連解体後のウクライナの政治経済的な命運は，ロシアのエネルギーに依るところが大きいといわれてきた（Balmaceda 2008, 2013）。それは具体的にどういうことなのだろうか。本章は，ロシアの天然ガスがウクライナの政治経済とどう絡んでいるのか，その絡み合いがどう変わっているのか，あるいは変わっていないのかを考察することを目的とする。その際，手がかりにするのは，ロシアの国営ガス企業ガスプロムをはじめ，ウクライナのナフトガスや，不透明な取引で物議を醸した仲介会社など，ガス企業のトランスナ

第 13 章　企業のトランスナショナリズム　347

ショナルな関係と活動である。

　本書が主題とする黒海地域における資源大国ロシアは，石油と天然ガスの生産量が世界第 2 位を占め，天然ガスについては埋蔵量も世界第 2 位である（BP 2015）。そのロシアのガス生産の 4 分の 3 を誇り，パイプラインのガス輸出独占権を有し，GDP のおよそ 8 ％を担うといわれるのが，ガスプロムである。

　ガスプロムについて一般的な国内外のメディア報道の影響により定着しているのは，ロシアがエネルギーを政治・外交上の武器に利用し，ガスプロムを通じた攻撃を一方的にウクライナに対して行っているという姿であろう。しかし，以下に示すように，企業の動きを中心にウクライナ独立後の展開を長期スパンで眺めることで，この通説がすべて正しいわけではないとの解釈に辿り着く。本章では，ロシアとウクライナの企業・実業家・政治家が展開するトランスナショナルな構造を明らかにし，天然ガスをめぐる双方の関係性が一方的というよりもむしろ両方向的であることを示す。

1　ロシアとウクライナの相互依存関係——安いガス輸入とトランジット

1）安価なガスの大量輸入

　天然ガスをめぐるロシアとウクライナの関係の根底にあるのは，後者は大量に消費するガスを前者から安価で輸入し，前者の欧州市場へのガス輸出は後者を通過するという構造である。この相互依存が両者の関係を難しくする要因となっている。

　ウクライナは，1950 年代にソ連の天然ガス生産のほぼ半分を占め，生産拠点として重要な役割を担っていた。しかし 1975 年にウクライナのガス田はピークを迎え，生産の主役はロシア・西シベリアに移った。ソ連時代末期，ウクライナの経済におけるガス集約度は高く，ガス消費量は 1990 年には 1188 億立方メートルに達した。ウクライナは地元でのガス生産がままならない中，西シベリアおよびトルクメニスタンなど中央アジアから輸送されてくるガスに頼った。1985 年にその割合は 56 ％になり，独立後の 1992 年には約 8 割にも及んだ。輸入依存の状況はその後も続き，2007 年には 84 ％を占めた（Pirani 2007, 2009a）。近年ウ

クライナでは天然ガスを年間約500億立方メートル消費し，うち国内生産は約4割で，残りはロシアからの輸入である（服部2014a：28）。消費量のうち，工業部門は約40％（2013年）を占める。

ウクライナの主力輸出品目は鉄鋼で，輸出全体の約2割である。1990年代に落ち込んだウクライナ経済が2000年から成長に転じた背景には，最大貿易相手国ロシアの経済成長によってウクライナからの鉄鋼・鋼管のロシア向け輸出が増えたことや，鉄鋼の国際価格の上昇が追い風となったことが挙げられる（同前）。ただ，ウクライナの鉄鋼業は旧ソ連時代の旧式の生産設備を継承しており，安い天然ガスの存在が前提となっている。ガス価格が上昇すると，生産コスト面で競争力を失う（堀江2016）。工業部門で鉄鋼に次ぐ輸出品目である化学品についても，安価なガスに頼っている。ウクライナの化学工業が，天然ガスを燃料でなく肥料などの原料として利用しているからである（服部2014a）。

安価なガスは，国内産業を支えるとともに，住民の社会的安定を確保する手段とみなされてきた。ウクライナでは，家庭向けのガス価格が低く抑えられ，原価割れのレベルにまで抑制されてきた。安価なガスの供給はしかし，結果的にウクライナの財政を逼迫し，経常収支を悪化させ，マクロ経済の不安定化を助長した（Kononczuk 2015）。

ウクライナはガス過剰消費国としても特徴的である。GDP 1ドルを生産するのに消費する天然ガスの量は，ウクライナが0.319立方メートルのところ，米国は0.042立方メートル，日本は0.0019立方メートル，中国で0.0017立方メートルである（服部2014a）。過剰消費解消のため，エネルギー効率化は常にウクライナ政府の優先的政策として掲げられているが，宣言と実現化にはギャップがある（IEA 2006, 2012）。また，エネルギーミックスにおけるガスの比率が39.5％（2010年）であり，世界平均の21.1％と比べてかなり大きい（服部2014a）。

2）トランジット依存

ウクライナがロシアからの安いガス供給に依存してきたのと同時に，ロシアはウクライナに欧州向けガス輸出のトランジット国として依存してきた。

ガスプロムにとって，欧州は最も重要な市場である。ガスプロムのガス販売の7割以上は輸出向けで，その中でEU諸国の割合は2013年に63％であった（安

達・蓮見 2016：144）。ガスプロムがロシアから欧州市場へパイプラインで輸出する天然ガスは，ウクライナやベラルーシを経由する。2013 年にロシア産天然ガスの欧州への輸出のうち，ウクライナ経由は 5 割を超えていた。かつては，ロシアからの輸出のうち約 9 割がウクライナ経由であったが，ベラルーシ経由のヤマル - ヨーロッパ・パイプラインが拡充し，ウクライナ経由は 8 割となった（本村2006）。その後，ウクライナもベラルーシも経由しないノルドストリーム・パイプラインが完成し，ウクライナ経由の割合は減った。とはいえ，ウクライナ領にあるパイプラインはロシアにとって欧州各国への輸出に欠かせない輸送インフラである。

　ロシアの天然ガスの対欧州輸出の歴史は，ソ連時代の 1960 年代後半に遡る。1967 年に，ウクライナを経由して当時のチェコスロヴァキアに至るブラッツトヴォ・パイプラインが建設された。1968 年にはオーストリアへと延び，天然ガスが西ヨーロッパ諸国に輸出されるようになった。1978 年には，ロシアからウクライナを経て欧州に向かうソユーズ・パイプラインが建設された。ソ連解体の結果，ガスプロムはコンツェルンだったソ連時代に有していた，ロシア以外の旧ソ連共和国内の資産を失うことになった。ロシアから欧州への輸送パイプラインはすべて，CIS（独立国家共同体）諸国やバルト諸国の管理下に移った。生産・輸送・販売を独占していたガスプロムが失った資産は，パイプラインの 3 分の 1，コンプレッサステーションの出力パワーの 4 分の 1 に相当した。さらに，地下貯蔵施設も含まれた。それでも，ソ連解体後の混乱期の最中もガスプロムはガスをロシア国内外に供給し，国外の供給先としては 40 年以上にわたり主要な輸出先である欧州へと，長期契約に基づいた取引を基本に，ガスの安定供給を続けた（安達・蓮見 2016）。

2　ガス輸入代金未払いの常習化とガス抜き取り問題

　ソ連解体後のウクライナは，ロシアと同じく厳しい経済状況に見舞われた。ガスを輸入する立場のウクライナにとって，ソ連時代には国内振替による供給であったガス取引が，解体後は外貨支払いの国際貿易となった（Stern 2005）。経済

350　第 III 部　黒海地域の主要課題

が落ち込むウクライナは，支払い能力に欠けていた。独立後，ウクライナ国内の
ガス産業は 100 % 政府所有のウクルガスプロム社が国内ガス田とパイプライン
輸送システムを独占し，ウクルガス公社が小売りを管理した。独立直後から，国
内消費者のガス料金滞納により，ウクルガスプロムはロシアとトルクメニスタン
に対して債務を抱えるようになった（藤森 2002）。1991〜94 年の間に，ロシアか
らの天然ガス供給に対し 40〜45 億ドルもの債務を溜めた（Pirani 2007：19）。

　ガス代未払いが続き債務問題の解決が見えない中，ガスプロムはウクライナへ
のガス供給量を一時的に削減した。後に 2006 年と 2009 年にロシアからウクライ
ナへのガス供給が停止した出来事は「ガス紛争」として注目されたが（後述），
その起源は 1990 年代前半に遡る。例えば 1993 年 2 月に，当時ガスプロムの社長
だったレム・ヴャヒレフが約 3 億ドルの未払いを理由にウクライナ向けのガス供
給を止めると警告した。ウクライナ政府は支払いを約束し，4820 万ドルをまず
支払った。しかしその 1 年後にウクライナの負債は約 6 億ドルに膨らみ，1994
年の 3 月にガスプロムはウクライナへ供給する一日当たり 114 立方メートルのガ
スを 40 立方メートルに削減した（Tass 2014；Ivanova 2001）。

　この供給制限は，政策的枠組みとしてロシアとウクライナのガス取引関係を規
定した 1994 年 2 月 18 日の協定が成立した直後に起きた。加えて，ウクライナは，
ロシアのみならず当時トルクメニスタンに対しても未払い問題を抱え，トルクメ
ニスタンによるガス供給停止もあった（Stern 2005；Fredholm 2008）。これらの出来
事は，ウクライナとのガス取引関係で避けることのできない未払い問題の深刻さ
を露呈した。

　ガスプロムによる供給制限という手段は，ウクライナに支払い規律を求めるこ
とが目的であった。しかし，その結果，供給制限されたガスを埋め合わせるため，
ウクライナを経由する欧州向けガスがウクライナ側によって輸送パイプラインか
ら抜き取られるという「不正抜き取り」事件が起こった（Pirani 2007；Stern 2004）。
ガスプロムはウクライナ側が継続的にガスを抜き取っていると非難し（Fredholm
2008）[1]，12 月だけで 25 億立方メートルものガスを輸送パイプラインから盗んだ
と主張した。1999 年 11 月には，40 億立方メートルの抜き取りへの対応として，

1）1998 年のルーブル危機後に抜き取りが増加した。

ウクライナへの石油の輸出を一時的にストップしている（Stern 2005：91）[2]。2000年中旬にガスプロムは，同年に欧州向けガスのうち90〜150億立方メートルのガスがすでに抜かれているとし，当時ウクライナの副首相だったオレフ・ドゥビナは，2000年の1年だけで，87億立方メートルのロシアのガスが輸送パイプラインから抜き取られたことを認めた（Pirani 2007：22）。また，この頃ガスプロムは，債務額が28億ドルに上ることを表明している。ウクライナ側はもっと低い数字を出しているが，いずれにしても，L・クチマ大統領はナフトガスに支払い能力がないことを明らかにした（Stern 2005：89）。

　ガスプロムとしては，ウクライナのガス代未払い・債務問題の対処法をなんとか探らなければならなかった。クチマの前任のL・クラフチュク大統領時代にすでに，ロシアによる対ウクライナ債務免除と，ウクライナ保有の核弾頭やロシア海軍黒海艦隊のウクライナ領セヴァストポリ駐留権とを引き換えるという話は上っていた。さらに，債務免除と引き換えに，ウクライナの天然ガス輸送インフラへの支配権獲得を目指す試みがなされるようになった。1994年にウクライナの副首相が，ガスプロムがウクライナのパイプラインシステムの51％を管理する案に同意したが，議会が反対した。その後も，ガス供給制限の規律効果は低く，その解決方法の一つとして輸送インフラ資産と債務返済の引き換え案が検討され続けているが実現には至っていない。ガスプロムにしてみれば，債務問題の根本的解決へつながる方策はとられずじまいだった（Stern 2005；Pirani 2007, 19-20）。

　以上のように，ウクライナはロシアから安価な天然ガスを大量に輸入しているが，ウクライナのガス代金未払いが常習化し，債務は累積する。支払いを促そうとガスプロムはガスの供給を制限するが，それに対しウクライナは不正なガス抜き取りを繰り返す。そこでガスプロムは債務返済と引き換えにウクライナの輸送インフラ資産の支配を目指すが，ウクライナはロシアの資本参加に反対する。欧州市場へのトランジット国として外せないウクライナは，ガスプロムにとって難しいビジネス相手だといえる（Stern 2005；Pirani 2007）。

　2）この件で，国際仲裁裁判所はウクライナのガス抜き取りに対してガスプロム側の要求を認めている（Stern 2005）。

3　仲介会社の登場

1）イテラ

　ガスプロムは，ウクライナからガス代金の支払いを受けるのに苦労していた。とはいえガスプロムにとって商売上の鍵となる欧州向けのガス輸出は，ウクライナを経由しなければならないので，ウクライナをサプライチェーンから除外することはできない。そこで，ガスプロムが手段として講じたのが，仲介会社の利用であった。1994 年頃からイテラ社がウクライナとのガス取引に大きな役割を担うようになるのである（Global Witness 2006）。

　資金不足に悩むウクライナは，ガスの支払いを現金決済でなく物々交換によるバーター決済に頼った。バーター取引を成立させるためには取引者同士の「欲しいもの」が合致せねばならず，複雑な取引を精巧に組み立てるノウハウが要求された。イテラはウクライナとの取引でその手腕を発揮した（同前）[3]。

　イテラは，トルクメニスタン政府と太いパイプを持つイーゴリ・マカロフによって創設された。マカロフは 1992 年にオムラニア社をキプロスに登記した。1993 年にはトルクメニスタンに食料品を供給し，支払いとして現金でなく原油を受け取るビジネスを行っている。その後ガスビジネスに携わるようになるが，その中心となったのが，1994 年にフロリダに登記したイテラである（同前）。後に登場するウクライナの代表的新興財閥（いわゆるオリガルヒ）で，イテラ撤退後の仲介会社の中心的人物となる D・フィルタシ（後述）は，マカロフとこの頃から協業していた（Levinskii 2011）。

　ガスプロムによって CIS 諸国内のガス売買とトランジット業務を任されるようになったイテラは，トルクメニスタンからロシアを経由してウクライナにガスを販売する上で仲介役を果たした。トルクメニスタンからロシアに繋がるパイプラインは，ガスプロムの管理下にある。イテラは，トルクメニスタンにガス代を，ガスプロムに通過料を払い，ウクライナ国内の販売会社からガス代を受け取った。

3）イテラの利用については，政治的理由付けもあった。仲介会社は国営のガスプロムとちがって民間であるため，支払いをはじめ契約内容を履行するようウクライナ政府に圧力をかけても外交問題に発展するリスクが少ないとみなされた（Global Witness 2006）。

これら取引にはバーター決済が含まれていた。バーター取引は総じて不透明であり，価格の操作がしやすいといわれる。イテラのケースでも，ウクライナ側に過剰請求をして，ガスプロムに過少支払いをするなどして，イテラに利益が集まるような取引構造が機能した（Balmaceda 2008：112）。

　ガスプロムと契約することで，イテラは急成長した。事業内容も生産関連資産も増大し，2000年までに180億立方メートルもの生産量を誇り，ガス埋蔵量にして世界第4位の企業となった（Global Witness 2006；Pirani 2007）。イテラ拡張の背景には，ガスプロムとの「特別な関係」があると見られ，例えば，資産を安く獲得したり，移転価格操作で利ざやを得たり，市場シェアを拡大するなど，イテラはガスプロムから優遇措置を受けていたと見られる（Global Witness 2006）。このことから，ガスプロムの資産がイテラに不当に安く移譲され，資産剥奪が起きているとの不満が投資家の中に生じた。さらに，イテラ急成長による受益者に，ガスプロムの経営陣が含まれていたのではないかと疑われた（Starobin and Belton 2002）。ガスのトランジットにかかわるビジネスは，全般的に透明性が欠如していたが，決済方式にバーター取引が導入されたことで，よりいっそう不透明なものとなった。加えてイテラの所有形態は，オフショア会社のネットワークから成る複雑で不透明な構造であった（Pirani 2007：38-39）。エリツィン時代に蔵相を務め，ガスプロムの取締役であったボリス・フョードロフは，「イテラが拡大する一方でガスプロムが縮小している」とし，2社の関係について調査を求めた（Jeffries 2002：137）。イテラとの関係を含め，ヴャヒレフ時代のガスプロムはコーポレート・ガバナンスに欠陥があると国内外から強く批判された（Starobin and Belton 2002；安達2016）。後述するように，こうした批判を受け経営幹部の刷新が行われるのは，プーチン時代になってからである。

2）レスプーブリカ

　時期が前後するが，イテラが台頭する前は，レスプーブリカというウクライナの民間ガス業者（ガス・トレーダー）が，トルクメニスタンからガスを輸入しウクライナ国内で卸売りをしていた。レスプーブリカを率いたのは，後にナフトガスの社長に就任するイーゴリ・バカーイであった。本章冒頭のインタビューに答えている人物である。

354　第 III 部　黒海地域の主要課題

　前述のように，ウクライナはロシアだけでなくトルクメニスタンに対してもガ
ス代を滞納し，1994 年 2 月には累積債務が原因でトルクメニスタンからのガス
輸送が停止した。ガス供給対策に困ったウクライナ政府は，ガス輸入とウクライ
ナ国内供給の業務にレスプーブリカを起用するとともに，トルクメニスタンに対
する債務償還を同社に委託した。その際レスプーブリカは，政府から債務保証と
低利融資やガス輸入ライセンスを取得し，トルクメニスタンのガス輸入と卸売り
業務を行った。しかし，債務償還ができず，レスプーブリカ自体が輸入ガス代金
を未払いする始末であった。にもかかわらず，バカーイ率いるレスプーブリカは，
残った債務すべてをウクライナ政府に転嫁させてしまった（藤森 2002）。バカー
イと当時繋がりがあったヴィタリイ・マソル首相が，ウクライナ中央銀行にレス
プーブリカの債務をカバーするよう指示した（Fujimori 2005）。同社は債務を被ら
ないまま業界から姿を消したが，ウクライナの国家財政は一層逼迫した（藤森
2002）。バカーイはその後，インテルガスという会社を起こし，ガスの輸入・卸
売りに再び携わるようになる。その契機となったのが，次に述べるクチマ大統領
第一期に試みがあったガス部門改革である。

4　ウクライナのガス部門とレント・シーキング

1）ガス取引権割当制度とレント

　クチマ大統領就任後，ガス部門改革の一環として，1996 年にガス取引権割当
制度が導入された。これは，ウクライナ政府が特定の民間ガス・トレーダーに担
当地域および取引量を割り当て，ガスの輸入と卸売りの権利を与える地域寡占制
度である。国際通貨基金（IMF）や世界銀行等の国際機関が支持したこの制度の
導入によって，販売の機能が輸送と配給からアンバンドルされて市場の非独占化
が進み，改革に弾みがつくと期待された（藤森 2002；Pirani 2007）。
　ところが，この制度がもたらしたのはガス部門の改革ではなくガス利権の分割
であった。ドニプロペトロフスク州，ドネツク州，ザポリジア州といった工業地
域は，ガス需要の高い地域である。有力政治家とのコネクションをもち，ガスの
消費量の多い地域の割当を獲得することがガスビジネス上の成功の鍵となった。

とりわけこれら三州の割当を獲得したトレーダーがこの制度の恩恵を受けたが，なかでも後に首相になる Y・ティモシェンコ率いる統一エネルギー・システム（UESU）はその代表格であった（藤森 2002）。

　ドニプロペトロフスクやドネツクなどの大重工業地域は，ウクライナ政治と密接に関わっている。ウクライナでは，ドニプロペトロフスク閥やドネツク閥といった地域閥が経済的利権を中心に成立し，政局に影響を与えてきた。独立後のウクライナ政治は，東西分裂というよりも様々な地域閥の競合が特徴となっており，例えばクチマがドニプロペトロフスク閥，ヤヌコヴィチがドネツク閥と，大統領の交代ごとにトップの地域閥が入れ替わるという派閥政治が繰り広げられている（大串 2015；Matsuzato 2005）。

　ガス取引権割当制度を仕切ったのはドニプロペトロフスク出身のパウロ・ラザレンコ首相であった。ラザレンコは，自身が知事時代からすでにコネクションがあった同郷のティモシェンコにドニプロペトロフスク州を割り当てた。さらにラザレンコはドネツク州も UESU に割り当てた（イテラと分割）。優遇された UESU は，これら二州を抑えたことで，ウクライナの天然ガス消費全体の約 3 分の 1 を担当する権利を得た（藤森 2002）。UESU への便宜供与の見返りとして，ラザレンコは，7200 万ドルを受け取ったと報告された（Pleines 2000；ラザレンコは 1997 年に解任され，詐欺とマネー・ロンダリングの容疑で米国にて有罪判決を受けている。Solash 2012）。なお，ザポリジア州は，バカーイ率いるインテルガス社に割り当てられた（藤森 2002）。地域割当を獲得した一部の業者は，ガス取引で蓄財し，さらに他の産業資産を獲得した。経済力は，政治的影響力をも強化した。財力と政治力の源となるガス取引権をめぐる闘いが，暴力や犯罪にもつながった（Pirani 2007）。

　このようにして，ガスの輸入と卸売の利権を振り分けるガス取引権割当制度は，レント（超過利潤）を生み，ガスビジネスはレントの獲得を求めて政治と結びつくレント・シーキングの温床となっていった。バルマセダは，ウクライナのガス取引における「レント抽出スキーム」として代表的なものを挙げている。例えば，ロシアからウクライナ向けの安価なガスを仕入れ，中・東欧諸国に再輸出して利ざやを稼いだり，ガスプロム所有のガスを輸送パイプラインから盗んだり，バーターや約束手形など不透明な非貨幣取引で取引価格を操作したり，ガス未払いの

356　第 III 部　黒海地域の主要課題

ツケを国に転嫁したり，ガス取引権のような優遇措置を選択的に分配したり等，いくつかのパターンがある（Balmaceda 2008, 2013）。

　そもそものねらいは，ガス取引権制度の導入によってウクライナのガス部門の非独占化が進み，それがガス・トレーダーの収益性を上げ，結果的に累積債務問題が解消されることだった。ガスプロムも債務問題解決を期待したのである。しかし，蓋を開けてみれば，トレーダーは，バーターや約束手形による決済で利益を上げた一方で，ウクライナ政府やガスプロムに対する債務を累積させた（Fujimori 2005）。実際，1997 年に，ガスプロムは累積債務を理由に UESU とインテルガスに対してガス供給を制限した（藤森 2002）。

　ガスプロムにとって，この制度は，ガス累積債務を解消するどころか悪化させる結果となった。ガス輸入に携わるトレーダーが複数に及び，かつ，非貨幣取引が中心だったのでガス債務も複雑化していった。そのため，ガスプロムは，支払いを見込めないウクライナのガス・トレーダーに直接ガスを供給するのではなく，イテラを利用することにした。イテラにガスを卸し，イテラがウクライナのガス・トレーダーに供給する方法をとったのである（同前）。

　債務を溜め込んだトレーダーのうち，インテルガスと UESU の明暗は時の政治状況で分かれた。1997 年にインテルガスはバカーイの働きかけで自社の債務を国家に転嫁できた一方[4]，UESU は，ラザレンコがクチマと対立し首相の座を降りたことで庇護を失い，事業から退いた（同前）。

2）ナフトガスの創設とレントフローの集中化

　ガス取引権割当制度が 1998 年に廃止された後，ウクライナに登場したのは，創設以来今日までガス部門で支配的地位を保ち続けているナフトガスである。1998 年 5 月に，同年 2 月の大統領令に基づき，天然ガスの生産，輸入，販売，パイプライン管理を一括で担う垂直統合型国営企業として設立された。

　設立の背景には，ガス取引権割当制度がもたらした状況に対するクチマの危惧があった。この制度はラザレンコとドニプロペトロフスク閥の勢力を増強させた。クチマは，1998 年の議会選挙や 1999 年の大統領選挙を前に，政敵の台頭を抑え，

　4）ウクルガスプロムの地下ガス貯蔵施設からインテルガスに属すべきガスが突如として「見つかり」，インテルガスは自らの消費者にガス供給ができた（藤森 2002）。

同時に自身の資金源を確保したいと考えた。そこで，ナフトガスを設立することでガスビジネスが生み出すレントの中央集権化を図った。具体的には，国内のガス代支払いにかかわる資金の流れ，トルクメニスタンからのガス購入，国内の輸送パイプライン・システムの管理，ガス輸入に対するライセンス供与，ガスプロムから通過料として受け取るガス代など，ガス利権のあらゆる側面に対するコントロールをナフトガスは確立した（Balmaceda 2013 : 113）。さらにナフトガスを燃料エネルギー省の管理下に収めず，大統領が直接管理しやすいようにした（Balmaceda 2008 : 109）。また，ナフトガスが会計検査院からのチェックを受けることもなかった（Pleines 2000）。このように，ナフトガス設立は，ガス取引から生じるレントを敵の手に集中させず，クチマの直接的なコントロールがきく体制を可能にした。それゆえ，ナフトガスに対しては，会社の利益や国益の向上というよりも，一部の経営幹部と大統領自身の利益のために機能していたとの批判が絶えなかった（Balmaceda 2008）[5]。

　ナフトガスの社長にクチマが任命したのは，レスプーブリカとインテルガスの2社を経営破綻に導いたバカーイであった。経営力欠如ではなく，その政治的忠誠心をクチマは重視した。バカーイは，クチマの選挙戦を資金面とガス供給面で支え，大統領再選に一役買った（藤森 2002）。バカーイは創設時から2000年3月まで社長を務め，2003年10月から2004年まで大統領府国家資産管理部長官を務めた。その後，クチマのために不正資金を運用していたなど横領の罪で指名手配されたが，逃亡先のロシアが身柄引き渡しを拒んだ（Kupchinsky 2003）。

　バカーイの辞任後，社長が何度も入れ替わった。バカーイの後任として2000年8月に社長に就任したイーゴリ・ディデンコは，2001年6月にドイツで横領の容疑で逮捕された。2004年に釈放され，2006年5月にナフトガスに復職し，2008年1月には副社長となる。ディデンコの後任はヴィクトル・コピレフで

5）特に，ナフトガスが関与していたトランジット業務におけるバーター決済は，当事者同士で合意された計算価格（市場価格を反映しない）に基づく取引であり，会計上の処理はされるが実際に金銭のやりとりがあるとは限らない。この種のバーター取引は不透明で価格操作の余地を与えていた。実際，ガスプロムのガスがウクライナのパイプラインをトランジットする際に生じる通過料収入が，ナフトガスやウクライナ政府に計上されることなく関係者に流用されたといわれ，例えば2002年に国庫に入るべき通過料は15〜20億ドルとされているが，実際に入庫された額はその2割にも満たなかった（Balmaceda 2008 : 186）。

358 第 III 部　黒海地域の主要課題

あったが，2001 年のうちにエネルギー担当の副首相ドゥビナが社長に就任した。その後，2002 年 1 月にユーリー・ボイコが社長に任命された。新社長は，ナフトガスにとって鍵となる業務の担当者にバカーイと近い関係の幹部を登用するなど，バカーイ時代の経営陣を残した（同前）。2005 年まで社長を務め，後に燃料エネルギー相や副首相を歴任することになるボイコは，社長就任当時，厳しい状況に置かれていた。政治面では，クチマ政権がゴンガゼ事件の影響を受けて危機に陥っているときだった。また，ビジネス面では，依然としてガス代未納と累積債務問題が未解決であった。2001 年のガスプロムに対する債務は 1 億 8400 万ドルとなり，合計すると 14 億ドルに上っていた（同前）。

5　プーチン政権誕生後の展開

1）ガスプロム経営陣の刷新

　ウクライナ独立から 10 年，ロシアからの安い輸入ガスに頼る構造は変わらず，累積債務問題も解決しないままだった。ロシアでは 2000 年に V・プーチンが大統領に就任し，しばらくするとガスプロム改革に取りかかった。エリツィン時代，ガスプロムは「国家の中の国家」といわれ，政府はガスプロムをコントロール下に置くことができず，一部のガスプロム幹部にしか組織内の様子はわからない企業であった。しかしプーチン登場以降，ガスプロムの刷新が断行された。社長には，プーチンがサンクトペテルブルク市勤務時に部下であった A・ミレルが就任し，前経営陣によって奪われていたガスプロムの資産も取り戻し，ヴャヒレフ体制からの移行が進んだ（安達 2016）。

　新体制となり，ウクライナとのガス関係においていくつかの動きがあった。2001 年 10 月に政府間で合意が成立し，滞納を常習化するウクライナとの関係を，より規則的に処理できる枠組みができた。まず，通過するガス量と通過料を明確にするため，通過料の代わりにロシアのガスを供給する仕組みを定めた。これまでの無秩序状況を踏まえ，追加的にガスがパイプラインから抜き取られた場合の支払い方法も盛り込んだ。また，ロシアから輸入したガスの再輸出を禁止し，輸出関税を高くした。さらに，この合意によって，ウクライナがトルクメニスタン

から輸入するガスについても枠組みが示された（Fredholm 2008 ; Pirani 2009a : 97）。
これまでも協議を続けていた未払い問題の解消については，ナフトガスのガスプ
ロムに対する債務は14億ドルということで，ガスプロムが主張していたよりも
低い額ではあったが，合意に至った（Stern 2005 : 90）。

　ロシアにとって1990年代から課題であったウクライナ国内の輸送インフラの
支配権獲得については，2002年になり，ウクライナのパイプライン・システム
を管理するための国際コンソーシアムを設立する方向で話が進んだ（Pirani 2007 :
21-22）。同年6月には，プーチンとクチマ両大統領がコンソーシアム設立につい
て合意した（Fredholm 2008 : 18）。コンソーシアム結成はガスプロムにとって重要
な一歩であったが，目的とするパイプライン・システムの支配については，達成
できずにいた。

2）イテラの後退とユーラルトランスガス（ETG）の設立

　プーチン政権になって，ユーラルトランスガス（ETG）社がイテラに代わって
天然ガスをウクライナに輸入し販売する仲介会社として出現した。エリツィン時
代に台頭したイテラは，ガスプロムがプーチン＝ミレル体制になると2002年に
はウクライナ市場から撤退した[6]。

　ガスプロムとナフトガスは，2002年12月に，トルクメニスタンのガスのウク
ライナへの輸送を担う合弁会社設立に関する契約を結んだ。すでに述べたように，
トルクメニスタンからウクライナへと至るガス・パイプラインを管理しているの
はガスプロムである。ガスプロムはここでナフトガスと関与することによって，
未払いが常習化したウクライナに対する累積債務悪化の懸念を緩和するねらいが
あった（Global Witness 2006 : 37）。ガスプロムとナフトガスが設立に合意した合弁
会社については会社名は記されていなかった。しかし，同じ日にガスプロムは，
その前日にブダペストで登記されたETGという会社と，トルクメニスタンのガ
スのウクライナへの輸送に関する契約を結んでいた（同前 : 37）。

　こうして仲介業務を担うようになったETGは謎めいた点が多かった。資本金
はわずか1万2000ドルで，設立当初の所有者4人のうち3人がガス業界とは全

6）イテラは石油ガス業界から完全に退出したわけではなく，2013年になると，ロシアの国
　営石油会社のロスネフチの傘下に入った。

く無関係の一般のルーマニア市民であった。ガスプロムもナフトガスも，ETG
を直接所有しておらず，所有構造もオフショア会社のネットワークから成り複雑
であった。後に，ETG はフィルタシが経営する会社であることが明らかになっ
た（同前）。ティモシェンコがイテラをサポートしていたといわれたため，ETG
の台頭は，ガス利権がフィルタシの手に移った証左と見られていた（Kuzio 2013；
Fredholm 2008）。

　ETG は次の取引を行った。ナフトガスは，トルクメニスタンの国境（カザフス
タンおよびウズベキスタン）でガスを買った直後に ETG にガスを売る。そして，
ロシアとウクライナの国境でそのガスを ETG から買い戻す。トルクメニスタン
国境からからウクライナまでの輸送サービスをガスプロムから請け負ったのは，
イテラ（2002 年終わりまで）とその後は ETG（2003〜04 年）である。ナフトガス
がロシアとウクライナの国境で買い戻さなかったガスは，ETG がウクライナの
貯蔵施設に保管した（貯蔵施設自体はナフトガスが保有）。需要がピークのときに，
ナフトガスは，優先的にガスを購入する権利が与えられていた（Pirani 2009a）。

　ETG が携わる一連の輸送契約には機密条項があり，価格や条件などは公開さ
れない。さらに，輸送サービスに対しては，バーター決済が成り立っていた
（Pirani 2007: 29-31）。透明度が低い取引の中で，ロシアとウクライナ側双方の関
係者によるガスや資金の流用疑惑が指摘されていた。ガス取引の評価査定も複雑
となり，債務がどの程度積み上がっているのかを厳密に把握することも難しかっ
た（Fredholm 2008）。

　ETG 創設は，ガスプロムとナフトガスの妥協の産物だった。ウクライナにガ
スを供給するためにガスプロムを必要とするナフトガスと，欧州にガスを供給す
るためにナフトガスを必要とするガスプロムの相互依存関係が背景にあった。本
来，ガスプロムは，ナフトガスとの合弁企業の 50 ％ ずつを直接保有したいと考
えていたが，ウクライナ側は 40 ％ ずつという別の提案をした。残りの 20 ％ を
どうするかなど，提案に不可解な点があったため，ガスプロムは ETG の直接保
有という形をとらなかった（Global Witness 2006）。ナフトガスについて詳細に調
査したクプチンスキーによると，ETG はナフトガスとクチマにとって都合がよ
い構造になっており，クチマとボイコがガスプロム側を説得させて設立に至った
会社であると述べている（Kupchinsky 2003）。

3）ETG の交代とロスウクルエネルゴ（RUE）の創設

ETG はイテラに代わって姿を現した仲介会社であったが，今度は ETG に代わって新たにロスウクルエネルゴ（RUE）社が登場した。RUE も ETG のようにガスプロムとナフトガスを巻き込んだ不透明な取引慣行が批判の対象となった。

2004 年に，ガスプロムのミレルとナフトガスのボイコ両社長は，ガス問題解決に向けていくつかの合意に達した。その一つとして，RUE の設立が決まった。トルクメニスタンのガスをウクライナへ輸入し販売する会社として，RUE は，ガスプロムバンクとオーストリアのライファイゼン・バンクが 50 ％ ずつ保有する合弁会社としてスイスに登記された。後にガスプロムが 50 ％，もう半分をフィルタシのセントラガスホールディングが保有するようになった。ロシア側とウクライナ側で 50 ％ ずつコントロールすることになった RUE であるが，ナフトガスは所有者ではなく，ウクライナ側の所有構造の詳細については当初明らかではなかった。フィルタシが絡んでいることが判明したのは 2006 年になってからのことである（ナフトガスは所有者ではないが，フィルタシと関係が近いといわれる社長のボイコは，RUE の経営を担う調整委員会のメンバーであった。Global Witness 2006）。セントラガスが保有する 50 ％ のうち，45 ％ がフィルタシ，5 ％ はイヴァン・フルシンの保有で，後者の 5 ％ は，クチマやセルヒ・リョーヴォチキンが受益者に含まれるダミーだといわれている（Kuzio 2013）。リョーヴォチキンは，フィルタシのビジネス・パートナーで，フルシンと近しい関係にあり，2010 年にヤヌコヴィチの大統領府長官に就任した（同前）。RUE については，ガスプロムとナフトガスが直接取引せずに仲介会社を通したことで，仲介会社が潤い国営企業自体の収入に打撃を与え，ロシアとウクライナ双方の国庫やひいては国民が犠牲になったと批判された（Global Witness 2006；Kramer 2006）。

前身の ETG がそうであったように RUE はフィルタシが中心的存在であった。一方ガスプロムにとっては，ETG と RUE には大きな違いがあった。RUE は，50 ％ ではあるが，ロシア側が直接保有することになった仲介会社である。このことは，ガスプロムが，ウクライナやトルクメニスタンを中心とした CIS 諸国のガスの取引に直接的に関与できる度合いが高くなることを意味した（Stern 2005：95）。さらに，ガスプロムにとって ETG を撤退させることが重要だったのは，ETG がロシアのガスをポーランドやハンガリーに「輸出」し，ガスプロムによ

るロシアのガス輸出の独占を崩しかねない状況が起きていたからだといわれている。実際に ETG はウクライナからの輸出という枠組みでガスを輸出していたが，ETG の動きはガスプロムにとって脅威となっていた（同前：95）。

2004 年の夏の合意には，以下の取り決めも含まれた。2005 年から 2009 年までの間，ウクライナはガスプロムから，欧州向けガス輸送の通過料として，210 億〜250 億立方メートルのガスを受け取ることになった。バーター支払いの形であるが，契約（名目）上のガス価格は，50 ドル/1000 立方メートルで，通過料は，1.09375 ドル/1000 立方メートル/100 キロメートルであった（本村 2006）。

2004 年の一連の合意によって，1990 年代から続くウクライナのガス債務問題の解決に道筋がつき，ようやく円滑な取引関係が確立したかに見えた（同前）。しかし，こうした改善に向けた動きも，「オレンジ革命」で大統領に就任したV・ユシチェンコの登場で雲行きが怪しくなっていった。同時に，このころ天然ガスの国際市場価格も上昇し，以下に示すように，ガスプロムの対ウクライナ関係にも影響を与えることになった。

4) ガスプロムの方針転換

2003 年から石油価格が急騰し，石油製品価格に連動して天然ガスの価格も上昇した結果，欧州市場向けのガス輸出価格とウクライナ向けをはじめとする CIS 向け価格との間に大きな差が開いた。ガスプロムは，欧州向け価格と 3〜4 倍の開きが出てきた CIS 向け価格での取引を黙示的損失とみなし，2005 年に，CIS 諸国へのガス販売価格を欧州での取引価格のレベルに引き上げるという方針転換を行った。これは，ガスプロムにとって大きな政策転換であり，CIS のガス取引全体をバーターから市場ベースに移行させていく意向を意味した（酒井 2009；Pirani 2009a）。

この政策転換については，ガスプロムとロシア政府双方の方針が一致しており，背景には欧州市場価格上昇に加え，ウクライナやジョージアのロシア離れや，プーチン政権下でのガスプロム経営体制の変化がある。ロシア政府は，CIS 諸国に安価で提供する「補助金ガス」の政治的切り札としての可能性を排除し[7]，収

---

7) ウクライナの「オレンジ革命」が示すように，安いガスは政治的切り札として限界があった。黙示的補助金としての安いガスの提供，および「武器」としてのエネルギーの議論の

益性強化を一層重視するようになったガスプロムの方針を支持した。実際，抑えられていたロシア国内のガス価格も引き上げとなった。ガスプロムとしては，投資コストの高い天然ガス開発を促進するためにも，収益性の引き上げが重要であった（Mitrova et al. 2009；Pirani 2009b）。

ユシチェンコ率いる新政府が，2006年のガス価格についてガスプロムと交渉をしたのが2005年3月であった。ウクライナ側は，ガスプロムに対して，通過料をそれまでの約2倍の2.6ドル/1000立方メートル/100キロメートルという欧州域内に近づけた額で提案した。ただ，販売価格については，ウクライナ向け価格を据え置くとの前提でおり，これに対しロシア側は，通過料が「欧州並み」ならばガス価格も「欧州並み」となると主張した（酒井 2009）。

前述の2004年の合意は崩れ，ユシチェンコ政権内部ではティモシェンコ首相が解任されるなど混乱が続き，2006年に向けたガス交渉もまとまる気配がなかった。2005年の大晦日に，ロシア側は，ウクライナが2006年4月からの値上げに同意することを条件に3月までは50ドルという価格を据え置くという提案をしたが，ウクライナ側は拒否した（同前）。

問題の核心は，ナフトガスが市場価格に基づいた取引にシフトできるか否かに関わっていた。選択肢は，欧州並みの価格を払うか，安価なガスの供給を継続するかのどちらかだった。後者の場合，何を根拠に安価なガス提供がウクライナに対し継続されるのかという疑問も生じてくる（Fredholm 2008）。ガスプロムが欧州並みの市場価格への移行を求めたのはウクライナに対してだけではない。ガス関係がウクライナほど拗れていないベラルーシも2007年に，ガスプロムとの取引において，市場価格を受け入れるか，ベラルーシのパイプライン・オペレーターであるベルトランスガス社の50％をガスプロムに売却するかの選択肢をつきつけられた（Grib and Sapozhnikov 2006；Fredholm 2008. 2011年にベルトランスはガスプロムの100％所有となった）。

5）ウクルガスエネルゴ設立とRUE

2006年の契約が不成立となり，ガスプロムは2006年1月1日にウクライナ向

限界について，Orttung and Overland (2011), Stegen (2011)，邦語では蓮見 (2016)，本村 (2006) を参照。

364 第III部　黒海地域の主要課題

けの天然ガス輸出を停止した。ウクライナと欧州に向けて供給される天然ガスのうち，ガスプロムとしては，欧州に輸出される分は供給し，ウクライナ向けに供給される分を削減した。しかし，欧州向けに幹線パイプラインで輸出される分もウクライナを通過するため，ウクライナは，欧州向け天然ガスを自国用に抜き取った。その結果，欧州の消費国で天然ガスの圧力低下が生じた（本村 2016）

　「2006 年ガス紛争」として注目されたガスの遮断は 3 日間続いたが，1 月 4 日に合意に至った。2006 年前半のウクライナ向け価格は 95 ドルで決着し，通過料は従来の 1.09 ドルから 1.6 ドルに引き上げられることになった（酒井 2009）[8]。

　1 月 4 日の合意はガスプロムにとっていくつかの点で重要だった（Pirani 2009a : 101）。これまで政府間の合意によって取り決められていた契約が，企業間ベースとなり，ガスプロムが求めていた形となった。また，ウクライナ経由で欧州へ運ばれるトランジット輸送と，ウクライナへのガスの販売は分離されることになった。つまり，通過料とガス代が天然ガスで相殺される方式に終止符が打たれたのである。これも，欧州向けのガスをウクライナが無断で抜き取ってしまうのを防ぐために，ガスプロムが望んでいたことであった（酒井 2009）。

　加えて，ウクライナ国内のガス販売を担う会社として，ウクルガスエネルゴ社の設立が決まった。ウクルガスエネルゴは，RUE とナフトガスの合弁会社であり，RUE を 50 ％所有するガスプロムにとって，ウクライナ国内市場での基盤強化につながる動きであった（Pirani 2009a）。新設のウクルガスエネルゴは，ナフトガスが 50 ％所有するが事実上フィルタシが管理する会社であった。さらに，同社はユシチェンコ大統領と関連する会社であるとみなされ，その利益は，ユシチェンコの兄の会社であるペトロガス社を通じてユシチェンコに廻っていたとみられている（Grib et al. 2008）

　ウクルガスエネルゴ設立により，取引形態は次のようになった。RUE はガスプロムよりガスを購入し，ガスプロムのパイプラインを通じてロシアとウクライナの国境まで運ぶ。ウクルガスエネルゴは国境で RUE からガスを購入し，国内

---

8) 2006 年のガス紛争では，RUE の存在がガスプロムとナフトガスのガス供給に関する両者の論争の緩衝となった。ガスプロムがウクライナ側が支払い可能とする額より高く価格を提示したとき，RUE は高めの価格でロシアのガスを購入し，ウクライナには低価格でガスを供給することで，ガスプロムもナフトガスも面目が立ち，両者とも交渉上の「敗者」とならない状況を作り上げた（Global Witness 2006）。

で，より利益の上がるウクライナの産業需要家に販売する。一方，ガス料金支払いに窮する一般世帯用にガスを供給するのはナフトガスである。国内市場で採算のとれる顧客はウクルガスエネルゴが担当するため，ナフトガスの財務状況は悪化する一方だった（Socor 2008）。

　前述のように，ロシア政府とガスプロムは，他の旧ソ連諸国向けに安価なガス価格を提供するという「黙示的補助金」を終わらせようとしていた。このことは，ガスプロムの関心事が長期的には経済的利益であることを示しているが，同時に，短期的には政治要因も絡んできた。例えば，オレンジ政権の親西側路線に対するロシア側の懸念は強まったが，2006年後半にヤヌコヴィチが首相に任命されると，ロシアとの緊張関係も改善した。ガスプロムはガス価格引き上げの政策は継続したが，その施行はより抑制的だった。たとえば，2007年の輸入価格は130ドル/1000立方メートルで，中央アジア向けの価格引き上げに鑑みれば，ウクライナへのそれは好意的だった（Pirani 2007）。

　この間，ナフトガスは変化する国内外の状況に対応できずにいた。ナフトガスは，一般家庭や公的部門に安いガスを提供し続け，生じた負債は国に転嫁し，国家財政を逼迫させた。パイプライン・システムの老朽化が進み投資をする必要があったが，対策を練れずにいた。2005年から2008年の間に4度も政府が変わり，ナフトガスの経営陣も交代を繰り返し，長期を見据えた企業戦略が立てられる状況になかった（Pirani 2009a：104）。

　2007年12月に首相に返り咲いたティモシェンコは，RUEやウクルガスエネルゴの排除に躍起になっていた。ガスの利権が政敵の手中にある状況からの打破を狙っていたといわれている。ティモシェンコ対ユシチェンコの争いにも見られるように，ウクライナのガス部門は相変わらず支配エリート同士のガス利権をめぐる闘いの場であった（Balmaceda and Rutland 2014；Ianina 2008）。バルマセダとルトランドが指摘するように，ガス供給が途絶したロシア＝ウクライナのガス紛争は，2006年にしても後述する2009年にしても，ウクライナが支払うガス価格の問題というよりも，レントをどう振り分けるかをめぐる内輪の紛争という側面があった（Balmaceda and Rutland 2014）。

366 第 III 部 黒海地域の主要課題

6 仲介会社の排除とその後

1) RUE の除外へ

2008 年末に行われた 2009 年の価格交渉において，ロシアが 250 ドル/1000 立方メートルを提案し，ウクライナは 235 ドルを主張したまま合意が成らず，契約に至らなかった。ガス価格を欧州並みへシフトする立場をとるガスプロムは，トルクメニスタンなど中央アジアから購入するガスについても欧州並み価格を受け入れ始めていた。もともとガスプロムは，中央アジアのガスを安く仕入れ，欧州並み価格のロシアのガスをミックスした「カクテル」を仲介会社を通じてウクライナに売るという仕組みをとっていたが，「カクテル」の中身の中央アジア分が高くなり，ウクライナへの価格に転嫁する必要があった。しかし，経済危機に見舞われ IMF から 165 億ドルの融資を受けることになっていたウクライナにとって，価格交渉では安いガスを主張するしかなかった（Pirani 2007, 2009a）。

2009 年 1 月 1 日にガスプロムは，契約不成立のためウクライナ向けのガス輸出を停止し，欧州向けのガス輸出については継続した。しかし 5 日になると欧州への供給量が減少していることがわかり，ロシア側はウクライナによる抜き取りを理由に供給を制限し，7 日には欧州への供給を停止した。その結果，ブルガリア，スロヴァキア，セルビアなどのウクライナ経由の天然ガスの消費国に対し，ロシアからのガス供給が約 2 週間途絶した（金野 2014a）。「2009 年ガス紛争」である。

その結果，ガスの安定供給を継続する供給者としてのガスプロムに対する信頼がダメージを受け，ロシアが欧州のエネルギー安全保障にとって脅威であるとの認識が強まった。ウクライナによるガス抜き取りの影響で欧州への輸出分が供給されないという状況下で，ガスプロムにとって，安定的にガスの輸送をするために，いかにウクライナを回避して欧州市場へ供給できるようにすることが緊急の課題となった。ウクライナを迂回したパイプライン計画が本格化し，ガスプロムは，ノルドストリーム・パイプラインを実現させ，トランジット・リスク回避に走った[9]。

「2009 年ガス紛争」が解決したのは，1 月半ばを過ぎてからだった。2009 年 1

月 19 日に，ガスプロムのミレルとナフトガスのドゥビナ両社長が，プーチンと
ティモシェンコ両首相の立ち会いの下で契約に調印した。ガス価格は，欧州市場
における石油製品価格を反映させた「価格フォーミュラ」という方式によって算
出されることになった。2009 年第一四半期は 360 ドル/1000 立方メートルで，
2009 年いっぱいが欧州価格の 2 割引きとなり，契約期間は 11 年間，通過料は
2009 年据え置きの 1.7 ドル/100 キロメートル/1000 立方メートル，2010 年から
はガス価格も通過料も欧州並みとすることになった[10]。欧州同様のフォーミュラ
による算出で長期契約したということは，毎年のように繰り返されてきたガス紛
争をしばらくは回避できる可能性を示唆していた（本村 2009）。

　2009 年の契約で，RUE は排除された。排除については 2008 年 3 月のプーチン
とティモシェンコの会談の時にすでに決まっていた。取引の透明性向上のため，
仲介会社の排除は，D・メドヴェージェフ大統領も主張していた。

　2009 年の契約はウクライナ側に概ね不利だとして非難された。契約の基準と
なった価格がサブプライム危機前の高値にあったため，その後石油製品価格が下
落しても，ウクライナ向けガス価格は大して下がらなかった。しかも，2 割引き
契約が終わった 2010 年以降は欧州のスポット価格よりもウクライナ向け価格の
ほうが高くなってしまったのである（藤森 2015；Pirani 2015）。ティモシェンコが
このような契約を結ぶに至った理由については明確にはなっていないが，ガス市
場から RUE を排除する動機は強かったようである[11]。RUE はティモシェンコと

---

9) ノルドストリームは，ロシアと欧州のガス輸送システムとを直接繋いだ史上初のガス・パ
　イプラインである。ロシアとドイツが中心となって 2005 年に合意し推進を始めた。合わ
　せて 550 億立方メートルの輸送能力を持つ 2 本のパイプラインから成り，2011 年と 2012
　年にそれぞれ稼働し始めた。

10) "Gazovaya ugoda Timoshenko-Putina. Polnyi tekst" [http://www.pravda.com.ua/articles/2009/01/
　22/3686613].

11) その他，ミコラ・アザロフ首相（当時）は 2011 年の記者会見で，2009 年契約の見返りに
　ロシア側がティモシェンコに対する債務のことを「忘れた」可能性があることを示唆して
　おり，ヴォロディーミル・フロイスマン首相は，2009 年契約の背後には，契約を結んだ
　張本人（つまりティモシェンコ）がウクライナ向けの価格を高く設定することによって
　「配当」（つまり利益）を得る仕組みがあったと 2016 年に発言した（"Rik roboty uriadu：
　provorot do novoi iakosti zhittiia" [http://www.kmu.gov.ua/control/uk/publish/article? art_id=
　244121578], "Groisman zaiavil, chto kontrakt s gazpromom v 2009 godu podpisli 'za den'gi'" [ht
　tp://zn.ua/POLITICS/groysman-zayavil-chto-kontrakt-s-gazpromom-v-2009-godu-podpisali-za-den
　gi-216857_.html] を参照）。

対立していたフィルタシが所有者の一人であった。フィルタシは，ユシチェンコをサポートし，後にヤヌコヴィチを支援した（Kuzio 2012）。2010 年の大統領選挙が迫る中で，ヤヌコヴィチと争うティモシェンコは，ガス取引によるフィルタシの収入源を断つことで，敵が有利になるのを避けたと考えられている（Kononczuk 2014）。その後 2010 年にヤヌコヴィチが大統領に就任し，ティモシェンコは首相を解任され，当時首相として結んだ 2009 年契約をめぐる職権乱用罪で 2011 年に起訴され，公判妨害容疑で逮捕された（Kramer 2011）。こうした動きの背景には，ヤヌコヴィチ政権による政敵ティモシェンコの弱体化があるといわれている（Mikheev 2011 ; Chalupa 2011）。

2）RUE 後の展開——オストケム（OstChem）設立

RUE の事業は停止され，ガスプロムから仲介会社を介さずナフトガスへとガスが供給される取引形態になった。それでもフィルタシのガスビジネスは形を替えて継続した。ウクライナのオリガルヒの中で最もロシア政府に近いといわれるフィルタシとガスプロムとの関係が注目される[12]。

2009 年当時，RUE はウクライナの地下貯蔵施設にガス紛争までに貯められた 110 億立方メートルのガスを残していた。2009 年のガス紛争後，ナフトガスは，このガスはナフトガス所有で，フィルタシに権利はないと主張した。しかし 2010 年に下されたストックホルム調停裁判所での判決により，ナフトガスの主張は RUE との契約に反するとして認められず，RUE に敗訴した。RUE は 110 億立方メートルと賠償としてプラス 11 億立方メートルのガスを勝ち取った。勝訴したフィルタシは，ガスプロムエクスポルト社にガスを売る契約を結んだ（Levitskii 2011）。

2010 年の大統領選でヤヌコヴィチを支えたフィルタシは，ビジネスを大きくしていく。同年 6 月にフィルタシはオストケム・インベストメンツ社をキプロスに設立し，2010 年，2011 年と立て続けにガスプロムバンクからの融資枠の提供を受け，ウクライナの複数の化学肥料工場を支配下に入れた。肥料工場は天然ガスを大量に消費するので，ガスビジネスが肥料ビジネスに衣替えしながら継続し

12）ウクライナのオリガルヒ全般については Matuszak（2012）や服部（2014b）を参照。

ているといえる。2011 年にフィルタシはオストケムを介してガスプロムからガスを購入する契約を結んだ。その後，2011 年にスイスに登記されたオストケム・ガス・トレーディングという会社にもガスプロムは販売することになるが，その価格は，ナフトガスに販売するウクライナ向け価格や欧州向けの市場価格よりも安いものであった。2010 年から 4 年の間に，オストケムはガスプロムから 200 億立方メートルものガスを市場価格より安く手に入れ，フィルタシの管理する企業は 30 億ドルもの利益を得たという試算が出ている（Grey et al. 2014）[13]。

　フィルタシを取り巻く状況は，2014 年 2 月のクリミア編入やヤヌコヴィチ政権崩壊の後，厳しくなっている（彼はクリミアでもビジネスを展開していた）。フィルタシは 2014 年 3 月にオーストリアで FBI の令状で逮捕されたが，保釈金を支払って保釈され，2 年経った 2016 年 3 月現在，オーストリアに自主亡命中である（Shields and Gruber 2014）[14]。

3) ナフトガス改革の必要性

　2014 年 6 月，ガスプロムはガス代金の未払いを理由にウクライナへのガス供給を停止した。ナフトガスは，2013 年から 14 年 5 月まで 52.44 億ドルの未払いがあった。支払いについては，欧州委員会の参加のもと，ロシアのエネルギー省とウクライナのエネルギー石炭産業省との三者協議が行われた。しかし，ウクライナの実際の支払いは，三者協議での調停案で定められた額に満たなかった。さらに，ロシアのウクライナ向け価格についても争点となり，交渉がまとまらなかった（金野 2014b）。結局 6 月 16 日にガス供給が停止し，2006 年と 2009 年に続く「2014 年ガス紛争」が起こった。その後も 2015 年の 7 月 1 日に，ガスプロムがウクライナ向けガス供給を停止する出来事があった。これも理由はナフトガスのガス代金未払いである。ガス代金未払い問題は，20 年以上常習化したままで解消されていない。

　ナフトガスに改革が必要なことは明らかであるが，ナフトガスの財政状況は，悪化の一途を辿っていた。2014 年のナフトガスの赤字がウクライナ GDP の 7 ％

13）ウクライナの肥料産業については，服部（2015）を参照。

14）"Wanted in the US, Firtash wants to end exile", Bloomberg, March 31 [http://www.bloomberg.com/news/videos/2016-03-29/wanted-in-the-u-s-dmitry-firtash-wants-to-end-exile].

と同等であったという計算も出ている（Kononczuk 2014）。窮状の背景には，第一に値上がりするロシアからのガス価格と，第二に一般家庭や公共部門および工業向けガス料金を安く抑えるための「補助金ガス」がある。ガスプロムのガスは，1000 立方メートルあたり 2008 年 180 ドルから 2009 年 259 ドルに，2012 年 427 ドルになった（同前）。一方，ナフトガスによると，同社は 2005 年から 15 年までの間に 536 億ドル相当の補助金ガスを住民に提供したことになるという。つまり，住民は 109 億ドルを支払い，他方で天然ガスのコストは 645 億ドルであったので，ウクライナ住民はコストの 6 分の 1 しか払ってこなかったことになる[15]。

　著名な投資家で東欧や旧ソ連諸国での活動でも知られるジョージ・ソロスは，2014 年にナフトガスのことを「予算のブラック・ホールかつ汚職の最大原因」と呼んだ（Soros 2014）。ナフトガスをはじめガス部門全体にかかわる汚職については，継続的に是正が求められている。問題は，ガス部門での規制や価格設定が故意に曖昧な状態にされており，私的利益が享受しやすい仕組みになっていることにある（Chow 2012）。チョウは，汚職に最も適するエネルギー・システムをデザインするとしたら，ウクライナのようになるだろうという。そしてその中心になるのが，実質的に大統領に対してのみしか説明責任がなく，企業幹部は大統領が選び，業務は透明性を欠き，慢性的負債は定期的に国庫から賄われるので経営責任を免れることができる国営ガス企業，すなわちナフトガスである（同前）。

　それでも，2014 年 2 月のウクライナ政変の後，ナフトガスを取り巻く状況が変わりつつある。同年 10 月に，世界四大会計事務所の一つプライスウォーターハウスクーパース（PwC）出身のアンドリー・コボレフが 35 歳で CEO に就任した。汚職を連想させがちなナフトガスのトップのイメージ・チェンジを図ったといえる。コボレフは透明性の向上やコーポレート・ガバナンスの強化を行っているほか[16]，ロシアからの輸入ガスに対する依存度の削減や，補助金ガス問題の是正にも取り組んでいる。国内のガス消費量の減少や，欧州からの天然ガスの「リ

---

15) "V 'Naftogaze' podschitali, skol'ko stoil biudzhetu deshevyi gaz dlia naseleniia" April 25 2016 [http://economics.unian.net/energetics/1329368-v-naftogaze-podschitali-skolko-stoil-byudjetu-deshevyiy-gaz-dlya-naseleniya-pochti-54-milliarda-za-10-let.html]（藤森氏による「ウクライナ時事評論」[http://masteru.seesaa.net/article/437183382.html] も参照）。

16) ナフトガス HP [http://www.naftogaz.com/www/3/nakweben.nsf/0/0B043D3FDDB0B900C2257F38004D0650?OpenDocument] 参照。

バース輸入」（ガスプロムが欧州に輸出したガスのウクライナによる逆輸入）が 2012 年に開始された結果，ロシアからのガス輸入量が減り，2014 年には，依存度が急落した（藤森 2015）。さらに翌 2015 年 4 月，家庭向けの規制ガス料金を平均で 280 ％引き上げた。地域熱供給事業者については 129 ％の値上げである。ナフトガスはさらに未払いについても以前より厳しい態度で望むようになったという（Pirani 2015）。

おわりに

　本章は，ロシアの天然ガスとウクライナの関係を企業のトランスナショナルな動きを軸に考察することで，一般的に抱かれるガスプロムやウクライナのイメージとは異なる視点を提示した。それらは，第一に，いかにウクライナ側がロシアの天然ガスがもたらすガス利権を利用してきたか，第二に，いかにガスプロムにとってウクライナが商業相手として難しかったか，という 2 点である。

　ガスプロムは，国家の政策の担い手としての役割が期待されているが，そのアイデンティティは，収益性を確保し，世界的に総合エネルギー業を展開することを目指す企業である。欧州市場が生命線ともいえるガスプロムは，1990 年代は「国家の中の国家」といわれ透明性を欠いていたものの，2000 年代初頭からその企業行動や戦略を，市場の動向や制度の変化，国内外の諸状況の変容に対して適合させている（安達・蓮見 2016）。同時に，代金未払いを常とするウクライナとの取引は，トランジット国なので避けられない。

　グローバルなプレーヤーとして展開するためにガスプロムが市場志向を進める一方で，ナフトガスは長期戦略に欠き，企業改革が進まず，未だエリートたちの「獲物」としての側面を残す（Kononczuk 2014）。1991 年以降，ウクライナの支配エリートにとって，ガスプロムが輸出する天然ガスの取引が主要な利益源となった。ウクライナの時の政権は，クチマ，ユシチェンコ，ヤヌコヴィチの大統領期と続けて，ナフトガスを軸とした取引から生じるレントに対するコントロールを確保した。不透明な取引メカニズムで鍵となったのは，ETG や RUE といった仲介会社であった。

独立後20年以上もの間，ウクライナのエリートたちは，ロシアのガスへの依存度を真剣に下げようとする努力はしてこなかった（Balmaceda and Rutland 2014）。このことには以下の含意がある。つまり，本章で見てきたことは，ガス取引から得られるレントに依存する仕組みを温存させる勢力が原因で改革が進まないという意味で，「部分改革」論と「ステート・キャプチャー（国家捕獲）」の典型例であるといえる。すなわち，ポスト共産主義の市場経済化において，「改革初期の勝ち組」は，獲得した既得権益を守るため，利権メカニズムの解消につながる改革の続行をブロックする。よって改革は部分的にしかなされず，不完全に終わる（Hellman 1998）。その状況は，一部の個人ないし団体・企業が自らの利益になるように不正・不透明な手段を使って国家の政策を誘導する「ステート・キャプチャー」によって定着する（Hellman and Kaufmann 2001）。このような現象はウクライナに限ったことではないが，本章で示したように，これらの議論はソ連解体後にガスプロムからのガスがウクライナの政治経済にとってどういう役割を果たしたのかを理解するために有用であろう。

2014年の政変後，ロシアからの輸入依存軽減やナフトガス改革が断行されるなど，これまで有言不実行であったウクライナ側に変化が起きている。負債体質は未だ不変だが，ナフトガスは透明性重視の改革に乗り出し，国内ガス料金の値上げも始まっている。持続可能性については議論があるが「リバース輸入」によるロシア輸入依存の解消も実現している。いずれにせよ，ロシアからの安いガス輸入に頼る経済社会構造自体が変化し，ガス利権の仕組みを機能させる前提が崩れていかなければ，ウクライナに必要な改革も前進しないだろう。今後の動向に注目したい。

参考文献
①外国語
Balmaceda, M. 2008. *Energy Dependency, Politics and Corrutpion in the Former Soviet Union*, Abington : Routledge.
—————. 2013. *The Politics of Energy Dependency : Ukraine, Belarus and Lithuania between Domestic Oligarchs and Russian Pressure*, Toronto : University of Toronto Press.
Balmaceda, M. and P. Rutland. 2014. "Ukraine's Gas Politics," *openDemocracy*, May 8.
BP. 2015. *BP Statistical Review of World Energy 2015*, London : BP.

第 13 章　企業のトランスナショナリズム　**373**

Chalupa, I. 2011. "Tymoshenko Prosecution is a Dead End for Ukraine," *RFE/RL*, October 8.

Chow, E. 2012. "Ukraine at a Crossroads : What's at Stake for the U. S. and Europe," *U. S. Senate Foreign Relations Committee*, Testimony given on February 1 [http://www.foreign.senate.gov/imo/media/doc/Edward_Chow_Testimony.pdf].

Fredholm, M. 2008. "Natural Gas Trade between Russia, Turkmenistan, and Ukraine," *Asian Culture and Modernity Research Report*, no. 15.

Fujimori, S. 2005. "Ukrainian Gas Traders, Domestic Clans and Russian Factors : A Test Case for Meso-Mega Area Dynamics," in *Emerging Meso-Areas in the Former Socialist Countries : Histories Revived or Improvised?*, ed. K. Matsuzato, Sapporo : Slavic Research Center, Hokkaido University.

Global Witness. 2006. "It's a Gas : Funny Business in the Turkmen-Ukraine Gas Trade," Washington, D. C. : Global Witness Publishing.

Grey, S., T. Bergin, S. Musaleva and R. Anin. 2014. "Comrade Capitalism : The Kiev Connection," *Reuters*, November 26.

Grib, N. and P. Sapozhnikov. 2006. " 'Gazprom' podvel itogi prezidentskikh vyborov," *Kommersant*, March 31.

Grib, N., V. Solov'ev and O. Gavrish. 2008. "Viktora Iushchenko traviat gazom," *Kommersant*, January 16.

Hellman, J. 1998. "Winners Take All : the Politics of Partial Reform in Postcommunist Transisions," *World Politics*, vol. 50, no. 2, pp. 203–234.

Hellman J. and D. Kaufmann. 2001. "Confronting the Challenge of State Capture in Transition Economies," *Finance & Development*, vol. 38, no. 3.

Ianina, I. 2008. "Iushechenko i Timoshcnko boriutsia za gaz," *Vzgliad*, February 27.

International Energy Agency (IEA). 2006. *Ukraine 2006*, Paris : OECD/IEA.

————. 2012. *Ukraine 2012*, Paris : OECD/IEA.

Ivanova, E. 2001. "Gazovaia promyshlennost' ," *Kommersant*, November 27.

Jeffries, I. 2002. *The New Russia : A Handbook of Economic and Political Devlopments*, Abingdon : Routledge.

Kononczuk, W. 2015. "Why Ukraine has to reform its gas sector," *OSW Commentary*, no. 181, September.

Kramer, A. 2006. "Ukraine Gas Deal Draws Attention to Secretive Importer," *New York Times*, February, 1.

————. 2011. "Ex-Leader of Ukraine Held for Contempt," *New York Times*, August 5.

Kupchinsky, R. 2003. "Naftogaz Ukrainy : A Study in State-Sponsored Corruption," *RFE/RL Organized Crime and Terrorism Watch* 3 : 25 (July 18), 26 (August 5), 28 (August 15), 29 (August 21), 30 (August 30).

Kuzio, T. 2012. "Twenty years as an independent state : Ukraine's ten logical inconsistencies," *Communist and Post-Communist Studies*, vol. 45, pp. 429–438.

————. 2013. "Dmytro Firtash Launches New Opaque Gas Intermediary," *Eurasia Daily Monitor*, vol. 10, issue 55, March 25.

Levitskii, A. 2011. "Ukrainets Firtash neznakom s Putinym, no zarabotal milliard na Gazprome," *Forbes* (*Russia*), July 15.

Matsuzato, K. 2005. "Semipresidentialism in Ukraine : Institutionalist Centrism in Rampant Clan

Politics," *Demokratizatsiya*, vol. 13, no. 1. pp. 45-58.

Matuszak, S. 2012. "The Oligarchic Democracy : The influence of Business Groups on Ukrainan Politics," *OSW Studies,* no. 42, Warsaw, September.

Mikheev, S. 2011. "Podvela realizatsiia," *Ekspert*, August 11.

Mitrova, T., S. Pirani and J. Stern. 2009. "Russia, the CIS and Europe : Gas Trade and Transit," in *Russian and CIS Gas Markets and Their Impact on Europe*, ed. S. Pirani, Oxford : Oxford Univerisity Press.

Orttung, R. and I. Overland. 2011. "A Limited Toolbox : Explaining the Constraints on Russia's Foreign Energy Policy," *Journal of Eurasian Studies*, vol. 2, pp. 74-85.

Pirani, S. 2007. "Ukraine's Gas Sector," *Oxford Institute for Energy Studies Working Paper*, July.

—————. 2009a. "Ukraine : A Gas Dependent State," in *Russian and CIS Gas Markets and Their Impact on Europe*, ed. Id., Oxford : Oxford Univerisity Press.

—————. 2009b. "Conclusions," in *Russian and CIS Gas Markets and Their Impact on Europe*, ed. Id., Oxford : Oxford Univerisity Press.

—————. 2015. "Ukraine : the end of post-Soviet gas pricing," *Oxford Energy Forum*, issue 101, August.

Pleines, H. 2000. "Ukraine's gas industry : Rent-seeking and Corruption," *Alexander's Gas and Oil Connections*, September 19.

Sakwa, R. 2015. *Frontline Ukraine : Crisis in the Borderlands*, London : I. B. Tauris.

Shields, M. and A. Gruber. 2014. "Ukrainian gas oligarch Firtash arrested in Vienna on FBI warrant," Reuters, March 13.

Socar, V. 2008. "Russia-Ukraine Gas Relations : Murky after Putin-Yuschenko meeting," *Eurasia Daily Monitor*, vol. 5, 30, February 15.

Solash, R. 2012. "Ex-Ukrainian PM Reportedly Freed form US Prison," *RFE/RL*, November 1.

Soros, G. 2014. "Wake Up, Europe," *New York Times Review of Books*, November 20 [http://www.ny books.com/issues/2014/11/20/].

Starobin and C. Belton. 2002. "Gazprom : Russia's Enron?," *Bloomberg*, February 18,

Stegen, K. 2011. "Deconstructing the "Energy Weapon" : Russia's Threat to Europe as Case Study," *Energy Policy*, vol. 39, pp. 6505-6513.

Stern, J. 2005. *The Future of Russian Gas and Gazprom*, Oxford : Oxford University Press.

Tass. 2014. "Rossiisko-ukrainskie gazovye konflikty. Dos'e," *Tass,* June 16 [http://tass.ru/info/11285 20].

Timoshenko, V. 1998. "Vse bogatye liudi Ukrainy zarabotali svoi kapitaly na rossiiskom gaze" (Interview with Bakay), *Nezavisimaia gazeta*, October 16.

②日本語

安達祐子 2016『現代ロシア経済――資源・国家・企業統治』名古屋大学出版会。

―――――・蓮見雄 2016「ガスプロム――政府と市場の変化に戸惑う巨大企業」杉本侃編『北東アジアのエネルギー安全保障――東を目指すロシアと日本の将来』日本評論社。

大串敦 2015「ウクライナの求心的多頭競合体制」『地域研究』16-1。

金野雄五 2014a「ウクライナ情勢とガス途絶リスク」みずほ総合研究所，4月24日。

―――――2014b「ロシアとウクライナ向けガス供給停止と今後の見通し」みずほ総合研究所，

6 月 20 日。

酒井明司 2009『ロシアと世界金融危機――遠くて近いロシア経済』東洋書店。

――――― 2010『ガスパイプラインとロシア――ガスプロムの世界戦略』東洋書店。

蓮見雄 2016「ロシアの対欧州エネルギー戦略」杉本侃編『北東アジアのエネルギー安全保障
　　――東を目指すロシアと日本の将来』日本評論社。

服部倫卓 2014a「ウクライナ経済の再生・転換は可能か――天然ガス消費問題を中心に」『ロ
　　シア・ユーラシアの経済と社会』10 月号，986，21-35 頁。

――――― 2014b「ウクライナ政変とオリガルヒの動き」『ロシア・東欧研究』43，2-20 頁。

――――― 2015「ウクライナ肥料産業は生き残れるか」『ロシア NIS 調査月報』60-8，120-121
　　頁。

藤森信吉 2002「ウクライナの天然ガス市場――ガストレイダーを中心にして」『比較経済体制
　　学会年報』39-1，183-197 頁。

――――― 2008「ウクライナの天然ガス事情――2006 年「天然ガス戦争」後を中心にして」『ロ
　　シア NIS 調査月報』3 月号，1-13 頁。

――――― 2014「ウクライナ危機後の天然ガス供給問題」『化学経済』8 月号，53-58 頁。

――――― 2015「2014 年度のウクライナ・ガス市場と今後の展開」『ロシア NIS 調査月報』6 月
　　号，42-50 頁。

堀江正人 2016「ウクライナ（下）高いロシア貿易依存度」日経産業新聞，7 月 7 日。

本村眞澄 2006「ロシアは信頼に足らないエネルギー供給国か」『石油・天然ガスレビュー』
　　40-2，1-11 頁。

――――― 2009「繰り返されたロシア・ウクライナ天然ガス紛争」『石油・天然ガスレビュー』
　　43-2，1-14 頁。

――――― 2016「パイプライン政策とエネルギー安全保障」杉本侃編『北東アジアのエネル
　　ギー安全保障――東を目指すロシアと日本の将来』日本評論社。

終　章

上　垣　　彰

はじめに

　本書は，種々の視角から，種々の方法論を用いて，黒海地域の歴史，政治（宗教政治を含む），国際関係，経済を総合的に明らかにしたものである。日本ではなじみの薄いこの地域の包括的研究書として，本書はユニークな位置をしめるであろう。以下では，本書を締め括るにあたり，本書各章で提出された多くの論点を整理統合して，黒海地域の特性を明確にし，現実の政治・経済・社会政策の立脚点を提供するとともに，今後の研究の方向性を示唆することとする。

1　一つの地域としての黒海地域

　黒海周辺の地域が，一つの地域概念で把握できる領域であったことは，歴史的には明快である。15世紀後半から16世紀にかけて，オスマン帝国が黒海沿岸の領域を次々に手中に収めていくとともに，ジェノヴァとヴェネツィアの商人達を黒海交易の中心の地位から降ろして，黒海をオスマン帝国の内海すなわち「オスマンの海」としたからである。この状態は18世紀後半まで続くこととなる（第1章）。興味深いのは，オスマンによる黒海交易は，南ロシアからウクライナにかけての地域や，コーカサスから帝都イスタンブルへの奴隷貿易のルートを含ん

でいたことである（第1章）。このことは，黒海地域を，黒海沿岸の地域のみならず，その後背地との関係の中で理解することの重要性を示している。これは，現在にもつながる問題である（第12章）。しかし，黒海が「オスマンの海」である状態は近代以降崩れていく。18世紀末以降，ロシアとハプスブルクの黒海交易への参入，西欧諸国の進出が進行し，オスマンの独占を崩していく。黒海地域は，複数の勢力がせめぎ合う場へ，そして，その秩序が複数の国々による国際的な枠組みの中で維持される場へと変貌していくのである（第1章）。しかし，黒海地域が，国際場裏で，国際政治経済力学の一個のまとまりのある関心の対象であることをやめたわけではない。現在では黒海は，ロシアとトルコがそれぞれ，あるいは二国で協力し合いながら，自らの「内海」にとどめておこうとしている地域である一方で，EUおよびアメリカ合衆国が，より開かれた海（黒海の「欧州化」あるいは「中立化」）へと変貌させようとしている地域でもある（第2章，第3章）。そもそも，「黒海の中立化」の問題は，19世紀後半のクリミア戦争以来の国際政治の焦点だった（第1章，第2章）。黒海周辺で起こっている種々の「紛争」もそのようなダイナミックな政治力学の中で考察すべき問題である。いずれにせよ，この地域を一つのまとまった領域として包括的に考察することの意義は今日でも失われていない。

　なお，黒海地域とはどの国・地域までを包含する概念なのか，という疑問にここで答えておこう。最も紛れのない簡単な黒海地域の定義は，それを「黒海経済協力機構（BSEC）」加盟12ヵ国とすることである。本書ではまさにこの定義を採用している（一部で例外がある）。この定義の利点は，その包含範囲の明快さとともに，それら諸国を包括的に論じる際に有用な資料や統計を，BSECが膨大に公表していることである。しかしこの定義は，「黒海」という歴史的な固有名詞を冠した地域名のそれとしては，ご都合主義的なものといえるかもしれない。実際，BSEC加盟国のうち，アルバニア，アルメニア，アゼルバイジャン，ギリシャ，セルビア，モルドヴァ[1]は黒海に接していないのである。

　1）モルドヴァは，従来黒海への出口を持たなかったが，ウクライナと小規模な領土交換を行い，ドナウ川左岸にわずかな領土を得た。これによって，モルドヴァはドナウ川経由で黒海へのアクセスを獲得した（第12章）。しかし，厳密にいうとこれでも「黒海に接している」とはいえない。

終　章　379

　もし，黒海の経済的役割として最も重要なのはその運輸経路としての役割であり，それによって輸送される商品の動きこそ我々が注目すべき問題なのだとの観点に立てば，「黒海に接している国」およびそこを通じて商品の移出入を行う後背地だけを分析の対象とすることに実質的な意味がある（第12章）。それは，黒海が「オスマンの海」と呼ばれていた時代の歴史的事実を現代に投影させて，黒海の今日における経済的・政治的意義を浮かび上がらせることになろう。

　しかし，BSEC加盟国を黒海地域とする広義の，しかし形式的な定義が何の意味もないとはいえない。比較の視点から当該地域の各国経済を包括的に論じる場合や，人の移動を視野に入れてその経済を分析する場合，さらに複雑な国際関係を総合的に考察する際には，黒海地域をBSECと同一視するような広義の定義が意味を持つのである。また，BSECの国際協力機構としての意義をどの程度のものと見るかによって，この定義の有用性も異なってくる。BSECの協力機構としての意義をわずかでも認めるなら，この広義の定義も実質的な意味を持つことになる。

　なお，黒海地域と一部共通な諸国を含みながらさらに西側に広がる領域は従来からバルカンと呼ばれた（第9章）。この歴史的に種々のイメージの付着した呼称と比較すると黒海地域はなじみのない言葉かもしれない。本書はこの地域名を，一体性を持った歴史学的・政治学的・経済学的・社会学的研究対象として定着させようとする試みである。

2　紛争地帯としての黒海地域

　黒海地域が政治的・社会的・宗教的「紛争」の見本市の観を呈していることは周知の事実である。廣瀬は当該地域が日本ではそのようなものとしか見られていない現状を嘆いているが（第10章），この日本におけるイメージがあながち誤ったものではないこともまた我々は認めざるを得ない。なぜこのような事態に立ち至ってしまったのか。この問題は，我々が本書全体で多角的に追究している問題であるのだが，筆者自身（上垣）の見解を示しておけば，この地域を覆っていた帝国（オスマン帝国，ハプスブルク帝国，ロシア帝国とその後継「擬」帝国としての

ソ連）の遺産が，複雑に絡み合いながら現在まで残存しており，それが，この地域に西欧的な近代国民国家が形成されるのを妨げている結果である，というものである。しかし，このような見方は，あまりにも高踏的な運命論的見解であって，それだけでは，現実に進行している政治の動きを無視することになるとの批判を浴びるかもしれない。我々は，個々の事象の具体的な諸側面を細かく見ていく必要もあろう。

ウクライナ（ユーロマイダン，クリミア，ドネック・ルガンスク）に関しては，核兵器や黒海艦隊という旧ソ連のインフラがウクライナに残されたこと，ウクライナの東西で「メンタリティ」が異なること，タタール人の帰還問題などの要因を考慮する必要があろう（第7章）。アルメニアおよびアゼルバイジャン（ナゴルノ・カラバフ）については，ペレストロイカ末期にすでに，ナゴルノ・カラバフ自治州の帰属替えを要求するアルメニア民族主義者の要求とそれに対抗するアゼルバイジャン側の民族主義的反応が，双方の共産党組織の制止が効かないほど高揚していたという点が重要である。軍事的には，アルメニア側がナゴルノ・カラバフの大半だけではなく，その周辺地域も占領する形で停戦を迎えたため（アルメニア側で約6000人，アゼルバイジャン側で約3万人が戦争の期間中に死亡したといわれる），アゼルバイジャン側に大量の難民が生じたことも，今日的観点からいって忘れてはならない事実である。また，アゼルバイジャン政局の動きが複雑で，その間に，アゼルバイジャンの国際関係が大きく動いた（トルコ，ロシア，アメリカに接近する時期が交代で訪れた）ことも，考慮すべき事実である（第8章）。ジョージア（南オセチア，アブハジア）に関しては，ゴルバチョフの盟友としてペレストロイカを指導していたE・シェワルナゼが1992年に故郷ジョージアに帰って，ジョージア政治を指導したという事実，しかし一方で，彼の民族政策は優柔不断な方向性の定まらないもので，それが政治的混乱を招いたことが重要である。また，いわゆる「バラ革命」によってシェワルナゼを放逐し，政権を握ったM・サアカシュヴィリがアメリカとの個人的な関係を利用して（彼にはアメリカ留学経験がある）極端な対米追従路線をとったこと，それにもかかわらず，内政においては徐々に強権的傾向を強めたことが，情勢の展開に大きな影響を及ぼしている（第8章）。

ところで，これらの「紛争」の多くは，「非承認（未承認）国家」というもの

を作り出している。非承認国家とは「ある主権国家からの独立を宣言し，国家の体裁を整え，国家を自称しているが，国際的に国家承認を受けていない」主体のことである（第10章）。黒海地域では，アブハジア共和国，南オセチア共和国，ナゴルノ・カラバフ共和国，沿ドニエストル・モルドヴァ共和国，コソヴォ共和国，北キプロス・トルコ共和国がそれにあたる（第10章）。こうした非承認国家が生み出されたのは，ソ連崩壊後の各地域の複雑な民族併存状況，すなわち，入れ子状に各民族が居住している状況の中で，ロシアが近隣地域に特別の利害意識を持って対処しているからだといえる。その意味ではこの問題は，この地域を特徴づける地域的問題とみなすことが可能である。しかし，「非承認国家」問題は他方で，国家とは何で，どのような条件が満たされれば，それが安定的に存続するのかという根源的な問題と密接に結びついている。「非承認国家」のようなものが，世界の他の地域にも生じうる可能性は否定できず，その際，国際社会はそれにどのように対処すべきか，それを考察する際の実験場の役割を黒海地域は果たしている。

3　地域「大国」ロシアとトルコ

　黒海地域には多様な国家が存在し，その国民経済の規模，人口，面積も異なる。その中で，ロシアとトルコは，GDP総額，人口，面積のどの観点からいっても，この地域の「大国」であることに異論の余地はないであろう（前掲表4-1）[2]。両国がこの地域に及ぼす政治的・経済的影響力は，他の諸国のそれとは区別して考察する必要がある。

　ロシアに関しては，それが，(1)世界規模でアメリカ合衆国およびEUを中心とする政治経済秩序に挑戦しようとする方向性を示しつつ，(2)旧ソ連空間でかつてもっていた主導性の再建を試み，(3)さらにこの黒海地域でも影響力を保持

---

2) ギリシャも1人あたりのGDPという観点からいえば，この地域の「大国」といえなくもないが，ギリシャを黒海地域の重要な一国とみなすことはできない。ギリシャは，自らそのアイデンティティをEU加盟のヨーロッパ国家であることに求めているはずであり，「ギリシャ問題」も，EUの枠組みの中でその解決が図られようとしているからである。もちろん，キプロス問題をめぐってトルコと対立する国家としての意義は看過できないが。

しようとするという重層的な「地域大国」であることが重要である。この重層的構造の中で種々の問題が凝縮して発現しているのがロシア＝ウクライナ関係である。特に，プーチン政権成立以降，ロシアでは政治と企業との関係に大きな変化が生じており，それが両国関係にも影響を与えていることに注目すべきである（第13章）。また，このことは，黒海をめぐる政治経済の動向，特に，石油・天然ガスの運輸ルートをめぐる政治的駆け引きに暗い影を落としている（第5章）。彼らの行動様式を，経済合理性の観点からのみ予測することは危険であり，このことが，ロシア経済それ自体および黒海地域経済の不安定化要因となっている。

　トルコに関しては，過去200年間最大の脅威だったロシアとの関係が，冷戦後，紆余曲折を経ながらも，政治的不可侵と経済優先という様式の下で安定化していることが重要である（第6章）。しかし，トルコが長年EU加盟を熱望していながら，未だそれが実現していないという周知の事実を考慮するなら，トルコが対ロシア経済関係をさらに深化させていくことが，トルコの将来にとって好ましいことがどうかは簡単に答えの出る問題ではない（第6章）。とくに，BTCパイプライン，ナブッコ（Nabucco）・パイプライン，サウスストリーム，トルコストリームなどの石油およびガス・パイプラインをめぐる政治は，トルコの微妙な立場を浮き彫りにしている（第5，6章）。なお，旧ソ連諸国にはトルコ語系民族が多数居住しており，彼らに対するトルコの政策が，情勢を流動化させる可能性を秘めており，これも看過できない問題である。

　ロシアおよびトルコがこの地域の国際関係に大きな影響力を及ぼしていることは，アルメニア，アゼルバイジャン，ジョージアの南コーカサス三国と両「大国」との関係，および三国同士の関係を見ることによって，容易に理解できる。そこでは三国がロシア・トルコ両国の思惑に翻弄されながらも，自己の利益貫徹のために両国を利用する複雑な政治ゲームが展開している（第8章）。

4　国民国家と跨境性

　今日黒海地域で生じている国際関係上の諸問題は，冷戦後の新しい情勢のもと，個々の小国が国民国家を形成するための産みの苦しみの中で表面化したものとみ

なすことができるかもしれない。その中で，ロシアの行動を「勢力圏を拡大してロシアを世界強国にすることを優先目標に置くプーチン」の意図（第3章）から説明しようとするならば，小国の国民国家形成の努力を，ロシアが古い帝国的意識から阻害しているということになろう。その場合，ロシアとそれに対抗する勢力との対立は，軍事的・非軍事的（スパイ活動やマスコミを通じた意識操作を含む）手段を用いた権謀術数と中間派の取り込み（合従連衡）といった古典的な外交・安全保障政策の下で進行していることになる。このような見方は，情緒的な希望的観測を超えたリアル・ポリティクスの視点に根差すもので，強い現象説明力がある[3]。日本の対黒海地域政策もこのような観点から形成されていく可能性が強い。したがって，我々はまず，このリアル・ポリティクスの立脚点に立って事態の全体像を概観する必要がある。

　しかし，現実に現地で日々の生活を送っている人々のミクロの視点に立つなら，事態は別様に見えてくる。クリミア，南オセチア，沿ドニエストルなどに入り込んで，宗教関係者にインタビューを試みた松里は，独自の宗教政治学の観点から，「主権国家」の線引きを超えて動く（跨境する）人々の姿を描いている。松里によれば，第二次オセチア戦争によってジョージアから分断されたかに見える南オセチア・レニンゴル郡のジョージア人，EU の沿ドニエストル経済封鎖によってポーランドから分断されたかに見える沿ドニエストル北部のカトリック，ロシアのクリミア編入によってトルコから分断されたかに見えるクリミア・タタールのような「マイノリティは，「外なる祖国」と緊密な協力を続けているだけではなく，それを（レニンゴル，クリミアについては新参の）現地当局者からの新たな援助の引き出しと結びつけている」という。また「変動後も世俗国家の国境と宗教上の境界線は一致していない」のだという。こうした観点から松里は「主権国家という枠組みにとらわれていては環黒海地域の政治はわからない」と主張する。松里は，古典的地政学や新冷戦の文脈で論じられることの多い非承認国家も，国家間関係の枠を超えて，トランスナショナルな活動を展開する場として肯定的に

3）ただし，アメリカの共和党系保守本流（すなわち，左翼活動家から転向して共和党員となったネオコンとは異なる人々）のリアル・ポリティクスは，「民主主義の輸出」といった理念的政策の価値をそもそも認めない，さらに現実主義的なものである。ジョン・ミアシャイマー「悪いのはロシアではなく欧米だ──プーチンを挑発した欧米のリベラルな幻想」『フォーリン・アフェアーズ・リポート』2014 年 9 月号を参照せよ。

捉える（第11章）。

　上垣も一見全く異なる方法論から，同様のことを論じている。すなわち，ロシアで働き，故郷に送金する多くのウクライナ人（彼らもまた跨境者である）の存在を前提とすれば，ロシアとウクライナとの対立も別様に見えてくるからである（第4章）。また，企業活動の跨境性にも我々は注目する必要がある。現代世界の最も重要な政治的・経済的・文化的アクターの一つである企業は，この地域でも，時に公式の国家の枠組みを食い破っているからである（第13章）。

　このような観点が，上記のリアル・ポリティクスと完全に矛盾しているわけではない。我々には，マクロのリアル・ポリティクスとミクロの跨境現象との双方を同時に見据える複眼的視点が必要である。

5　今後の研究の方向性

　以上，本書の提出した論点を4つにまとめて概観した。そこで明らかになったのは，歴史，政治，国際関係，経済，宗教の諸問題が複雑に絡み合うその重層性である。ここでは，政治問題を政治の視点だけから，経済問題を経済の視点だけから見ていては，解決法を見いだすことはできない。そのためには多面的な学際的接近法が必須となる。本書は，このような学際的接近法によって黒海をめぐる諸問題を論じた世界で初めての研究であるといえる。ただし，我々の達成はなお十分なものとはいえないだろう。我々は今後どのような方向に研究を深めていけばよいだろうか。そのヒントは前節の最後に示されている。上で筆者は，マクロとミクロの複眼的視点の重要性について言及した。このことは，単にリアル・ポリティクスと跨境現象との関係だけに当てはまるものではない。新聞紙上に「事件」として報道される大状況と，人々の日々の暮らしおよび移動との間を繋ぐ論理が必要なのである。たとえば，国家間の交渉が人の移動と彼らが持ち運ぶ資金の量を制限する側面と，人々の移動が国家間の取り決めを掘り崩していく側面とを動的に把握していくような研究方法が望まれるのである。今後さらに種々の専門家の協力が必要であろう。

あとがき

　本書は，黒海地域を一つの地域として捉え，同地域の国際関係の構造を歴史的，政治的，経済的観点から分析するとともに，各国・地域からの視点に加え，地域特有のイシューに焦点をあてることで，黒海地域の特徴を明らかにしようと試みた。本書を閉じるにあたり，欧州とアジア・太平洋の安全保障のリンケージについて概観することで，黒海地域の国際関係を，欧州からアジア・太平洋へと至るユーラシア国際関係の文脈に位置づけてみたい。

　冷戦直後，最初に地政学的な地殻変動が起きたのは欧州であった。ドイツ再統一をめぐる諸大国間交渉において，NATO と EU を柱とする冷戦後の欧州国際秩序が創設され，やがて NATO は冷戦後の生き残りをかけて東方拡大に乗り出し，EU もそれに続いた。その結果，バルト諸国と旧ワルシャワ条約機構加盟諸国がNATO/EU に加盟し，NATO と EU は 2004 年から 2007 年にかけて黒海沿岸に到達した。そして，2008 年 4 月の NATO ブカレスト・サミットがジョージアとウクライナの将来の NATO 加盟に言及すると，ロシアの攻勢が強まり，同年夏にロシア＝ジョージア戦争が起きた。

　他方，アジア・太平洋地域では，冷戦後，ソ連の崩壊とアメリカの衰退によって「力の真空」が生じたが，しばらくはそれを埋めにかかる勢力は現れず現状維持が続いた。ところが，やがて中国が高度経済成長を遂げて経済軍事大国となり，協調外交から強硬な外交政策へと舵を切って力の真空を埋め始めたのである。これに対しアメリカの J・W・ブッシュ政権は中国脅威論に則って対抗措置を取り始めたが，同時多発テロによって方向転換を余儀なくされ，リバランス政策の名の下で対中政策を本格化させたのはオバマ政権であった。同政権は，当初，中国との経済関係を強化すれば良好な国際環境が醸成され，安全保障効果も期待できると考えていた。ところが，北朝鮮問題で協力が得られなかったばかりか，中国の尖閣諸島や南シナ海への進出が急進化したため，2011 年末からリバランス政策に着手して対外戦略の重点を欧州と中東からアジア・太平洋へと移し，日本，

韓国，豪州など同盟国と共に中国に対する関与（エンゲージ）と抑止の政策を強めたのである。

その背景には，リバランス政策の導入を可能にする，欧州国際情勢の変化があった。EU が 2009 年春から東方パートナーシップを開始して，NATO に代わって東方外交を促進し始めたことに加え，ウクライナが 2010 年に NATO 加盟目標を取り下げたため，NATO，ひいてはアメリカの欧州における役割が軽減されたのである。また，中・東欧の安全保障を確信していたがゆえに，オバマ政権はリバランス政策に踏み切ったと言われる。

ところが，理由はともあれ，アメリカのリバランス政策によって中・東欧と中東におけるアメリカのプレゼンスが低下したため，中国がそこへ浸透し始めた。習近平国家主席が 2013 年 9〜10 月に中央アジアと東南アジアを訪問して「一帯一路」戦略を打ち上げ，陸路と海路を介してアジアと欧州を結ぶ構想を提唱するとともに，2012 年以降毎年，中・東欧諸国と「16 ＋ 1」サミットを開催してきたのである。

これに対し，当初プーチン大統領はじめロシア政府高官は，同政策を憂慮していた。一帯一路政策は，旧ソ連諸国に特別な関心を寄せるロシアの利益と多くの点で重なるからである。ところが，北京のある国際政治学者によれば，2014 年 2 月のソチ会談で，プーチン大統領は習近平国家主席に，ロシアが掲げるユーラシア経済連合と中国の一帯一路政策との協力を申し出たという。まさにウクライナでユーロマイダン革命が進行中で，プーチン大統領はすでにこの時点でクリミア併合を決意していたがゆえに中国との協力が必要となり，このような申し出を行ったのではないかと同学者は語った。

そして，ユーロマイダン革命によって 2014 年 2 月に親露的なヤヌコヴィチ政権が倒れると，中国との協力を取り付けたプーチン大統領は，リバランス政策が招いた「力の真空」状態において数万人の軍隊をロシア西部国境地帯に動員してクリミアを併合し，続いて 4 月はじめにウクライナ東部のドンバスで開始された分離主義運動を支援し始めたのである。これに対し，欧米は対露制裁を発動し，米国は 6 月に欧州再保障イニシアティヴ宣言を発して中・東欧の防衛強化に乗り出し，NATO はロシアに対する抑止力と集団防衛の強化に向かった。

このようにして，世界の関心がウクライナに注がれるなか，中国は 2014 年 5

月はじめに，ヴェトナム沖の南シナ海西沙（パラセル）諸島周辺に石油掘削装置（リグ）HS981 を設置して掘削作業を開始し，排他的経済水域であると主張するヴェトナムと真っ向から対立した。そして，中国は九段線内で大規模な埋め立て作業を続け，軍事利用も可能な滑走路建設を始めたのである。他方ロシアは，南シナ海でこのような中国の強硬な政策が続くなか，2015 年 9 月にセヴァストポリ軍事基地から黒海とトルコ海峡を経てシリアのタルトゥス軍港へ武器弾薬を運び入れ，同月末にシリア空爆に踏み切ったのであった。

このようにして，ロシアの黒海および東地中海における現状打破政策と，中国の南シナ海における現状打破政策が並行して進められてきた。その結果，黒海は，北極海，東シナ海，南シナ海，インド洋，東地中海など世界中で展開される，海洋をめぐるパワー・ポリティクス（権力政治）の一角を占めるに至った。それゆえ，日本の東シナ海，南シナ海，北極海政策は，黒海地域の国際関係を勘案しながら進めていくことが肝要となった。

さらに，北方領土問題も，黒海地域で生じたウクライナ危機と密接な関連性を有することとなった。安倍政権は，ウクライナに約 18 億 5000 万ドルの支援をして国際社会における責務を十分果たしたと主張し，ロシアとの関係は二国間問題であるとして安倍＝プーチン会談を重ねてきたが，日本の対露外交は，ウクライナ危機によってロシアと対立を深める G7 の動向といくつかの点で矛盾する。プーチン大統領の日本公式訪問は，ロシアの国際的孤立を企てるオバマ政権の外交路線とかみ合わないし，日本の対露経済支援は，ミンスク合意の不履行を理由に延長し続ける EU の対露制裁効果を損ないかねない。また，中露関係に風穴を開けるためにも日露対話は必要であるとの主張も，説得力に欠ける。いくらロシアが中国のジュニア・パートナーになることを嫌っているからと言って，また中露の間に不信感や利害対立があるからと言って，欧米と対立を深めるロシアが，同諸国との交渉においてきわめて貴重な中国カードを疎かにするとは考えにくいからである。また，プーチン体制が安定している時こそ北方領土問題を解決できる好機であるとの論理も短絡的である。問題にすべきは政権の安定理由であり，プーチン体制が民族主義勢力への依存を強めていること，さらにはクリミア併合によるロシア民族主義の高揚によって支えられていることを想起すれば，プーチン大統領が領土問題で譲歩できるような状況にないことは一目瞭然である。この

ようにして，北方領土問題がウクライナ危機に端を発する新たな諸大国（米欧露中）間関係と密接なつながりを持つに至ったがゆえに，日本にとっても黒海地域の国際関係を理解することが必要不可欠となったのである。

　本書は，このようにして世界政治におけるフォーカル・ポイントの一つとなり，日本外交にとっても重要性を増した黒海地域の国際関係について，日本で初めて本格的に取り組んだ専門書である。本書が，日本における黒海地域への関心の高まり，若き黒海地域研究者の誕生，黒海地域の平和と安定に向けた外交や国際交流に少しでも資することができれば，編者として望外の喜びである。

　長期にわたり編者と苦楽を共にしながら原稿を執筆くださった，第一線で活躍される執筆者諸氏に心より感謝を申し上げたい。また，本書の構成上執筆陣に加わっていただけなかったが，科学研究費基盤 A（海外）「黒海地域の国際関係──4 次元分析における学際的総合研究」で研究協力くださった方々，とりわけ，佐藤真千子氏，小窪千早氏（両氏とも静岡県立大学国際関係学部専任講師），大西富士夫氏（北海道大学北極域研究センター准教授）に深謝したい。三氏のご支援がなかったら，イスタンブルと静岡における国際会議の開催は不可能であった。

　本書の出版は，名古屋大学出版会の橘宗吾氏が本書の意義を理解してくださったおかげで可能となった。できる限り統一性ある学術書にすべく，橘氏と同会の山口真幸氏はきわめて丁寧に原稿に目を通してくださり，貴重なアドヴァイスを与えてくださるとともに，地図や索引の作成にご尽力くださった。両氏に厚く御礼申し上げたい。

　なお，本書を刊行するにあたって，日本学術振興会平成 28 年度科学研究費補助金（研究成果公開促進費・学術図書）の支援を賜った。記して謝意を表したい。

2016 年 12 月 12 日

編　　者

図表一覧

地図 1　黒海地域と周辺世界 ………………………………………………………… 2
地図 2　黒海地域 ……………………………………………………………………… 7
地図 3　黒海地域の歴史的変遷 …………………………………………………… 27
地図 4　冷戦時代の黒海地域 ……………………………………………………… 77
地図 5　ロシア周辺の黒海地域 ………………………………………………… 155
地図 6　トルコ周辺の黒海地域 ………………………………………………… 177
地図 7　ウクライナ周辺の黒海地域 …………………………………………… 198
地図 8　南コーカサス周辺の黒海地域 ………………………………………… 217
地図 9　バルカン周辺の黒海地域 ……………………………………………… 246

図序-1　諸大国による狭間をめぐる権力政治の推移 ……………………… 13
図 4-1　4ヵ国域内輸出（対世界輸出中の比重：％）…………………… 147
図 6-1　トルコの貿易相手別比率 ……………………………………………… 188
図 6-2　トルコの輸入相手別比率 ……………………………………………… 188
図 6-3　トルコの輸出相手別比率 ……………………………………………… 189
図 6-4　トルコの輸出入に占めるロシアの割合 …………………………… 190
図 6-5　トルコの石油・天然ガス輸入額 …………………………………… 190
図 6-6　旧ソ連圏およびロシア国籍のトルコ入国者 …………………… 191
図 12-1　黒海の港湾 …………………………………………………………… 320
図 12-2　2012 年の黒海港湾の取扱貨物量 ……………………………… 321
図 12-3　黒海を通過する主な迂回輸送路 ………………………………… 327
図 12-4　黒海から発送される主要商品の国際価格の推移（2012 年 1 月の水準＝100）… 339

表 4-1　BSEC 加盟国経済概況 ……………………………………………… 133
表 4-2　BSEC 加盟国失業率 ………………………………………………… 136
表 4-3　BSEC 加盟国財政赤字状況（対 GDP 比率：％）………………… 137
表 4-4　BSEC 加盟国経常収支（対 GDP 比率：％，マイナスは赤字）… 139
表 4-5　在外労働者の報酬・送金による経常収支赤字の改善 ………… 141
表 4-6　輸出相手地域・国別比重（対全世界輸出中の比重：％）…… 146
表 8-1　アゼルバイジャンの石油パイプライン …………………………… 223
表 8-2　アゼルバイジャンの天然ガスパイプライン …………………… 224
表 9-1　バルカン諸国の貿易関係 …………………………………………… 264
表 10-1　黒海地域の非承認国家概観 ……………………………………… 276
表 10-2　黒海地域の連邦の遺産と非承認国家の関係 ………………… 280
表 10-3　黒海地域の主たる紛争・戦争によって生じた難民・IDP の概要 … 288
表 12-1　ウクライナの港湾における輸出入貨物の輸送相手国（2012 年）………… 325
表 12-2　黒海諸国が主要商品の世界全体の輸出に占めるシェア（2012 年，数量ベース）… 330

事項索引

ア 行

アヴァール　5
アザク　31
アジャール人　218
アジャリア　9, 228
アストラハン　33
　　——・ハーン国　33
アゼリ・チラグ・グネシュリ油田　331
アゼルバイジャン　3, 7-9, 21, 49, 57, 58, 73, 77-
　　79, 81, 82, 86-88, 93, 94, 102, 113, 114, 121,
　　129, 133-139, 141, 142, 145, 146, 148, 149, 157,
　　160-164, 169, 170, 177, 183, 184, 187, 189, 190,
　　192, 193, 215, 217-225, 228-241, 264, 276, 279-
　　281, 288, 290, 291, 295, 299, 301, 322, 328, 331,
　　332, 337, 378, 380, 382
　　——共和国　295
アゾフ　31, 33, 35, 320, 321
　　——海　4, 5, 7, 35, 36, 45, 48, 81, 155, 177,
　　198, 210, 217, 318-320, 322, 323, 336
　　——艇隊　36
アダナ　41, 67
「新しいヨーロッパ」　→ヨーロッパ
アッケルマン　31
　　——協約　40
アッティカ地方　26
アディゲ　→チェルケス
アドリアノープル条約　40, 41
アナトリア　1, 26, 30, 31, 41, 45, 49-52, 59, 177,
　　178, 193, 251, 260
　　——横断天然ガスプロジェクト　170
　　トランス・——・パイプライン　→TANAP
　　西——　58
アバシー派　313
アハルカラキ　217, 225
アハルゴル　303, 304　→レニンゴル
アフガニスタン戦争　17, 90, 93
アブハジア　7-9, 79, 102-107, 155, 168, 169,
　　177, 217-220, 228, 273, 276, 279, 280, 285, 286,
　　288, 295, 296, 299-302, 305, 380, 381
　　——共和国　276, 381
　　——戦争　304

アメリカ　9, 66, 68-74, 78, 79, 84, 85, 90, 92, 93,
　　95-98, 100, 101, 104-106, 108, 110-113, 118-
　　121, 123, 131, 132, 134, 139, 143, 155, 156, 160-
　　162, 165-170, 172, 173, 177, 181, 193, 194, 200,
　　205, 211, 215, 227, 228, 231, 237, 239, 240, 246,
　　248, 255, 261, 264, 268, 274, 276, 288, 296, 321,
　　333, 338, 343, 348, 378, 380, 381, 383
　　——同時多発テロ　17, 84, 90, 200
アラニア主教座（教会）　305, 306
アラビア半島　31
アラブ　288, 299, 311
　　「——の春」　227, 295, 299
アラン　5
アルカイダ　93
アルダハン　49, 58, 67, 177, 179
アルトヴィン　177, 179
アルバニア　2, 7-9, 13, 57, 60, 71, 77, 89, 90,
　　129, 130, 132-137, 139, 141, 145, 146, 148, 149,
　　245, 246, 251-253, 257, 261, 264, 265, 276, 278,
　　284, 288, 378
アルメニア　3, 7-9, 27, 31, 50-52, 57-59, 68, 73,
　　77-79, 81, 82, 86, 87, 94, 114, 121, 129, 132-
　　137, 139, 141, 144-146, 149, 157, 162, 163, 170,
　　176-180, 183, 184, 189, 192, 193, 215, 217-223,
　　225, 228-236, 242, 264, 276, 277, 279, 288, 289,
　　299-301, 308, 310, 322, 341, 378, 380, 382
　　——・カトリック教会　308
　　——使徒教会　8, 219, 299, 300, 308
　　——人ジェノサイド　9, 68, 85, 96, 192, 219,
　　230, 231, 233, 234　→ジェノサイド
　　——・ディアスポラ　230, 231, 301
　　「トルコ共和国と——共和国間の国交樹立に関
　　する協定」　→トルコ
アレクサンドリア　300
アレクサンドルポリ　164, 177, 203
アレクサンドロポル条約　178
アンカラ　2, 7, 17, 77, 82, 157, 166, 177, 183,
　　184, 217, 246, 312
　　——宣言　331
「アンチNATO」　→NATO
アンティオキア　300
安定連合協定　89, 90

安定連合プロセス　→SAP
イェニカレ　35
イェニチェリ　40
イェルサレム　43
イオニア共和国　37
イオニア諸島　37
イギリス　2, 6, 13, 14, 19, 31, 36-43, 45-47, 49-51, 53, 56, 58-64, 66-69, 73, 74, 79, 143, 246, 248, 264, 266, 267, 275, 276, 288
　　──艦隊　51, 58
　　──独海軍条約　62
　　──仏独伊4ヵ国協定　61
　　──露協商　51
イスタンブル　2, 7, 18, 19, 21, 26, 31, 32, 40, 41, 45, 48, 50-53, 58, 69, 87, 88, 92, 129, 157, 161, 163, 166, 177, 182, 220, 246, 249, 275, 297, 305, 320, 321, 326, 377
　　──協力イニシアティヴ　92
　　──条約　33
　　──宣言　198
イズマイル　177, 198, 205, 246, 320, 321
イズミル　58, 70, 177
イスラーム（教）　8, 29, 30, 83, 93, 181, 186, 217, 218, 220, 265, 278, 289, 297, 299, 313
　　──化　33, 298-300
　　──世界　31, 45
　　──戦士集団　30
イタリア　2, 4, 6, 11, 13, 18, 32, 51, 58-62, 65-68, 73, 143, 165, 173, 193, 224, 252, 263, 264, 278, 333
　　──商人　5, 18, 29
　　──占領方式　69
　　──のエチオピア侵攻　→エチオピア
　　英仏独──4ヵ国協定　→イギリス
　　独──相互不干渉条約　→ドイツ
　　仏──ローマ条約　→フランス
「一帯一路」戦略　122, 337, 386
イテラ　352, 353, 355, 356, 359-361
イネボル港　1
イラク　3, 58, 60, 79, 85, 94, 96, 100, 101, 118, 200, 209, 217, 264, 268, 288, 289
　　──戦争　16, 17, 90, 93, 100, 101, 165, 166
　　「──・レヴァントのイスラーム国」　→ISIL
イラン　3, 31, 51, 73, 87, 93, 94, 106, 108, 109, 112, 118, 162, 177, 187, 190, 191, 217, 219, 220, 222-224, 228, 230, 235, 288
　　──革命　224
イリチウシク港　320, 326, 337
色革命　93, 96-99, 101, 102, 123, 226, 227, 237,

240, 241　→「オレンジ革命」,「バラ革命」
イングーシ　7, 9, 68, 155, 177, 217, 288
インテルガス　354-357
インド　40, 49, 61, 65, 72, 142, 246, 264, 334
　　──正教会　→正教会
　　──洋　387
「ヴァリャーグからギリシャへの道」　→ギリシャ
ヴァルナ　28, 45, 320, 321, 333
ウィーン会議　38, 39
ウィーン議定書　38
ウィーン体制　20, 38, 39, 43, 44, 49
ヴィクスン号　42
ヴィザ　187, 192, 259, 312
ヴィシェグラード・グループ　10, 11
ヴィリニュス　2, 97, 100, 114, 206, 235, 240, 241
ヴェネツィア　5, 18, 27, 30, 31, 377
　　──商人　30
ヴェルサイユ体制　13, 20, 52, 56, 61, 63, 73, 74
ヴォルガ河口　33
ヴォルガ・タタール　311　→タタール
ウクライナ　1, 2, 7-9, 12, 13, 15, 17, 21, 31, 45, 57, 58, 65, 68, 73, 77, 79, 81-83, 86-88, 92-104, 107, 113-123, 129-131, 133-137, 139, 141, 144-146, 148, 149, 154-163, 165, 167, 168, 170-173, 182, 187, 189, 191, 193, 197-214, 218, 226-229, 235-241, 246, 258, 259, 264, 267, 268, 276, 278, 279, 281, 282, 285, 286, 288, 290, 294-298, 300-302, 309, 311, 313, 318-321, 323-327, 329-338, 340-343, 346-372, 377, 378, 380, 382, 384
　　──危機　12, 15, 76, 88, 105, 108, 115, 120, 123, 130, 132, 206, 211, 281, 291, 318, 319, 335, 339, 340, 343, 387, 388
　　──＝トルコ友好善隣条約　82
　　──・ナロードヌィ・ルーフ　200
　　──＝ルーマニア善隣・協力関係条約　200, 205
　　右派セクター　115, 200
　　急進党　209
　　共産党　199
　　国家安全保障概念　211
　　自由党　208
　　対外政策の基本方向　202
　　地域党　101, 201, 207-209, 335
　　ロシア＝──友好・協力・パートナーシップ条約　→ロシア
　　「我々の──」　200, 201
ウクルガスエネルゴ　363-365
ウクルガスプロム　350, 356
ウクルスペツエクスポルト　200

ウズベキスタン　3, 88, 93, 160, 161, 164, 168, 183, 184, 205, 217, 237, 239, 279, 288, 291, 302, 360

右派セクター（ウクライナ）　→ウクライナ

ウラジーミル大公国　32

ウンキャル・スケレッシ条約　→ヒュンキャル・イスケレシ条約

英独海軍条約　→イギリス

英仏独伊4ヵ国協定　→イギリス

英露協商　→イギリス

エーゲ海　4, 7, 26, 28, 57, 77, 177, 245, 246, 261

エキュメニズム　306

エジプト　36, 40-42, 50, 58, 71, 72, 181
　　──軍　41
　　──問題　42

エストニア　2, 80, 89, 240, 279, 282, 295

エチオピア　61, 313
　　──侵攻　61
　　──正教会　→正教会

エディルネ条約　40, 41

エニ　165

エノシス　181

エルサレム　300

エルズルム　7, 104, 163, 177, 192, 217, 222, 224

沿ドニエストル（トランスニストリア）　9, 68, 79, 95, 98, 100-102, 104, 116, 117, 122, 205, 209, 212, 255, 258-260, 273, 276, 279, 280, 288, 294-297, 301, 302, 307-310, 314, 315, 383
　　──・モルドヴァ共和国　259, 276, 296, 381

欧州　→ヨーロッパ
　　──安全保障協力会議（CSCE）　77, 78
　　──安全保障協力機構　→OSCE
　　──安全保障条約　108
　　──安全保障防衛政策（ESDP）　91
　　──議会　192
　　「──共通の家」構想　82
　　──共同体（EC）　77, 114
　　──近隣諸国政策　→ENP
　　──再保障イニシアティヴ　121, 386
　　──・大西洋パートナーシップ理事会（EAPC）　78, 91, 238
　　──通常戦力　→CFE
　　──評議会　88, 90, 91, 160, 205, 237, 241
　　──民主主義基金　241
　　──連合　→EU
　　バレンツ海──北極圏評議会　→バレンツ海

オーストリア　2, 6, 11, 13, 38-40, 42, 43, 46, 47, 49, 51, 53, 57, 60, 61, 65, 113, 143, 164, 166, 192, 197, 263, 264, 278, 288, 324, 338, 349, 361, 369
　　──・ハンガリー帝国　27, 48
　　プロイセン=──戦争　→プロイセン

オストケム　338, 368, 369

オスマン（帝国）　4, 6, 13, 18, 21, 27, 30-53, 56, 58, 59, 68, 80, 176-178, 192, 194, 219, 230, 245-251, 275, 298, 377-379
　　──艦隊　37, 52
　　──の海　6, 18, 21, 31, 32, 34-36, 52, 377-379
　　ロシア=──戦争　→ロシア

オセチア　103, 276, 288, 301, 303-305, 307
　　──戦争
　　第一次──　303
　　第二次──（2008年戦争）　295, 297, 314, 383
　　北──　7-9, 155, 177, 217, 276, 288, 302
　　南──　7, 9, 79, 102-107, 155, 168, 169, 177, 217-220, 273, 276, 279, 280, 285, 286, 288, 289, 295-297, 300-307, 314, 315, 380, 381, 383
　　　──共和国　276, 381
　　　──戦争　220, 288, 302

オデッサ　7, 36, 39, 45, 66, 68, 116, 155, 173, 198, 203, 204, 209, 211, 213, 229, 246, 288, 320, 321, 326, 331, 332, 336
　　──・ブロディ石油パイプライン　327, 331, 332

オデッソス　36

オトポール！　226, 227

オフリド合意　89

オランダ　2, 31

オリガルヒ　94, 200, 201, 209, 212, 338, 352, 368

「オレンジ革命」　15, 16, 93, 95, 101, 102, 165, 167, 168, 197, 200, 201, 207-209, 213, 226, 238, 332, 362　→色革命

カ　行

カーゾン線　58

カーメンスキー　308

外国直接投資（FDI）　134, 145, 147

ガガウズ　8, 9, 260, 295, 302

カザフスタン　3, 7, 113, 117, 162, 168, 194, 202, 217, 279, 291, 322, 331, 335, 337, 360
　　関税同盟（ロシア=ベラルーシ=──）　→関税同盟

カサブランカ会談　67, 68

カザン・ハーン国　33

カシューブ人　295

ガス・トレーダー　353, 354, 356

カスピ海　3, 7, 17, 77, 97, 99, 100, 105, 113, 118,

事項索引　　393

155, 160-162, 164, 192, 203, 215, 217, 222, 240,
　　319, 322, 323, 327, 331, 333, 337
　　──パイプライン・コンソーシアム（CPC）
　　　162, 331
　　黒海・──企業連盟　→黒海
　　トランス・──パイプライン　　113
ガスプロム　　113, 158, 165, 167, 168, 171, 327,
　　328, 333, 341, 346-353, 355-372
ガス紛争　　167, 201, 206, 350, 364-369
カッファ　　30, 31
カトリック（ローマ・カトリック）　→ローマ
加盟行動計画　→ MAP
カラチャエヴォ－チェルケシヤ　　311
カラバフ　→ナゴルノ・カラバフ
カラマンリス家　　260
ガリ　　304, 305
ガリポリ（ゲリボル）　　52
カルケドン　　299
　　──公会議（451 年）　　299
　　──信条　　295
　　非──派　　297, 299, 308
カルス　　48, 58, 67, 177, 179, 217, 225
　　──条約　　179
カルトリ・カヘティ王国　　35, 38
関税同盟（ロシア＝ベラルーシ＝カザフスタン）
　　112-114, 202, 235, 236
キエフ　　2, 7, 45, 77, 85, 97, 115, 117, 158, 162,
　　198, 199, 201, 203, 207, 239, 240, 294, 295, 300,
　　302, 313
　　──公国　　5
　　──総主教座　　298
　　──・ルーシ　　29, 32
　　──主教座　　306
議会間総会（PABSEC）　　202, 213
キシナウ　　2, 7, 97, 98, 161, 198, 205, 238, 246,
　　288, 307, 310
　　──および全モルドヴァ司教区　　95
　　──司教座　　308
キスティ人　　218
北オセチア　→オセチア
北キプロス・トルコ共和国　→キプロス
北コーカサス　→コーカサス
北大西洋協力理事会（NACC）　　78, 91
北大西洋条約機構　→ NATO
北ブコヴィナ　→ブコヴィナ
キプチャク・ハーン国　　30
キプロス　　9, 13, 21, 50, 58, 72, 180, 181, 261,
　　264, 275, 276, 288, 295, 352, 368
　　北──・トルコ共和国　　261, 273, 275, 276,

288, 381
　　──問題　　73, 85, 96, 130, 178, 261, 276, 381
救国戦線（ルーマニア）　→ルーマニア
「急進左派連合」（ギリシャ）　→ギリシャ
急進党（ウクライナ）　→ウクライナ
九段線　　387
宮廷革命　　80
キューバ危機　　72, 180
旧ユーゴ国際刑事法廷　→ユーゴスラヴィア
旧ユーゴスラヴィア　→ユーゴスラヴィア
旧暦派　　305-307, 315
キュチュク・カイナルジャ条約　　34-37, 39, 52
境界型周辺　　248, 251, 257, 266, 267
教会法　　298, 300, 305-307
　　「──上の領域」　　298
教皇　　298, 308
共産党（ウクライナ）　→ウクライナ
協商国　　51, 52, 58
強制移住　　59, 68, 199, 211, 289, 310
共通空間（EU＝ロシア）　　8, 107, 108
共同国家　　283, 286
教理（カテキズム）　　310
共和人民党（トルコ）　→トルコ
共和党国際研究所（IRI）　　93
漁業　　99, 218, 319, 320
「勤労，被搾取人民の権利の宣言」　　57
キリ　　31
ギリシャ　　2, 4-10, 13, 19, 21, 26-28, 29, 31, 32,
　　36, 37, 39, 41, 51, 52, 57-61, 66, 68-74, 77, 81-
　　83, 98, 129, 130, 132-139, 141, 142, 145-148,
　　164, 172, 173, 179-182, 192, 193, 221, 245, 246,
　　249-253, 260-266, 275, 276, 278, 298, 305-307,
　　340, 341, 378, 381
　　「ヴァリャーグから──への道」　　33
　　「急進左派連合」　　261
　　──王国　　27, 249
　　──革命　　39
　　──系キプロス　　81, 288
　　──商人　　39
　　──正教　→正教
　　──戦争　　41
　　──独立　　40, 53
　　──問題　　40, 381
　　全──社会運動　　261, 262
キリスト教　　29, 33, 218, 219, 297, 299, 306
　　──徒　　9, 31, 39, 50
　　──民主人民党　→モルドヴァ
キリスト聖心協会　　308
キリヤ　　177, 198, 205, 246

キルギスタン　93, 183
「近代化のためのパートナーシップ」（EU＝ロシア）　8, 108
クサン渓谷　303
クセンゾフカ　308
グダンスク－オデッサ回廊　203
クチマ・ゲート事件　94
クチマ政権　79, 94, 101, 199, 358
クマン　5
クラコフ　308
グラスノスチ　15, 73
クラスノダル　7, 155, 165, 177, 198, 217, 333, 341
クラマトルスク　155, 198, 209
クラヨーヴァ条約　65
クリミア　9, 18, 30, 35-37, 53, 66, 67, 81, 82, 86, 104, 114-116, 130, 131, 155, 158, 160, 191, 197-200, 203, 206-212, 260, 291, 294, 295, 297, 299, 300, 311-315, 335, 336, 341, 369, 380, 383
──憲法　82
──自治共和国法　82
──宗務局　312-314
──戦争　43-49, 53, 378
──・タタール　8, 47, 68, 197, 199, 210, 291, 297, 310-315, 383　→タタール
──半島　7, 29, 30, 35, 43, 95, 155, 157, 160, 167, 170, 177, 198, 200, 246, 336
──編入／併合　9, 12, 36, 115, 117, 118, 121, 130, 155, 158, 170, 191, 213, 260, 285, 286, 291, 297, 300, 302, 312, 314, 335, 336, 369, 383
クリム・ハーン国　27, 30, 34, 35
クルーズ・ミサイル　118
グルジア　7, 30, 35, 77, 215, 219, 273, 380, 383
──諸王国　30
クルスク　45
クルディスタン労働者党（PKK）　81, 184, 185
クルド国家　58, 85
クルド人　8, 81, 85, 120, 262, 295
クルド民主統一党　120
「グレートゲーム」　49
グレゴリウス暦　306
クレタ島　40, 46
クレムリン　67, 208, 300
グローズニー　155, 161
計画・再検討作業（PARP）　92
経済封鎖　297, 309, 310, 314, 383
経常収支（勘定）　135, 138-144, 148, 348
ゲオルギエフスク条約　35
ケフェ　30

ケルチ　28, 35, 210, 320, 321, 336
──海峡　4, 7, 9, 35, 81, 155, 177, 198, 200, 202, 217, 336
権威主義　79, 94, 186, 218, 227, 287, 301
「権利と自由のための運動」（ブルガリア）　→ブルガリア
権力浄化法　213
広域ヨーロッパ　→ヨーロッパ
公正党（トルコ）　→トルコ
公正発展党（AKP、トルコ）　→トルコ
コーカサス　5, 20, 29, 31, 34, 35, 37, 40, 41, 43, 45-48, 51-53, 66, 81, 84, 85, 96, 99, 178, 181-183, 185, 186, 202, 203, 218, 231, 232, 234, 272, 276, 299, 322, 327, 377
北──　8, 216, 288, 290, 311, 313
──安定・協力プラットフォーム（CSCP）　231, 232
──安定条約　105
──協力安定協定　189
──山脈　4, 38, 47, 216
──戦争　47
トランス──　8
南──　1, 8, 15, 16, 22, 57, 78, 97, 215-217, 220, 221, 224, 232, 241, 242, 268, 382
──・パイプライン　223
ヨーロッパ－──－アジア輸送回廊「トラセカ」　→ヨーロッパ
ゴート族　29
コーポレート・ガバナンス　353, 370
ゴーラス　112
コガルニチャヌ基地　100
跨境　115, 297, 382-384
──アクター（トランスナショナルなアクター）　294-296
──政治（トランスナショナリズム）　294, 296-301, 314, 315, 346
──マイノリティ　314
──民族　294
国外同胞（域外同胞，在外同胞）　297, 300, 302, 310
国際刑事裁判所　289
国際司法裁判所（ICJ）　205, 284, 285
国際治安支援部隊（ISAF）　91, 101
国際通貨基金　→IMF
国際連合（国連）　10, 72, 79, 86, 91, 107, 119, 166, 187, 189, 205, 206, 210, 241, 258, 275, 276, 284, 285, 287, 288, 319
──エスポー条約委員会　205
──コソヴォ暫定ミッション　257

国際連盟　58, 61, 62
——理事会　63
国内避難民（IDP）　210, 287-289
国防機関創設パートナーシップ行動計画（PAP-DIB）　92
国民　80, 86, 112, 115, 120, 122, 130, 132, 135, 138, 139, 143, 145, 150, 156, 171, 173, 186, 200-202, 208, 211, 213, 228, 266, 274, 278, 287, 301, 310, 314, 323, 329, 361, 381
——建設　315
——国家　16, 18, 79, 80, 122, 295, 300, 318, 380, 382, 383
——自由党（ルーマニア）　→ルーマニア
穀物　5, 45, 329, 330, 334, 335, 339, 340, 342
「コザック・メモランダム」　15, 95, 100, 102, 116, 259
コソヴォ　2, 7, 9, 13, 77, 89, 103, 206, 209, 221, 228, 246, 249, 257, 258, 263-265, 273, 276, 280, 281, 283-287, 292, 295, 296, 381
——解放軍（KLA）　284
——治安維持部隊（KFOR）　89
——紛争　9, 77, 78, 84, 88-92, 94, 123, 288
五大教会　300
国家安全保障概念（ウクライナ）　→ウクライナ
黒海
——海軍協力タスク・グループ　→ BLACKSEAFOR
——・カスピ海企業連盟　204
——環状高速道路　204, 210, 322, 344
——艦隊　9, 36, 43, 51, 52, 70, 81, 86, 105, 120, 121, 155, 157-159, 167, 197-200, 210, 351, 380
——協定　199-201, 206, 208, 210
ソ連——　66
ロシア——　104, 118, 120, 209
——経済協力機構　→ BSEC
——シナジー　19, 99, 204, 281
——地域協力基金　204
——地域協力信用基金　100
——ナショナル・ニュース・エージェンシー連盟　204
——の再生・保護のための戦略的アクション・プラン　204
——ハーモニー　10, 95, 96, 204
——汎ヨーロッパ輸送圏　99
——フォーラム　97, 100
——貿易開発銀行　→ BSTDB
——ユーロ・リジョン　204
——NGO ネットワーク　204

——NGO フォーラム　204
ドナウ——環境・タスクフォース　→ドナウ（川）
ドナウ＝——タスク・フォース　→ドナウ（川）
日・——地域対話　20, 221, 322
「国家言語政策の基本に関する法」　202, 208, 212
国家主導経済　179
国家承認　59, 219, 221, 227, 258, 273, 274, 276, 283, 285-287, 381
国家評議会　34
コプト正教会　→正教会
個別パートナーシップ計画（IPP）　92
個別パートナーシップ行動計画（IPAP）　8, 92, 99
コミンフォルム大会　70
ゴリ　2, 246, 303
コルチュガ事件　200
ゴンガゼ事件　200, 358
コンスタンツァ　28, 45, 246, 320, 321, 324, 326
コンスタンティノープル　5, 6, 18, 30-33, 36, 45, 50, 297, 298, 300, 305
——世界総主教座　298, 305
コンスタンティノポリス　28
コンテナ　321, 323-326

サ　行

サーサーン朝　29
在外労働者送金（personal transfers）　140-142, 144
在外労働者報酬（compensation of employees）　140-142
在外ロシア正教会　→正教会
最高ラーダ　201, 202, 206-208
財・サーヴィス貿易収支（勘定）　138, 140-143
財政赤字　135, 137, 138, 140, 261
再保障条約　51
サウスストリーム・ガスパイプライン　113, 165, 166, 171, 173, 193, 263, 268, 327, 328, 333, 340, 341, 343, 382
ザカフカス　8, 57, 58, 216, 217
——・ソヴィエト社会主義共和国　58
——連邦共和国　57
ザカルパッチャ　212
「サッカー外交」　232
サブプライム危機　→リーマン・ショック
サルデーニャ王国　38, 43
サン・ステファノ条約　48-50

三帝同盟　49, 51
三位一体　299
ジェイハン　85, 161, 162, 177, 192, 217, 222,
　　223, 331
ジェノヴァ　5, 18, 30, 52, 377
ジェノサイド　68, 192, 234　→アルメニア人
　　ジェノサイド
シェンゲン協定　187
四月蜂起　47
市場経済ステータス　98
七島共和国　37
失業率　135, 136
「シメオン2世国民運動」　255, 256
ジャーマン・マーシャル基金　20
社会民主人民党（トルコ）　→トルコ
社会民主党（ルーマニア）　→ルーマニア
十字軍　5, 27, 29, 30, 295
自由党（ウクライナ）　→ウクライナ
「自由と繁栄の弧」外交　20, 97
住民交換　68
主権国家　100, 215, 216, 273, 274, 279, 282, 287,
　　294, 296, 301, 310, 314, 315, 381, 383
　　──システム　294-296
主権尊重　238, 274, 282, 283, 285
ジュネーヴ軍縮会議　60
ジュピター・ミサイル　180
主要輸出パイプライン（MEP）　222, 223
ジュルジュレシティ　323
ジョージア　3, 7-10, 15, 16, 21, 57, 58, 67, 73,
　　78, 79, 81-83, 87, 88, 93, 95-97, 99, 100, 102-
　　108, 112-114, 121, 123, 129, 130, 133, 135-137,
　　139, 141, 144, 146-149, 155, 160-163, 165-170,
　　177, 179, 180, 182, 187, 189, 190, 201, 206, 207,
　　211, 215, 217-231, 234-242, 264, 273, 276, 279-
　　281, 288-290, 295-299, 301-307, 314, 315, 318,
　　320-322, 325, 327, 330, 331, 337, 362, 382
　　──共和国　295
　　──正教　→正教
　　「──の夢」　221, 229
　　ロシア＝──戦争（8日間戦争）　→ロシア
　　NATO・──委員会　→NATO
植民市　26, 28, 36
ジョチ・ウルス　30
ショック療法　80
シリア　3, 41, 42, 58, 72, 112, 118-120, 171, 180,
　　181, 184, 190-192, 194, 217, 268, 289-291, 295,
　　299, 335, 341
　　──空爆　118, 119, 122-124, 291, 387
　　──正教会　→正教会

「深化した包括的自由貿易圏」　→ DCFTA
新近隣諸国政策（NNP）　91
新思考外交　15
新START条約　106, 111
人道的介入　77, 89, 92
シンフェロポリ　7, 155, 177, 198, 204, 217, 246,
　　312
新民主主義　261, 262
新冷戦　12, 73, 74, 123, 197, 301, 383
スウェーデン　2, 38, 78, 99, 114
スーダン　42, 58, 287
スーフィ　313
スエズ運河　49, 71, 72
スエズ危機　71
スキタイ　5, 28
スターリングラード戦　67
「ステート・キャプチャー」　372
ステップ　31
ストラスブール　160, 237
スファートゥル・ツァーリ　57
スプサ　7, 155, 161, 177, 223, 321
スフミ　28, 320
スラヴ（人，民族）　297, 311
　汎──主義　48, 50
スロヴァキア　2, 12, 13, 66, 100, 212, 264, 324,
　　366
スロヴェニア　2, 13, 79, 89, 240, 245, 246, 257,
　　262-264, 278, 288, 333
　　セルビア人・クロアチア人・──人王国　→セ
　　ルビア
スロヴャンスク　155, 198, 209
スロボダ-ラシュコヴォ村　307-309
スンナ　120, 299, 311
聖カエタン教会　308-310
正教　8, 95, 260, 265, 278, 297-300, 305-307,
　　309, 310, 313, 315
　ギリシャ──　32, 306
　ジョージア──　218, 306
　──会
　　インド──　299
　　エチオピア──　299
　　コプト──　299
　　在外ロシア──　306
　　ジョージア──　298, 300, 305, 306, 315
　　シリア──　299
　　ルーマニア──　95, 297, 298, 300, 306
　　ロシア──　95, 297, 298, 300, 306
　──徒　32, 39, 40, 48, 59, 264, 298, 305-307,
　　314

事項索引　　397

西沙（パラセル）諸島　387
聖地管理権　43
正統主義　38, 39
青年トルコ　→トルコ
西部新独立国家　→WNIS
勢力圏　11, 13, 14, 43, 63-69, 74, 101, 104, 105, 114, 169, 184, 203, 234, 277, 281, 382
セヴァストポリ　9, 36, 43, 66, 67, 86, 104, 105, 115, 118, 155, 158, 159, 177, 197-200, 208, 211, 246, 320, 321, 336, 351, 387
――海軍基地　81, 86, 159
セーヴル条約　6, 58, 59, 178
世界政策　51
世界貿易機構　→WTO
石油　9, 49, 104, 105, 117, 134-136, 138, 144, 161-165, 187, 190, 192, 199, 203, 215, 217, 218, 222-224, 235, 237, 241, 290, 319, 322, 323, 327, 330-332, 335, 339, 340, 342, 343, 347, 351, 359, 362, 367, 382
セルジューク朝　27, 29, 299
セルビア　2, 6-9, 13, 27, 40, 46, 48, 51, 77, 90, 113, 129, 130, 133, 135-137, 139, 141, 144, 146, 221, 226, 227, 245, 246, 249-251, 253, 257, 258, 263-265, 276, 278, 280, 283-288, 292, 306, 324, 333, 366, 378
――王国　27, 30, 249
――急進党　257, 258
――社会党　257
――人・クロアチア人・スロヴェニア人王国　57
――進歩党　258
――民主党　257
民主党　257
ゼロ・オプション　80
尖閣諸島　385
全ギリシャ社会運動　→ギリシャ
ソヴィエト　58, 208, 308
ソヴィエト社会主義共和国連邦（ソ連）　1, 6, 8, 11-16, 18, 56-74, 77-83, 88, 89, 91, 97, 102, 104, 114, 123, 130, 154, 156-158, 160, 161, 164, 165, 168-170, 173, 176-185, 187, 189, 191, 192, 194, 197-200, 203, 206, 215, 216, 218, 219, 223, 226, 227, 231, 234, 235, 237, 248, 251-253, 255, 256, 259, 263, 264, 268, 273, 276-281, 283, 285, 289, 292, 295, 296, 298, 300, 301, 307, 308, 311, 314, 319, 322, 325, 328, 331, 334, 347-349, 365, 370, 380-382
――アフガニスタン侵攻　73, 181
――解体　159, 216-218, 220, 222, 234, 278,

279, 296, 340, 346, 349, 372
――黒海艦隊　→黒海
――＝トルコ友好中立条約　67
第20回――共産党大会　72
独――不可侵条約
　――付属秘密議定書（モロトフ＝リッベント
　ロップ協定）　→ドイツ
トルコ＝――経済相互協定　→トルコ
トルコ＝――友好善隣条約　→トルコ
俗ラテン語　46
祖国党（トルコ）　→トルコ
ソフト・パワー　102, 265, 301
ソラナ10箇条計画　98
ソロキ　307
ソロス財団　93, 226

タ 行

ダーダネルス海峡　4, 7, 18, 34, 37, 38, 40, 42, 43, 49, 50, 52, 53, 58, 59, 69, 118, 177, 246, 267, 321, 338　→トルコ海峡
第一次世界大戦　6, 12, 13, 15, 18, 21, 26, 44, 50, 51, 53, 56, 60, 64, 68, 73, 74, 176, 178, 219, 246, 248, 250, 251, 261
対外政策の基本方向（ウクライナ）　→ウクライナ
第三のローマ　→ローマ
第三パッケージ　113
対テロリズム・パートナーシップ行動計画（PAP-T）　92
第二次ウィーン裁定　65
第二次ブルガリア帝国　→ブルガリア
第20回ソ連共産党大会　→ソヴィエト社会主義共和国連邦
大陸棚　9, 81, 205, 261, 319
大ルーマニア　→ルーマニア
大ルーマニア党　→ルーマニア
対話とパートナーシップのための黒海フォーラム　204
「対話の強化」　8, 99
ダガンログ　45
ダキア　5, 28
ダゲスタン　7, 9, 155, 177, 194, 216, 217
多元外交　177, 185, 186, 195
多元主義　302
ダゴミィス協定　303
タタール　191, 210, 212, 311, 312, 380　→ヴォルガ・タタール，クリミア・タタール，リトアニア・タタール
「――のくびき」　32

タタルスタン 183, 185, 295, 312
タナ 3, 30
タナイス 26
多民族国家 296, 297
タラシフツィ 212
タルトゥス 118, 387
地域主義 301
地域党（ウクライナ） →ウクライナ
チェコ 2, 11-13, 109, 240, 288, 295, 296, 332
チェコスロヴァキア 14, 63, 74, 77, 253, 278, 349
チェチェン 7-9, 68, 81, 85, 155, 161, 163, 177, 183-185, 216-218, 237, 279, 280, 288, 290, 312
——紛争 9, 81, 184, 288, 290
チェルケス 41, 47
チェルナヴォダ 45, 324
チェルニフツィ 212
チェルノブイリ原発事故 199
「近い外国」 101, 105, 123, 234, 291
地中海 2, 4, 5, 17, 28, 31, 32, 34, 36, 37, 40, 41, 43, 46, 48, 49, 52, 53, 61, 63, 67, 72, 74, 91, 92, 95, 111, 172, 223, 245, 246, 249, 273, 275, 276, 299, 331, 334, 342
——・黒海持続可能な発展・貧困撲滅国際連盟（FISPMED） 204
——対話 92
東—— 30, 37, 49, 60, 68-70, 118, 120, 245-247, 267, 268, 387
NATO——連合軍 → NATO
中央アジア 5, 20, 68, 81, 84, 85, 92, 93, 96, 99, 113, 157, 167, 168, 178, 182-184, 203, 290, 300, 310, 322, 327, 347, 365, 366
中欧イニシアティヴ（CEI） 11
中欧自由貿易協定（CEFTA） 11
中央ラーダ 57
仲介会社 346, 352, 359, 361, 366-368, 371
中距離核戦力（INF） 73
中国 71, 117, 122, 123, 142, 168, 188, 189, 198, 203, 232, 252, 253, 258, 264, 284-286, 327, 337, 340, 343, 348
中東 1, 16, 17, 20, 69, 72, 85, 92, 93, 96, 99, 101, 106, 108, 118, 123, 132, 172, 176, 181, 186-189, 203, 204, 268, 275, 289, 295, 296, 339
長期化する紛争 9, 272, 277
朝鮮戦争 180
ツァーリ 33, 115
ツェロヴァニ 304, 305
ツヒンヴァル 303, 304
ディアスポラ 8, 9, 102, 117, 211, 219, 229-231,

299, 313, 314 →アルメニア・ディアスポラ
「抵抗シノド」 305, 306
帝国 4-6, 13, 14, 17, 18, 27-56, 58, 63, 68, 176-178, 192, 194, 197, 198, 219, 229, 245-251, 275, 298, 300, 377, 379, 383
——主義 44, 178
低地リトアニア人 295
ティフリス 45, 49
ティモシェンコ裁判 114
鉄鋼 297, 330, 334, 336, 338, 340, 342, 348
テヘラン会談 68
天然ガス 156-158, 162-165, 167, 168, 173, 182, 185, 187, 190, 192-194, 199, 203, 215, 217-221, 222-225, 233, 235, 263, 327-330, 332-334, 338-343, 346-351, 355, 356, 359, 362-364, 366, 368, 370, 371
デンマーク 2, 38, 78, 288
ドイツ 2, 6, 11, 13, 14, 16, 47, 51, 52, 56, 57, 62-69, 71, 73, 74, 77, 78, 99, 115, 120, 121, 134, 143, 144, 177, 178, 207, 209, 231, 245-247, 250-253, 255, 264, 268, 288, 324, 357, 367
英——海軍条約 →イギリス
英仏——伊4ヵ国協定 →イギリス
——革命 52
——艦隊 52
——再統一 77, 385
——帝国 49
——のラインラント占領 63
——伊相互不干渉条約 62
——ソ不可侵条約 13, 14, 64, 65, 74, 251
——付属秘密議定書（モロトフ＝リッベントロップ協定） 13, 64, 65, 82
統一エネルギー・システム（UESU） 355, 356
「統一と進歩」 177, 178
東欧 1, 11-15, 63, 64, 68-70, 73, 76-78, 89, 91, 96, 97, 100, 109, 121, 160, 172, 185, 239, 247, 253-255, 257, 295, 296, 298, 324, 331, 332, 339, 355, 370
——革命 6, 12-15, 56, 74, 76
凍結された紛争 9, 88, 97, 99, 102, 104, 149, 204-206, 210, 236, 240, 273, 277, 295
東西選択 281, 282
東西ハイウェイ 229
トゥズラ島 81, 155, 177, 198, 200, 202
東方パートナーシップ 8, 15, 99, 108, 114, 121, 206, 235, 281, 386
「東方問題」 6, 35, 53, 245-248, 253, 267, 268
東方ロカルノ 61
同盟国（第一次世界大戦） 47, 51, 60, 64, 66, 71,

96, 104, 172, 176, 178, 250
トルクメン人　120, 192, 291
独伊相互不干渉条約　→ドイツ
独ソ不可侵条約　→ドイツ
——付属秘密議定書（モロトフ＝リッベント
　ロップ協定）　→ドイツ
「特別のパートナーシップ関係に関する憲章」（ウ
　クライナ＝NATO）　199
独立国家共同体　→CIS
ドデカネス諸島　58, 60, 68
ドナウ（川）　4, 18, 43-45, 57, 61, 64-66, 203,
　205, 265, 320, 322-324, 378
——黒海環境タスク・フォース（DANBUS）
　99
——＝黒海タスク・フォース（DABLAS）
　204
——・デルタ　40, 44, 205
——・ヨーロッパ委員会　44
ドニエストル川　5, 36, 57, 68, 255, 258, 307,
　310, 320
ドニエプル川　4, 320, 322
ドニプロペトロフスク　155, 198, 199, 354-356
ドネック　7, 66, 116, 117, 130, 155, 198, 199,
　201, 209, 210, 294, 311, 338, 354, 355, 380
トビリシ　3, 7, 45, 77, 81, 84, 85, 100, 103, 104,
　155, 162, 177, 192, 217, 222-225, 228, 229, 240,
　303, 304, 306, 331
トラキア　28, 57-59, 66, 245, 249
トラブゾン　28, 31, 42, 45, 46, 320, 321
トランジット　203, 263, 322-324, 326, 328, 333,
　336, 337, 342, 347, 348, 351-353, 357, 364, 366,
　371
トランシルヴァニア　9, 57, 65, 296
トランス・アドリア海パイプライン　→TAP
トランス・アナトリア・パイプライン
　→TANAP
トランス・カスピ海パイプライン　→カスピ海
トランスコーカサス　→コーカサス
トランスニストリア　→沿ドニエストル
ドルージバ石油パイプライン　332
トルーマン・ドクトリン　70, 179
トルクメニスタン　3, 162, 164, 168, 183, 192,
　217, 279, 347, 350, 352-354, 357-361, 366
トルコ　1, 2, 4, 6-11, 19, 21, 30, 31, 48, 52, 55-
　64, 66-74, 77, 80-83, 85, 87, 92, 94-96, 104,
　105, 111, 113, 119-123, 129, 130, 133, 134, 136-
　139, 141, 142, 145-149, 155-158, 161-166, 170-
　173, 176-196, 204, 210, 216-219, 221, 223-225,
　228-234, 239, 241, 245-249, 251-253, 255, 261-

266, 268, 275, 276, 288, 290, 291, 297-299, 302,
　310-315, 318, 320, 321, 325, 327, 328, 330-338,
　341-343, 378, 380-383
ウクライナ＝——友好善隣条約　→ウクライナ
北キプロス・——共和国　→キプロス
共和人民党　179, 180
公正党　181
公正発展党（AKP）　186, 187, 189, 190, 193
社会民主人民党　183
青年——　177, 194
祖国党　182, 185
ソ連＝——友好中立条約　→ソヴィエト社会主
　義共和国連邦
——海峡　58-61, 63-67, 69, 70, 74, 179, 180
　→ボスフォラス海峡，ダーダネルス海峡
「——共和国とアルメニア共和国間の国交樹立
　に関する協定」　232
——系遊牧民　30
——宗務局　300, 311, 312, 315
——ストリーム・ガスパイプライン　120,
　171, 173, 193, 291, 328, 341-343, 382
——＝ソ連経済相互協定　179
——＝ソ連友好善隣条約　156, 182
——のクーデタ　180, 181
——のロシア戦闘機撃墜　→ロシア
民主左派党　185, 187
民主党　180
ロシア＝——戦略的ユーラシア行動計画　→ロ
　シア
トレビゾンド帝国　27, 30
ドン川　4, 18, 26, 30, 33, 35, 320, 322
ドンバス　199, 209, 294, 295, 301, 302, 335, 336,
　338, 387
——人民共和国　116

ナ　行

ナゴルノ・カラバフ　9, 79, 87, 121, 157, 162,
　170, 183, 184, 193, 217, 219-223, 225, 229-232,
　234, 273, 276, 279, 280, 288, 295, 380, 381
ナショナリズム（民族主義）　6, 50, 57, 73, 115,
　176, 181, 183-185, 192, 228, 237, 246, 248-250,
　257, 258, 278, 280, 282, 295, 301, 380
「ナチェルターニェ」　249
ナチズム　14, 310
ナヒチェヴァン　7, 177, 183, 184, 217, 224
ナブッコ・ガスパイプライン　93, 164-166,
　192, 193, 233, 333, 343, 382
西——　113
ナフトガス　338, 346, 351, 353, 356-361, 363-

365, 367-372
ナポレオン戦争　38
南東欧イニシアティヴ（SEEI）　89
南東欧協力イニシアティヴ（SECI）　93
難民　119, 120, 210, 268, 287-289, 304, 305, 380
ニケーア帝国　30
ニコル府主教座　306
西アナトリア　→アナトリア
西ナブッコ・パイプライン　→ナブッコ・ガスパ
　イプライン
西ローマ帝国　→ローマ
2008年戦争　→オセチア
日・黒海地域対話　→黒海
「盗まれた革命」　80
年間国家計画（ANP）　8
ノヴォロシア　116, 285
ノヴォロシイスク　66, 155, 162, 177, 198, 209,
　217, 223, 320-322, 325, 326
ノルドストリーム・ガスパイプライン　113,
　263, 341, 343, 349, 366, 367
ノルマン人　29
ノルマンディー上陸作戦　68
ノルマンディー・フォーマット　117, 210

ハ　行

バーター取引　352, 353, 357
パートナーシップ協力協定　→PCA
排他的経済水域　9, 113, 205, 387
パイプライン　9, 50, 85, 88, 90, 93, 104, 113,
　158, 161-166, 168, 170, 171, 173, 185, 192, 193,
　206, 222-225, 233, 263, 268, 320, 326-329, 331-
　333, 340, 341, 343, 347, 349-352, 355-359, 363-
　367, 382
バクー　3, 7, 21, 45, 49, 65, 81, 85, 88, 97, 104,
　161, 162, 164, 192, 217, 222-225, 331
　――・イニシアティヴ　204
　――宣言　162
　――－トビリシ－アハルカラキ－カルス
　　（BTAK）鉄道　225
　――－トビリシ－エルズルム（BTE）パイプラ
　　イン　104, 163, 192, 193, 222
　――－トビリシ－カルス（BTK）鉄道　225
　――－トビリシ－ジェイハン・パイプライン
　　→BTCパイプライン
　――・プロセス　98
　――油田　49
バグダード鉄道　51
バグダード条約　72
ハザール　5, 29

ハジベイ　36
バチカン　309
バトゥミ　1, 7, 45, 48, 58, 65, 97, 155, 177, 179,
　217, 228, 320, 321
ハナフィー法学（派）　311
パパンドレウ家　261
ハプスブルク帝国　27, 34-37, 53, 245, 246, 248-
　251, 378, 379
ハミディエ　51
「バラ革命」　16, 93, 95, 165, 200, 218, 226, 227,
　238, 380　→色革命
バランス外交　218, 221, 235, 241, 281
パリ講和会議（1856年）　44
パリ講和会議（1919年）　52
ハリコフ　7, 45, 116, 198, 207, 311
パリ条約（1856年）　44, 46, 47
パリ同時多発テロ事件　119, 120
バルカン（諸国）　1, 6, 8, 14, 17, 20, 21, 28, 30,
　34-38, 40, 43, 45-53, 57, 60, 63, 65, 67-70, 78-
　80, 88-94, 97, 99-101, 121, 178, 186, 245-253,
　262-268, 341, 378
　――化　249
　――会議　60, 252
　――協商　60, 61, 252
　――同盟　249, 250
　――半島　247, 272, 324
　――連邦　67, 252, 253
バルタ　45
　――・リマヌ条約　42, 45
バルト海　2, 11, 12, 14, 15, 33, 46, 64, 74, 97,
　122, 163, 185, 204, 240, 296, 323, 329, 341
　――諸国評議会（CBSS）　10, 11
バルバロッサ作戦　14, 66
パレオロゴス朝　30
バレンツ海　10, 11
　――欧州北極圏評議会（BEAC）　10, 11, 83
ハンガリー　2, 7-9, 11-14, 27, 49, 60, 61, 65, 66,
　71, 72, 77, 86, 113, 143, 164, 192, 225, 240, 246,
　252, 253, 263, 264, 278, 324, 333, 361
　――人問題　296
　ルーマニア・――人民主同盟　→ルーマニア
パンキシ渓谷　7, 93, 155, 177, 290
汎スラヴ主義　→スラヴ（人，民族）
汎ヨーロッパ回廊　→ヨーロッパ
汎ルーマニア主義　→ルーマニア
比較政治　301
東シナ海　387
東地中海　→地中海
東ルメリア　50, 250

東ローマ帝国　→ビザンツ帝国，ローマ
非カルケドン派　→カルケドン
ビザンツ帝国（東ローマ帝国）　5, 18, 249, 297
　　→ローマ
非承認国家　9, 22, 102, 116, 117, 237, 259, 272-
　　278, 280-283, 285-287, 289, 291, 295-297, 300-
　　302, 315, 380, 381
ヒストリア（イストロス）　26
ビュザンティオン　28
ヒュンキャル・イスケレシ条約　41, 42, 64
「ビロード革命」　80, 253
ファシズム　308
フィリキ・エテリア　39
フィリピン　142, 310
フィンランド　64, 65, 282, 325
ブカレスト条約　39, 57
ブコヴィナ　65
　北――　65, 68, 82, 200
ブストロエ運河（ブストレ水路）　9, 205
ブダペスト条約　79
仏伊ローマ条約　→フランス
プネヴマティカ　203
部分改革論　372
ブラッラウ　308
フランス　2, 6, 11-14, 31, 36-43, 46, 47, 49-51,
　　53, 58-61, 63-65, 73, 74, 103, 107, 115, 143,
　　169, 207, 209, 230, 231, 246, 264, 288
　英――独伊4ヵ国協定　→イギリス
　――伊ローマ条約　61
　――革命　18, 36-38, 53, 248
　――軍　36, 37
　プロイセン＝――戦争　→プロイセン
ブルーストリーム・ガスパイプライン　85,
　　158, 163, 164, 166, 185, 192, 263, 327, 332
ブルガール族　29
ブルガス　1, 7, 164, 177, 246, 320, 321
ブルガリア　2, 6-10, 13, 15, 27, 34, 45, 47, 48,
　　50, 51, 57, 60, 65-70, 72, 77, 79-82, 89, 94, 99,
　　100, 102, 113, 121, 129, 130, 133, 135-137, 139,
　　141, 145-147, 149, 164-166, 172, 177-179, 182,
　　189, 192, 193, 237, 240, 245, 246, 249-256, 261,
　　263-268, 278, 281, 302, 306, 318, 320, 321, 324,
　　325, 327, 330, 333, 335, 341, 342, 366
　「権利と自由のための運動」　254, 255
　第二次――帝国　27, 30
　――共産党　255
　――公国　27, 48, 50
　――自治公国　6, 250
　――社会党　255, 256

――帝国　5, 27, 29
「――のヨーロッパ発展のための市民」　256,
　　267
　民主勢力同盟　255, 256
ブレジネフ・ドクトリン　15
プロイェシュティ　66
プロイセン　34, 38, 42, 43, 47
　――＝オーストリア戦争　47
　――＝フランス戦争　47
フン族　5, 29
分離主義　88, 97, 117, 197, 199, 206, 212, 218,
　　237, 238, 277, 295
米国同時多発テロ事件　→アメリカ
平和安定部隊（SFOR）　89
平和共存路線　72
「平和的解決のための議定書」　210
「平和のためのパートナーシップ」　→PfP
平和履行部隊（IFOR）　89
ベールクト　207
ベオグラード条約　33
ペチェネグ　5
ベッサラビア　39, 57, 64, 65, 68
　――司教区　95
　南――　82, 200
ペテルブルク　36, 291, 311, 358
蛇島　7, 68, 82, 155, 177, 198, 200, 205, 246
ベラルーシ　2, 8, 13, 58, 78, 113, 117, 202, 212,
　　235, 279, 302, 311, 322, 323, 332, 349, 363
　関税同盟（ロシア＝――＝カザフスタン）　→
　　関税同盟
　ロシア＝――連合　→ロシア
ペルシア　46, 215
ヘルシンキ宣言　181
ヘルソネソス　36
ヘルソン　198, 210, 313, 321
ヘルツァ　82
ヘルツェゴヴィナ　47
ベルリン会議　48, 49
ベルリン条約　48-50, 179, 249
ベルリンの壁　77, 239, 253
ベルリン＝ローマ枢軸　63, 74
ベレゴヴェ　212
ペレストロイカ　15, 73, 78, 278, 307, 309, 380
ペロポネソス半島　39
防衛経済協力協定（DECA）　73, 181
ポーランド　2, 7, 11-14, 16, 31, 58, 64, 77, 97,
　　99, 100, 105, 109, 114, 115, 121, 207, 212, 232,
　　238, 240, 253, 264, 288, 295-297, 302, 308-310,
　　314, 331, 332, 361, 383

――士族共和国　307
――連帯　73
ボスニア　2, 51, 77, 79, 92, 245, 249, 250, 257, 264, 265
――紛争　9, 77, 88, 90
――・ヘルツェゴヴィナ　13, 27, 48, 90, 91, 245, 246, 278, 280, 288
ボスフォラス海峡　4, 7, 18, 34, 37, 38, 40, 42, 43, 45, 49-51, 53, 58, 105, 118, 177, 181, 189, 246, 267, 320, 321, 324, 331, 338, 343　→トルコ海峡
ボスポロス王国　5, 28
ボタシュ　321, 332, 341
北極海　387
ポツダム会談　69
北方領土　124, 387, 388
ポティ　28, 45, 49, 217, 229
ボヘミア　295
ポメラニア　295
ポラリス潜水艦　180
ボルジョミ宣言　240
ポントス王国　5, 28

マ 行

マーシャル・プラン　70, 251
マーストリヒト条約　137
マイダン広場　115, 313　→ユーロマイダン革命
マグニツキー法　112
マケドニア紛争　9, 93, 288
マジャール　5, 212, 254
マトゥリディ主義　311
マドラサ　313
マリウポリ　7, 155, 198, 209, 210, 311, 320, 321, 336
マルマラ海　4, 7, 45, 177, 246, 320, 321, 332
マレーシア航空機　197, 209
マロン派　295
ミサイル防衛　9, 15, 108-111, 120
ミトリダテス戦争　28
南オセチア　→オセチア
南ガス回廊　113
南コーカサス　→コーカサス
南シナ海　385, 387
南ドブロジャ　65, 68
南ブーク川　36
南ベッサラビア　→ベッサラビア
南ロシア　→ロシア
ミュンヘン会談　14, 63

ミレトス　26
民主救国戦線（ルーマニア）　→ルーマニア
民主左派党（トルコ）　→トルコ
民主自由党（ルーマニア）　→ルーマニア
民主主義と経済発展のための機構 - GUAM（ODED-GUAM）　→ GUAM
民主勢力同盟（ブルガリア）　→ブルガリア
民主的選択共同体　→ CDC
民主的平和論　93
民主党（セルビア）　→セルビア
民主党（トルコ）　→トルコ
民主党（ルーマニア）　→ルーマニア
民主党国際研究所（NDI）　93
ミンスク　2, 209, 276
――合意　116, 117, 119, 121, 122, 210, 302, 387
――合意2　116
民族自決　209, 282, 283
民族連邦制　278-280
ムスリム　31, 45, 47, 51, 59, 81, 179, 290, 297, 299, 300, 311-313
――宗務局　299, 300, 310-315
ムダニア停戦協定　59
ムツヘタ　303
ムドロス休戦協定　58
ムフティー　313
メガラ　26
「メガリ・イデア」　248
メグレル人　296, 302
メジリス　312-314
メッカ巡礼　45, 313
メドヴェージェフ・ドクトリン　104
モスクワ　3, 33, 45, 66, 74, 83, 94, 106, 114, 115, 154-156, 162-164, 172, 179, 184, 216, 298, 313
――・オリンピック　309
――条約　179
――総主教座　298, 300, 306, 313
――大公国　32, 33
モラヴィア人　295
モルドヴァ　2, 7-9, 13, 15, 18, 21, 27, 30, 34, 35, 38-40, 43, 44, 46, 47, 57, 58, 73, 78, 79, 87, 88, 94-96, 98, 100-104, 112-114, 122, 123, 129, 130, 132-134, 136, 137, 139, 141, 142, 144-146, 148, 149, 160, 161, 198, 205, 206, 212, 218, 235-237, 239, 240, 245, 246, 251, 253, 255, 258-260, 263, 264, 267, 268, 276, 279-281, 288, 295, 296, 298, 300-302, 307, 308, 310, 314, 315, 320, 322, 323, 378
キリスト教民主人民党　259

——共和国　57, 79, 130, 161, 295, 307
——共和国共産党　259
——共和国社会党　259, 267
——自由民主党　259
——主義　296
——人民戦線　259
——民主党　260
モレア　39, 40
モンゴル　5, 18, 32
モンテヴィデオ議定書　274
モンテネグロ　2, 6, 13, 27, 48, 121, 129, 245, 246, 249-251, 257, 263-265, 276, 278, 283, 286
モントルー条約　6, 9, 56, 62, 67, 69, 74, 95, 105, 164, 179, 189, 267

ヤ 行

ヤルタ　7, 20, 69, 86, 155, 177, 198, 203, 210, 213, 217, 238, 246
——半島　1
ユーゴスラヴィア　11, 57, 60, 61, 66, 68, 69, 71, 77, 78, 209, 226, 251-253, 257, 261, 265, 273, 278, 283, 285
旧——　21, 77, 89, 226, 273, 276-278, 280, 283
旧——国際刑事法廷　257
——紛争　16, 77, 79, 288
ユーラシア　4, 15, 16, 21, 28, 32, 42, 49, 52, 81, 118, 120, 184, 204, 237, 323, 326, 327, 343
——経済連合（EEU）　114, 119, 121, 122, 220, 386
——ステップ　32
——連合　115, 202
ロシア＝トルコ戦略的——行動計画　→ロシア
ユーラルトランスガス（ETG）　359-362, 371
ユーロ　137, 145, 146, 148, 149, 266, 340
ユーロマイダン革命　115, 130, 207, 213, 235, 281, 295, 312, 319, 327, 333, 337, 338, 380, 386
宥和政策　13, 14, 63, 74, 123
ユジヌイ港　331, 332
ユダヤ教徒　31
ユリウス暦　306
ヨーロッパ　6, 12, 18-20, 34, 36-39, 43-45, 49, 51-53, 92, 99, 118, 130, 145, 154, 161, 162, 164, 166, 168, 170, 201-203, 222, 224, 245, 246, 248, 281, 315, 341, 349, 381　→欧州
「新しい——」　97
広域——　21, 76, 90, 122
黒海汎——輸送圏　→黒海
ドナウ・——委員会　→ドナウ（川）
汎——回廊　203

「ブルガリアの——発展のための市民」　→ブルガリア
——－コーカサス－アジア輸送回廊「トラセカ」（TRACECA）　84, 85, 99, 202, 238, 322, 326, 328, 337
——諸国　33, 36, 39, 42, 161, 168, 171, 173, 349
——向け国家間石油ガス輸送（INOGATE）　99, 202
——列強　18, 35, 39, 40-44, 46-50, 53, 177
ラジオ自由——　309

ラ・ワ行

ラジオ自由ヨーロッパ　→ヨーロッパ
ラジカ王国　29
ラシュコヴォ村　308, 309
ラズ地方　298
ラタキア港　72
ラテン帝国　27, 30
ラトヴィア　2, 16, 80, 100, 240, 279
リーマン・ショック　134-136, 138, 139, 143, 145, 148, 166, 187, 367
リオニ川　4
リガ条約　58
リセット（外交）　76, 105, 106, 109, 112, 115, 169
リトアニア　2, 97, 211, 235, 239, 240, 279, 295, 296, 323
——・タタール　311　→タタール
リバランス政策　118, 121, 385, 386
領海　9, 72, 81, 173, 210, 222, 261, 262, 326
領土保全　43, 66, 79, 82, 86, 96, 103, 107, 160, 209, 238, 274, 282-285
ルーシ　33
ルーマニア　2, 6-10, 13, 15, 16, 26-28, 45, 47, 48, 51, 57-61, 64-71, 74, 77, 79, 80, 82, 86, 89, 93-95, 97-100, 102, 120, 121, 123, 129-131, 133, 136, 137, 139, 141, 143-147, 164, 177, 182, 189, 192, 198, 200, 204, 205, 212, 225, 237, 239, 240, 245, 246, 249-256, 259, 263, 264, 266, 268, 278, 281, 296, 308, 309, 313, 318, 320, 321, 324-327, 330, 335, 342, 360
ウクライナ＝——善隣・協力関係条約　→ウクライナ
救国戦線　254
国民自由党　254
社会民主党　254
大——　57
大——党　254

汎──主義　296
民主救国戦線　254
民主自由党　254
民主党　254
　　──共産党　71, 253
　　──公国　47
　　──自主外交宣言　71
　　──正教会　→正教会
　　──・ハンガリー人民主同盟　254
　　──民主社会党　254
ルガンスク　7, 116, 117, 130, 155, 198, 199, 209, 210, 294, 338, 380
ルクオイル　162
ルセ　45
レイ（ルーマニア通貨）　143
冷戦　10-12, 14, 15, 18, 20, 21, 56, 68-70, 73, 74, 76, 77, 79, 80, 82, 83, 85, 89, 91-93, 101, 103, 108, 122, 130, 156, 171, 172, 176, 177, 182, 185, 239, 251-253, 257, 260, 261, 268, 272, 273, 275, 277, 278, 280, 282, 287, 324, 382
レスプーブリカ　353, 354, 357
レニ　2, 177, 198, 204, 205, 246
レニンゴル　294, 297, 303-307, 314, 315, 383
レバノン内戦　295
レフル渓谷（ツィナガル）　303
レント　354-357, 365, 371, 372
ローザンヌ条約　6, 59-61
ロードス島　5, 298
ローマ　2, 11, 28, 33, 61, 192, 300
　　第三の──　33
　　──・カトリック　278, 295, 297-299, 302, 306-310, 314, 315, 383
　　──帝国　5, 27-30, 32, 33, 60, 249, 299
　　西──　5, 29
　　東──　5, 29, 30, 32　→ビザンツ帝国
ロシア　1, 3, 6-9, 11-13, 15-17, 19, 21, 27, 31-53, 57-59, 66, 67, 73, 76-88, 90, 93-96, 98-124, 129-142, 144-146, 148, 149, 154-173, 176-179, 182-187, 189-195, 197-204, 206-213, 215-225, 227-237, 239-241, 245, 246, 248-251, 253, 255-260, 262-268, 273, 276-282, 284-286, 288-291, 295-297, 300-302, 304-309, 311-315, 318-343, 346-352, 354, 355, 357-372, 378, 380-384
　　英──協商　→イギリス
　　関税同盟（──＝ベラルーシ＝カザフスタン）　→関税同盟
　　南──　31, 377
　　──＝ウクライナ友好・協力・パートナーシップ条約　86, 104, 160, 199
　　──＝オスマン戦争　33, 36, 37, 39, 40, 44, 48, 52, 171
　　──外務省　103, 156, 302
　　──下院　102, 103, 112, 159
　　──革命　52, 56, 57, 178
　　──艦隊　37, 104, 199, 201, 202, 206
　　──軍　10, 15, 34, 41, 50, 52, 79, 81, 87, 88, 93, 100, 103, 104, 106, 107, 159, 163, 168, 169, 179, 183, 191, 192, 194, 200, 205, 212, 220, 235, 236, 259, 260, 291, 336, 337, 342
　　──黒海艦隊　→黒海
　　──最高会議　158
　　──商人　33
　　──＝ジョージア戦争（8日間戦争）　12, 15, 76, 88, 105-106, 108, 109, 115, 120, 121, 123, 166, 169, 189, 190, 201, 206, 218, 225, 227, 228, 230-232, 237, 239, 241, 273, 285, 288, 289, 385
「──諸民族の権利宣言」　57
　　──正教会　→正教会
　　──世界基金　103, 117
　　──戦闘機撃墜　119, , 120, 155, 171, 173, 191, 192, 194, 291, 336, 337, 342
　　──帝国　16, 27, 33, 45, 56-58, 154, 178, 246, 379
　　──＝トルコ戦略的ユーラシア行動計画　85
　　──＝ベラルーシ連合　94
NATO＝──基本文書　→NATO
NATO＝──常設合同理事会　→NATO
NATO＝──理事会　→NATO
ロスウクルエネルゴ（RUE）　361, 363-368, 371
ロンドン海峡条約　42
ロンドン議定書　41
ロンドン条約（1827年）　40
ロンドン条約（1840年）　42
ワシントン条約第5条　91
ワラキア　18, 27, 30, 34, 35, 38-40, 43, 44, 46, 47
ワルシャワ条約機構　6, 14, 70, 71, 73, 74, 76, 77, 87, 130
「我々のウクライナ」　→ウクライナ
湾岸戦争　16, 85

A-Z

AGRI　225
ASEAN　130
BLACKSEAFOR（黒海海軍協力タスク・グループ）　10, 86, 87, 95, 96, 189, 204
BSEC（黒海経済協力機構）　7, 10, 11, 20, 21, 79, 81-86, 98, 122, 129-140, 142, 145-149, 157, 166, 182, 198, 202-204, 213, 221, 263, 265-267,

276, 281, 319, 322, 324, 378, 379
──憲章　10, 86, 130, 203
BSTDB（黒海貿易開発銀行）　10, 86, 134–136,
　140, 145, 148, 157, 265, 266
BTC（バクー‐トビリシ‐ジェイハン）パイプラ
　イン　85, 88, 90, 93, 104, 162, 192, 222–225,
　331, 382
CDC（民主的選択共同体）　97, 100, 101, 167,
　227, 236, 237, 240, 241
CFE（欧州通常戦力）　9, 15, 84, 85, 87, 88, 103,
　120, 185
──適合条約　84, 85, 87, 88, 103, 120
CIS（独立国家共同体）　16, 78, 81, 105, 144,
　159–161, 182, 183, 187–189, 191, 198, 201, 203,
　206, 220, 237, 302, 349, 352, 361, 362
──安全保障条約機構（CSTO）　220, 236
DCFTA（「深化した包括的自由貿易圏」）　8,
　112–114, 121, 122, 206
ENP（欧州近隣諸国政策）　16, 91, 241, 281
──プラス　99
EU（欧州連合）　6, 8, 10–13, 15–17, 19, 78, 83–
　85, 87–91, 93–103, 106–108, 112–117, 119, 121–
　124, 130–133, 138, 145, 148, 163, 171, 182, 185–
　189, 192, 193, 197, 198, 202, 205–207, 211, 212,
　227, 232, 235–237, 239–241, 246, 254–263, 265–
　268, 276, 281, 282, 285, 286, 292, 296, 297, 301,
　310, 314, 322, 324, 326–328, 333, 341–343, 348,
　378, 381–383
──警察使節（EUPM）　91
──国境管理支援ミッション（EUBAM）
　98, 205
──東方パートナーシップ（EaP）　121
「──法の支配ミッション」　257
──連合協定　8, 78, 114, 115, 121, 122, 202,
　206, 207, 211, 235, 236, 260, 261, 281
──/NATO 東方拡大　6, 15, 16, 78, 84, 85,
　91, 123, 185, 262, 266, 268
GUAM　21, 87, 88, 90, 94–97, 100, 101, 148,
　161–163, 167, 199, 201, 204, 205, 218, 226, 227,
　236–241, 281
　民主主義と経済発展のための機構 - ──
　（ODED-GUAM）　21, 97, 239
「──＋日本」　21
GUUAM　88, 161, 205, 237, 238
IMF（国際通貨基金）　133, 138, 140, 186, 188,
　202, 262, 354, 366
ISIL（「イラク・レヴァントのイスラーム国」）
　118, 120, 171, 289–291, 295, 299, 335

MAP（加盟行動計画）　8, 99, 103, 107, 228
NATO（北大西洋条約機構）　6, 8, 9, 11, 13, 15–
　17, 19, 70–74, 76–78, 82–97, 99–111, 115–117,
　120, 121, 123, 130, 154, 156–160, 163, 165, 166,
　168, 172, 177, 180, 185, 191, 197–201, 210, 211,
　221, 226, 228, 237–241, 246, 252, 254–258, 260,
　261, 268, 276, 281, 284, 292, 301
「アンチ──」　160
EU/──東方拡大　→ EU
──ウェールズ・サミット　121
──高度即応統合任務部隊（VJTF）　121
──・ジョージア委員会　107
──前方展開戦略　121
──地中海連合軍（AFMED）　70
──南欧連合空軍（AIRSOUTH）　70
──南欧連合軍（AFSOUTH）　70
──南東欧連合陸軍（LANDSOUTHEAST）
　70
──南東多国籍部隊司令部　121
──ブカレスト・サミット　15, 100, 103,
　107, 121, 201, 385
──北東多国籍部隊司令部　121
──マドリッド・サミット　84, 86
──＝ロシア基本文書　84
──＝ロシア常設合同理事会　84
──＝ロシア理事会（NRC）　8, 107, 110,
　111
──ワルシャワ・サミット　120, 121
NGO（国際 NGO）　93, 97, 102, 112, 226, 240,
　287, 294, 301, 12
OSCE（欧州安全保障協力機構）　15, 78, 87, 88,
　91, 98, 161, 163, 205, 209, 210, 220, 239–241,
　276
PCA（パートナーシップ協力協定）　8, 78, 98,
　112
PfP（「平和のためのパートナーシップ」）　9,
　78, 84, 91, 238, 259, 260
──信用基金　92
SAP（安定連合プロセス）　89–91, 94, 97
SOCAR（アゼルバイジャン国営石油会社）
　228
TANAP（トランス・アナトリア・パイプライン）
　113, 193, 223, 224, 233
TAP（トランス・アドリア海パイプライン）
　113, 193, 223, 224, 233
WNIS（西部新独立国家）　7, 8, 13, 15, 16, 78,
　97, 100
WTO（世界貿易機構）　98, 107, 108, 112

人名索引

ア　行

アウレリアヌス　5
アクショノフ，セルヒィ・ヴァレリォヴィチ　208
アサド，バッシャール　120, 171, 190, 191, 291
アシュトン，キャサリン　112
アスムス，ロナルド　20
アデイシュヴィリ，ズラブ　211
アブデュルハミト 2 世　50
アブドゥラティポフ，ラマザン　194
アブロマヴィチュス，アイヴァラス　211
安倍晋三　20, 123, 124
アリエフ，イルハム　164, 193, 218, 228
アリエフ，ヘイダル　162-164, 184, 218, 228
アレクサンドル 1 世　39, 40
アレクサンドル 2 世　44, 47
アレクサンドル 3 世　50
アントン神父，チャクヴェタッゼ　307
イヴァニシュヴィリ，ビジナ　221, 229
イヴァン 4 世　33
イスマイロフ，アイデル　311, 313, 314
イノニュ，イスメット　179
イリエスク，イオン　254
イワノフ，イーゴリ　302
ヴィルヘルム 2 世　51, 250
ヴェスラン，ブィシエク　310
ヴェセロフスキー，アンドリィ　131
ヴェニゼロス，エレフテリオス　251
ヴォローニン，ニコラエヴィチ・ウラジーミル　94, 95, 100, 101, 259, 260
ヴチッチ，アレクサンダル　258
ヴァヒレフ，レム　350, 353, 358
エカチェリーナ 2 世　36
エジェビット・ビュレント　185
エリツィン，ボリス・ニコラエヴィチ　154, 156, 157, 159, 161, 184, 353, 358, 359
エルチベイ，エブルフェズ　183, 184
エルドアン，レジェップ・タイイップ　120, 191, 192, 194, 291, 342
オザル，トルグット　81, 85, 156, 182, 183, 187
オジャラン，アブドゥッラー　185

カ　行

オバマ，バラク　106, 109-111, 118, 119, 169, 385
オブレノヴィッチ，アレクサンダル　250
オブレノヴィッチ，ミハイロ　249
オブレノヴィッチ，ミラン　250
オランド，フランシス　119

カダフィ，ムアンマル・ムハンマド・アブミン　ヤール　111
ガラシャニン，イリヤ　249
カラジョルジェヴィッチ，ペタル　250
岸田文雄　123
ギュレン，フェトゥラ　120
ギュル，アブドゥラー　166, 232
ギョルメズ，メフメト　299
キリール総主教，グンヂャエフ　300
クヴィタシュヴィリ，オレクサンドル　211
グカシャン，アルカジー　230
クザ，アレクサンドル・ヨアン　46
クチマ，レオニド・ダヌィロヴィチ　79, 94, 101, 158, 162, 199, 200, 210, 351, 354-361, 371
グラス，ギュンター　295
クラフチュク，レオニド・マカロヴィチ　82, 198, 199, 202, 351
クリチコ，ヴィタリ・ヴォロディミロヴィチ　209
クリントン，ヒラリー　110
クリントン，ビル　78, 84, 92, 112
グローモフ，ボリス・フセヴォロドヴィチ　159
グロムイコ，アンドレイ　72
ゲツァゼ，ギア　211
ケマル，ムスタファ　58
ケリー，ジョン　119
コサチェフ，コンスタンティン　102
コザック，ドミトリ　95, 116
コシュトニツァ，ヴォイスラヴ　257
コチャリアン，ロベルト　220
コピレフ，ヴィクトル　357
コボレフ，アンドリー　370
ゴルバチョフ，ミハイル・セルゲヴィチ

15, 73, 82, 154, 181, 182, 199, 255, 259, 380
コルラツェアン，ティトゥス　130
コレティス，イオアニス　249
コンスタンティヌス1世　28
コンスダンディノス1世　251
コンスタンティノフ，ヴォロディミル・アンドリォヴィチ　207, 208

サ 行

サアカシュヴィリ，ミヘイル　95, 103, 167-169, 201, 211, 212, 226-229, 240, 303, 380
ザイトフ，サイラン　312
サヴラン，オメール　311
サクヴァレリゼ，ダヴィド　211
ザトゥーリン，コンスタンティン　302
サナコエフ，ドミトリー　303
ザハルチェンコ，オレクサンドル・ヴォロディミロヴィチ　210
サルキシャン，セルジュ　114, 220, 232, 234, 236
サルコジ，ニコラス　104, 108
ジェミレフ，ムスタファ・アブドゥリジェミリ　210, 312, 313
ジェム，イスマイル　187
シェワルナゼ，エドゥアルド　83, 95, 226, 380
ジグカエフ，ジェマル　304
ジフコフ，トドル　255
シモヴィッチ将軍　66
シャーミル　47
シャミエフ，メンチミル　183
ジャラガニア，ダヴィド　130
ジュヴァニア，ズラブ　226
習近平　386
シュタインマイヤー，フランク＝ヴァルター　121
ジョージ，ロイド　59
ジョンソン，リンドン　72
ジンジッチ，ゾラン　257
ズグラゼ，エカテリーナ　211
スターリン，ヨシフ・ヴィッサリオノヴィチ　13, 64-69, 71, 78, 179, 180, 199, 200
ズラボフ，ミハイル・ユリェヴィチ　210
ソボレフ，A・A　66
ソロス，ジョージ　370

タ・ナ行

ダウトール，アフメット　186, 192, 232
タグリアヴィニ，ハイディ　210
タディッチ，ボリス　257

タラシュク，ボリス・イヴァノヴィチ　206
ダレス，ジョン・フォスター　72
チェイニー，ディック　100
チャウシェスク，ニコラエ　254
チェルノムィルディン，ヴィクトル・ステパノヴィチ　85, 156, 158
チェンバレン，アーサー・ネヴィル　14, 63
チギエフ，イーゴリ　303
チトー　69
チャーチル，ウィンストン　66-68
チャルィ，オレクシィ・ミハイロヴィチ　208
チュバロフ，レファト　312, 313
チョルノヴィル，ヴャチェスラフ・マクシモヴィチ　200
チルレル，タンス　157, 183
ディデンコ，イーゴリ　357
ティモシェンコ，ユリヤ・ヴォロディミリヴナ　114, 201, 207-209, 312, 355, 360, 363, 365, 367, 368
デミレル，シュレイマン　156, 181, 183, 184
ドゥダエフ，ゾダール　184
ドゥビナ，オレグ　351, 358, 367
トゥルチノフ，オレクサンドル・ヴァレンティノヴィチ　207, 208
ドミトリー神父，ゼリンスキ　309
トラヤヌス　5
トルーマン，ハリー　69
ナザルバエフ，ヌルスルタン　194, 323
ニコライ1世　40, 41, 44
ニコリッチ，トミスラヴ　258
ネベンジア，ヴァシリー　131
ネリドフ，アレクサンドル　50, 51
ノヴァク，アレクサンドル　342

ハ 行

バイデン・ジュニア，ジョセフ・ロビネット・ジョー　106, 119
バカーイ，イーゴリ　353-358
バセスク，トラヤン　97, 254
バッテンベルク，アレクサンドル　50
バブーリン，セルゲイ　302
ビスマルク，オットー・フォン　47-49, 51
ヒトラー，アドルフ　14, 61, 63, 64, 66, 67, 252
ピョートル1世　33
フィルタシ，ドミトロ　338, 352, 360, 361, 364, 368, 369
プーチン，ウラジーミル・ウラジミロヴィチ　88, 95, 96, 101, 103, 111, 112, 114-120, 122-124, 131, 154, 155, 162-171, 173, 187, 191, 194,

202, 206, 208, 209, 258, 291, 300, 302, 312, 313, 341, 342, 353, 358, 359, 362, 367, 382, 383, 387

ブッシュ，ジョージ・W　16, 92, 93, 96, 100, 101, 109, 116, 385

フョードロフ，ボリス　353

プリマコフ，エヴゲーニー　302

ブルガーニン，ニコライ・アレクサンドロヴィチ　72

フルシチョフ，ニキタ・セルゲヴィチ　72, 158, 180, 310

ブルジャナゼ，ニノ　226

フルシン，イヴァン　361

プロトニツキー，イホル・ヴェネディクトヴィチ　210

ペトロシャン，レヴォン・テル　220

ベラヴェンツェフ，オレグ・エフゲニェヴィチ　208

ベレゾフシキー，デニス・ヴァレンティノヴィチ　208

ベンズダ，ファトゥ　289

ボイコ，ユーリー　358, 360, 361

ホッジャ，エンヴェル　71

ボナパルト，ナポレオン　38

ボリソフ，ボイコ　256, 267

ポロシェンコ，ペトロ・オレクショヴィチ　205, 209, 211, 212, 298

ポンタ，ヴィクトル　254

マ 行

マカリオス（キプロス大統領）　72, 181

マカロフ，イーゴリ　352

マソル，ヴィタリイ　353

マッケイン，ジョン　113

マフムト 2 世　41

マレフ，ヴァレリィ・イヴァノヴィチ　200

ミレル，アレクセイ　341, 358, 359, 361, 367

ミロシェヴィチ，スロボダン　227, 257, 284

ミンニハーノフ，ルスタム　312

ムスタファ・ケマル・パシャ（1934 年以降，ムスタファ・ケマル・アタチュルク）　58, 59, 178, 179

ムッソリーニ，ベニト　11, 60

ムハンマド・アリー　40-42

ムラデノフ，ペトゥル　255

メシュコフ，ユーリー　81

メドヴェージェフ，ドミトリー・アナトリエヴィッチ　104, 106, 108-112, 155, 166, 169, 367

メンデレス，アドナン　180

モロトフ，ヴャチェスラフ・ミハイロヴィチ　65, 82

ヤ 行

ヤツェニュク，アルセニィ・ペトロヴィチ　208

ヤヌコヴィチ，ヴィクトル・フェドロヴィチ　101, 114, 115, 145, 168, 170, 200-202, 206-209, 211, 235, 241, 335, 355, 361, 365, 368, 369, 371, 386

ヤレシコ，ナタリヤ　211

ヤロシュ，ドゥミトロ・アナトリョヴィチ　209

ユシチェンコ，ヴィクトル・アンドリョヴィチ　95, 98, 99, 101, 167, 168, 200, 201, 204-209, 211, 240, 298, 332, 362-365, 368, 371

ユスティニアヌス 1 世　29

ユルマズ，メスット　185

ユンカー，ジャン゠クロード　119

ヨハニス，クラウス　212

ラ 行

ラヴロフ，セルゲイ・ヴィクトロヴィッチ　166

ラザレンコ，パヴロ　355, 356

ラスムッセン，アナス・フォー　107, 109, 111

リッベントロップ，ヨアヒム゠フォン　65, 82

リャシュコ，オレフ・ヴァレリョヴィチ　209

リュボミールスキー，ヨシフ　308

リョーヴォチキン，セルヒ　361

ルィバク，ヴォロディミル・ヴァシリョヴィチ　207

ルツェンコ，ユーリィ・ヴィタリョヴィチ　207

ルドニツキー，ヤン　307, 309

レーニン，ウラジーミル・イリイチ　57, 303

レフチェンコ，オレクサンドル・ミコライオヴィチ　203

ローズヴェルト，フランクリン　13

ロシュカ，アナトーリー　309

執筆者紹介（執筆順）

六鹿茂夫（編者，奥付参照）　序章，第2章，第3章

黛　秋津（東京大学大学院総合文化研究科准教授）　第1章

上垣　彰（西南学院大学経済学部教授）　第4章，終章

横手慎二（慶應義塾大学名誉教授）　第5章

間　　寧（日本貿易振興機構アジア経済研究所地域センター中東研究グループ長）
　　　　　　　　　　　　　　　　　　　　　　　　　　　　第6章

末澤恵美（平成国際大学法学部准教授）　第7章

廣瀬陽子（慶應義塾大学総合政策学部教授）　第8章，第10章

月村太郎（同志社大学政策学部教授）　第9章

松里公孝（東京大学法学部教授）　第11章

服部倫卓（ロシアNIS貿易会ロシアNIS経済研究所調査部長）　第12章

安達祐子（上智大学外国語学部准教授）　第13章

《編者略歴》

六鹿 茂夫
（むつ しか しげ お）

1952 年　名古屋市に生まれる
1978 年　上智大学大学院外国語学研究科国際関係論専攻修士課程修了
1985 年　ブカレスト大学大学院法学研究科博士課程修了
現　在　静岡県立大学大学院国際関係学研究科教授，同附属広域ヨーロッパ
　　　　研究センター長，日本黒海学会会長，博士（法学）
編　著　『ルーマニアを知るための 60 章』（明石書店，2007 年）
　　　　『グローバル・ガヴァナンス論』（共編，法律文化社，2014 年）
　　　　『国際関係学への招待』（共編，三恵社，2003 年）

黒海地域の国際関係

2017 年 2 月 10 日　初版第 1 刷発行

定価はカバーに
表示しています

編　者　六　鹿　茂　夫

発行者　金　山　弥　平

発行所　一般財団法人 名古屋大学出版会
〒 464-0814　名古屋市千種区不老町 1 名古屋大学構内
電話(052)781-5027 / FAX(052)781-0697

© Shigeo MUTSUSHIKA, 2017
印刷・製本 亜細亜印刷㈱
乱丁・落丁はお取替えいたします。

Printed in Japan
ISBN978-4-8158-0863-1

JCOPY 〈出版者著作権管理機構 委託出版物〉
本書の全部または一部を無断で複製（コピーを含む）することは，著作権
法上での例外を除き，禁じられています。本書からの複製を希望される場
合は，そのつど事前に出版者著作権管理機構（Tel：03-3513-6969，FAX：
03-3513-6979，e-mail：info@jcopy.or.jp）の許諾を受けてください。

黛　秋津著
三つの世界の狭間で
―西欧・ロシア・オスマンとワラキア・モルドヴァ問題―

A5・272 頁
本体 5,600 円

岡本隆司編
宗主権の世界史
―東西アジアの近代と翻訳概念―

A5・412 頁
本体 5,800 円

藤波伸嘉著
オスマン帝国と立憲政
―青年トルコ革命における政治，宗教，共同体―

A5・460 頁
本体 6,600 円

中田瑞穂著
農民と労働者の民主主義
―戦間期チェコスロヴァキア政治史―

A5・468 頁
本体 7,600 円

遠藤　乾編
ヨーロッパ統合史［増補版］

A5・402 頁
本体 3,200 円

遠藤　乾著
原典 ヨーロッパ統合史
―史料と解説―

A5・804 頁
本体 9,500 円

小野沢透著
幻の同盟 上・下
―冷戦初期アメリカの中東政策―

菊・650 / 614 頁
本体各 6,000 円

中兼和津次著
体制移行の政治経済学
―なぜ社会主義国は資本主義に向かって脱走するのか―

A5・354 頁
本体 3,200 円

安達祐子著
現代ロシア経済
―資源・国家・企業統治―

A5・424 頁
本体 5,400 円